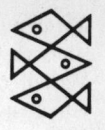

Mit dem Namen von Carol Gilligan verbindet sich nicht nur in den USA, sondern auch im deutschsprachigen Raum die These, daß es im moralischen Verhalten der Geschlechter einen radikalen Unterschied gibt: Die Frauen scheinen im Verhalten fürsorglicher zu sein, die Männer sind demgegenüber mehr an Gerechtigkeitsvorstellungen orientiert. Diese Diskussion, die mittlerweile bereits seit über zehn Jahren geführt wird, hat an Aktualität nichts eingebüßt. Sie hat jedoch neue Konturen gewonnen, die in diesem Band dokumentiert sind.

Herta Nagl-Docekal ist Professorin am Institut für Philosophie der Universität Wien.
Herlinde Pauer-Studer ist Assistentin am Institut für Philosophie der Universität Wien und wissenschaftliche Mitarbeiterin am Institut ›Wiener Kreis‹.

Jenseits der Geschlechtermoral

Beiträge zur
feministischen Ethik

Herausgegeben von
Herta Nagl-Docekal und
Herlinde Pauer-Studer

Fischer Taschenbuch Verlag

Originalausgabe
Veröffentlicht im Fischer Taschenbuch Verlag GmbH
Frankfurt am Main, September 1993

© 1993 Fischer Taschenbuch Verlag GmbH, Frankfurt am Main
Umschlaggestaltung: Buchholz/Hinsch/Hensinger
Satz: Fotosatz Otto Gutfreund GmbH, Darmstadt
Druck und Bindung: Clausen & Bosse, Leck
Printed in Germany
ISBN 3-596-11630-9

Gedruckt auf chlor- und säurefreiem Papier

Inhalt

Herta Nagl-Docekal
Jenseits der Geschlechtermoral. Eine Einführung 7
Herlinde Pauer-Studer
Moraltheorie und Geschlechterdifferenz. Feministische Ethik
im Kontext aktueller Fragestellungen 33
Carol Gilligan/Grant Wiggins
Die Ursprünge der Moral in den frühkindlichen Beziehungen 69
Annette C. Baier
Hume, der Moraltheoretiker der Frauen? 105
Nel Noddings
Warum sollten wir uns ums Sorgen sorgen? 135
Sarah Lucia Hoagland
Einige Gedanken über das Sorgen 173
Alison M. Jaggar
Feministische Ethik: Ein Forschungsprogramm für die
Zukunft 195
Susan Sherwin
Feministische Ethik und In-vitro-Fertilisation 219
Marilyn Friedman
Jenseits von Fürsorglichkeit: Die Ent-Moralisierung der
Geschlechter 241
Iris Marion Young
Das politische Gemeinwesen und die Gruppendifferenz. Eine
Kritik am Ideal des universalen Staatsbürgerstatus 267
Susan Moller Okin
Von Kant zu Rawls: Vernunft und Gefühl in Vorstellungen
von Gerechtigkeit 305
Onora O'Neill
Einverständnis und Verletzbarkeit: Eine Neubewertung von
Kants Begriff der Achtung für Personen 335

Über die Autorinnen und Herausgeberinnen 369
Drucknachweise 373
Personenregister 375

Herta Nagl-Docekal
Jenseits der Geschlechtermoral. Eine Einführung

Der Ausdruck »feministische Ethik« bezieht sich nicht auf eine bestimmte, einzelne Theorie, sondern auf einen Diskurs, an dem sehr vielfältige, in mancher Hinsicht auch unvereinbare Ansätze partizipieren. Das vorliegende Buch umfaßt einige signifikante Beiträge aus dem englischsprachigen Raum und will sowohl den kontroversiellen Charakter wie auch die aktuellen Problemstellungen dieses Diskurses dokumentieren (wobei eine solche Auswahl freilich keinen Anspruch auf Vollständigkeit erheben kann).[1]

Bei aller Diversität der Ansätze lassen sich dennoch Gemeinsamkeiten ausmachen. Sie liegen in den Fragestellungen, mit denen die Beteiligten befaßt sind. Deren Ausgangspunkt bildet das feministische Grundanliegen, die Ausgrenzung und Unterdrückung von Frauen, welche nach wie vor alle Lebensbereiche prägt, zu überwinden. Aus der Perspektive des Engagements für diese Zielsetzung ergibt sich zunächst die Frage: Welche moralphilosophischen Bestimmungen sind erforderlich, um Diskriminierung als ein nicht nur politisches, sondern auch moralisches Problem durchschaubar zu machen, bzw. wie muß Moralphilosophie (re-)formuliert werden, damit sie ein Handeln begründen kann, das sich mit der vielfältigen Benachteiligung von Frauen kritisch auseinandersetzt? Zu den Konsequenzen dieser Frage gehört eine neuerliche Lektüre der »Klassiker« der Moralphilosophie; dabei ist zu untersuchen, ob diese Texte das genannte Problem übergehen oder gar mitverursachen oder ob sie Kategorien für seine Eliminierung bereitstellen. (Die Beiträge dieses Bandes beziehen sich in diesem Sinn – in sehr unterschiedlicher Weise – insbesondere auf Hume, Kant, Rawls und Habermas.) Eine andere Grundfrage feministischer Ethik richtet sich darauf, in welcher Weise die moralischen Erfahrungen von Frauen zum Ausgangspunkt philosophischer Reflexion gemacht werden können. Die Erörterung dieser Frage dominierte den Diskurs der letzten zehn Jahre in solchem Maße, daß viele den Begriff »feministische Ethik« schlicht gleichsetzen mit dem Projekt, spezifisch weibliche Formen moralischen Urteilens und Handelns nachzuweisen. Eine solche

Einschätzung läßt freilich außer acht, daß eine Stilisierung »weiblicher Tugenden« nicht unbedingt mit dem feministischen Anliegen konvergiert (von dieser Spannung wird im folgenden noch die Rede sein). Die dritte Grundfrage gilt den praktischen Konsequenzen; hier geht es um Ethik in Form konkreter Anweisungen für ein Handeln, das nicht mehr an hierarchischen Modellen des Geschlechterverhältnisses orientiert ist.[2] *Alison Jaggar*, die in ihrem Beitrag die bisherige Debatte zu bilanzieren sucht, rückt diesen Aspekt an die Spitze der zentralen Anliegen feministischer Ethik.

Der Anstoß für die Entwicklung dieses philosophischen Diskurses kam nicht aus der Philosophie, sondern aus der Moralpsychologie. 1982 veröffentlichte *Carol Gilligan* ihr Buch *In a Different Voice. Psychological Theory and Women's Development*[3], in dem zwei Formen moralischen Urteilens unterschieden werden – der den Männern zugeordneten »Gerechtigkeitsperspektive« wird die bei Frauen beobachtete »Fürsorglichkeitsperspektive« gegenübergestellt. Kaum ein anderes Buch auf dem Gebiet der feministischen Theorie löste eine so breite Debatte aus, die bis heute nichts an Brisanz verloren hat. Es dauerte nicht lange, bis dieses dichotomische Konzept auch im Rahmen philosophischer Moraltheorie erörtert wurde. Rückblickend läßt sich trotz der Vielzahl und Verschiedenartigkeit der Argumentationen eine Binnenentwicklung ausmachen. Wenngleich die These, daß es eine spezifische »weibliche Moral« gibt, die vor allem an den Tugenden der Mütterlichkeit orientiert ist, bis heute über eine nicht geringe Anhängerschaft (die nicht nur aus Frauen besteht) verfügt, so ist doch festzuhalten, daß das dualistische Modell immer konsequenter in Frage gestellt wurde. Die Problematisierung betraf dabei sowohl die »moralische Arbeitsteilung« zwischen den Geschlechtern als auch die Polarisierung von zwei Formen moralischen Urteilens bzw. von zwei ihnen entsprechenden Typen der Moraltheorie.

Die Reihung der Beiträge im vorliegenden Band nimmt auf diese Binnenentwicklung Bezug. Die ersten drei Aufsätze bringen eine Form der Moral zur Darstellung, die durch Kontextsensitivität und Mitgefühl charakterisiert und den Frauen zugeordnet wird. Im Englischen hat sich als Terminus technicus für diesen Moralitätstypus der Ausdruck »Caring« eingespielt; er wird hier mit »Fürsorglichkeit« bzw. mit »Sorgen« wiedergegeben. *Carol Gilligan* und *Grant Wiggins* erläutern diesen Begriff unter Berufung auf empirische moralpsychologische Untersuchungen. *Annette Baier* führt indessen aus, daß eine theoretische Analyse dieser Form der Moralität, freilich ohne Bezugnahme auf die Geschlechterdifferenz, bereits bei Hume angelegt ist, während sie den für Männer signifikanten Moralitätstypus dem Gesetzesbegriff bei Kant zuordnet. Einer dritten Methode folgt *Nel Noddings,* indem sie sich um eine Phänomenologie der einzelnen Aspekte der Sorge-Beziehung zwischen Mutter und Kind bemüht. Die darauf folgenden Beiträge formulieren vielfältige Einwände gegen eine Ethik, in der Fürsorglichkeit und Gerechtigkeit einander ausschließen, sowie Ansätze zu einer komplexeren Theorie, die dualistisches Denken verabschiedet. In diesem Zusammenhang wird u. a. versucht, Kontextsensitivität und moralischen Universalismus zusammen zu denken. Aus dem Blickwinkel dieses Anliegens modifiziert sich auch die kritische Auseinandersetzung mit manchen »Klassikern« der Moralphilosophie. *Susan Moller Okin* formuliert ihren Vermittlungsvorschlag im Zuge einer Analyse von Rawls' Theorie der Gerechtigkeit, während *Onora O'Neill* eine feministische Aneignung von Kant vorschlägt.

Das Ergebnis der Versuche, die Dichotomie von Partikularismus und Universalismus zu überwinden, ist jeweils ein Modell von Moralität, das für Frauen wie Männer in gleicher Weise verbindlich ist. Ein Eingehen auf Individuen, und das heißt auch auf die spezifischen Bedürfnisse von Frauen, stellt sich auf diese Weise als moralische Pflicht für alle dar. Der vorliegende Band dokumentiert damit den Weg der zeitgenössischen Debatte in Richtung einer feministischen Ethik »jenseits der Geschlechtermoral«. Im folgenden sollen zur Einführung einige Problemstellungen dieses Diskurses resümiert werden.

1. Gibt es eine moralische Differenz der Geschlechter?

Den Ausgangspunkt für die Untersuchungen *Gilligans* bildete die Feststellung, daß Lawrence Kohlbergs Theorie der Stufen der moralischen Entwicklung[4] von falschen Generalisierungen ausgeht. Bei der Entwicklung des Maßstabs, für den Allgemeingültigkeit beansprucht wird, blieben, wie *Gilligan* notiert, die Frauen unberücksichtigt. »In dieser Version der moralischen Entwicklung wird der Begriff der Reife vom Studium des Lebens von Männern abgeleitet.« Die Konsequenz ist folgende: »Unter denjenigen, die gemessen an Kohlbergs Skala in ihrer moralischen Entwicklung defizitär zu sein scheinen, stechen vor allem die Frauen heraus.«[5] Wie zuvor bei Freud und Piaget sei die Sprache, in der Besonderheiten der Frauen thematisiert werden, auch bei Kohlberg vorwiegend durch Negativa, d. h. durch Begriffe des Mangels und der Abweichung, charakterisiert.

Angesichts dieser Problematik entschloß sich *Gilligan* bekanntlich, die Moralität von Frauen zu fokussieren. In einer Reihe von Interviewserien glaubte sie eine »andere Stimme« der Moral zu hören, was sie dazu veranlaßte, ein für Frauen kennzeichnendes Modell moralischer Entwicklung respektive moralischer Reife zu entwerfen. So gelangte sie dazu, die Perspektive der Gerechtigkeit mit derjenigen der Fürsorglichkeit zu konfrontieren. Um die Unterscheidung, auf die es hier ankommt, zu rekapitulieren: Nimmt man die Ausführungen *Gilligans* zusammen mit denjenigen anderer Autorinnen und Autoren, die von einer geschlechtsbezogenen Binnendifferenzierung der Moral ausgehen, so zeichnen sich drei Paare von Bestimmungen ab. Demnach ist die moralische Wahrnehmung von Frauen, verglichen mit derjenigen der Männer: erstens kontextsensitiv und narrativ, nicht auf Allgemeingültigkeit bedacht und abstrakt; zweitens an Beziehungen und Verbundenheit orientiert, nicht an Abgrenzung gegenüber anderen bzw. am Prinzip der Nichteinmischung; und drittens von Gefühlen wie Empathie und Wohlwollen geleitet, nicht vom Verstand.

Ein vielfach geäußerter Einwand gegen diese Polarisierung geht dahin, daß sie empirisch keineswegs abgesichert sei. Es wurde argumentiert, daß die Interviewserien, auf die *Gilligan* sich stützte, auch andere Deutungen zugelassen hätten[6] (darauf werde ich noch zurückkommen). So legte sich der Verdacht nahe, daß das Motiv der Distanznahme von Kohlberg *Gilligan* dazu verleitet habe, künstlich eine Dichotomie zu konstruieren. Debra Nails warf *Gilligan* unter diesem Gesichtspunkt sogar »sozialwissenschaftlichen Sexismus« vor.[7]

Andere KritikerInnen hinterfragten *Gilligans* Methode. Sie argumentierten beispielsweise, daß die Korrelation von Kontextorientierung und Frauen, die *Gilligan* vornimmt, im Lichte der Tatsache gesehen werden müsse, daß die Versuchspersonen in den Interviews mit moralischen Konflikten konfrontiert waren, die für den weiblichen Lebenszusammenhang charakteristisch sind, so etwa mit der Frage der Abtreibung. Gertrud Nunner-Winkler und Rainer Döbert wiesen nach, daß Interviews zu moralischen Problemen, die für das Leben von

Männern typisch sind, wie z. B. zur Wehrdienstverweigerung, die entgegengesetzte Korrelation ergeben. Die beiden folgerten daraus, daß Kontextsensitivität nicht vom Geschlecht, sondern von der persönlichen Betroffenheit der Individuen abhängt.[8] Im Hinblick auf dieses Ergebnis ist freilich zu bedenken, daß für die VertreterInnen der These von den zwei Modi der moralischen Reflexion Kontextsensitivität nur eines der Unterscheidungskriterien bildet.[9] Andere empirische Studien, die das gesamte Bündel von Kriterien berücksichtigten, führten zu einer Bestätigung der Gegenüberstellung von weiblichem und männlichem moralischen Verhalten.[10]

Doch welche Reichweite haben derartige Bestätigungen? Eine Reihe von KritikerInnen hob hervor, daß die von *Gilligan* wie auch von anderen getroffene Auswahl der Versuchspersonen globale Generalisierungen nicht zulasse. Selbst wenn man diese Forschungen nur auf die USA beziehe, müsse festgehalten werden, daß die Erfahrungen von nichtweißen und nicht der Mittelklasse zugehörenden Frauen und Männern nicht ausreichend berücksichtigt worden seien.[11]

Angesichts dieses Einwands erhebt sich die Frage, ob Autorinnen wie *Gilligan*, *Baier* und *Noddings* in der Tat eine so »starke These« vertreten, wie unterstellt wird. Ist ihr Anspruch ein essentialistischer? Deuten sie ihre Forschungen als eine Validierung der Annahme, daß es eine geschichtsunabhängige Dualität von Geschlechtscharakteren gibt? Ihre Ausführungen sind in diesem Punkt zweideutig. So spricht *Gilligan* beispielsweise zum einen von »Naturgeschichte«, wenn sie in einem Resümee ihres Anliegens die Erwartung ausdrückt, »daß das Studium der weiblichen Entwicklung eine Naturgeschichte der moralischen Entwicklung zu liefern vermag, in der Fürsorge vorherrschend ist«.[12] Zum anderen betont sie in einer Antwort auf ihre Kritiker, daß sie ihr Buch absichtlich »Die andere Stimme« und nicht »Die weibliche Stimme« genannt habe, weil die Stimme der Fürsorglichkeit, obwohl sie gewöhnlich von seiten der Frauen zu hören ist, von diesen nicht exklusiv beansprucht werden könne.[13] In ähnlicher Weise argumentieren *Gilligan* und *Wiggins* im vorliegenden Band. Die These, daß bei Männern und Frauen häufig eine der »zwei Logiken der moralischen Problemlösung« im Vordergrund steht, wird hier nicht auf den natürlichen Geschlechtsunterschied, sondern auf die jeweils spezifische frühkindliche Erfahrung emotionaler Beziehungen bzw. der Ablösung von der Mutter bezogen.

Diese Spannung zwischen einem Naturalismus und einer Theorie der Lebenserfahrung tritt auch beim Vergleich der Beiträge von *Baier* und *Noddings* zutage. Während *Baier* es für möglich hält, daß sich die Unterschiede des moralischen Verhaltens evolutionstheoretisch erklären lassen, betont *Noddings*, daß sie die Typisierungen »das Weibliche« und »das Männliche« nicht im Sinne einer Gegenüberstellung von Frauen und Männern, als zwei »getrennte Lager«, versteht und daß Fürsorglichkeit auch von Männern praktiziert werden könne.

Daß die geschlechteressentialistischen Annahmen in Probleme führen, liegt auf der Hand. Jeder Versuch, aus den körperlichen Unterschieden zwischen den Geschlechtern ein bipolares Modell von Charakterzügen abzuleiten, läuft auf einen biologischen Determinismus hinaus und unterliegt damit den vielfach artikulierten Einwänden gegen eine solche Argumentationsweise.[14] Kritische Analysen zur vergleichenden Verhaltensforschung haben ferner gezeigt, daß sich Moralität nicht aus der Stammesgeschichte des Menschen ableiten läßt.[15] Ein Blick auf die historische und kulturelle Vielfalt der Geschlechterverhältnisse macht überdies im Sinne der oben zitierten Einwände deutlich, daß der Essentialismus auch empirisch widerlegt ist.

Vorbehalte dieser Art betreffen freilich die Theorien einer geschlechterdifferenten Moral nur begrenzt. Wesentliche Teile dieser Theorien operieren lediglich mit einer »schwachen These«; sie erheben nicht den Anspruch, (Natur-)Gesetze entdeckt zu haben, sondern halten fest, daß bei ihren Versuchspersonen die genannten geschlechtstypischen Denkweisen mit signifikanter Häufigkeit zu beobachten waren. Immer wieder wird der Ausdruck »Tendenz« bzw. »tendieren« gebraucht. Die folgenden Überlegungen werden sich nur auf diese Spielart der Gegenüberstellung von weiblicher und männlicher Moral beziehen.

Daß die Dualitätsthese in bestimmten »Tendenzen« ihre Bestätigung findet, illustriert auch folgendes Phänomen: Viele Leser (männlichen wie weiblichen Geschlechts), die zum ersten Mal mit dieser Konzeption konfrontiert werden, urteilen nach wie vor spontan, daß sie ihren persönlichen Erfahrungen entspricht. So notierte auch Nunner-Winkler, daß *Gilligans* Überlegungen »hohe alltagsweltliche Plausibilität«[16] zukomme, und eine Reihe anderer AutorInnen hielt an der gleichen Beobachtung fest. *Marilyn Friedman* reflektiert in ihrem Beitrag die Spannung zwischen diesem Eindruck von Plausibilität und der nur beschränkten empirischen Legitimation der These von der geschlechterdifferenten Moral, und ihr Ergebnis scheint bedenkenswert: Die Differenz liegt ihrer Meinung nach primär im Bereich des normativen Denkens und nicht auf einer statistisch erfaßbaren Ebene. Demnach bezieht sich die beobachtete breite Zustimmung nicht so sehr auf faktische Unterschiede, sondern auf »eine auf moralischen Kategorien beruhende Vorstellung von den beiden Geschlechtern«. *Friedmans* Ausführungen legen somit folgende Argumentation nahe: Auch wenn nicht alle Individuen sie realisieren, sind die Stereotypen, die den Geschlechtern jeweils besondere Werte und Tugenden zuordnen, dennoch ubiquitär.

Normen, die soziales Verhalten betreffen, sind nicht geschichtsunabhängig. *Friedmans* These regt dazu an, die Moraltheorie in Verbindung zu setzen mit den feministischen Analysen symbolischer Konstruktion. In diesem Zusammenhang erlangen v. a. die zahlreichen in letzter Zeit vorgelegten Studien zur europäisch-westlichen Moderne Relevanz, aus denen hervorgeht, daß – anders als zur Zeit der Frühaufklärung – etwa ab der Mitte des 18. Jahrhunderts in prononcierter Form Konstruktionen des idealen Paares (»der Mann« und »die Frau«) entwickelt wurden. Diese sollten sowohl zur Ausbildung komplementärer Geschlechtscharaktere anleiten wie auch zu einer gesellschaftlichen Arbeitsteilung, wobei den Männern die öffentliche und den Frauen die häusliche Sphäre zugeordnet wurde.[17] Vor dem Hintergrund dieser Forschungsergebnisse (die hier nicht im einzelnen wiedergegeben werden können) sowie der Tatsache, daß diese Konstruktion ihre normative Kraft bis heute nicht verloren hat, erscheint die These, daß in unserer Kultur Männer eher zur Auseinandersetzung mit Rechtsfragen und Frauen eher zur Fürsorglichkeit prädisponiert sind, durchaus nicht als abwegig. Damit stellt sich die Frage: Kann die Theorie von den »zwei Logiken« in diesem Sinne gedeutet werden? Ist sie eine Diagnose des Niederschlags, den die für die Moderne charakteristische Konstruktion des Geschlechterverhältnisses in der moralischen Wahrnehmung gefunden hat?[18] Seyla Benhabib schlug vor, die Ausführungen *Gilligans* so zu lesen, als sei diese Frage zu bejahen, auch wenn es dafür in den Texten keine expliziten Anhaltspunkte gibt. Sie sprach sich dafür aus, *Gilligans* Forschungen aus dem Blickwinkel der These, daß der Feminismus eine Gestalt der Kritischen Theorie ist, zu verstehen, da sie sichtbar werden lassen, inwiefern die moralischen Reflexionen »presuppose the subtext of specifically modern gender relations«.[19]

An diesem Punkt scheint mir allerdings eine weitere Differenzierung nötig. Zum einen trifft die Feststellung gewiß zu, daß es in unserer Kultur unterschiedliche Normvorstellungen für Frauen und Männer gibt. So können beispielsweise Tugenden, die den Frauen zugeordnet sind, an einem Mann als »weibisches Verhalten« kritisiert werden; und Handlungsweisen, durch die eine Frau einen Skandal provozieren würde, können bei Männern als »Kavaliersdelikt« gewertet werden. Zum anderen ist aber zu fragen, ob es dadurch schon gerechtfertigt ist, von zwei Formen der Moral zu sprechen. Normvorstellungen dieser Art gehören in den Bereich der Sitte, und daher steht in diesem Zusammenhang die Differenz von Moral und Sitte zur Diskussion. Daß diese Unterscheidung unerläßlich ist, zeigt sich nicht zuletzt daran, daß es geboten sein kann, aus moralischen Gründen mit einer bestimmten Sitte zu brechen.[20] Dafür bietet gerade die eben thematisierte Tradition der Moderne ein Beispiel: Wenn hier das Verhältnis zwischen den Geschlechtern für den öffentlichen wie den häuslichen Bereich hierarchisch konstruiert ist, wenn diese Konstruktion in den tatsächlichen Lebensverhältnissen auf vielfältige Weise ihren Niederschlag gefunden hat und wenn es ferner zu den Elementen moralischen Handelns gehört, sich nicht an einer Perpetuierung von Unterdrückung zu beteiligen, so heißt dies, daß es für Männer wie für Frauen moralisch geboten ist, im Sinne einer Befreiung der Frauen gegen die Sitte zu handeln. (Auf diese moralische Forderung werde ich im weiteren noch eingehen.)

Die »hohe alltagsweltliche Plausibilität« der Dualitätsthese dürfte darin begründet sein, daß die Alltagssprache nicht präzise genug zwischen Sitte und Moral unterscheidet. Sie scheint also aus der Erfahrung zu resultieren, daß die Normvorstellungen unserer Kultur auf eine Dualität der Geschlechtscharaktere abzielen, und nicht aus einer Reflexion von Moralität im eigentlichen Sinn. Daß sich dieser Mangel an Differenzierung in der zeitgenössischen Ethik-Theorie wiederholt, mag u. a. daran liegen, daß auch das englische Wort »morals« zweideutig ist. Festzuhalten bleibt jedenfalls, daß diese Unschärfe ein Folgeproblem nach sich zieht, das ich nun erläutern möchte.

Wie aus dem Bisherigen hervorgeht, lassen sich die Dualitätskonzepte in der Tat als Beitrag zu einer Theorie der Moderne lesen. Gleichzeitig muß aber berücksichtigt werden, daß die AutorInnen dieser Konzepte einen wesentlich weiter gehenden Anspruch erheben. Ihr Anliegen ist nicht bloß ein deskriptives, sondern auch ein normatives. Fürsorglichkeit wird als eine im Vergleich zu anderen moralischen Haltungen überlegene Perspektive dargestellt und immer wieder auf gegenwärtige globale Probleme wie die nukleare Aufrüstung und die ökologische Krise bezogen. In diesem Sinne schrieb *Gilligan*: »Die Hoffnung, die sich mit der Verbindung von Frauen und Moraltheorie verknüpft, besteht darin, daß das Überleben der Menschheit im späten 20. Jahrhundert weniger von formaler Übereinstimmung abhängen dürfte als von menschlicher Verbundenheit.«[21] Für den Versuch, eine Ethik der Fürsorglichkeit mit Problemen der Friedenssicherung in Verbindung zu bringen, sind u. a. die Arbeiten von Sara Ruddick illustrativ.[22]

Wird damit der genannte europäisch-westliche Entwurf der Geschlechtscharaktere neuerlich propagiert? Sollen die traditionellen »weiblichen Tugenden« zwar aufgewertet, im übrigen aber unhinterfragt als Ideal erhalten werden? Zahlreiche Kritikerinnen sahen dies so und monierten, daß die Theorien einer geschlechterdifferenten Moral nicht darauf eingehen, daß die Fürsorglichkeit der Frauen unter Bedingungen der Unterdrückung ausgebildet wird. Indem diese Theorien, so argumentierten sie, die moralischen Leistungen der Frauen zelebrieren, dienen sie der Legitimation der anhaltenden Hierarchie zwischen den Geschlechtern.[23] Diese Kritik wurde auch unter explizitem Bezug auf *Nel Noddings* formuliert, z. B. in einem ihren Forschungen gewidmeten Symposium in der Zeitschrift *Hypatia*, an dem sich neben Claudia Card[24] und Barbara Houston[25] auch *Sarah Lucia Hoagland*[26] beteiligte. In ihrem Beitrag im vorliegenden Buch wiederholt letztere ihren Vorwurf: Wenn die Analysen des mütterlichen Verhaltens darauf hinauslaufen, »Selbstaufopferung, Verletzbarkeit und Altruismus« einseitig den Frauen zuzuschreiben, dann sind sie geeignet, eine Situation der Ausbeutung zu legitimieren, in der Männer »Sorge ohne Gegenleistung« erwarten.[27]

Hoagland schlägt vor, die Konzeption polarisierter Geschlechtscharaktere insgesamt zu verabschieden. »Eine wahrhaft radikale Ethik stellt nicht nur das Maskuline, sondern auch das Feminine in Frage, denn das Feminine ist aus dem maskulinen Kontext heraus entstanden.« Dieser Vorschlag zur Problemlösung leuchtet gewiß ein. Er ist überdies kennzeichnend für die neuere Entwicklung der Debatte. Wie auch *Jaggar* in ihrer Zwischenbilanz darlegt, ist zunehmend deutlich geworden, daß eine Analyse der traditionellen »femininen Tugenden« dem Anliegen einer »feministischen Ethik« nicht eo ipso entspricht.

Die feministische Perspektive akzentuiert *Hoagland* auch, wenn sie schreibt: »Ethische Theorie muß auch Unterdrückung in Betracht ziehen.«

Es bleibt hier freilich die Frage, ob es in der Tat notwendig ist, das feministische Interesse an Befreiung auf diese Weise als unvereinbar mit den Überlegungen von Autorinnen wie *Gilligan* und *Noddings* aufzufassen. Ich sehe die Lage folgendermaßen: Da, wie gezeigt wurde, die Unterscheidung zwischen Sitte und Moral ausgespart wurde, konnte der Eindruck entstehen, als ginge es, wenn auch in reevaluierter Form, um eine Erneuerung der traditionellen Klischees. Doch der normative Anspruch, mit dem die Fürsorglichkeitskonzepte formuliert sind, läßt sich auch anders lesen. Er kann das Bemühen um ein Modell ausdrücken, das bei beiden Geschlechtern Vorrang gegenüber anderen moralischen Orientierungen haben sollte.[28] In den Texten deutet vieles in diese Richtung, z. B. die von *Noddings* formulierte Zielsetzung, mit ihrer Konzeption von Sorge eine »höchste Transzendierung des Männlichen und Weiblichen in moralischen Angelegenheiten« zu leisten.

An diesem Punkt bietet sich eine von *Marilyn Friedman* vorgeschlagene Unterscheidung als weiterführend an. *Friedman* erläutert in ihrem Beitrag, daß das Dualitätskonzept genaugenommen zwei Thesen umfaßt; während sich die eine auf die Geschlechterdifferenz bezieht, fokussiert die andere zwei verschiedene Moralkonzeptionen. Im Anschluß daran schlägt sie vor, die beiden Ebenen zu trennen. Ihr Ziel ist eine Moraltheorie, die nicht länger belastet ist von historisch-kontingenten Normvorstellungen; sie fordert eine »Ent-Moralisierung der Geschlechter«.

Hier stellt sich nun die Frage, warum diese beiden Ebenen so lange unpräzisiert geblieben sind. Sie läßt eine weitere Unschärfe hervortreten: Die bisherige Debatte ließ auch die Differenz zwischen den Methoden der empirischen Psychologie und der Moralphilosophie weitgehend unthematisiert. Letztere kann für den vorliegenden Kontext dadurch charakterisiert werden, daß sie analysiert, was wir meinen können, wenn wir Wörter wie »Moral« und »moralisch« verwenden – unabhängig davon, ob sich statistische Angaben darüber machen lassen, wer sich so verhält. Von hier aus verlagert sich nun das Augenmerk auf die Frage, ob es zulässig ist, zwei alternative Formen von Moral gegenüberzustellen.

2. Ente versus Hase – ein Bild der Moraltheorie?

Ausgangspunkt der folgenden Überlegungen ist die These, daß jeder moralische Konflikt auf zweifache Weise aufgelöst werden kann: entweder im Modus der Gerechtigkeit oder in dem der Fürsorglichkeit. *Gilligan*, *Wiggins* und *Baier* veranschaulichen sie durch das in der Wahrnehmungspsychologie verwendete Springbild von Jastrow, das entweder als eine Ente oder als ein Hase gesehen werden kann. *Gilligan* und *Wiggins* unterstreichen dabei, daß es sinnlos ist, nach der »richtigen« Sichtweise zu fragen, und konstatieren »ein unabänderliches Gefühl ethischer Zweideutigkeit«. (Wenn sie dann die Fürsorglichkeitsperspektive dennoch als überlegen darstellen, so geschieht dies erst auf der Basis einer Untersuchung des Hintergrunds an Beziehungen, den die »zwei Logiken« jeweils voraussetzen, doch davon später.) Im folgenden möchte ich zeigen, daß diese Gegenüberstellung Unschärfen aufweist, welche sie schließlich als unhaltbar erscheinen lassen.

Zunächst zur Seite des Gerechtigkeitsdenkens. Um die Bestimmungen, die es bei verschiedenen VertreterInnen der Dualitätsthese erfährt, noch einmal zusammenzufassen: Gemeint ist ein Denken, das einen Vertrag zwischen autonomen und gleichen Partnern[29] voraussetzt und das andere nicht als Individuen in ihrer Besonderheit wahrnimmt, sondern als »verallgemeinerte Andere«[30], d. h. unter der Perspektive »abstrakter Rationalität, aufgrund deren wir uns alle gleichen«.[31] Dieses Denken wird auch dadurch charakterisiert, daß es sich an einer »Menge enger und starr definierter Prinzipien«[32] orientiert, die als universell gültig aufgefaßt und »rigide auf eine Situation angewendet werden«[33], wobei der Grundsatz der »Nichteinmischung« bzw. der »Unparteilichkeit«[34] die Basis bildet. Kann aber ein auf diese Weise skizziertes Profil in der Tat beanspruchen, eine moralische Haltung wiederzugeben? Was hier gesagt ist, trifft gewiß nicht das, was wir vor Augen haben, wenn von Moralität die Rede ist. Vielmehr umfaßt es Elemente dessen, was in rechtsphilosophischem Kontext erörtert wird. Die Debatten zur feministischen Ethik zeigen hier einen neuerlichen Mangel an Differenzierung, da sie nicht zwischen Recht und Moral unterscheiden.

Konzepte wie Sozialvertrag und Gleichbehandlung sind nicht Ausdruck mangelnder moralischer Sensibilität, sondern Komponenten einer Theorie des modernen Staates. Daß sie nach wie vor unverzichtbar sind, zeigen nicht nur zeitgenössische demokratietheoretische Studien, wie etwa diejenigen von John Rawls und Jürgen Habermas, sondern auch eine Reihe von Publikationen zur feministischen Rechtskritik.[35] Freilich gehen die aktuellen Konzeptionen des Staates auch über die soeben zusammengestellten Theorieelemente hinaus. Letztere entstammen dem liberalistischen Entwurf und lassen die Entwicklung sozialstaatlicher Modelle unberücksichtigt. In diesem Sinne moniert *Friedman*, daß *Gilligan* den Diskurs zum Wohlfahrtsrecht nicht rezipiert habe. Generell ist festzuhalten, daß heute zur Debatte steht, wie seitens der Gesetzgebung auf besondere Bedürfnisse Bedacht genommen werden kann, z. B. angesichts der unterschiedlichen Situiertheit von Frauen und Männern auf dem Arbeitsmarkt. Ein wesentliches Element dieser Debatte ist die Überlegung, daß das Konzept der öffentlichen Partizipation neu durchdacht werden muß. *Iris M. Young* problematisiert in ihrem Beitrag das Ideal eines »universalen Staatsbürgerstatus«, welches allen, die am öffentlichen Diskurs teilnehmen wollen, abverlangt, von einer allgemeinen, homogenen Perspektive auszugehen. Sie plädiert dagegen für eine »Gruppenvertretung«: »Niemand kann beanspruchen, im Allgemeininteresse zu sprechen, weil keine der Gruppen für die anderen sprechen kann.« Sie entwirft das Ideal einer »heterogenen Öffentlichkeit«, die sich dadurch auszeichnet, »daß alle Gruppenerfahrungen und sozialen Perspektiven ausgesprochen, angehört und in Rechnung gestellt werden«.

In Überlegungen wie diesen kann es freilich nicht darum gehen, Konzepte wie Gleichheit und Unparteilichkeit schlicht zu verabschieden; erforderlich ist vielmehr, sie auf eine neue, komplexere Weise zu bestimmen. Dies betonte u. a. Carol Gould in ihrer Auseinandersetzung mit *Gilligan*: »Though the recognition of individual needs and of differences plays an important role in political theory, it has to be on the foundation of equality.«[36]

Daß die VertreterInnen des Dualitätskonzepts Gerechtigkeit in der angegebenen Weise charakterisieren, läßt auf eine bestimmte Absicht schließen. Wie es scheint, stellt ihr polarisierendes Denken einen Versuch dar, den Härten einer vorzüglich am Liberalismus orientierten Politik theoretisch zu begegnen. Bei aller Legitimität dieses Versuchs ist seine Umsetzung dennoch nicht überzeugend. So verweist das Bild von Ente und Hase im konkreten Fall nur scheinbar auf ein Dilemma: Zwar kann es in der Tat sein, daß sich ein-und-dasselbe Problem unterschiedlich lösen läßt, je nachdem, ob es als eine rechtliche oder eine moralische Frage gesehen wird, aber es handelt sich dabei nicht um eine Verdopplung von Moral.

Wenn ich für eine Unterscheidung von Recht und Moral plädiere, so soll damit deren Zusammenhang keineswegs geleugnet werden. Es kann beispielsweise moralisch geboten sein, sich für die Veränderung geltender Gesetze einzusetzen, etwa im Hinblick auf eine Unterdrückung bestimmter Gruppen. Doch ein solches Engagement wäre nicht möglich auf der Basis der Annahme, daß es zwei gleichrangige, einander wechselseitig ausschließende Logiken gibt. Diese Annahme läßt nur die Perspektive einer »ethischen Zweideutigkeit« zu, von der bereits die Rede war.

Daß die Ebenen von Recht und Moral verschliffen werden, hat auch einen theoretischen Grund. Er liegt in einem unpräzisen Umgang mit dem Begriff »Universalismus«. Dieser Begriff wird zum einen auf die deontologischen Moralkonzeptionen bezogen, zum anderen durch die oben zusammengestellten Elemente liberalistischer Theorie definiert. Eine solche Vorgangsweise kennzeichnet insbesondere die Kant-Deutung, die im Kontext der Dualitätstheorien gängig ist und die im vorliegenden Band in den Beiträgen von *Baier, Friedman* und *Okin* angesprochen wird. Die Schwierigkeit ist hier folgende: Die genannten liberalistischen Elemente finden sich in der Tat in Kants Philosophie, aber in seiner Rechtslehre bzw. in den Schriften zur politischen Philosophie, nicht aber in seiner Moralphilosophie. Der kategorische Imperativ läuft z. B. nicht auf ein Prinzip der Nichteinmischung hinaus (s. u.). Nicht selten zeigt sich in den Erläuterungen zur Dualitätsthese folgendes Phänomen: Kritische Ausführungen, die beanspruchen, den Universalismus der Ethik Kants zu hinterfragen, beziehen sich an keiner einzigen Stelle auf Kants moralphilosophische Schriften. – Wie ich erläutern möchte, ist die heutige Diskussion auf Grund der Zweideutigkeit ihres Universalismusbegriffs in eine Aporie geraten.

3. Fürsorglichkeit als moralische Norm für alle?

Nun zur Moral im eigentlichen Sinn. Da angesichts der Fragwürdigkeit des Konzepts einer moralischen Arbeitsteilung zwischen den Geschlechtern nicht wenige AutorInnen postulierten, daß das Modell der

Fürsorglichkeit die gleiche Relevanz für Frauen und Männer haben sollte, spitzt sich die Debatte auf die Frage zu: Kann die Fürsorglichkeitstheorie in der Tat gegenüber universalistischen Moralkonzeptionen Überlegenheit beanspruchen? Es gilt daher, die einzelnen Elemente dieser Theorie näher zu analysieren. Im wesentlichen sind es, wie gesagt, drei Charakteristika, durch die Fürsorglichkeit gewöhnlich definiert wird. Demnach ist sie kontextsensitiv, an Beziehungen orientiert und von Gefühlen geleitet. Wie sich herausstellen wird, enthält jede dieser Bestimmungen universalistische Implikationen, die bislang jedoch unexpliziert geblieben sind.

Die Forderung, Individuen in ihrer Besonderheit und ihrer spezifischen Situation wahrzunehmen und zu unterstützen, ist gewiß einleuchtend. Dies gilt beispielsweise für den Vorschlag Seyla Benhabibs, im Rückgriff auf Elemente der Diskurstheorie eine »kommunikative Ethik der Bedürfnisinterpretation«[37] zu entwickeln. Zugleich ist freilich zu bedenken, daß diese Forderung selbst keinen partikularistischen Charakter hat. Das Prinzip »Differenz ist zu respektieren« bezieht sich ja auf alle Menschen. Überdies ist folgendes zu überlegen: Bei aller Plausibilität der These, daß ein Eingehen auf individuelle Interessen für ein moralisches Verhalten unverzichtbar ist, erhebt sich die Frage, ob diese Bestimmung ausreicht. Gibt es nicht immer wieder Fälle, in denen es als moralisch geboten erscheint, Ansprüche, die uns gegenüber artikuliert werden, gerade nicht zu erfüllen? Wie auch *Noddings* notiert, gehören solche Situationen zum Alltag von Erziehung. Offensichtlich differenzieren wir zwischen den tatsächlich geäußerten Bedürfnissen einerseits und dem wohlverstandenen Interesse der betreffenden Person andererseits. Um dies aber tun zu können, rekurrieren wir auf allgemeine Begriffe von Humanität, in Erziehungskontexten z. B. auf den Grundsatz, daß es die Sicherheit und Gesundheit von Kindern zu schützen gilt. So ergibt sich hier folgendes Dilemma: Die Fürsorglichkeitsethik, die als Alternative zum moralischen Universalismus entwickelt wurde, beruht ihrerseits auf allgemeinen Prinzipien.

Die These, daß menschliche Bindungen für moralisches Verhalten Relevanz haben müssen, liegt in zwei Fassungen vor, wobei die eine auf die »Adressaten«, die andere auf die »Subjekte« moralischer Reflexion bezogen ist. Im ersten Fall geht es um den Grundsatz, andere nicht als isolierte Einzelne aufzufassen, sondern den Beziehungsgeflechten nachzugehen, in die sie eingelassen sind. Dieser Grundsatz erlangte

z. B. im Rahmen der feministischen Diskussion über die in den USA üblichen Scheidungsregelungen Brisanz. Es wurde kritisiert, daß die Entscheidung darüber, wer das Sorgerecht für die Kinder erhalten soll, häufig nach abstrakten Gesichtspunkten getroffen wird, z. B. im Hinblick auf die Einkommensverhältnisse der beiden Ehepartner, und nicht unter Bedachtnahme auf enge Bindung.[38] Festzuhalten ist freilich, daß es sich auch hier um ein legitimes Motiv, nicht aber um eine vollständige Bestimmung von Moralität handelt. Es ergeben sich neuerlich die mit Bezug auf die Kontextsensitivität erörterten Probleme.

Die zweite Variante besteht darin, daß Bindungen als Ursprungsort der Moralität gedeutet werden. Auch sie erfuhr eine zweifache Interpretation. Zum einen wurde Moralität als die spontane Anteilnahme, in der sich Verbundenheit ausdrückt, verstanden. In diesem Fall bleibt jedoch das moralische Verhalten auf Kleingruppen beschränkt. Daß dies einen gravierenden Mangel darstellt, führt u. a. Claudia Card in ihrer Auseinandersetzung mit *Noddings* aus. Sie moniert, die Verbundenheitsthese »threatens to exclude as ethically insignificant our relationship with most people in the world«[39], und um das Problem zu verdeutlichen, ruft sie in Erinnerung: »we can affect drastically, even fatally, people we will never know as individuals«.[40] Im vorliegenden Band formuliert *Hoagland* diesen Vorwurf. Sie stellt die »Analyse des Sorgens in Frage, da diese [...] die nahestehenden Fremden fürchtet und die distanzierten Unbekannten ignoriert«, und illustriert dies folgendermaßen: »Eine Ethik, die verhungernde Menschen in einem entfernten Land nicht in den Bereich moralischer Überlegungen miteinbezieht, ist inadäquat.«

Das Bindungsargument wurde zum anderen in der Weise vorgebracht, daß das Verhalten, das für gelingende Beziehungen, z. B. für die Sorge-Beziehung zwischen Mutter und Kind, typisch ist, als Ausgangspunkt für (eine weiter gefaßte) Moralität betrachtet wird. In diesem Sinne betonen *Gilligan* und *Wiggins* die Bedeutung frühkindlicher Erfahrungen. Für sie wird hier auch die letztliche Überlegenheit der Fürsorglichkeit deutlich: Während das Gerechtigkeitsdenken so zustande kommt, daß »Normen und Regeln [...] aus den Beziehungskontexten, die ihnen Leben und Bedeutung verleihen, herausgelöst« werden, besteht die Fürsorglichkeitsperspektive darin, daß die in frühen Bindungen erworbene Fähigkeit, auf andere einzugehen, übertragen wird auf jemanden, »der sonst ein Fremder ist«. »Möglicherweise besteht moralische Unreife nicht in einem Fehlen allgemeiner moralischer Kenntnisse, sondern in einem Fehlen der Bindungen, die notwendig sind, um moralische Vorstellungen zu moralischen Einsichten zu machen.«

Die moralische Anforderung geht hier dahin, sich zu anderen so zu verhalten, als ob eine enge Verbundenheit bestünde. In diesem Zusammenhang ist eine Übertragung erforderlich: Es muß vom unverwechselbaren Charakter bestimmter Beziehungen abstrahiert, einzelne Verhaltenselemente müssen herausgelöst und in paradigmatischer Form gedacht werden. Daß ein solcher Verallgemeinerungsprozeß unvermeidlich ist, zeigt sich auch daran, daß selbst die Publikationen der prononciertesten Vertreterinnen einer Fürsorge-Ethik, wenn auch in kontraintentionaler Art, Ansätze zu einer universalistischen Konzeption enthalten. So findet sich z. B. auch bei *Noddings* ein allgemeiner Pflichtbegriff: »Meine erste und nie endende Verpflichtung ist es, dem anderen als Sorgender-Teil zu begegnen.«

Was das dritte Charakteristikum der Fürsorglichkeitsethik betrifft, die These nämlich, daß ein Handeln von Gefühlen geleitet sein muß, um sich als moralisch qualifizieren zu können, so ergibt sich dabei ein weiteres Spannungsverhältnis. Zum einen ist das Anliegen einleuchtend, etwa wenn *Noddings* unter Bezugnahme auf Kierkegaard ausführt, es gehe darum, »die Realität des anderen als Möglichkeit für mich zu sehen [...] zu fühlen, was er fühlt«. Andererseits wurden zahlreiche Vorbehalte geäußert. Hier wären z. B. die Einwände zu erörtern, die in der Geschichte der Moralphilosophie gegenüber gefühlsethischen Ansätzen, etwa demjenigen Humes, vorgebracht worden sind (was hier freilich nicht geschehen kann). Doch auch von feministischer Seite wurden Bedenken formuliert. Zu thematisieren ist vor allem, daß Gefühle auch Schaden für andere zur Folge haben können und daher einer reflektierten Kontrolle bedürfen. In diesem Sinne notiert *Hoagland*, daß für die Gefühlslage von Müttern der »Konflikt zwischen Ärger und Zärtlichkeit« kennzeichnend ist, wobei sie u. a. die Problematik von Kindesmißhandlungen in Erinnerung ruft. In einer ähnlichen Argumentation gibt *Friedman* zu bedenken, daß enge Bindungen eine Empfänglichkeit für emotionale Verletzungen bedingen, welche in unpersönlicheren Verhältnissen gar nicht auftreten können. Sie wirft *Gilligan* vor, das Potential von Gewalt und Leid, das in intimen Beziehungen angelegt ist, außer acht gelassen zu haben. Bedenken dieser Art laufen auf die These hinaus: Moralisch handeln zu wollen erfordert, die eigenen Gefühlsreaktionen kritisch zu reflektieren, anstatt sich ihnen blindlings zu überlassen. Damit stellt sich die Frage, welche Kategorien als Instrumentarium für eine solche Kritik herangezogen werden können. Hier müssen wohl auch allgemeine Begriffe wie Menschenwürde ins Spiel gebracht werden. In diese Richtung überlegten offensichtlich auch Versuchspersonen, deren Aussagen für *Die andere Stimme* ausgewertet wurden. Manche formulierten allgemeine Prinzipien, die von *Gilligan* allerdings nicht aufgegriffen wurden. So argumentierte eine der Frauen, die sich mit dem Heinz-Dilemma auseinandersetzten, »daß Heinz das Medikament stehlen sollte, ob er seine Frau liebt oder nicht, einfach ›aufgrund der Tatsache, daß sie beide existieren‹. Obwohl jemand einen anderen vielleicht nicht mag, ›muß man jemanden lieben, weil man untrennbar von den anderen ist. [...] Der andere Mensch ist ein Teil des riesigen Kollektivs, dem wir alle angehören. [...] Auch der Fremde ist ein Mensch, der dieser Gruppe angehört‹.«[41]

Die Gefühlsethik hat ferner relativistische Implikationen. Der Appell, den eigenen Gefühlen zu folgen, führt in eine radikale Vereinzelung, so daß sich die Frage stellt, wie Moralität überhaupt noch bestimmt werden kann, es sei denn durch eine Perspektive des »do what feels good«.[42] *Jaggar*, die sich mit dieser Frage auseinandersetzte, machte darauf aufmerksam, daß es von einem solchen Ansatz her auch keine Verbindlichkeit feministischer Kritik geben kann: »Such a view would seem to preclude feminist moral criticism of the domination of women, where this is an accepted social practice, and even to entail that only feminists are bound by feminist ethics.«[43]

4. Feministische Ethik

In mehrfacher Weise ist nun deutlich geworden, daß die bisherige Debatte in folgende Aporie geführt hat: Eine universalistische Moralkonzeption wird zugleich abgelehnt und gefordert bzw. unausgesprochen vorausgesetzt. Den Grund dafür sehe ich darin, daß die oben erwähnte Zweideutigkeit des Begriffs Universalismus über weite Strecken unreflektiert blieb. Es scheint somit geboten, neben der liberalistischen bzw. rechtstheoretischen Variante dieses Begriffs die eigentlich moralphilosophische wieder hervorzuheben. Dabei geht es um den formalen Universalismus, wie er von Kant entwickelt und – in transformierter

Form – von der Diskurstheorie weitergeführt wurde. Das primäre Anliegen ist hier freilich kein philosophiehistorisches, vielmehr möchte ich zeigen, daß über eine Rekonstruktion dieser universalistischen Moralphilosophie die leidige Aporie einer Auflösung näher gebracht werden kann.

Die entscheidende Pointe liegt darin, daß der formale Universalismus gerade nicht auf »eine Menge enger und starr definierter Prinzipien« hinausläuft. Im Zentrum steht, im Gegenteil, nur eine einzige formale Regel, die Kant »kategorischer Imperativ« nennt. Zufolge der dritten der Formulierungen, die in der *Grundlegung zur Metaphysik der Sitten* ausgeführt werden, gebietet dieses eine Sittengesetz, die Menschheit in jeder Person zu achten (d. h. sowohl in meiner eigenen als auch in der Person eines bzw. einer jeden anderen).[44] In seiner Erläuterung dieser Formulierung rückt Kant zwei Bestimmungen in den Vordergrund. Der kategorische Imperativ impliziert demnach zum einen ein Verbot; dieses besagt, daß Menschen »niemals bloß als Mittel« gebraucht, d. h. gegen ihren Willen instrumentalisiert werden dürfen. Zum anderen enthält er das Gebot, daß Menschen jederzeit »als Zweck an sich« geschätzt werden müssen, d. h., daß zu respektieren ist, daß sie über die Kompetenz verfügen, ihre Zwecke selbst zu bestimmen.

Im Hinblick auf den vorliegenden Zusammenhang gilt es vor allem die zweite dieser beiden Bestimmungen näher zu betrachten. Wie sich herausstellt, ist sie weiter als die erste. Zunächst ist festzuhalten, daß die Menschen zwar hinsichtlich des Vermögens zu handeln einander gleich sind, daß aber gerade durch diese Kompetenz ihre Unterschiede zur Entfaltung gelangen. Sie treffen individuell bestimmte Entscheidungen. Kant bezieht sich in diesem Zusammenhang auf den Begriff Glückseligkeit.[45] Wie er schon zuvor ausgeführt hatte, ist das Streben nach Glückseligkeit zwar ein »Naturzweck«, aber jeder sucht sein Glück auf jeweils besonderem Wege. Glückseligkeit kann nicht in allgemein verbindlicher Weise definiert werden.[46] Damit ergibt sich folgendes: Das eine moralische Gesetz umfaßt auch das Gebot, andere im Verfolgen ihrer jeweils individuellen Glücksvorstellungen soweit als möglich (und soweit dies nicht der Moral widerspricht) zu unterstützen. Kant erläutert:

»Nun würde zwar die Menschheit bestehen können, wenn niemand zu des andern Glückseligkeit etwas beitrüge, dabei aber ihr nichts vorsätzlich entzöge;

allein es ist dieses doch nur eine negative und nicht positive Übereinstimmung zur Menschheit, als Zweck an sich selbst, wenn jedermann auch nicht die Zwecke anderer, so viel an ihm ist, zu befördern trachtete. Denn das Subjekt, welches Zweck an sich selbst ist, dessen Zwecke müssen, wenn jene Vorstellung bei mir alle Wirkung tun soll, auch, so viel möglich, meine Zwecke sein.«[47]

Es zeigt sich nun, was es bedeutet, daß der kategorische Imperativ formal und nicht abstrakt ist. Es geht gerade nicht darum, andere nur als Menschen im allgemeinen – als »verallgemeinerte Andere« – zu sehen. Gefordert ist nicht, von den Besonderheiten der einzelnen Individuen abzusehen, sondern, im Gegenteil, diese zu befördern.[48] Kant verwendet in diesem Zusammenhang auch den Terminus »Liebespflichten«. Dies geschieht im Zuge seiner Erläuterung, warum der kategorische Imperativ nicht verwechselt werden dürfe mit der »goldenen Regel«, d. h. mit dem Prinzip »was Du nicht willst, daß man Dir tu...«. Kant argumentiert, daß dieses Prinzip, neben anderen Mängeln, auch nicht den Grund der »Liebespflichten gegen andere« enthalte, »denn mancher würde es gerne eingehn, daß andere ihm nicht wohltun sollen, wenn er es nur überhoben sein dürfte, ihnen Wohltat zu erzeigen«.[49] In diesem Sinne unterstreicht auch *O'Neill* in ihren von Kant ausgehenden Überlegungen: »Verwundbare, endliche Wesen behandeln einander nicht als Zwecke, indem sie einander lediglich einen angemessenen ›Raum‹ zugestehen [...], aber keine ausdrückliche Ermutigung, Hilfe oder Unterstützung.«

Es liegt auf der Hand, daß Kant in der eben zitierten Argumentation eine Ethik der Fürsorglichkeit entwirft. Damit wird nun deutlich, wie die Aporie von Partikularismus und Universalismus, die für die gegenwärtige Diskussion so belastend ist, aufgelöst werden könnte: Die eine formale Regel ist zugleich strikt universalistisch – sie betrifft ja alle Menschen gleichermaßen[50] – und radikal individualisierend.

Diese Aporie zu überwinden, ist auch das Anliegen von *Moller Okin* in diesem Band. Sie bezieht sich dabei auf Rawls' Theorie der Gerechtigkeit. In einer Analyse der Konzeption des Urzustands gelangt sie zur Auffassung, daß der Schleier des Nichtwissens das, »was ohne ihn Eigennutzen wäre, in Altruismus oder gleiche Rücksichtnahme auf andere verwandelt«. Freilich meint *Okin*, daß diese Vermittlung sich nur auf dem Wege einer Abgrenzung des Rawlsschen Denkens gegenüber (einem liberalistisch gedeuteten) Kant vollziehen lasse.

Der Weg der bisherigen Debatte führte also von einer empirischen

Untersuchung »weiblicher Tugenden« zu einer für Frauen und Männer gleichermaßen relevanten Moralkonzeption, derzufolge fürsorgliche Zuwendung zu Individuen in Form eines allgemeinen Gesetzes geboten ist. Damit sind wesentliche Voraussetzungen für eine feministische Ethik geschaffen. Eines der künftigen Projekte sollte meines Erachtens darin liegen, das bislang zu wenig beachtete Potential des formalen Universalismus eingehend zu explizieren.[51] Es ist nun möglich – und zugleich erforderlich – geworden, die Diskriminierung von Frauen als ein moralisches Problem, das alle angeht, zur Darstellung zu bringen. Die formal-universalistische Grundforderung muß auf die Stellung der Frauen in allen Bereichen der heutigen Lebenswelt bezogen werden.

Zunächst ist zu untersuchen, wo Frauen als solche, d. h. auf Grund ihres Geschlechts, nicht voll als Menschen respektiert werden. Dabei springt zuerst die verbreitete Instrumentalisierung von Frauen ins Auge. Zu thematisieren sind hier beispielsweise die im Kontext der internationalen Organisationsweise von Prostitution auftretenden Formen von Frauenhandel, die vielfältigen Arten von sexueller Belästigung und von Gewalt gegen Frauen sowie die moralischen Probleme von Pornographie. In diesem Zusammenhang ist auch zu analysieren, wie weit staatliche Gesetzgebung solche Formen der Instrumentalisierung zuläßt oder sogar begünstigt.[52] Darüber hinaus ist generell zu prüfen, ob die allgemein formulierten menschlichen Grundrechte in den einzelnen Ländern auch für Frauen Geltung haben.[53] – Eine weitere Form der Nicht-Achtung thematisiert *O'Neill*, wenn sie sich mit dem Paternalismus auseinandersetzt. Dieser »beginnt«, wie sie festhält, »mit einem Versäumnis anzuerkennen, welches die Zwecke des anderen sind, oder daß es die des anderen sind«.

Ferner ist zu erörtern, daß es auch verschleierte Formen der Verweigerung von Anerkennung gibt. Die Entmündigung von Frauen hat sich in unserer Kultur so als Understatement eingespielt, daß manche Aspekte selbst für die Betroffenen unkenntlich gemacht sind. Sie können erst durch die Analyse konkreter Zusammenhänge, und das heißt auf der Basis des oben erläuterten individualisierenden Elements, sichtbar gemacht werden. In diesem Zusammenhang ist eine Studie *Okins* aufschlußreich, in der eine »Verletzbarkeit durch die Ehe« diagnostiziert wird: Die für die Moderne typische Arbeitsteilung zwischen den Geschlechtern hat dazu geführt, daß die Frauen in der allgemeinen Sichtweise selbstverständlich mit unbezahlter Hausarbeit und dem

Aufziehen von Kindern assoziiert werden. *Okin* ortet hier die Wurzel für das bekannte Phänomen, daß Frauen auf dem Arbeitsmarkt schlechter plaziert sind als Männer. Wie sie erläutert, betrifft dies auch die Frauen, die nicht verheiratet sind und keine Kinder haben, weil sie als potentielle Ehefrauen und Mütter wahrgenommen werden.[54]

Die formal-universalistische Grundforderung hat jedoch nicht nur die Bedeutung, daß sie die Diskriminierung von Frauen als ein moralisches Problem kenntlich und kritisierbar macht. Sie ermöglicht überdies die Frage, wieweit die Frauen in ihrer individuellen Suche nach Glück Unterstützung finden. Dabei ist vor allem zu erörtern, daß Frauen oft nicht als Individuen wahrgenommen werden. Vielfach sind sie aufgrund der ihnen zugemuteten Geschlechtsrollen vor eingeschränkte Wahlmöglichkeiten gestellt. So sehen sich Frauen, anders als Männer, nicht selten dazu gezwungen, sich zwischen Beruf und Familie zu entscheiden. Der gesellschaftliche Druck hat ferner zur Folge, daß Kinderlosigkeit bei vielen ein Gefühl der Unzulänglichkeit bewirkt. *Susan Sherwin* setzt sich in ihrem Beitrag unter dieser Perspektive mit der In-vitro-Fertilisation auseinander. Sie untersucht die These, wonach dieses neue medizinische Angebot der Vermehrung von Glück dient. Wie sie zeigt, ist eine solche Optik zwar im Blick auf den jeweils konkreten Kinderwunsch bestimmter Frauen bzw. Paare zutreffend, gleichwohl aber limitiert. *Sherwin* fordert, den Hintergrund an Klischeevorstellungen sichtbar zu machen, der bedingt, daß Zeugungsunfähigkeit als ein so großer Mangel erlebt werden kann. Sie gelangt zu dem Schluß, daß die In-vitro-Fertilisation diese traditionellen Werte befestigt: »Genaugenommen läuft die angebotene Methode Gefahr, die Unabhängigkeit der Frauen [...] einzuschränken.« – Ein anderes Problem, das in diesem Zusammenhang zu erörtern ist, liegt darin, daß formelle Gleichberechtigung sich als unzureichend erweist. Es erhebt sich die Frage: Was kann getan werden, damit die Frauen die Möglichkeiten, die ihnen de jure zustehen, etwa im Hinblick auf Ausbildung sowie berufliche und politische Tätigkeit, auch de facto ergreifen können? Von hier aus erhalten Programme für positive Diskriminierung und Quotenregelungen ihre Legitimation.[55]

Zusammenfassend ist festzuhalten, daß eine ausgeführte feministische Ethik einen kritischen und einen antizipatorischen Teil umfassen muß. Der erste entspringt der eben umrissenen Aufgabe aufzudecken, in welcher Weise Frauen nicht als Individuen ernst genommen werden.

Im antizipatorischen Teil geht es indessen um Ethik im Sinne konkreter Verhaltensmaximen. Den Ausgangspunkt bildet dabei die Frage, wie die alltäglichen Umgangsformen verändert werden müssen, damit sowohl Frauen als auch Männer auf ihren selbstgewählten Wegen zum Glück die Anteilnahme und Unterstützung anderer finden können.

Anmerkungen

1 Eine Auswahlbibliographie zur feministischen Ethik im englischsprachigen Raum findet sich in: *Newsletter on Feminism and Philosophy*, hg. v. der American Philosophical Association, 90, 2, 1991, S. 148–157. Für einen Überblick über die englischsprachige Debatte siehe Sichel, Betty A.: Different Strains and Strands: Feminist Contributions to Ethical Theory, ebd., S. 86–92. Über die deutschsprachige Debatte informiert Maihofer, Andrea: Ansätze zur Kritik des moralischen Universalismus. Zur moraltheoretischen Diskussion um Gilligans Thesen zu einer »weiblichen« Moralauffassung, in: *Feministische Studien 6*, 1, 1988, S. 32–52. Siehe auch Barndt, Kerstin: Wesentliche Unterschiede – Zum feministisch ethischen Diskurs in den USA, in: Konnertz, Ursula (Hg.): *Grenzen der Moral*. Ansätze feministischer Vernunftkritik, Tübingen: edition diskord 1991, S. 59–74; sowie Singer, Mona: Über die Moral und die Grenzen des Verstehens, ebd., S. 159–179. Daß der Diskurs, der sich in den USA entwickelt hat, im deutschsprachigen Bereich nur ansatzweise rezipiert worden ist, bedauert: Rössler, Beate: Gibt es eine »weibliche Moral«? Das »Heinz-Dilemma« und die spätgezündete deutsche Debatte über geschlechtsspezifische Moral, in: *taz*, 23. 9. 1991, S. 19.
2 Für einen weiteren Versuch, feministische Ethik durch ihre grundlegenden Fragestellungen zu definieren siehe Cole, Eve Browning/Coultrap-McQuin, Susan: Toward a Feminist Conception of Moral Life, in: dies. (Hg.): *Explorations in Feminist Ethics*. Theory and Practice, Bloomington and Indianapolis: Indiana University Press, S. 1–14.
3 Gilligan, Carol: *In a Different Voice*. Psychological Theory and Women's Development, Cambridge, Mass.: Harvard University Press 1982. Deutsch: *Die andere Stimme*. Lebenskonflikte und Moral der Frau, München: Piper 1984.
4 Vgl. Kohlberg, Lawrence: *Essays on Moral Development, Volume I: The Philosophy of Moral Development*, San Francisco: Harper and Row 1981; sowie ders. und Levine, Charles/Hewer, Alexandra: *Moral Stages: A Current Reformulation and Response to Critics*, Basel 1983.
5 Gilligan, Carol: *Die andere Stimme*, S. 29.
6 Vgl. Puka, Bill: The Liberation of Caring: A Different Voice for Gilligan's ›Different Voice‹, in: *Hypatia* 5, 1, 1990, S. 58–82.
7 Nails, Debra: Sozialwissenschaftlicher Sexismus: Carol Gilligans Fehlvermessung des Menschen, in: Nunner-Winkler, Gertrud (Hg.), *Weibliche Moral*. Die Kontroverse um eine geschlechtsspezifische Ethik, Frankfurt am Main/New

York: Campus 1991, S. 101–108. Vgl. auch: Flanagan, Owen/Jackson, Katharine: Justice, Care and Gender: The Kohlberg-Gilligan Debate Revisited, in: *Ethics*, 97, 1987, S. 622–637.

8 Nunner-Winkler, Gertrud: Zur Einführung: Die These von den zwei Moralen, in: Nunner-Winkler (Hg.), a.a.O., S. 18. Vgl. auch dies.: Gibt es eine weibliche Moral? ebd., S. 147–161; Döbert, Rainer: Männliche Moral – weibliche Moral, ebd., S. 121–146. Ähnlich argumentiert Broughton, John: Women's Rationality and Men's Virtues: A Critique of Gender Dualism in Gilligan's Theory of Moral Development, in: *Social Research* 50, 3, 1983, S. 597–642.

9 Zur Kritik an Nunner-Winkler vgl. die Rezension von Rössler, Beate: Gertrud Nunner-Winkler (Hg.): *Weibliche Moral. Die Kontroverse um eine geschlechtsspezifische Ethik*, in: *Philosophischer Literaturanzeiger* 45, 3, 1992, S. 278–283.

10 Vgl. Brown, Lyn Michel: *Narratives of Relationship: The Development of a Care Voice in Girls Ages 7 to 16*, Dissertation an der Harvard University Graduate School of Education 1989 (unveröffentlicht).

11 Vgl. Nicholson, Linda: Women, Morality and History, in: *Social Research*, 50, 1983, S. 514–536.

12 Gilligan, Carol: Moralische Orientierung und moralische Entwicklung, in: Nunner-Winkler (Hg.): a.a.O., S. 99.

13 Gilligan, Carol: On ›In a Different Voice‹: An Interdisciplinary Forum, in: *Signs* 11, 2, 1986, S. 327.

14 Vgl. Butler, Judith: *Das Unbehagen der Geschlechter*, Frankfurt am Main: Suhrkamp 1991.

15 Vgl. Nagl-Docekal, Herta: Paradoxien der Evolutionären Erkenntnistheorie, in: Fenk, August (Hg.): *Evolution und Selbstbezug des Erkennens*, Wien/Köln: Böhlau, 1990, S. 69–82.

16 Nunner-Winkler, Gertrud: Zur Einführung: Die These von den zwei Moralen, a.a.O., S. 18.

17 Vgl. Honegger, Claudia: *Die Ordnung der Geschlechter. Die Wissenschaften vom Menschen und das Weib*, Frankfurt am Main/New York: Campus 1991.

18 Auch Frigga Haug geht davon aus, daß die von Gilligan diagnostizierte Differenz in der unterschiedlichen moralischen Sozialisierung begründet ist: »...die gleichen Werte bedeuten je nach Geschlecht Verschiedenes, beziehen sich auf andere Praxen, verlangen anderes Verhalten.« Siehe Haug, Frigga: Die Moral ist zweigeschlechtlich wie der Mensch. Zur Theorie weiblicher Vergesellschaftung, in: Opitz, Claudia (Hg.): *Weiblichkeit oder Feminismus?* Weingarten: Drumlin 1984, S. 104.

19 Benhabib, Seyla: The Debate over Women and Moral Theory Revisited, in: Nagl-Docekal, Herta (Hg.): *Feministische Philosophie*, Wien/München: Oldenbourg 1990, S. 199.

20 Daß bei Gilligan hier ein Differenzierungsdefizit vorliegt, moniert auch Jürgen Habermas. Er hält fest, sie unterscheide »nicht ausreichend zwischen moralischen und evaluativen Fragen, zwischen Gerechtigkeitsfragen und Fragen des guten Lebens«. Siehe Habermas, Jürgen: Moralbewußtsein und kommunikatives Handeln, in: ders.: *Moralbewußtsein und kommunikatives Handeln*, Frankfurt am Main: Suhrkamp 1983, S. 193.

21 Gilligan, Carol: Moralische Orientierung und moralische Entwicklung, a.a.O., S. 100.
22 Ruddick, Sara: *Maternal Thinking*. Toward a Politics of Peace, Boston: Beacon Press 1989.
23 Vgl. Auerbach, Judy/Blum, Linda/Smith, Vicki/Williams, Christine: On Gilligan's ›In a Different Voice‹, in: *Feminist Studies* 11, 1, 1985, S. 149–161; Green, Catherine G. / Maccoby, Eleanor E.: How Different is the ›Different Voice‹? in: *Signs* 11, 2, 1986, S. 310–316; Lloyd, Genevieve: Reason, Gender, Morality in the History of Philosophy, in: *Social Research* 50, 3, 1983, S. 490–513. In der deutschsprachigen Debatte akzentuiert Heidemarie Bennent-Vahle diesen Aspekt: »Mit ihrer Zwei-Moralen-These steht Gilligan noch im Zeichen eines tradierten philosophischen Geschlechterfundamentalismus. Es kann deshalb [...] nur darum gehen, ihre moralkritischen Überlegungen aus dieser Befangenheit zu lösen und ihren allgemein-menschlichen Neuheitswert herauszuheben.« Siehe Bennent-Vahle, Heidemarie: Moraltheoretische Fragen und Geschlechterproblematik – Überlegungen zu Gilligans Entwurf einer »weiblichen« Moralperspektive, in: Herzog, Walter/Violi, Enrico (Hg.): *Beschreiblich weiblich*. Aspekte feministischer Wissenschaft und Wissenschaftskritik, Zürich: Rüegger 1992, S. 66. Vgl. auch Bennent-Vahle, Heidemarie: Über das moralische Anderssein der Frau: zu Carol Gilligans Entwurf einer weiblichen Ethik, in: Gilles, Brigitte/Schinzel, Britta (Hg.): *»Bei gleicher Qualifikation...«*. Ringvorlesung der Philosophischen Fakultät der RWTH Aachen im Sommersemester 1990, Aachen: Augustinus Buchhandlung 1990, S. 123–144.
24 Card, Claudia: Caring and Evil, in: *Hypatia* 5, 1, 1990, S. 101–108.
25 Houston, Barbara: Caring and Exploitation, in: *Hypatia* 5, 1, 1990, S. 115–119.
26 Hoagland, Sarah Lucia: Some Concerns About Nel Noddings' Caring, in: *Hypatia* 5, 1, 1990, S. 109–114. Vgl. Noddings, Nel: A Response, ebd. S. 120–126.
27 Vgl. auch Hoagland, Sara Lucia: *Die Revolution der Moral*. Neue lesbisch-feministische Perspektiven, Berlin: Orlanda Frauenverlag 1991. Daß der Begriff »weibliche Werte« stets in einem Kontext von Unterdrückung steht, betont auch Grimshaw, Jean: The Idea of a Female Ethic, in: Singer, Peter (Hg.): A Companion to Ethics, Oxford: Blackwell 1991, S. 491–499.
28 Vgl. Tronto, Joan C.: Beyond Gender Difference to a Theory of Care, in: *Signs* 12, 1987, S. 644–661.
29 Vgl. den Beitrag von Baier, Annette C., in diesem Band sowie dies.: The Need for More Than Justice, in: Hanen, Marsha/Nielsen, Kai (Hg.): *Science, Morality and Feminist Theory*, Canadian Journal of Philosophy, Supplementary Volume 13, 1987, S. 41–58.
30 Vgl. Benhabib, Seyla: Der verallgemeinerte und der konkrete Andere. Ansätze zu einer feministischen Moraltheorie, in: List, Elisabeth/Studer, Herlinde (Hg.): *Denkverhältnisse*. Feminismus und Kritik, Frankfurt am Main: 1989, S. 454–487.
31 Friedman, Marilyn: Jenseits von Fürsorglichkeit: Die Ent-Moralisierung der Geschlechter, in diesem Band S. 241.
32 Noddings, Nel: Warum sollten wir uns ums Sorgen sorgen? in diesem Band S. 135.
33 Gilligan, Carol, and Wiggins, Grant, in diesem Band S. 69.

34 Vgl.: Young, Iris M. S. 267: Impartiality and the Civic Public. Some Implications of Feminist Critiques of Moral and Political Theory, in: dies., *Throwing Like a Girl and Other Essays in Feminist Philosophy and Social Theory*, Bloomington/Indianapolis: Indiana University Press 1990, S. 92–113.
35 Eine Auswahlbibliographie unter dem Titel »Feminist Jurisprudence and Legal Theory« erschien in: *Newsletter on Philosophy and Law*, hg. von der American Philosophical Association 90, 1, 1990, S. 159–161; vgl. auch Gerhard, Ute: *Gleichheit ohne Angleichung. Frauen im Recht*, München: Beck 1990.
36 Gould, Carol: Philosophical Dichotomies and Feminist Thought: Towards a Critical Feminism, in: Herta Nagl-Docekal (Hg.): a.a.O., S. 186.
37 Benhabib, Seyla: a.a.O., S. 168; vgl. auch Fraser, Nancy: *Unruly Practices. Power, Discourse and Gender in Contemporary Social Theory*, Minneapolis: University of Minnesota Press: 1989, bes. Kap. 7: Women, Welfare and the Politics of Need Interpretation, S. 145–187.
38 Vgl. Young, Iris M.: *Justice and the Politics of Difference*, Princeton: Princeton University Press 1990, bes. Kap. 1: Displacing the Distributive Paradigm, S. 15–38.
39 Card, Claudia: a.a.O., S. 102.
40 Ebd., S. 103.
41 Gilligan, Carol: *Die andere Stimme*, a.a.O., S. 76. Vgl. dazu Blum, Lawrence: Gilligan and Kohlberg: Implications for Moral Theory, in: *Ethics* 98, 3, 1988, S. 473 und Kymlicka, Will: *Contemporary Political Philosophy. An Introduction*, Oxford: Clarendon Press 1990, S. 271. Eva-Maria Schwickert macht geltend, daß sich die zwei von Gilligan gegenübergestellten Moralperspektiven zusammenführen lassen. Sie führt aus, »daß der Universalismus den Pluralismus nicht verhindert, sondern ermöglicht«. Siehe Schwickert, Eva-Maria: Gerechtigkeit und Fürsorge, in: *Ethik und Sozialwissenschaften* 3, 4, 1992, S. 569.
42 Vgl. Jaggar, Alison M.: Feminist Ethics: Projects, Problems, Prospects, in: Nagl-Docekal, Herta/Pauer-Studer, Herlinde (Hg.): *Denken der Geschlechterdifferenz. Neue Fragen und Perspektiven der Feministischen Philosophie*, Wien: Wiener Frauenverlag 1990, S. 161 ff. Daß bei Gilligan moralische Reife durch einen ›kontextuellen Relativismus‹ gekennzeichnet ist, unterstreicht Dreyfus, Hubert L.: Was ist moralische Reife? Eine phänomenologische Darstellung der Entwicklung ethischer Expertise, in: *Deutsche Zeitschrift für Philosophie* 41, 3, 1993 (im Erscheinen).
43 Jaggar, Alison M.: a.a.O., S. 162 f.
44 Kant, Immanuel: *Grundlegung zur Metaphysik der Sitten*, in: ders.: Werke in sechs Bänden, hg. v. Weischedel, Wilhelm, Band IV, Darmstadt: Wissenschaftliche Buchgesellschaft 1963, S. 61.
45 Ebd., S. 63.
46 Ebd., S. 47.
47 Ebd., S. 63.
48 Daß allgemeine Prinzipien, anders als spezielle Regeln, gerade nicht erfordern, von den konkreten Umständen einer Situation zu abstrahieren, betont auch Grimshaw, Jean: *Philosophy and Feminist Thinking*, Minneapolis: University of Minnesota Press 1986, S. 207 f.

49 Kant, Immanuel: a.a.O., S. 62.
50 Daß Kants Universalismus als solcher sich unter der Perspektive des feministischen Anliegens als relevant darstellt, betont Tronto, Joan: Beyond Gender Difference to a Theory of Care, *Signs* 12, 4, 1987, S. 644: »Whatever the weakness of Kantian universalism, its premise of the equal moral worth and dignity of all humans is attractive.«
51 Im Sinne dieser Forderung entwirft Susanne Lang eine »Diskursethik der Solidarität«, die »dem strategischen Ziel der Überwindung der bestehenden Geschlechterordnung und deren aktuellen wie strukturellen Ungerechtigkeiten« dienen soll. Siehe Lang, Susanne: Feministische (Diskurs-)Ethik? Überlegungen zu Ansatz und Gegenstand feministischer Ethik und Ethikkritik, in: Reese-Schäfer, Walter/Schuon, Karl-Theodor (Hg.): *Ethik und Politik*. Diskursethik, Gerechtigkeitstheorie und politische Praxis, Marburg: Schüren 1991, S. 85 f.
52 Vgl. MacKinnon, Catharine A.: *Toward a Feminist Theory of the State*, Cambridge/London: Harvard University Press 1989; Okin, Susan Moller: *Justice, Gender, and the Family*, New York: Basic Books 1989; Rhode, Deborah L., *Justice and Gender*, Sex Discrimination and the Law, Cambridge/London: Harvard University Press 1989.
53 Im Rahmen des VI. Symposiums der Internationalen Assoziation von Philosophinnen, das vom 22.–25. April 1992 in Amsterdam stattfand, waren dem Thema »Menschenrechte für Frauen« mehrere Vorträge und eine Podiumsdiskussion gewidmet. Diese Beiträge erschienen in: Pellikaan-Engel, Maja (Hg.): *Against Patriarchal Thinking*. A Future Without Discrimination? Amsterdam: VU University Press 1992. Siehe Part II: Women's Human Rights, S. 257–364.
54 Okin, Susan Moller: Verletzbarkeit durch die Ehe, in: *Deutsche Zeitschrift für Philosophie* 41, 2, 1993 *(im Erscheinen)*.
55 Vgl. Rössler, Beate (Hg.): *Quotierung und Gerechtigkeit*. Eine moralphilosophische Kontroverse, Frankfurt am Main/New York: Campus 1993.

Herlinde Pauer-Studer
Moraltheorie und Geschlechterdifferenz.
Feministische Ethik im Kontext
aktueller Fragestellungen*

1. Zum Begriff »feministische Ethik«

Eines der interessantesten Themen an der Schnittstelle von feministischer Theorie und Philosophie ist zweifellos die Diskussion um eine feministische Ethik. Inspirationsquelle und Auslöser dieser Debatte war bemerkenswerterweise nicht eine philosophische, sondern eine moralpsychologische Studie – *Carol Gilligans* inzwischen zum Klassiker avanciertes Buch *Die andere Stimme*.[1] Warum gerade diese von der Autorin eindeutig als empirische Analyse ausgewiesene Arbeit zu einer anhaltenden und tiefgreifenden feministischen Auseinandersetzung mit den Prämissen und Paradigmen der zeitgenössischen Moralphilosophie führte, hat vielschichtige Gründe. Zwei Momente scheinen mir vorrangig: Zum einen traf sich vieles von dem, was Gilligan aussprach, mit einem Unbehagen vieler Moraltheoretikerinnen und Moraltheoretiker gegenüber dem für weite Bereiche der modernen Moralphilosophie charakteristischen »formalen Universalismus«.[2] Zum zweiten brachte Gilligan erstmals die moralische Urteilsbildung in Verbindung mit der Frage der Geschlechtsidentität, womit sich schlagartig eine völlig neue Blickrichtung auf die Ethik insgesamt eröffnete. Rückblickend läßt sich sagen, daß Gilligans Orientierung an der Kategorie »Frau« – und nicht jener der Geschlechterdifferenz – und ihre damit korrespondierende Gegenüberstellung zweier Moralen, einer »weiblichen« Moral der Fürsorglichkeit, Anteilnahme und Verantwortung und einer »männlichen« Moral der Rechte, Prinzipien und Gerechtigkeit die feministische Moraldebatte in einige theoretische Fallgruben gelockt hat, die sie inzwischen aber, wie auch die Essays dieses Bandes zeigen, wohl überwunden hat.

Wenn auch die Literatur zur feministischen Ethik ständig wächst[3], gibt es kaum Versuche einer genaueren Festlegung, geschweige einer

---

* Für kritische Anmerkungen danke ich Herta Nagl-Docekal, Maria Reiffenstein, Silvia Stoller und Elisabeth M. Holzleithner.

Definition dessen, was unter feministischer Ethik zu verstehen ist.[4] Eine solche Begriffsbestimmung scheint um so dringlicher, als sich bei näherem Hinsehen ein durchaus heterogenes Bild unterschiedlichster Auffassungen von Thema, Methodik und Ziel des Projekts zeigt, was zu einiger Verwirrung Anlaß gibt.

Viele Autorinnen assoziieren mit feministischer Ethik – auf der Linie der Gilligan-Rezeption – die Idee einer spezifisch weiblichen Moral, die auf dem Hintergrund von Mutter-Kind-Beziehungen Werte wie Fürsorglichkeit, Anteilnahme und Wohlwollen ins Zentrum rückt. Andere begreifen feministische Ethik als die Konzentration auf bestimmte Problemstellungen, etwa Chancengleichheit im privaten und öffentlichen Bereich, sexuelle Belästigung, Pornographie, Vergewaltigung, Altersdiskriminierung, wo die Interessen von Frauen in besonderem Maße tangiert sind. Und einige feministische Philosophinnen betrachten wiederum die moralische Dimension der Interaktionen von *Frauen* untereinander, die Art ihrer Macht- und Herrschaftsbeziehungen, als vorrangiges Problem einer feministischen Ethik.[5] Diese Pluralität wiederholt sich auf methodischer Ebene, in der Wahl der Standards und des Stils der philosophischen Reflexion.

Welcher Weg scheint angesichts dieser Vielfalt angemessen? Teilen die verschiedenen Auffassungen gewisse Voraussetzungen, aus denen sich in etwa ein gemeinsamer Nenner als Grundlage einer Begriffsbestimmung ableiten läßt? In welchem Verhältnis steht die feministische Ethik zu herkömmlichen ethischen Theorien? Wo grenzt sie sich ab, wo knüpft sie an? Wie weit decken sich die Problemstellungen?

Ich will nun eine vorläufige Begriffsbestimmung – der bescheidenere Ausdruck einer Begriffsumschreibung wäre vielleicht angebrachter – feministischer Ethik entwickeln und ausgehend davon eine Antwort auf diese Fragen versuchen. Dabei scheint es mir sinnvoll, auf jene Begriffsklärung zurückzugreifen, die Herta Nagl-Docekal für die feministische Philosophie insgesamt gegeben hat. Demnach ist feministische Philosophie keine Teildisziplin der Philosophie, »die den bereits vorhandenen bloß angegliedert«[6] werden müßte, sondern eine Analyse philosophischer Problemstellungen mit Bezug auf die Stellung der Frau, also ein »Philosophieren am Leitfaden des Interesses an der Befreiung der Frau«.[7] Feministische Philosophie ist den textkritischen Methoden und argumentativen Standards der Philosophie verpflichtet, wenn sie auch insgesamt als Ideologiekritik verstanden werden sollte.[8]

Geht man von dieser Konzeption aus, so ergibt sich folgende Standortbestimmung: Feministische Ethik ist wohl ein neuer Denkansatz, prima facie aber keine neue ethische Theorie; sie befindet sich weder auf einer Ebene mit den aus der Geschichte der Philosophie bekannten normativ-ethischen Ansätzen noch mit den im Umfeld der angewandten Ethik neu entstandenen Disziplinen wie Umweltethik, Wirtschaftsethik etc.[9] Vielmehr definiert sie einen bestimmten Blickwinkel auf diese Theorien und auf die Moralphilosophie in ihrer ganzen Breite. Anders gesagt: Feministische Ethik bezeichnet den Versuch, die Perspektive der Geschlechterdifferenz auf moralphilosophische Fragen – theoretische Problemstellungen wie auch die philosophische Analyse konkreter moralischer Konfliktsituationen – anzuwenden. Man könnte den so skizzierten methodischen Zugang, und vielleicht wäre dies weniger mißverständlich, auch als »feministisch-philosophische Analyse der Ethik« bezeichnen, doch ist der Ausdruck »feministische Ethik« allein wegen der Kürze vorzuziehen. Es geht also um eine Transformation der gängigen Moralansätze hin zu einer umfassenderen, auch Fraueninteressen und Frauenperspektiven einbeziehenden Theorie; aber wo genau die Neuschreibung ansetzt, welche Bedingungen der gängigen Theorien übernommen und welche verworfen werden, bedarf der genauen Prüfung und Analyse.[10]

Bleibt aber so formuliert die Blickrichtung nicht relativ vage? Müßte nicht genauer definiert werden, was mit der »Perspektive der Geschlechterdifferenz« gemeint ist? Trifft umgekehrt nicht jeder Versuch einer genaueren inhaltlichen Bestimmung des »feministischen Blickwinkels« auf das Problem, daß in der feministischen Theorie diesbezüglich keine Einhelligkeit herrscht und unterschiedliche Auffassungen von Feminismus wie auch einiges an Kontroversen, welche Positionen letztlich das Prädikat »feministisch« verdienen, existieren?[11] Nun können meiner Meinung nach Ziel und Aufgabe einer Definition nicht darin bestehen, eine letztlich abgesicherte Begriffsbestimmung zu finden, die jedem möglichen existierenden Verständnis gerecht wird. Feministische Theorie teilt das Schicksal aller theoretischen Entwürfe – und *sollte* es selbstverständlich auch teilen –, nämlich immer einen vorläufigen Erkenntnisstand zu reflektieren. Mit anderen Worten: Von allen Präzisierungen in diesem Kontext kann sich bei näherem Hinsehen erweisen, daß sie zu kurz greifen oder durch neue Entwicklungen obsolet werden. Trivialerweise bedeutet jede Skizzierung des »feministischen Standpunkts«, Position zu beziehen und hinterfragbar zu bleiben. Ein bloßes Sichten und Akzentuieren der Pluralität bleibt eine Stufe vor der theoretischen Reflexion stehen und scheut vielleicht einfach die intellektuelle Auseinandersetzung.

Dennoch ist es, besonders bei einem noch so wenig erforschten Terrain wie dem der feministischen Ethik, ratsam, nach möglichst allgemeinen Bedingungen feministischen Selbstverständnisses zu suchen, die nicht zu sehr eine bestimmte Sichtweise favorisieren.

Alison Jaggar hat folgende zwei Minimalbedingungen, denen jeder feministische Ethik-Ansatz zu genügen hat, formuliert, auf die sich hier zurückgreifen läßt:

1. Die Diskriminierung der Frau ist moralisch falsch, und
2. eine Moraltheorie hat die moralischen Erfahrungen von Frauen gleichermaßen wie jene der Männer zu berücksichtigen.[12]

Ich würde vorschlagen, diese durch eine dritte Bedingung zu ergänzen, die da lautet:

3. Die gesellschaftliche Ausgangslage von Frauen und Männern ist, ungeachtet aller formalen Gleichheitsgrundsätze, nicht die gleiche;
ein Umstand, der eminente Konsequenzen bezüglich moralischer Problemstellungen und indirekt der Moraltheorien nach sich zieht.

Aus dieser ersten Begriffserklärung, so unterbestimmt sie zunächst auch scheinen mag, ergeben sich eine Reihe von Folgerungen – im Hinblick auf die bisherigen Diskussionsverläufe wie auch die zukünftige methodologische Orientierung. Eine Konsequenz ist beispielsweise, daß eine feministische Ethik nicht mit einer »weiblichen Ethik« gleichzusetzen ist. Eine auf den Begriff der Geschlechterdifferenz fokussierte Moralbetrachtung steht gleichsam über der Kontroverse, die sich im Anschluß an *Gilligans* zweifellos problematische Gegenüberstellung einer weiblichen und einer männlichen Moral entwickelte.[13] Sie beansprucht nicht, eine Ethik des weiblichen Moralurteilens zu entwickeln, sondern Moralphilosophie auf dem Hintergrund einer gesellschaftlich gegebenen und tief in die jeweiligen Selbstkonzeptualisierungen reichenden Asymmetrie im Status von Frauen und Männern zu untersuchen, und kann sich frei von unergiebigen und unhaltbaren Dualismen den entscheidenderen Fragestellungen zuwenden: nämlich denen nach der Struktur einer von patriarchalen Geschlechterkonfigurationen freien und Fraueninteressen explizit berücksichtigenden Ethik. (Damit ist noch nichts über den Stellenwert der von Gilligan in die Diskussion gebrachten Aspekte wie Fürsorglichkeit, Anteilnahme und Verantwortlichkeit gesagt, auf die ich noch zurückkomme.)

Ich möchte, um diese Begriffsbestimmung abzurunden, noch kurz zwei häufige Einwände gegen das Projekt einer feministischen Ethik erörtern.

Das erste Gegenargument basiert auf einem methodologischen Hintergrundverständnis, das für weite Bereiche der analytischen Moralphilosophie typisch ist. Danach wird eine Moraltheorie als ein System von Prinzipien unterschiedlichsten Allgemeinheitsgrads begriffen, die in einem formal-deduktiven Zusammenhang stehen und aus denen sich durch Einbeziehung situativer Bedingungen Handlungsanleitungen für konkrete moralische Problemstellungen ableiten lassen. Um die Begründungslast möglichst gering zu halten, werden meist nur wenige, nicht-substantielle Prinzipien – sehr oft ein Universalisierungsprinzip der einen oder anderen Form – vorausgesetzt. Dieses Verständnis einer Moraltheorie geht natürlich zurück auf eine bestimmte Lesart der Kantschen Theorie, wobei zu überlegen ist, wie weit Kants Ansatz hier nicht eine unangemessene Verflachung erlebt.

Folgender Einwand an die Adresse feministischer Ethik scheint von einer solchen Konzeption her naheliegend: Wenn es so etwas wie eine feministische Ethik geben soll, dann müßte sie spezifische allgemeinste Moralprinzipien, nämlich feministische, formulieren. Nicht nur – so das Argument – sei die feministische Diskussion offenbar noch weit von der Formulierung solcher Prinzipien entfernt; es wäre auch schwer vorstellbar, wie so etwas möglich sein soll, da die bestehenden Ethik-Ansätze in all ihren unterschiedlichen Varianten die Möglichkeiten doch weitgehend abdecken.

Ich halte die Zweifel, ob solche feministischen Grundprinzipien der Moral – so eine Art feministischer »kategorischer Imperativ« – entwickelt werden können und *sollen*, durchaus für berechtigt. Nur: der Einwand insgesamt ist unsinnig (dürfte aber als entscheidender Vorbehalt in nicht wenigen moraltheoretischen Köpfen herumspuken), und unsere obige Begriffsbestimmung läßt ihn ohnehin ins Leere laufen. Er unterstellt als Zielvorstellung feministischer Ethik die Formulierung einer normativ-ethischen Theorie, die sich als Konkurrenzunternehmen zu existierenden Ansätzen in dem Sinn versteht, daß sie keinerlei Grundprinzipien mit diesen teilen dürfte. Diese Interpretation des Projekts haben wir aber schon zurückgewiesen. Zum anderen beruht der

Einwand auf einem methodologischen Selbstverständnis philosophischer Ethik, das in Anbetracht der neueren Diskussionen in der Moralphilosophie, vor allem im Umkreis der methodologischen Probleme der angewandten Ethik, als überholt bis »naiv« bezeichnet werden kann. Immer mehr analytische Moraltheoretikerinnen und Moraltheoretiker – allen voran Philippa Foot und Bernard Williams – bezweifeln die Angemessenheit eines moraltheoretischen Deduktivismus.[14] Hinterfragt wird aber nicht nur die lange Zeit gleichsam orthodoxe Grundannahme, daß eine Moraltheorie ein deduktiv zusammenhängendes Gebilde ist, sondern prinzipiell die Möglichkeit, eine einheitliche Theorie zu formulieren, die alle moralisch relevanten Bereiche über die Formulierung grundlegender Prinzipien abdeckt. Die moralische Landschaft, so das Argument, sei für ein solches Unterfangen zu komplex[15], und wir müßten bei einem wesentlich genaueren Studium der moralischen Phänomene und der konkreten Dilemmata beginnen und von daher sorgfältig die Zusammenhänge zwischen moralischen Prinzipien, moralischen Rechten und Werten studieren. Wenn, wie Bernard Williams sagt, Moral etwas ist, das in unseren Gefühlen und Institutionen ruht, so eröffnet sich einiges an vielversprechenden Analysemöglichkeiten für einen feministischen Zugang.

Ein zweiter Einwand, den ich diskutieren möchte, berührt das Problem, daß eine feministische Analyse die Geschlechtsneutralität der Moraltheorie aufbricht und damit – so die Kritik – einen nicht haltbaren Perspektivismus einbringt. Die traditionelle philosophische Ethik, wie die Philosophie überhaupt, hat sich einiges auf ihre Geschlechtsneutralität zugute gehalten. Wir kennen die Botschaft und den Anspruch: Die Perspektive ist die »allgemeinmenschliche«, der Adressatenkreis sind »alle«. Wir wissen auch um die auf den ersten Blick so plausiblen Überlegungen dahinter: Sind nicht die allgemeinsten Bedürfnisse, die eine Moraltheorie zu berücksichtigen hat, sozusagen die Kriterien des Moralischen, bei allen menschlichen Wesen die gleichen – nämlich die Vermeidung von Leid und Schmerz und das Fördern von Wohlergehen oder Glückseligkeit? Anders gesagt: Transzendieren nicht die grundlegenden moralischen Werte die Geschlechterseparierung?

Diese Appelle an das Allgemeinmenschliche in der Moral greifen insofern nicht mehr so recht, da der feministischen Analyse der »Universaljargon« der Philosophie längst verdächtig geworden ist; eine Skepsis, die Seyla Benhabib folgendermaßen auf den Punkt bringt: »Wenn das, was man bisher als Hauptwerke abendländischer Tradition ansah, fast durchweg die Produkte einer speziellen Gruppe von Individuen waren, nämlich besitzhabenden, weißen europäischen und nordamerikanischen *Männern*, wie repräsentativ sind dann ihre Ansprüche, wie umfassend ihre Botschaft und wie unvoreingenommen ihre Sicht?«[16] Feministische Philosophinnen haben gezeigt, daß die Benutzung eines geschlechtsneutralen Vokabulars einfach verschleiert, daß sich praktisch ungebrochen der Standpunkt des Mannes artikuliert und mit »Menschen« meist Männer und nicht Frauen gemeint sind. Als klassisches Beispiel sei nur Aristoteles erwähnt, der eine Ethik und eine Konzeption des guten Lebens entwickelt, die nur für eine bestimmte Gruppe von Männern gilt, was sich nicht zuletzt in seinem Tugendkatalog niederschlägt. Diese Verdeckung einer eindeutig geschlechtsspezifischen, allerdings männlichen, Perspektive durch eine geschlechtsneutrale Sprache beschränkt sich nicht auf antike Denker wie Aristoteles, die zu entschuldigen »liberal und aufgeklärt denkende« moderne Philosophen stets mit dem Hinweis auf deren vormodernes gesellschaftliches Umfeld geneigt sind. Auch um moderne Theoretiker steht es da nicht besser. So verfällt Alasdair MacIntyre, der in seinem Buch *Der Verlust der Tugend* die Aufklärungsmoral scharf kritisiert und ihr eine neo-aristotelische kommunitaristische Ethik gegenüberstellt, wo statt der Vernunftbegründung oberster Moralprinzipien die Begriffe der Lebensform, der Tugend und des Guten im Mittelpunkt stehen, dem gleichen Fehler. Für MacIntyre kann die Frage »Was soll ich tun?« nur auf dem Hintergrund jener Geschichten beantwortet werden, die ich zur Basis meiner eigenen Geschichte erkläre und die den Hintergrund unserer sozialen Identitäten und Moralvorstellungen bilden. Aber die Geschichten, die MacIntyre hier als moralische Identifikations- und Sozialisationsinstanzen exemplarisch anführt – Geschichten »über schlechte Stiefmütter, verlorengegangene Kinder, gute, aber fehlgeleitete Könige, *Wölfe*, die Zwillinge säugen...«[17] – sind so eindeutig am männlichen Subjekt und Standpunkt orientiert, daß seine Benutzung einer geschlechtsneutralen Sprache, wie eine Kritikerin ihm generell vorgeworfen hat, »schlichtweg absurd« ist.[18]

Der Vorwurf an die Adresse feministischer Ethik, den objektiven, weil geschlechtsneutralen Charakter der Moraltheorie zu unterlaufen, greift also insofern nicht, als diese Geschlechtsneutralität kein Verdienst ist, sondern eine subtile Ausgrenzungstaktik verdeckt. Nimmt man die universalistische Moraltheorie beim Wort, nämlich für alle Menschen zu sprechen, dann muß sie die Lebensbedingungen dieser Menschen in Betracht ziehen und berücksichtigen, was es heißt, *wer* in *welcher* Gesellschaft zu sein; dies bedeutet, auch dem Umstand Rechnung tragen, daß mit dem Faktor Geschlecht eine tiefgreifende Ungleichheit in der Stellung der Moralsubjekte verknüpft ist. Damit wird einmal mehr das ideologiekritische Potential einer Analyse moraltheoretischer Positionen aus dem Blickwinkel der Geschlechterasymmetrie deutlich.

Allerdings, dies möchte ich betonen, bleibt dieses Zurückspielen des Perspektivismus-Vorwurfs an die »mainstream«-Moralphilosophie, so berechtigt es auch ist, was die politisch-ideologische Dimension der traditionellen Moralphilosophie angeht, philosophisch-systematisch gesehen unbefriedigend, da es in gewisser Weise eine Variante einer Ad-hominem-Argumentation darstellt. Anders gesagt: Es gehört zur Kinderstube philosophischen Argumentierens, daß A sich nicht auf die *Legitimität* von X mit dem Hinweis, daß auch B X tut, berufen sollte. Der erwähnte Einwand verweist auf eine tiefergreifende Problematik, die, so meine ich, von einer feministischen Ethik ernst genommen werden muß, nämlich die Frage, wie sie es genau mit Universalismus, Unparteilichkeit und Objektivität hält; ein Punkt, auf den ich im nächsten Abschnitt eingehe.

Um zusammenzufassen: Feministische Ethik ist eine bestimmte, an der Benachteiligung von Frauen und der Asymmetrie in den Lebensmöglichkeiten von Frauen und Männern orientierte Sicht auf die Ethik. Ihr Gegenstandsbereich ist koextensiv mit dem der Moralphilosophie – sie ist nicht auf bestimmte Problemstellungen eingeschränkt. Feministische Ethik steht in einem Diskussionszusammenhang mit den Voraussetzungen und Ansätzen der traditionellen Moralphilosophie, ihre genaueren Konturen müssen aber erst erarbeitet werden – in Auseinandersetzung mit den Postulaten und Konsequenzen der gängigen Moraltheorien und auf der Basis deren sorgfältiger Prüfung im Lichte der wohlerwogenen moralischen Einzelurteile, die Frauen im Lichte ihrer konkreten Erfahrungen und gesellschaftlichen Situation treffen.

1. Universalismus, Partikularismus und Unparteilichkeit

In Teilen der feministischen Theorie ist im Zuge der zweifellos berechtigten Hinterfragung des Universalitätsanspruchs der traditionellen Philosophie ein pauschaler Anti-Universalismus en vogue. Auch eine feministische Philosophie mit Universalitätsintentionen verfalle den Irrtümern des Aufklärungsdenkens und übersehe, daß hinter der Rede von der »Frau« und deren »Standpunkt und Interessen« nicht eine homogene Gruppe mit identischen Erfahrungen stehe, sondern sich eine Pluralität von Erfahrungen, Positionen und Sichtweisen verberge, die sich entlang der Linie der Geschlechterdifferenz, aber auch jener von Rasse, Klasse und Kultur auffächerten. Jeder Versuch, gemeinsame Elemente bzw. allgemeingültige Konstanten der Erfahrung oder einen archimedischen Punkt zu identifizieren, lege über die Diversität der Lebensverhältnisse eine abstrakte Ebene der Erklärungsmuster und der Situationsbetrachtung, die Ausschluß und Unterdrückung, nicht aber Aufarbeitung von Dissonanzen bedeute.[19]

Dieser postmodernistische Standpunkt eines radikalen Partikularismus reflektiert sich auch in der Kritik feministischer Philosophinnen an der universalistischen Moralphilosophie und ihrer Kernidee einer von allen Partikularismen und Kontingenzen freien Sicht auf moralische Phänomene und Konfliktsituationen. So kritisiert zum Beispiel *Iris Young* »das Ideal normativer Vernunft als eines alle Perspektiven transzendierenden Standpunkts als zugleich illusionär und repressiv«.[20]

Ich werde im folgenden genauer auf die einzelnen Argumente eingehen und anschließend die These vertreten, daß eine feministische Ethik vorsichtig sein sollte mit einer Pauschalverurteilung von Universalismus und Unparteilichkeit.

Der moralische Standpunkt ist in der nachkantischen Moralphilosophie definiert als ein allgemeiner, überparteilicher und die kontingente Ebene von subjektiven Interessenansprüchen überschreitender Gesichtspunkt. Dieses Grundmuster findet sich in den prominentesten zeitgenössischen Moralansätzen – zum Beispiel der Diskurstheorie und Rawls' Gerechtigkeitstheorie, aber auch Hares Moralansatz. Trotz diverser Unterschiedlichkeiten ist diesen Theorien gemeinsam, daß die Suche nach moralischen Standards das Beziehen eines überpersönlichen Standpunkts erfordert, von dem her die Interessen aller gleichermaßen Berücksichtigung und gleiche Gewichtung finden. Die Überlegung dahinter ist, daß Moral Normierungsstandards zur Regelung von *Interessenkonflikten* liefern sollte und dies trivialerweise nur kann, wenn sie die Stufe subjektiven Wollens transzendiert. Wie Habermas etwa schreibt: »Gültige Normen müssen die Anerkennung von seiten *aller* Betroffenen *verdienen*. [...] Unparteilich ist allein der Standpunkt, von dem aus genau diejenigen Normen verallgemeinerungsfähig sind, die, weil sie erkennbar ein allen Betroffenen gemeinsames Interesse verkörpern, auf allgemeine Zustimmung rechnen dürfen – und insofern intersubjektive Anerkennung verdienen.«[21]

Dieses Moral-Verständnis impliziert folgenden Vorbehalt gegen eine feministische Ethik: Die Perspektive der Geschlechterdifferenz einbringen belaufe sich auf einen parteilichen Partikularismus, der das Unternehmen »Moraltheorie« ad absurdum führe. Eine Position, die wie die feministische Ethik die Interessen einer bestimmten gesellschaftlichen Gruppe zum Standard der Akzeptabilität normativer Regelungen mache, gerate mit der Grundbedingung der Moralität in Konflikt, die Kant uns so nachhaltig bewußt gemacht hat: daß über die Gültigkeit moralischer Prinzipien weder aus der Perspektive eines einzelnen Individuums noch aus jener spezifischer Sozietäten entschieden werden sollte. Der feministische Zugang, so läßt sich diese Kritik weiterdenken, führe zu einer Relativierung moralischer Standards und deren Auslieferung an den Meinungsmarkt. Anstelle praktischer Regeln mit allgemeingültiger Normierungsfunktion hätten wir es nun mit Gruppenkodes zu tun, also zufällig und partiell geteilten Überzeugungen, die aber im Spiel der Meinungsvielfalt moderner Lebenswelten jederzeit zerbrechen können. Fazit: Will eine feministische Ethik mehr als nur eine Facette im pluralistischen Wertespektrum oder eine Form kontextgebundener Sozialkritik darstellen, so kann sie nicht auf die Normbefragung von einem unparteilich-überpersönlichen Standpunkt her verzichten.

Ich denke, die feministische Philosophie hat diesen Einwand ernst zu nehmen und kann sich ihm nicht einfach durch Hinweis auf seine »repressive Natur« entziehen. Denn wie die Debatten im Umkreis der Postmoderne nachhaltig gezeigt haben, ist die bloße Betonung der Differenz und die programmatische Dispensierung aller Begründungsdiskurse kein haltbares epistemologisches Programm, und – so würde ich hinzufügen – auch kein moraltheoretisches. Allerdings, so werde ich zu zeigen versuchen, scheitert das Projekt einer feministischen Ethik keinesfalls an diesem Gegenargument; vielmehr treten in der Auseinandersetzung mit ihm die Schwachstellen der universalistischen Moraltheorien klarer hervor, und es wird deutlich, wogegen genau sich die feministische Ethik-Kritik richtet.

In der Universalismus-Kontroverse sind mehrere Ebenen angesprochen, die auseinanderzuhalten sinnvoll scheint. Zunächst einmal ist der Punkt, daß die Aufklärungsmoral und ihre Nachfolgeansätze eine »falsche« Universalität propagieren, weil eben nicht »alle« berücksichtigt und einbezogen sind, von der Frage zu trennen, ob die Idee der Universalität per se diskreditiert ist. Während meiner Meinung nach gute Gründe für die erste These sprechen, sehe ich für eine feministische Philosophie und Ethik keine Veranlassung, auf einen Universalitätsanspruch generell zu verzichten. Denn dies hätte in der Tat unliebsame Konsequenzen. Hinter dem Universalitätsdenken der Aufklärungsphilosophie steht eine wichtige politische Idee, die letztlich auch eine zentrale Prämisse feministischen Denkens bildet: die Konzeption einer Gesellschaft, die Machtprivilegien sozialer, ethnischer und geschlechtsspezifischer Natur nicht kennt. Mit anderen Worten: wenn moralische Verbindlichkeiten nicht mehr einer Befragung von einer übergeordneten Ebene her unterworfen sind, dann wäre Moral in relativistischer Beliebigkeit tatsächlich auf die faktischen Überzeugungen partikulärer gesellschaftlicher Gruppen reduziert. Dies kann aber nicht Anliegen der feministischen Theorie sein. Wie Seyla Benhabib schreibt, »kann der moralische Standpunkt nicht allein durch den Standpunkt des konkreten Anderen definiert werden. Eine (derart) beschränkte Moral käme einer traditionellen und vormodernen Moral, einer Stammes-, Polis- oder Großfamilienmoral gleich.«[22] Was könnte eine Ethik, die nicht länger allgemeine Bedingungen von Gleichheit und Gleichwürdigkeit voraussetzt, die allen Moralsubjekten einen ebenbürtigen Status unabhängig von Faktoren wie Rasse, Klasse und Geschlecht einräumen, Phänomenen wie Rassismus und Sexismus – sozusagen Normvorstellungen bestimmter Gruppen – entgegensetzen? Verzichtet ein feministischer Zugang auf den Anspruch auf allgemeine Akzeptabilität, so würde sich als gleichsam ironische Konsequenz ergeben – ein Punkt, auf den auch *Alison Jaggar* hinweist[23] –, daß der Geltungsbereich einer feministisch transformierten Ethik auf die ohnehin feministisch Denkenden eingeschränkt wäre.

Das bedeutet nun nicht, einfach alles beim alten zu lassen und eine abstrakt-universalistische Prinzipienethik zu vertreten. Zwei Dinge sollten hier auseinandergehalten werden: der Universalitätsanspruch einer Ethik und deren Struktur. Ich denke, daß es bei der Auseinandersetzung der feministischen Theorie mit den klassischen Moralansätzen vorrangig nicht um die Frage des Universalismus im Sinne eines Anspruchs auf allgemeine Verbindlichkeit, sondern um die *Form* des ethischen Ansatzes geht.

Der zentrale Punkt bei der Debatte um Universalismus/Partikularismus ist das weitgehende Stillschweigen der modernen Moraltheorie über Phänomene wie persönliche Bindungen, moralische Gefühle und Situativität. Werte wie Altruismus, Freundschaft und Sympathie haben in der nachkantischen Moraltheorie wenig Beachtung gefunden. In diesen Theorien ist die Idee der Allgemeinheit sozusagen in die Struktur der Theorien eingegangen – meist über ein Universalisierungsprinzip dieser oder jener Form. Diese Verknüpfung ist aber nicht unumgänglich. Auch eine nicht an einem Verallgemeinerungsverfahren orientierte Ethik – etwa eine Situations-, Verantwortungs- oder Tugendethik – kann und sollte auf allgemeine Verbindlichkeit abzielen, wie etwa *Noddings'* Ethik der Fürsorglichkeit.[24]

Die feministische Kritik richtet sich so betrachtet gegen die Struktur jener an der Verallgemeinerungsidee orientierten Moralansätze, welche die neuere moralphilosophische Diskussion weitgehend dominierten. Der kritische Punkt ist natürlich nicht die Voraussetzung eines Universalisierungsprinzips per se, sondern dessen geringe Aussagekraft und die mit der Konzentration auf die Idee der Universalisierung einhergehende Ausgrenzung anderer wichtiger Aspekte von Moralität. So bietet die Überlegung, ob eine bestimmte Handlungsweise verallgemeinert werden kann, keine hinreichende Beantwortung der Frage, ob sie moralisch legitim ist. Zudem gerät hier völlig aus dem Blickfeld, was auch ein Teil der Moral ist, nämlich wie wir anderen gegenübertreten, mit welcher Anteilnahme, Sympathie und Rücksichtnahme.[25] Der moralische Wert vieler unserer Handlungen hängt davon ab, daß sie eine direkte Reaktion auf andere und ein Besorgtsein um deren Wohlergehen darstellen, nicht aber davon, daß sie universalisierbar sind in dem Sinn, daß alle so handeln können.

Es war genau das Unbehagen mit diesem Zuschnitt der modernen Moralphilosophie, die abgehoben von der Ebene konkreter Interaktionen räsoniert und diese nicht erreicht und thematisiert, warum Gilligans Arbeit, die nicht zuletzt den Kontext moralischer Urteilsfindung herausstreicht, einen solchen Stellenwert erlangen konnte. Während in formal-universalistischen Moraltheorien Fragen des Rechten und der Gerechtigkeit im Vordergrund stehen, geht es bei Gilligan mehr um Fragen des Guten, um jene moralischen Ideale und Werte, die auch zu einer umfassenden Ethik gehören, über die die moderne Moralphilosophie aber so gut wie nichts zu sagen hatte. Wie etwa *Marilyn Friedman* in ihrem Beitrag argumentiert, ist die *Hypothese der anderen Stimme*, die Berücksichtigung weiterer Elemente einer Moraltheorie neben Prinzipien und Rechten und nicht die Geschlechterdifferenz-Hypothese der wesentliche Aspekt von Gilligans Forschungen. Nach Friedman sind wir gewohnt, aufgrund der patriarchalen Strukturen unserer Gesellschaft eine bestimmte »moralische Arbeitsteilung« zwischen den Geschlechtern, die Fürsorglichkeit und Anteilnahme mit dem Weiblichen und Rechte und Gerechtigkeit mit dem Männlichen assoziiert, nur allzuschnell zu akzeptieren. Empirisch gesehen ist aber diese Zuordnung nicht haltbar, und dies ist nicht weiter verwunderlich, da sie auf einem letztlich patriarchalen »kulturellen Mythos« beruht.[26] Vom Standpunkt der Emanzipation als tatsächlicher Gleichheit von Frauen und Männern spricht alles dafür, diese Dualismen hinter sich zu lassen. Theoretisch bedeutet dies, über persönliche Werte, Konzeptionen des Guten und des guten Lebens nachzudenken, die allen Individuen gleichermaßen offenstehen, und sie in eine Moraltheorie zu integrieren.

Der feministischen Kritik geht es auch um die Verkürzungen einer Moraltheorie, die universell gültige Grundsätze entwickelt, welche nur sehr allgemeine Situationsmerkmale einbeziehen, ohne daß viel darüber gesagt oder reflektiert wird, *wie* Situationen überhaupt wahrgenommen werden, so daß diese Prinzipien relevant werden. Anders gesagt: jemandem zu sagen, daß er moralisch handelt, wenn seine Handlung verallgemeinerbar ist – d. h., daß alle anderen auch so handeln könnten –, sagt ihm noch nichts darüber, *wann* dieses Handeln von ihm verlangt ist.[27]

Die andere Stimme Gilligans hat also zwei Facetten: Einmal berührt sie die Ausgrenzung von Frauen als moralische Subjekte und zum anderen die auf der Basis tief in der frauenfeindlichen Geschlechtermetaphysik abendländischen Denkens verankerter Dualismen erfolgende Forcierung einer bestimmten Struktur der Moraltheorie, wo mit dem »weiblichen« Lebenszusammenhang und der Frau assoziierte Aspekte und Elemente eine Minderbewertung erfahren und folglich nicht beachtet werden.

Im folgenden möchte ich auf die Unparteilichkeitsbedingung eingehen. Zur Veranschaulichung dieser Bedingung wurde oft auf das Modell eines über allen partikularen Interessenerwägungen stehenden »Idealen Beobachters« Bezug genommen. So fordert beispielsweise Richard Hare, daß sich die kritische Moralreflexion, die Ebene der Prüfung unserer »moralischen Alltagsprinzipien«, so weit wie möglich dem Standpunkt eines überparteilich und objektiv urteilenden und alle Konsequenzen von Handlungen überblickenden Beobachters, eines »Erzengels«, annähert.[28]

Die Unparteilichkeit als notwendige Voraussetzung des moralischen Standpunkts wurde in den letzten Jahren von nicht-feministischen wie feministischen Philosophen und Philosophinnen angegriffen. Unter einer Reihe feministischer Theoretikerinnen gilt es inzwischen als nachgerade ausgemacht, daß eine feministische Ethik sich von der Unparteilichkeitsbedingung zu distanzieren hat.[29] Die feministische Hinterfragung eines von allen persönlichen Bindungen freien überparteilichen Moralstandpunkts deckt sich mit der Position kommunitaristischer Denker. (Auf das Verhältnis Kommunitarismus – Feminismus gehe ich im nächsten Abschnitt ein.) So bezeichnet MacIntyre den »Gedanken der Flucht aus der Besonderheit in einen Bereich aus völlig allgemeinen Grundsätzen, die zum Menschen an sich gehören«, als »eine Illusion«[30], und Michael Walzer vergleicht das Beziehen eines überparteilichen Standpunkts mit einer Art Weltraumreise, die uns zur Kooperation mit anderen Reisenden aus anderen Kulturen und insofern zur Abstandnahme von unseren gewohnten Praktiken zwingt, was aber keinerlei Verbindlichkeit und Relevanz für unser Verhalten in unserer vertrauten Umgebung nach sich zieht.[31]

Die Ablehnung der Unparteilichkeitsidee von feministischer Seite basiert wohl auf der Überlegung, daß genau diese Voraussetzung zur Verbannung alles Partikulären und Kontextuellen aus der Moraltheorie führte und sie insoweit mitverantwortlich ist für den hoffnungslos unterbestimmten und gleichsam über den Lebensinteressen von Frauen stehenden und diese negierenden Zustand der modernen Moralphilosophie.

Werfen wir einen genaueren Blick auf die einschlägigen Argumentationen, vor allem auf Bernard Williams' einflußreichen Artikel aus dem

Jahr 1973, auf den sich feministische Theoretikerinnen, welche die Unparteilichkeitsidee kritisieren, gerne berufen.[32]

Williams' Kritik an der Unparteilichkeit des moralischen Standpunkts, die sich sowohl gegen kantische wie auch utilitaristische Moralansätze richtet, läßt sich in folgende zwei Argumente zusammenfassen:

1. Die Annahme der Unparteilichkeit basiert auf einer irrigen Vorstellung des menschlichen Charakters. Der Charakter einer Person wird durch deren Wünsche, Ziele und Projekte konstituiert. Einige dieser Ziele und Projekte – Williams bezeichnet sie als »kategorische Begehren« – sind so grundlegend, daß sie die Bedingung der Existenz eines Individuums ausmachen; sie liefern nicht nur einen Grund für unser Interesse an unserer Zukunft, sie sind eine konstitutive Bedingung dafür, daß es überhaupt eine solche individuelle Zukunft gibt. Die unparteiliche Moral verlangt so gesehen etwas, das nicht verlangt werden kann – nämlich von der eigenen Identität in dem Sinn zu abstrahieren, daß die für die eigene Existenz konstitutiven Projekte vernachlässigt werden.[33]

2. Die Forderung, moralisches Handeln dem Diktat der Unparteilichkeit zu unterwerfen, konfligiert mit dem, was wir im wirklichen Leben – auf dem Hintergrund persönlicher Beziehungen – an Rechtfertigung zulassen würden. Bindungen zu anderen Menschen haben eine Dimension, die den Anforderungen der unparteilichen Moral nicht nur nicht entsprechen, sondern mit ihr in Konflikt geraten. Williams diskutiert in dem Zusammenhang ein Beispiel von Charles Fried. Ein Mann befindet sich in der Situation, von zwei sich in Gefahr befindenden Personen (wobei es sich bei der einen um seine Frau handelt) nur eine retten zu können. Entscheidet er sich für die Rettung seiner Frau, so stellt laut Williams der Hinweis des Mannes darauf, daß es sich um seine Frau handelt, eine hinreichende und keines weiteren Kommentars bedürftige Rechtfertigung dar. Allerdings wäre dies aus der Sicht des unparteilichen moralischen Standpunkts keine *moralische* Begründung.

Ein Verteidiger des moralischen Standpunkts würde hier wahrscheinlich einräumen, daß die Handlung in diesem via Unparteilichkeit zugegebenermaßen nicht aufzulösenden Dilemma zumindest moralisch erlaubt war. Aber Williams hat auch dagegen etwas einzuwenden: daß nämlich der unparteiliche Standpunkt hier schlicht eine Idee zu viel einbringt. Aus der Sicht der Frau und ihrer Beziehung zu dem Mann könne nur jede andere Begründung als die, daß eben *sie* zu retten war, irritierend wirken. Wie Williams zusammenfassend bemerkt:

»Doch der Punkt ist, daß man irgendwo [...] zu der Unumgänglichkeit gelangt, daß Dinge wie tiefgreifende Bindungen an andere Personen sich in der Welt auf Wegen äußern werden, die nicht zugleich die unparteiliche Sicht verkörpern, und daß sie auch das Risiko eingehen, dagegen zu verstoßen.[34]«

Wie erwähnt, wird Williams' Argumentation von feministischer Seite rezipiert – wenn auch nicht ohne Ambivalenz. Diese Zwiespältigkeit ist besonders auf die partriarchale Symbolik in Williams' Beispielen[35] und die bizarren Ausnahmesituationen, die er zur Untermauerung seiner Thesen heranzieht, zurückzuführen. So bemerkt etwa *Marilyn Friedman* kritisch:

»In diesen Diskussionen wimmelt es von Gedankenexperimenten hypothetischer Katastrophen. Die moralische Welt der mainstream-Ethik ist ein Alptraum von Flugzeugabstürzen, ruinösen Zugunglücken und untergehenden Schiffen! Frauen und Kinder ertrinken in dieser Literatur in alarmierendem Ausmaß. Die nichtfeministischen Unparteilichkeitskritiker anerkennen nie, wie rar diese Notfälle im moralischen Alltagsleben sind und wie selten die Notwendigkeit besteht, das Leben einer anderen Frau zu opfern, um das der eigenen zu retten.«[36]

Die in Teilen der analytischen Philosophie – und Bernard Williams ist bekanntlich einer ihrer Paradedenker – übliche Konstruktion mehr oder weniger phantastischer und ausgefallener Beispiele zur Belegung oder Widerlegung einer philosophischen These vermag auch viele nicht-feministische Philosophen zu irritieren, und sie bildete sozusagen von Beginn an einen Anlaßfall für die feministisch-philosophische Paradigmen-Auseinandersetzung.

Es ist hier nicht der Ort, genauer auf diese Diskussion einzugehen, und ich begnüge mich mit einigen kurzen Bemerkungen. Das Problem mit der »Counterexample«-Methode liegt natürlich nicht in der Konstruktion von Beispielen oder Gegenbeispielen per se. Wer will schon bezweifeln, daß manche Situationsfiktionen unabhängig von ihrer Alltagswahrscheinlichkeit aussagekräftig sind, indem sie sehr präzis die Schwachstellen einer bestimmten Position aufzuzeigen erlauben? Das Problem liegt vielmehr – und genau hier ist das feministische Unbehagen an diesem Stil des Philosophierens zu verorten – in dem »philosophischen Ambiente« der Methode, die sehr oft so eingesetzt wird, daß die Philosophie einem argumentativen Schlachtfeld gleicht, wo fiktive Gegner aufgebaut und »zerstört« werden und die Profilierung im Kampfgetümmel Priorität vor der Problemlösung gewinnt.[37]

Ungeachtet einer diesbezüglichen Distanz scheint mir eine genauere Analyse von Williams' Argumenten durchaus angebracht, da sich der Grundgedanke seiner Kritik ja mit feministischen Überlegungen deckt. So bildet die – vor allem in der Nachfolge der Arbeiten von Gilligan und vor allem von *Noddings*, Ruddick und Held – entwickelte Idee, daß persönliche positive Bindungen zu anderen Menschen ein Modell für die Interaktionen mit anderen bilden sollten, den Hauptgrund für die feministische Skepsis gegenüber dem Unparteilichkeitsstandpunkt. Paradigmatisch für diese persönlichen Beziehungen ist für viele feministische Theoretikerinnen die Mutter-Kind-Beziehung, die eine spezifische Form der Sympathie, der Anteilnahme und des Interesses umfaßt; jenes wohlwollend umfassende Eingehen auf eine andere Person, deren Anerkennung und Respektierung in ihrer Einzigartigkeit, welches *Nel Noddings* mit ihrem Begriff des »Sorgens« umschreibt. Geht man davon aus – zweifellos ein wesentliches Anliegen der feministischen Ethik-Diskussion –, daß positive Nahbeziehungen bedeutsame moralische Werte darstellen und eine angemessene Moraltheorie dem Rechnung tragen sollte, so macht dies eine Neubewertung der Bedingungen von Unparteilichkeit und Parteilichkeit erforderlich. Denn besondere Beziehungen zu anderen involvieren Parteilichkeit – in dem Sinn, daß manche Personen einen Stellenwert für uns haben, den wir aus simplen psychologischen und situativen Gründen nicht allen gleichermaßen einräumen können. Ein Aspekt persönlicher Beziehungen – beispielsweise Freundschaft – ist, daß uns das Wohlergehen der Person, zu der wir in dieser Beziehung stehen, per se ein Anliegen ist, und dies beinhaltet bestimmte Formen der Zuwendung. Wenn ich mir überlege, welche Unterstützung und Anteilnahme eine Freundin braucht, eröffnet das Modell einer unparteilichen Interessengewichtung gar keinen Zugang zu dieser Fragestellung.[38] Ob und wie weit aber dadurch die Forderung der Unparteilichkeit in der Ethik bereits aufgehoben ist, bedarf einer gesonderten Betrachtung.

Zurück zu Williams' Einwänden. Sein erstes Argument – daß unparteiliches Räsonieren nicht vereinbar ist mit dem, was die Identität von Personen ausmacht – überzeugt nicht. Selbst wenn wir Williams zugestehen, daß manche unserer Wünsche, Begehren und Ziele konstitutiv für unseren Charakter sind, bedeutet dies nicht, daß solche Momente unserer Personalität einer moralischen Bewertung entzogen sind und wir uns nicht davon distanzieren können und unter Umständen *sollen*. Moralisch gesehen ist es schlicht nicht gleichgültig, welche Projekte und individuelle Begehren wir als für unser Leben grundlegend erklären – hier sind uns Grenzen gesetzt.

Williams' zweites Argument karikiert in gewisser Weise die Unparteilichkeitsvoraussetzung, verdeutlicht dabei aber sehr wohl deren Limitierungen. Trivialerweise ist in der geschilderten Situation über die unparteiliche Gewichtung der Interessen der sich in Lebensgefahr befindenden Personen keinerlei Lösung zu erreichen. Aber wer käme schon auf die Idee, einen Retter, der tut, was er kann, *moralisch* zu kritisieren?

Die Unterscheidung verschiedener Ebenen oder Bereiche der Moraltheorie scheint in dem Zusammenhang unumgänglich: Unparteilichkeit des moralischen Standpunkts ist angemessen bei der Frage nach sehr allgemeinen und grundlegenden Moralprinzipien, den übergeordneten Standards. Hier ist von sozialen Zugehörigkeiten, Bindungen und Interessen zu abstrahieren. Auf einer anderen Ebene der Moral – jener der »Alltagsmoral« bzw. der konkreten Interaktionen im Nahbereich – aber ist Unparteilichkeit nicht immer dienlich. Hier sind Richtlinien moralischen Handelns gefordert, die Parteilichkeit im Sinne der Berücksichtigung persönlicher Bindungen und spezifischer Verantwortlichkeiten einbeziehen.[39] Die Erfordernisse der unparteilichen Moral lassen einen Spielraum, in dem Partikularismen – ohne jede Verletzung moralischer Standards – handlungsrelevant werden. Nicht jede Form moralisch untadeligen Verhaltens impliziert das Beziehen eines unpersönlichen Standpunkts und die gleiche Gewichtung der Interessen aller Betroffenen – dies ist die Pointe von Williams' Beispiel!

Als Konsequenz ergibt sich, daß das Verhältnis von Unparteilichkeit und Parteilichkeit nicht jenes ist, das uns die universalistischen Moraltheorien weismachen. Genauso wie es unbefriedigend bleibt, den moralischen Standpunkt pauschal mit Unparteilichkeit zu identifizieren, kann eine Ethik Parteilichkeit nicht ohne Einschränkungen zulassen. Persönliche Werte müssen sich von einer höheren Ebene überpersönlicher Werte her, die mit allgemeinen Grundgütern des Lebens korrespondiert, befragen lassen, denn, wie Thomas Nagel bemerkt, entspricht »nicht jedem beliebigen persönlichen Grund, den ein Individuum dafür haben kann, etwas zu tun, auch ein triftiger neutraler Grund dafür [...], daß es geschieht«.[40] Mit ihrer unreflektierten Fixierung auf die Unparteilichkeitsidee haben die prominenten zeitgenössischen Moralansätze zweifellos zu einer Verkürzung und Verarmung der Ethik beigetragen.

Die feministische Akzentuierung der Phänomenologie persönlicher Beziehungen auf dem Hintergrund der Erfahrungen von Frauen und das Beharren auf deren Stellenwert richtet sich genau gegen diesen reduktionistischen Charakter der modernen Moraltheorie. Allerdings wäre es ein Irrtum zu glauben, daß die feministische Ethik damit auf die generelle Zurückweisung der Unparteilichkeitsbedingung verpflichtet ist. Gerade aus feministischer Sicht spricht einiges für eine Synthese von Unparteilichkeit und Parteilichkeit. Die durch die Konzentration auf persönliche Beziehungen und damit verknüpfte besondere Verpflichtungen bedingten partikularistisch-parteilichen Tendenzen der feministischen Ethik werden inzwischen recht zwiespältig wahrgenommen. So macht *Marilyn Friedman* auf die Engstirnigkeit und »Kirchspiel«-Reichweite einer solchen Moraltheorie aufmerksam[41] und erinnert daran, daß ein wesentliches Moment der Frauenbewegung die mit einer Gartenzaunmentalität schlecht verträgliche internationale Solidarität mit Frauen aus allen Kulturen war, und *Sarah L. Hoagland* spricht einer »Ethik, die verhungernde Menschen in einem entfernten Land nicht in den Bereich moralischer Überlegungen miteinbezieht«, schlicht die Angemessenheit ab.[42]

Das Unbehagen rührt aber auch daher: Es ist nachgerade ein Gemeinplatz der feministischen Ethik-Debatte, daß eine unumschränkte Propagierung von Werten wie Fürsorglichkeit und Anteilnahme ohne begleitende Gerechtigkeitsüberlegungen nur allzu rasch in emotionale Ausbeutung umschlägt. Berücksichtigt man die auf dem Hintergrund patriarchaler Gesellschaftsmuster übliche moralische Arbeitsteilung zwischen den Geschlechtern, so ist wohl eindeutig, wer hier den Preis bezahlt hat und Gefahr läuft, ihn auch weiterhin zu bezahlen. Fürsorglichkeit und Anteilnahme können als moralische Kategorien nicht von Gerechtigkeitsprinzipien abgekoppelt werden: die Frage, wem, in welchem Ausmaß und warum wir Anteilnahme zeigen, verweist auf Gerechtigkeitserwägungen und berechtigte moralische Ansprüche und somit eine übergeordnete Sicht. Zudem irritiert viele Feministinnen der oft mit einer partikularistischen Ethik-Sicht einhergehende sentimentalische Blick auf Nahbeziehungen angesichts des gerade durch die feministische Bewegung nachhaltig bewußt gemachten Gewaltpotentials in denselben. Um eine Ethik auf die für Frauen hochaktuellen Probleme wie Gewalt, Pornographie und sexueller Mißbrauch von Kindern anwenden zu können, muß diese neben einem Ideal persönlicher Beziehungen noch andere moraltheoretische Kategorien umfassen. Wird aber die inhaltliche Ausrichtung einer feministisch modifizierten Moraltheorie in diesem Sinn ergänzt, fehlt auch die Basis für eine unhinterfragte Ablehnung der Unparteilichkeitsbedingung.

Das im Umfeld des Verhältnisses von Frauen und Moraltheorie so gängige Betonen des Persönlichen und der damit verbundenen besonderen Verpflichtungen ist neben den erwähnten Defiziten auch insofern problematisch, als es fast zwangsläufig mit konservativen Wertungen und einer unkritischen Haltung gegenüber bestehenden sozialen Praktiken verbunden ist. Dies läßt sich exemplarisch an Christina Hoffsommers' Analyse filialer Verpflichtung aufzeigen.[43] Ihr Ansatz ist begrifflich-systematisch gesehen wichtig, da sie ein universalistisches Moralprinzip mit der Ebene besonderer Beziehungen verknüpft und dieses auf dem Hintergrund faktischer Beziehungen eine konkrete Interpretation erfährt.

Hoffsommers differenziert zwischen zwei Thesen, die sozusagen zwei Kategorien von Moraltheorien definieren: die »equal-pull«-These und die »differential-pull«-These. »Equal-pull«-Theorien gehen davon aus, daß alle Betroffenen im Verhältnis »gleicher Zugkraft« zu einem Moralprinzip stehen, d. h., daß ihre Interessen gleichermaßen zu berücksichtigen sind. Ganz auf der erwähnten Kritiklinie bemängelt sie, daß die »equal-pull-Ansätze« einen beträchtlichen Teil dessen ausklammern, was das moralische Leben ausmacht, nämlich spezifische Verpflichtungen gegenüber spezifischen Personen, und sie diskutiert dieses Defizit moderner Moraltheorien am Beispiel der Verpflichtung von Kindern gegenüber ihren Eltern.[44] Zur Begründung dieser besonderen Verpflichtung entwickelt sie eine subtile Argumentation, die sich – mit den entsprechenden kontextuellen Abänderungen – natürlich auch auf andere Fälle besonderer Verpflichtungen übertragen läßt. Sie geht aus von einem schwach deontologischen Prinzip: der Pflicht, sich der Einmischung in das Leben anderer zu enthalten. Dieses Prinzip der Nicht-Einmischung definiert eine negative Pflicht, die aber durch den jeweiligen Kontext, durch besondere Situationen und Umstände zu positiven Pflichten modifiziert wird. Zur Vermeidung von Mißverständnissen muß man genau beachten, was Hoffsommers unter »Nicht-Einmischung« versteht: nämlich nicht etwas wie die subjektive Zurücknahme bzw. Distanzierung von Beziehungen, sondern das Respektieren und *Nicht-Verletzen* eingegangener Verpflichtungen. Zwei Voraussetzungen müssen erfüllt sein, damit eine positive Verpflichtung zustande kommt: 1. eine spezifische Interaktion zwischen moralisch Handelndem und betroffener Person auf dem Hintergrund eines sozialen Arrangements (z. B. Kind oder Elternteil sein, Freundschaft etc.); 2. die Interaktion in diesem Kontext gibt Anlaß zu bestimmten – auf dem Hintergrund des sozialen Arrangements – legitimen Erwartungen. Übertragen auf die filiale Verpflichtung bedeutet dies: Daß erwachsene Kinder (im Durchschnittsfall) für ihre Eltern sorgen, ist eine berechtigte Erwartung ihrerseits, und die Vernachlässigung der Eltern bedeutet somit eine Verletzung des Prinzips der Nicht-Einmischung, da die Nicht-Erfüllung der Erwartung »einer aktiven Einmischung in das Recht des Moralpatienten auf diese Leistung« gleichkommt.[45]

Nun ergibt sich folgendes Problem: Hoffsommers' kontextgebundene Lesart ihres deontologischen Prinzips – prima facie ein attraktiver Aspekt ihres Zugangs – erlaubt ihr entgegen ihrem Anspruch nicht, die Kritik an möglichen faktischen Arrangements zu entwickeln, auf die sie aus naheliegenden Gründen nicht verzichten will. Sie unterscheidet zwischen *ungerechten* und *unzulänglichen* sozialen Institutionen. Als Beispiele für ungerechte soziale Institutionen führt sie Witwenverbrennung und Sklaverei an; Institutionen, die nur abgeschafft, nicht korrigiert werden können. Die Familie betrachtet sie als eine unzulängliche, also prinzipiell veränder- und verbesserbare Institution. Die Überlegung hinter dieser Klassifizierung ist natürlich, daß manche Institutionen strukturell eine Verletzung des Prinzips der Nicht-Einmischung darstellen. Genau hier aber wird deutlich, daß ein »differential-pull«-Ansatz und die »Betonung des Partikulären« allein nicht ausreicht. Denn unter der Voraussetzung, daß Witwenverbrennung eine etablierte soziale Praxis ist – und leider war dem so –, stellt die Erwartung, daß eine Frau nach dem Tod ihres Mannes freiwillig auf ihr Leben verzichtet, keine Verletzung des Prinzips der Nicht-Einmischung dar. Aus dem Blickwinkel des sozialen Arrangements war diese Erwartung an die Frau durchaus »legitim«. Die oben erwähnten zwei Bedingungen für das Zustandekommen einer positiven Verpflichtung (durch eine soziale Praxis bedingte spezifische Interaktion und an diese Interaktion geknüpfte konventionelle Erwartungen) werden auch von Institutionen wie Sklaverei und Witwenverbrennung erfüllt – in der Konsequenz natürlich ein absurdes Ergebnis! Das Problem ist, daß Hoffsommers' *kontextrelativierte* Interpretation ihres übergeordneten Moralgrundsatzes die Unterscheidung zwischen einer *moralisch berechtigten* und einer lediglich *konventionell berechtigten* Erwartung verunmöglicht und ihr deontologisches Prinzip somit keine kritische Beurteilungsinstanz von De-facto-Verhältnissen darstellt. Die Schwierigkeiten von Hoffsommers' Ansatz verdeutlichen nachhaltig, daß es mit der Forderung nach mehr Partikularität nicht getan ist, denn gerade als Feministinnen können wir nicht auf die Evaluierung der sozialen Zusammenhänge verzichten, in denen »besondere Beziehungen« stehen.

Übersieht aber nicht, so könnte man einwenden, die hier entwickelte Argumentation einer Synthese von Unparteilichkeit und Parteilichkeit die Pointe der kommunitaristischen Kritik, die manche feministische Philosophinnen mehr oder weniger direkt übernehmen, daß es nämlich unmöglich ist, einen von allen individuellen Interessen und sozialen Bindungen freien übergeordneten Standpunkt zu beziehen? Auf diese Frage, die weit in die derzeit laufenden Kontroversen zwischen Liberalismus, Kommunitarismus und Feminismus reicht, will ich im folgenden Abschnitt genauer eingehen. Dabei kommen auch die Querverbindungen und Unterschiedlichkeiten zwischen diesen drei Strömungen zeitgenössischer politischer Philosophie und die feministische Kritik an Rawls' Theorie der Gerechtigkeit zur Sprache.

3. Liberalismus, Kommunitarismus und Feminismus

In ihrem für die feministische Ethik-Diskussion zentralen Aufsatz *Der verallgemeinerte und der konkrete Andere* hat Seyla Benhabib eine feministische Kritik an Rawls' Theorie des Urzustands entwickelt, die zum Teil auf Michael Sandels kommunitaristischen Vorbehalten gegen Rawls basiert. Benhabib greift zwei Punkte an: Einmal kritisiert sie, daß Rawls' im Urzustand nur von einer Konzeption des verallgemeinerten Anderen ausgeht und die Vernachlässigung des Standpunkts des konkreten Anderen dazu führt, daß »*der Andere als verschieden vom eigenen Ich*« verschwindet, was in Verbindung mit der klassischen Öffentlich-privat-Trennung auch eine Ausgrenzung und Privatisierung weiblicher Erfahrung zur Folge hat. Zum anderen übernimmt sie Sandels Kritik, der in Rawls' Subjektkonzeption eine epistemische Inkohärenz ortet: »Die Vorstellung eines Ich, unabhängig von seinen moralischen Zielen, ist inkohärent. Wir könnten nicht wissen, ob ein solches Wesen ein menschliches Ich, ein Engel oder der Heilige Geist wäre.«[46]

Susan Moller Okin weist in ihrem Beitrag in diesem Band Benhabibs Kritik entschieden zurück und argumentiert, daß Rawls' Herleitung seiner Gerechtigkeitsgrundsätze von den Individuen ein sehr genaues Hinhören, was den Anderen, seine Geschichte und soziale Stellung betrifft, verlangt.[47]

Wie ist diese Kontroverse zu bewerten? Welche Rückschlüsse auf das Verhältnis von Kommunitarismus und Liberalismus ergeben sich daraus?

Ich denke, daß Benhabibs Berufung auf Sandels Kritik insofern problematisch ist, als Sandels Vorwurf der epistemischen Inkohärenz an die Adresse von Rawls nicht haltbar ist, daß aber auch *Moller Okins* Kritik revisionsbedürftig ist.

Charakteristisch für eine liberalistische Position, wie Rawls sie einnimmt, ist die auf den Voraussetzungen von Gleichheit und Freiheit der Subjekte beruhende Formulierung von Grundprinzipien einer gerechten Gesellschaft, welche die individuellen Wertvorstellungen der Individuen nicht bis ins letzte Detail normieren. Diese Prämisse drückt sich in Rawls' Theorie in dem Vorrang des Rechten vor dem Guten aus. Mit anderen Worten: Moderne Gesellschaften sind durch einen Wertepluralismus und eine Vielzahl unterschiedlichster Lebensformen gekennzeichnet, und charakteristisch für den Liberalismus ist die Forderung der Neutralität gegenüber diesen variierenden Vorstellungen des guten Lebens, sofern diese nicht die aus den Primärannahmen von Gleichheit und Freiheit hergeleiteten Grundsätze der Gerechtigkeit verletzen. Die Gesellschaft, so das liberalistische Credo, ist am besten arrangiert, wenn sie von Prinzipien des Zusammenlebens bestimmt ist, die auf allgemein einsehbaren Bedingungen basieren und nicht eine bestimmte substantielle Theorie des Guten voraussetzen, denn darüber wäre in modernen Gesellschaften ohnehin kein Konsens zu erzielen. Die Überlegenheit dieser Konzeption politischer Philosophie gegenüber traditionelleren Ansätzen, die oft in nicht auflösbaren Auseinandersetzungen über das Gute und die »wahre« menschliche Natur steckenbleiben, liegt auf der Hand; aber kommunitaristische Kritiker meinen, daß dieser Vorteil nur ein scheinbarer ist, da er um den Preis der Ausklammerung wesentlicher Aspekte gesellschaftlichen Zusammenlebens erkauft ist.

So stellt Michael Sandel die zentrale These von Rawls' Liberalismus, die des Primats des Rechten vor dem Guten, in Frage und kritisiert, daß Gerechtigkeit nicht, wie Rawls meint, die erste Tugend sozialer Institutionen ist, sondern das Beharren auf Gerechtigkeit manchmal mit einem Verlust an Moralität einhergeht.[48] Dem Vorrang des Rechten vor dem Guten in Rawls' Theorie korrespondiere, so Sandel, eine Subjektkonzeption, die das moralische Subjekt als seinen Zielen und Zwecken vorgeordnet begreift.

Sandels Argument gegen Rawls im Detail: Die Rawlsschen Voraussetzungen (Vorrang des Rechten vor dem Guten und das Subjekt als unabhängig von seinen Zielen) sind Kernideen von Kants Moraltheorie, aber Rawls' Versuch scheitert, diese Subjektkonzeption wie die Vorstellung des Primats des Rechten vor dem Guten beizubehalten, aber auf Kants Metaphysik zu verzichten, und in Rawls' Urzustand entsteht wieder Kants transzendentales Subjekt. Bei Kant hängt der Primat des Rechten damit zusammen, daß Kant bestrebt ist, die Moraltheorie von allen empirischen Bedingungen wie Wünschen, Neigungen und Interessen freizuhalten. Die Grundlage des moralischen Gesetzes muß nach Kant unabhängig von Kontingenzen der Erfahrung und speziellen Umständen der Natur sein, und diese Basis ist der autonome Wille des Subjekts der praktischen Vernunft, eines aus seinen natürlichen Bindungen losgelösten Ich, das Teil der über die Welt der Erfahrung hinausgehenden und von den Naturgesetzen unabhängigen intelligiblen Welt der Vernunftwesen ist. Insofern Rawls die erwähnten Elemente der kantischen Theorie übernimmt, vertritt er die für sich genommen unplausible und einer realitätsbezogenen Moraltheorie unangemessene Sicht des Subjekts als eines »körper- und bindungslosen« *(disembodied and disencumbered)* Wesens. Wir können uns nicht von unseren Umständen loslösen, unsere Identität ist geformt von den Umständen und den Gemeinschaften (primär die Familie), in die wir geboren wurden, »und in der Parteilichkeit dieses Selbstbilds liegen die Grenzen der Gerechtigkeit«.[49]

Aber Sandels Kritik überzeugt nicht. Kants Konzeption des transzendentalen Subjekts hängt mit seiner Vernunftbegründung der Moral zusammen, aber Rawls entwickelt ja eine Form der Vertrags- und Kohärenzrechtfertigung, die ihn in keiner Weise auf die kantische Subjektsvorstellung verpflichtet. Zum anderen ist Sandels Einwand, daß eine Sicht der Person als ein seine Bindungen und Werte frei wählendes Individuum unplausibel ist, wie zahlreiche Kritiker bemerkt haben, schlicht falsch.[50] Für moderne Individuen – und gerade für emanzipierte Frauen – ist typisch, daß sie sich aus den Bindungen und Lebensformen, in die sie hineingeboren wurden, distanzieren und ihre Ziele selbst wählen. Sandel, aber auch andere Vertreter des »sozialen Selbst« wie MacIntyre, scheinen schlicht zu übersehen – ein Punkt, auf den auch Beate Rössler hinweist –, daß eine Distanzierung von bestimmten Werten und Bindungen nicht eine Loslösung von allem bedeutet, und insofern keinem Identitätsverlust gleichkommt.[51] Rawls' Subjekt ist kein »entkörperlichtes, bindungsloses« Ich, sondern eines, das in der Beziehung kritischer Evaluierung zu seinen Bindungen und Zielen steht.

Daraus ergibt sich mit Bezug auf Benhabibs Argumentation: Insofern ihr Einwand, daß es sich bei den Subjekten im Urzustand um keine menschlichen Wesen handelt und ihre Identität offenbleibt, auf Sandels brüchiger Argumentation basiert, fällt auch ihre Kritik zusammen. Bedenkt man auch, welch konservative Position letztlich hinter Sandels Einwänden steckt (daß liberale Gesellschaften keine gelungenen Identitäten auszubilden erlauben; die Unmöglichkeit der Distanzierung von den unsere Identität formenden Familienbindungen und gemeinschaftlichen Werten), so scheint ohnehin fraglich, warum sich eine feministische Kritik gerade auf kommunitaristische Argumente stützen sollte. (Ich komme darauf noch zurück.)

Benhabibs Kritik an Rawls reduziert sich also auf den Punkt, daß im Urzustand nur der Standpunkt des verallgemeinerten Anderen Ausdruck findet und dies zu einer Verzerrung führt, da die Lebensumstände, Geschichten und Positionen konkreter Anderer nicht berücksichtigt werden. Dagegen macht *Susan Moller Okin* wie erwähnt geltend, daß Altruismus und Hinhören auf den Anderen im Urzustand sehr wohl notwendig sind, da die Funktion des Schleiers des Nichtwissens ja gerade darin besteht, daß wir nicht wissen, wer wir im wirklichen Leben sein könnten.[52] Ihr Argument läßt sich auch so wiedergeben: Da wir gemäß dem Gedankenexperiment des Urzustands als irgendeine Person in irgendeiner Position der Gesellschaft enden könnten, müssen wir sehr genau das Spektrum der unterschiedlichen Lebensmöglichkeiten und die Lebensgeschichten konkreter Anderer reflektieren, um uns für Gerechtigkeitsprinzipien zu entscheiden, die uns selbst im Fall, daß wir das wenigst begünstigte Gesellschaftsmitglied sind, ein besseres Leben als jede alternative Gesellschaftskonzeption ermöglichen.

Ich habe allerdings gewisse Zweifel an dieser Variante von *Okins* Reformulierung des Urzustands. Wir können uns sehr wohl eine Vorstellung von den möglichen Positionen in unserer Gesellschaft machen, ohne daß wir irgendeine Form der Anteilnahme und des Mitgefühls für die realen Personen, die sich in dieser Lage befinden, zeigen. Zu überlegen, welchen Gerechtigkeitsprinzipien man zustimmen würde, wäre man – ein Beispiel Benhabibs – die von »Wohlfahrtshilfe lebende Mutter dreier unehelicher Kinder in einer rapide verfallenden städtischen Umgebung«[53] oder der schwer behinderte Mann, der keinen Arbeitsplatz findet, involviert noch nicht Altruismus und Anteilnahme am Schicksal dieser Personen – nicht in der fiktiven Situation des Urzustands und schon gar nicht, wenn der Schleier des Nichtwissens gelüftet ist und man jemand anderer ist. Genau hier liegt aber die eigentliche Zielrichtung von Benhabibs Kritik: das Fehlen von Faktoren wie Anteilnahme und Empathie für die jeweiligen besonderen Personen in den modernen Vertragstheorien.[54]

Zu überlegen ist aber auch, ob sich die Diskussion zwischen Benhabib und *Okin* nicht auf einer falschen Ebene bewegt und ihr irgendwo aus dem Blick gerät, worum es sich bei Rawls' Konstruktion des Urzustands handelt: um eine theoretisch definierte Situation mit theoretisch definierten Personen. Mit den partiell informationslosen, gegenseitig desinteressierten Individuen des Urzustands wollte Rawls nicht eine Definition des moralischen Subjekts, sondern nur eine Veranschaulichung dessen leisten, was es heißen könnte, daß moralische Regeln durch individuelle Interessen nicht verzerrt sein dürfen. Das Herzstück von Rawls' Theorie ist nicht, wie *Okin* meint, der Urzustand, sondern das Überlegungsgleichgewicht: die Idee, daß die Begründung von moralischen Grundsätzen oder Gerechtigkeitsprinzipien darin besteht, eine Übereinstimmung herzustellen zwischen den Annahmen der Entscheidungssituation, den gewählten Grundsätzen der Gerechtigkeit und deren Konsequenzen, die mit unseren wohlerwogenen moralischen Einzelurteilen verträglich sein müssen. Der Urzustand und auch die Bedingung des Schleiers des Nichtwissens ist nicht mehr als eine Illustration der intuitiv mit dem moralischen Standpunkt verknüpften Bedingungen von Freiheit und Gleichheit. Ob man Rawls' relativ aufwendige Metaphysik des moralischen Standpunkts gutheißt oder nicht, ist ein Punkt; eine andere Sache ist, daß man die von Rawls zu theoretischen Bedingungen erklärten Prämissen des Urzustands – Schleier des Nichtwissens, gegenseitiges Desinteresse der Subjekte und Nicht-Wissen um ihre besonderen Eigenschaften und ihre Position in der resultierenden Gesellschaft – nicht einfach für sich genommen kritisieren kann. Dies hieße, die methodologischen Rahmenbedingungen übersehen, in die Rawls' Konstruktion eingebettet ist. Mein Eindruck ist, daß Benhabib mit ihrem Angriff auf Rawls, aber auch *Okin* mit ihrem Rehabilitationsversuch einem solchen Fehler gefährlich nahekommen: Benhabib, indem sie Rawls vorwirft, den konkreten Anderen zu übersehen und *Okin*, wenn sie Rawls damit verteidigt, daß er im Urzustand nicht Gefühle wie Altruismus und Wohlwollen für den besonderen Anderen ausklammert.[55] Denn für sich betrachtet ist es relativ unerheblich, ob *theoretisch* definierte Subjekte, die mit realen Individuen per definitionem nichts zu tun haben, gegenseitig desinteressierte Egoisten, verallgemeinerte Andere oder empathische Altruisten sind.[56] Wichtig ist allein die Frage, was für Konsequenzen in Form welcher Moral- oder Gerechtigkeitsprinzipien und in der Folge gesellschaftlicher Zustände sich aus diesen Voraussetzungen ergeben und wie wir diese – um bei Rawls' methodischem Anspruch zu bleiben – im Lichte unserer wohlerwogenen moralischen Einzelurteile einschätzen. Fehlt diese Entsprechung zwischen unseren Moralurteilen und den Konsequenzen der über die theoretische Ausgangssituation gewählten Moral- oder Gerechtigkeitsgrundsätze, so zwingt uns dies zu einer Veränderung der Bedingungen der Entscheidungssituation. Und hier anzuknüpfen scheint mir für eine feministische Kritik der Moraltheorie und politischen Philosophie gewinnbringend und vielversprechend.

Interessanterweise bedient sich *Okin* in ihrem Buch *Justice, Gender and the Family* des eben skizzierten Verfahrens. Sie geht von dem moralisch kritikwürdigen Umstand einer für die meisten Gesellschaften geltenden Ungleichverteilung häuslicher Lasten und Pflichten aus – ein Problem, das Rawls in seiner Gerechtigkeitstheorie völlig ausspart – und verfolgt dieses Defizit von Rawls' Konzeption in die Bedingungen der Entscheidungssituation zurück. Rawls setzt bei seiner Herleitung der Gerechtigkeitsgrundsätze voraus, daß die Subjekte im Urzustand »Familienoberhäupter« – sprich: Männer – sind[57], und genau diese Annahme führt ihn dazu, das Problem der Gerechtigkeit innerhalb der Familie auszuklammern. Konsequenterweise ergänzt *Okin* die Bedingungen des Urzustands dahingehend, daß zum einen die Individuen nicht wissen, ob sie in der Gesellschaft, deren Form sie festlegen, Frauen oder Männer sein werden und daß zum anderen die Familie Teil der Grundstruktur der Gesellschaft ist, so daß sie bei der Formulierung von Gerechtigkeitsprinzipien Berücksichtigung finden muß.[58]

Auf dieser Ebene – der kritischen Betrachtung von Rawls' theoretischen Voraussetzungen unter Berücksichtigung des methodologischen Gesamtrahmens der *Theorie der Gerechtigkeit* – eröffnet sich ein breites Spektrum für eine feministische Liberalismus-Kritik. So verdient zum Beispiel Rawls' schwache Theorie des Guten eine genauere feministischen Analyse. Rawls unterscheidet zwischen einer starken und schwachen Theorie des Guten. Um die Grundstruktur der Gesellschaft bestimmen zu können, müssen die Individuen über ihre Grundgüter Bescheid wissen – dies ist die schwache Theorie des Guten, die in den Urzustand eingeht. Ihre volle Konzeption des Guten – die starke Theorie – kennen sie erst, wenn der Schleier des Nichtwissens gehoben ist. Als Grundgüter nimmt Rawls an: Freiheit und Chancen, lieber mehr als weniger Einkommen, zudem Selbstachtung und Vertrauen in den eigenen Wert. Nun sind diese Annahmen über gesellschaftliche Grundgüter – gerade aus der Perspektive der Geschlechterdifferenz – nicht so neutral und allgemein einleuchtend, wie Rawls annimmt, da sie klar dem Wertehorizont einer zwar freiheitlichen, aber profit- und konkurrenzorientierten Gesellschaft mit dem vorrangigen Ziel der Einkommensmaximierung entstammen. Wie feministische Philosophinnen immer wieder betont haben, bestehen gute Gründe für die Annahme, daß gerade das Postulat der Einkommensmaximierung zur Geschlechterungleichheit innerhalb wie außerhalb der Familie beiträgt.[59] Und wie steht es mit der Neutralität der Annahme des Vertrauens in den eigenen Wert angesichts der Tatsache, daß unsere gesellschaftlichen Rahmenbedingungen fast nur Männern eine solche Identität ermöglichen?

Ich komme nun nochmals auf die Unparteilichkeit zurück. Ausgangspunkt unserer genaueren Betrachtung von Sandels Liberalismus-Kritik war ja die Frage, ob eine Beibehaltung der Unparteilichkeitsidee nicht an dem feministisch-kommunitaristischen Argument scheitert, daß eine interessen- und bindungsfreie »Sicht von nirgendwo« unmöglich ist. Aber die Bedingung der Unparteilichkeit setzt nicht diese Perspektive eines bindungs- und körperlosen Moralbeurteilers voraus. Die kommunitaristische Unparteilichkeitskritik richtet sich letztlich gegen Kant. Nun ist zum einen durchaus umstritten, ob Kant ein von der Ebene des empirischen Subjekts losgelöstes Handeln entgegen allen Neigungen und Interessen überhaupt zur Voraussetzung von Moralität gemacht hat. Nach Meinung einiger Kant-Exegeten entspricht dies einer Karikatur der kantischen Position, denn Kant habe die reine Vernunftperspektive nur als Ideal, dem empirische Subjekte sich anzunähern angehalten sind, vertreten.[60] Unabhängig davon, für welche Lesart Kants man sich nun entscheidet, gilt wohl folgendes. Die nachkantischen Ansätze, welche Unparteilichkeit zu einer notwendigen Bedingung des moralischen Standpunkts erklären, verstehen diese sicherlich nicht im Sinne einer völlig losgelösten Sicht auf die Welt, sondern als eine unserem intuitiven Begriff von Moral entsprechende Forderung an empirische Subjekte, die da lautet: In Fragen der Moral können wir uns nicht einfach mit unseren subjektiven Vorlieben und Voreingenommenheiten zufriedengeben, auch wenn uns diese Distanzierung psychologisch gesehen einiges abverlangt.

Ich möchte mit einigen Bemerkungen zu dem ambivalenten Verhältnis von Kommunitarismus und Feminismus schließen. Die von seiten kommunitaristischer Philosophen vorgebrachte Kritik an der Aufklärungsmoral deckt sich durchaus mit feministischen Kritiklinien, und die von den Kommunitaristen vertretene Konzeption des moralischen Selbst als eines im Horizont seiner Lebenswelt angesiedelten und nicht aus seinen Bindungen gelösten Ich ist prima facie attraktiv für den Feminismus, da es die abstrakte Subjektkonzeption zeitgenössischer Moralansätze auf die Ebene sozialer Bestimmungselemente bringt.

Vor allem MacIntyre akzentuiert etwas, das in der modernen Moraltheorie verloren zu sein schien, nämlich Fragen des guten Lebens und des moralischen Charakters. Die durch *Gilligans* Arbeit ins Blickfeld gerückten Faktoren wie Fürsorglichkeit und Anteilnahme können ja auch dahingehend verstanden werden, daß sich hier mit bestimmten Lebensformen verbundene Werte zu Tugenden verdichten. Tugendethik-Ansätze erleben in den letzten Jahren eine gewisse Renaissance, um so mehr, da gerade im Bereich der angewandten Ethik die Grenzen von Prinzipien-Ansätzen sichtbar werden.[61] Moralische Prinzipien legen gewissermaßen Rahmenbedingungen für die Interaktion mit anderen fest, überlassen aber das weite Feld jenseits der Erfüllung dieser Minimalbedingungen – die unzähligen Möglichkeiten von Interaktionsformen, die zwar nicht direkt eine *Verletzung von Prinzipien,* sehr wohl aber eine *Verletzung anderer* darstellen – dem Belieben des Einzelnen. Für einen feministischen Ethik-Zugang ist aber die Aufarbeitung dieser Dimension des sich zwischen den Prinzipien bewegenden Umgangs mit Menschen – Frauen beklagen ja oft die schweigenden, kaum verbalisierten Formen von Diskriminierung und Geringschätzung – vordringlich.

Die Zwiespältigkeit des Feminismus gegenüber dem Kommunitarismus läßt sich in etwa so einordnen: Eine positive Rezeption erfolgt von seiten jener feministischen Philosophinnen – exemplarisch *Annette Baier*[62] –, die an *Gilligans* Ideen und Moralkategorien wie Charakter und Tugenden anknüpfen. Skepsis überwiegt hingegen bei den feministischen Theoretikerinnen, die sich vorrangig an den politischen Begriffen der Gleichheit, der Freiheit und der Rechte orientieren und den feministischen Standpunkt als Spielart einer liberalistischen, nicht aber kommunitaristischen Position begreifen.[63] Für diese Philosophinnen ist der Kommunitarismus wenig anziehend wegen seiner restaurativen Elemente. Das autonome Individuum des Liberalismus, das in freier Entscheidung seine Ziele und auch seine Konzeption des Guten wählt, ist nach Ansicht der Kommunitaristen eine in sich inkohärente Konstruktion und die parteilose Sichtung der moralischen Landschaft eine Illusion, da wir mit unseren Identitäten Teil der sozialen Welt und der Traditionen sind, in die wir hineingeboren wurden. Aber, wie *Okin* kritisch fragt, *welche Werte, welche Traditionen* sind dies?[64] Hier reflektiert sich bei MacIntyre, wie bereits erwähnt auch bei Sandel, eine äußerst konservative Sicht gesellschaftlicher Verhältnisse. Daraus folgt, daß die feministische Theorie die von den Kommunitaristen entwickelte Konzeption des sozialen Subjekts nicht unbesehen übernehmen sollte, denn das »encumbered self« der Kommunitaristen ist ein in tradierte Rollenverständnisse und traditionelle Gemeinschaftswerte wie wohl auch sattsam bekannte Vorstellungen des Geschlechterverhältnisses eingebundenes Wesen.

Amy Gutman hat gemeint, daß Gemeinschaftswerte, wie der Kommunitarismus sie einbringt, notwendig sind, um eine nur nach Gesichtspunkten von Gerechtigkeit und liberalen Rechten organisierte Gesellschaft lebenswert zu machen. Freundschaftliche Bindungen, altruistische Gefühle der Anteilnahme und Empathie wie auch die von Gemeinschaften geteilten positiven Werte sind, so ihr Argument, auch in liberalen Gesellschaften entscheidend für das alltägliche Wohl und die Lebensqualität von Individuen.[65] Aber diese Dimension – und dies ist wohl das bleibende Verdienst *Gilligans* – hat die feministische Theorie schon längst als Defizit moderner Moraltheorie und politischer Philosophie entdeckt, und unter dem Blickwinkel der Geschlechterdifferenz verläuft die Reflexion über diese vergessenen moralischen Ideale unter letztlich anderen Prämissen als den von den kommunitaristischen Denkern vorgegebenen.

Anmerkungen

1 Gilligan, Carol: *Die andere Stimme*. Lebenskonflikte und Moral der Frau, München: Piper 1984.
2 Der Begriff bezieht sich auf jene Moralansätze, die über nichtsubstantielle Verfahrensregeln allgemeingültige Moralprinzipien zu begründen suchen.
3 An neueren Publikationen sei erwähnt: Card, Claudia (Hg.): *Feminist Ethics*, Kansas: Kansas University Press 1991; Browning Cole, Eve/Houltrop-MacQuin, Susan (Hg.): *Explorations in Feminist Ethics*. Theory and Practice, Bloomington and Indianapolis: Indiana University Press 1992; im deutschen Sprachraum Konnertz, Ursula (Hg.): *Grenzen der Moral*. Ansätze feministischer Vernunftkritik, Tübingen: edition diskord 1991.
4 Eine Ausnahme bilden die Arbeiten von Alison Jaggar, die über eine Skizzierung der unterschiedlichen Diskussionsverläufe und Problemstellungen eine genauere Bestimmung leistet. Siehe dazu: Jaggar, Alison: Feminist Ethics: Projects, Problems, Prospects, in: Nagl-Docekal, Herta / Pauer-Studer, Herlinde (Hg.): *Denken der Geschlechterdifferenz*. Neue Fragen und Perspektiven der feministischen Philosophie, Wien: Wiener Frauenverlag 1990, S. 143–171 und Jaggars Beitrag in diesem Band.
5 Dies gilt etwa für Spelman, Elizabeth V.: The Virtue of Feeling and the Feeling of Virtue, in: Card, Claudia (Hg.): a.a.O., S. 213–232.
6 Nagl-Docekal, Herta: Was ist Feministische Philosophie? in: dies. (Hg.): *Feministische Philosophie*, Wien/München: R. Oldenbourg 1990, S. 11.
7 Ebd.
8 Ebd., S. 9, 10.
9 Ein solches Mißverständnis reflektiert sich zum Beispiel in Ursula Jauchs Einwänden gegen das Projekt einer feministischen Ethik. Vgl. Jauch, Ursula Pia:

»Nichts von Sollen, Nichts von Müssen, Nichts von Schuldigkeit...« Weibliche Renitenz und feministische Kritik, in: Nagl-Docekal, Herta / Pauer-Studer, Herlinde (Hg.): a.a.O., S. 129.

10 Das eben skizzierte methodische Verständnis feministischer Ethik gilt für Seyla Benhabibs Transformation der Habermasschen Diskursethik, Lynne Arnaults Analyse der Moraltheorie R. M. Hares, Annette Baiers Reaktivierung des Humeschen Ansatzes, Onora O'Neills Kant-Interpretation und Susan Moller Okins Erweiterung der Rawlsschen Gerechtigkeitstheorie. Vgl. Benhabib, Seyla: Der verallgemeinerte und der konkrete Andere. Ansätze zu einer feministischen Moraltheorie, in: List, Elisabeth/Studer, Herlinde (Hg.): *Denkverhältnisse*. Feminismus und Kritik, Frankfurt am Main: Suhrkamp 1989, S. 454–487; Arnault, Lynne S.: The Radical Future of a Classic Moral Theory, in: Jaggar, Alison/Bordo, Susan (Hg.): *Gender/Body/Knowledge*. Feminist Reconstructions of Being and Knowing, New Brunswick und London: Rutgers University Press 1989, S. 188–206 und die Beiträge von Baier, O'Neill und Moller Okin in diesem Band.

11 Für eine detaillierte Analyse der verschiedenen feministischen Positionen siehe Jaggar, Alison: *Feminist Politics and Human Nature*, Totowa N. J.: Rowman & Allanheld 1983.

12 Jaggar, Alison: Feminist Ethics: Projects, Problems, Prospects, a.a.O., S. 167.

13 Gilligan hat sich in späteren Arbeiten von der essentialistischen Redeweise in ihrem Buch *Die andere Stimme* gelöst und vertritt dort die These zweier unterschiedlicher moralischer Orientierungen, die tendenziell mit der Geschlechterdifferenz korrespondieren. Vgl. Gilligan, Carol: Moralische Orientierung und moralische Entwicklung, in: Nunner-Winkler, Gertrud (Hg.): *Weibliche Moral*. Die Kontroverse um eine geschlechtsspezifische Ethik, Frankfurt am Main/New York: Campus Verlag 1991, S. 79–100, und den Beitrag von Gilligan und Wiggins in diesem Band.

14 Vgl. Foot, Philippa: *Virtues and Vices and Other Essays in Moral Philosophy*, Berkeley/Los Angeles: University of California Press 1978 und Williams, Bernard: *Moralischer Unfall*. Philosophische Aufsätze 1973–1980, Königstein: Hain 1984.

15 Vgl. dazu Larmore, Charles E.: *Patterns of Moral Complexity*, Cambridge u. a.: Cambridge University Press 1987.

16 Benhabib, Seyla: Hegel, die Frauen und die Ironie, in: Nagl-Docekal, Herta / Pauer-Studer, Herlinde (Hg.): a.a.O., S. 19.

17 MacIntyre, Alasdair: *Der Verlust der Tugend*. Zur moralischen Krise der Gegenwart, Frankfurt am Main/New York: Campus Verlag S. 288, 289. (In der deutschen Übersetzung fällt der »male bias« noch pointierter aus. Kursivierung von mir.) Kritisch dazu auch: Rössler, Beate: Der ungleiche Wert der Freiheit. Aspekte feministischer Kritik am Liberalismus und Kommunitarismus, in: *Analyse & Kritik* 14, 1, 1992, S. 86–113.

18 Moller Okin, Susan: *Justice, Gender, and the Family*, New York: Basic Books 1989, S. 44.

19 Für eine solche Position vgl. etwa Flax, Jane: Postmodernism and Gender Relations in Feminist Theory, in: Nicholson, Linda J. (Hg.): *Feminism/Postmodernism*, New York/London: Routledge 1990, S. 39–62.

20 Young, Iris: Impartiality and the Civic Public, in: dies.: *Throwing Like a Girl and Other Essays in Feminist Philosophy and Social Theory*, Bloomington and Indianapolis: Indiana University Press 1990, S. 95 (meine Übersetzung). Vgl. auch Youngs Beitrag in diesem Band.

21 Habermas, Jürgen: Diskursethik-Ethik. Notizen zu einem Begründungsprogramm, in: ders.: *Moralbewußtsein und kommunikatives Handeln*, Frankfurt am Main: Suhrkamp 1983, S. 75. Mit dieser Skizzierung des moralischen Standpunkts ergibt sich zwangsläufig die Beschränkung auf einen moralischen Kernbereich, denn nur elementarste Interessen genügen dieser Bedingung allgemeiner Teilbarkeit. Folgerichtig unterspielt Habermas auch den Stellenwert von Gilligans Arbeit, indem er die von Gilligan aufgezeigten Elemente von Moralität nicht dem Bereich der Moral zuordnet, sondern als motivationale Verlängerung moralischer Prinzipien in Lebenskontexte hinein interpretiert. Vgl. Habermas, Jürgen: s. a. O., S. 187-195.

22 Benhabib, Seyla: Der verallgemeinerte und der konkrete Andere, a.a.O., S. 475.

23 Vgl. Jaggar, Alison: Feminist Ethics: Projects, Problems, Prospects, a.a.O., S. 161-164.

24 Noddings, Nel: Eine Ethik des Sorgens, in diesem Band, S. 135.

25 Vgl. Oksenberg-Rorty, Amelie: Three Myths of Moral Theory, in: dies.: *Mind in Action. Essays in the Philosophy of Mind*, Boston: Beacon Press 1988, S. 271-298. Sie kritisiert den »moraltheoretischen Judikalismus« – die Vorstellung, daß eine bestimmte Handlungsweise durch Gründe gerechtfertigt werden kann, die nicht die Praktiken und Lebensformen, in welche diese Handlungsweise eingebettet ist, einschließen – als revisionsbedürftigen Mythos.

26 In diesem Band, S. 241. Friedman gibt somit eine Erklärung für die mangelhafte Datenlage in Gilligans Arbeiten, ohne die Bedeutung ihrer Thesen zu verkennen. Für die empirische Kritik an Gilligan vgl. Nunner-Winkler, Gertrud: Gibt es eine weibliche Moral?, in: dies. (Hg.): a.a.O., S. 147-161; Nails, Debra: Sozialwissenschaftlicher Sexismus: Carol Gilligans Fehlvermessung des Menschen, ebd., S. 101-108 und Broughton, John M.: Women's Rationality and Men's Virtues: A Critique of Gender Dualism in Gilligan's Theory of Moral Development, in: *Social Research* 50, 3, 1983, S. 597-642.

27 Vgl. dazu Blum, Lawrence: *Friendship, Altruism and Morality*, Boston: Routledge & Kegan Paul 1980, S. 89 ff. Zum Problem moralischer Wahrnehmung vgl. auch Singer, Mona: Über die Moral und die Grenzen des Verstehens, in: Konnertz, Ursula (Hg.): a.a.O., S. 159-179.

28 Siehe Hare, Richard M.: *Moral Thinking. Its Levels, Method, and Point*, Oxford: Clarendon Press 1981, S. 44-64.

29 Vgl. dazu Friedman, Marilyn: The Social Self and the Partiality Debates, in: Card, Claudia (Hg.): a.a.O., S. 161-179.

30 MacIntyre, Alasdair: *Der Verlust der Tugend*, S. 195.

31 Siehe Walzer, Michael: Drei Wege der Moralphilosophie, in: ders.: *Kritik und Gemeinsinn*, Berlin: Rotbuch Verlag 1990, S. 23 ff.

32 Williams, Bernard: Personen, Charakter und Moralität, in: ders.: *Moralischer Zufall*, S. 11-29.

33 Ebd., S. 20-23.

34 Ebd., S. 27.
35 Die Geschlechterkonfiguration in dem Beispiel – der Mann als aktiver Retter und die Frau als passives Geschöpf auf dem Hintergrund einer emotional positiven Beziehung der Frau zu dem Mann – ist natürlich klassisch.
36 Friedman, Marilyn: The Social Self and the Partiality Debates, a.a.O., S. 167 (meine Übersetzung).
37 Vgl. dazu Moulton, Janice: Paradigm of Philosophy: the Adversary Method, in: Harding, Sandra/Hintikka, Merrill B. (Hg.): *Discovering Reality*. Feminist Perspectives on Epistemology, Metaphysics, Methodology, and Philosophy of Science, Dordrecht: Reidel 1983, bes. S. 153–159.
38 Vgl. zur Frage der Moral persönlicher Beziehungen Blum, Lawrence: a.a.O., S. 67–83.
39 Vgl. dazu auch Hill E. Jr., Thomas E.: Gewicht und Bedeutung der Autonomie, in: Nunner-Winkler, Gertrud (Hg.): a.a.O., S. 271–283 und Blum, Lawrence: a.a.O., S. 43–60. Wie Blum bemerkt, setzt moralisches Handeln in institutionell definierten Rollenkontexten, nicht aber die Moral persönlicher Beziehungen, Unparteilichkeit voraus.
40 Nagel, Thomas: *Der Blick von nirgendwo*, Frankfurt/M.: Suhrkamp 1992, S. 296. Nagel differenziert zwischen persönlichen und neutralen Werten, zu letzteren zählen Freiheit von Leid und Schmerz und grundlegendes Wohlergehen.
41 Friedman, Marilyn: The Social Self and the Partiality Debates, a.a.O., S. 173 ff. Vgl. dazu auch Singer, Mona: a.a.O., S. 173 ff.
42 In diesem Band, S. 190.
43 Hoffsommers, Christina: Filiale Moralität, in: Nunner-Winkler, Gertrud (Hg.): a.a.O., S. 284–306. Angesichts der inzwischen heftigen Kontroversen zwischen feministischen Philosophinnen und Hoff-Sommers scheint mir zur Vermeidung von Mißverständnissen folgende Bemerkung angebracht. Hoffsommers leistet in dem zitierten Beitrag – ungeachtet ihres sozialen Konservativismus – durch genaue begriffliche Arbeit eine bemerkenswerte Präzisierung der Parteilichkeitsdebatte.
44 Ihre Kritik richtet sich gegen das in modernen Industriegesellschaften zunehmende Problem der Vernachlässigung alter Menschen durch ihre Kinder, obwohl eine Zuwendung ohne übertriebenen Aufwand möglich wäre.
45 Ebd., S. 292.
46 Benhabib, Seyla: Der verallgemeinerte und der konkrete Andere, a.a.O., S. 471 f.
47 In diesem Band, S. 326, 327 und 323.
48 Als Beispiel einer nicht nach Gerechtigkeitsprinzipien organisierten Institution führt Sandel typischerweise die Familie an: »Der Zusammenbruch bestimmter persönlicher und bürgerlicher Verbindungen kann einen moralischen Verlust darstellen, den vollkommene Gerechtigkeit nicht wettzumachen vermag [...] Betrachten wir zum Beispiel eine mehr oder weniger ideale Familiensituation, wo die Beziehungen untereinander durch spontane Zuneigung geregelt sind und insofern die Anwendungsverhältnisse der Gerechtigkeit nur zum geringen Teil gegeben sind.« Sandel, Michael: *Liberalism and the Limits of Justice*, Cambridge: Cambridge University Press 1982, S. 33 (meine Übersetzung). Gerechtigkeit rückt nach Sandel nur in disharmonischen Familien in den Vordergrund.

Die Frage, wie weit eine gerechte Lastenverteilung (auch in emotionaler Hinsicht) eine Vorbedingung intakter und harmonischer Familienverhältnisse ist, stellt sich für Sandels patriarchal-privatistisches Familienkonzept nicht. Siehe dazu auch Moller Okin, Susan: *Justice, Gender, and the Family*, S. 26–32, und Rössler, Beate: Der ungleiche Wert der Freiheit. Aspekte feministischer Kritik am Liberalismus und Kommunitarismus, in: *Analyse & Kritik* 14, 1, 1992, S. 86–113; bes. S. 93–99.

49 Sandel, Michael: a.a.O., S. 11. Für die volle Länge von Sandels Argument siehe insbes. S. 15–40.

50 Vgl. etwa Kymlicka, Will: *Contemporary Political Philosophy*. An Introduction, Oxford: Clarendon Press 1990, S. 211–215, und Gutman, Amy: Communitarian Critics of Liberalism, in: *Philosophy & Public Affairs*, S. 308–322 (bes. S. 313). Kritisch zu Sandel auch Honneth, Axel: Grenzen des Liberalismus. Zur politisch-ethischen Diskussion um den Kommunitarismus, in: *Philosophische Rundschau* 38, 1991, S. 83–102 (bes. S. 85–92).

51 Siehe Rössler, Beate: a.a.O., S. 86–113.

52 In diesem Band, S. 305.

53 Benhabib, Seyla: The Generalized and the Concrete Other. The Kohlberg-Gilligan Controversy and Moral Theory, in: dies.: *Situating the Self*. Gender, Community and Postmodernism in Contemporary Ethics, Cambridge: Polity Press 1992, S. 167. Eine deutsche Übersetzung dieses Aufsatzes, der eine überarbeitete und erweiterte Fassung von »Der verallgemeinerte und der konkrete Andere« darstellt, erscheint in Benhabib, Seyla: *Selbst und Kontext*. Frankfurt/M.: Suhrkamp Verlag 1994.

54 Diese Kritik gilt allerdings nur für Benhabibs ursprüngliche Fassung von »Der verallgemeinerte und der konkrete Andere«. In der in Anm. 53 zitierten Neufassung, wo Benhabib auf Okins Kritik repliziert, distanziert sie sich davon, die Defizite der Rawlsschen Theorie an der Aussparung von Empathie und Wohlwollen festzumachen. Sie wiederholt allerdings ihren Vorwurf der epistemischen Inkohärenz und der Nichtbeachtung des konkreten Anderen; letzteres mit folgenden zwei Argumenten: zum einen vermöge Rawls nicht zu präzisieren, wer das am wenigsten begünstigte Individuum sei; zum anderen schließe das fiktive Modell des Urzustands mit seinen definitorisch festgelegten Moralsubjekten einen faktisch institutionalisierten moralischen Dialog mit realen Individuen aus. Abgesehen von der Schwierigkeit, daß die Idee faktischer moralischer Dialoge letztlich kaum ohne Berufung auf allgemeine Argumentationsregeln, die wiederum nicht allen möglichen Details einer Situation und allen Facetten einer konkreten Lebensgeschichte gerecht werden können, zu präzisieren ist, bleibt immer noch der Punkt, daß dies nicht Rawls' Ziel in der *Theorie der Gerechtigkeit* war.

55 Diese Kritik bezieht sich auf Okins Beitrag in diesem Band.

56 Es gibt natürlich eine Spielart feministischer Kritik, die sich bereits an *hypothetisch-abstrakten* Voraussetzungen stört. Ich stehe dem skeptisch gegenüber, da es nur allzuschnell zu einer Reduktion philosophischer Reflexion auf psychologische und soziologische Argumentationsfiguren führt.
Mit Bezug auf Rawls heißt dies: Auf der Ebene der Anwendungsverhältnisse der Gerechtigkeit sind empirische Argumente – Hinweise auf de facto bestehende

und durch die gewählten Gerechtigkeitsprinzipien nicht beseitigte und unter Umständen verstärkte Ungleichheiten und Ungerechtigkeiten – relevant und sinnvoll; gleichfalls, wenn es darum geht, ob die »allgemein einleuchtenden« und neutralen Annahmen des Urzustands nicht schon einen »bias« enthalten, indem sie implizit eine ganz bestimmte Gesellschaftsform favorisieren. Aber Rawls' »fantastische« Charakterisierung der Urzustandssubjekte wegen mangelnder empirischer Plausibilität zu kritisieren bedeutet, die Tiefenstruktur seiner Argumentation zu übersehen.

57 Siehe Rawls, John: *Eine Theorie der Gerechtigkeit,* Frankfurt am Main: Suhrkamp 1979, S. 151.
58 Siehe Moller Okin, Susan: *Justice, Gender, and the Family,* S. 89–109.
59 Vgl. Nussbaum, Martha: Justice for Women! in: *The New York Review of Books* XXXIX, 16, 1992, S. 43–48.
60 Siehe etwa Höffe, Otfried: *Immanuel Kant,* München: C. H. Beck 1988, bes. S. 196–200; Paton, H. J.: *Der Kategorische Imperativ.* Eine Untersuchung über Kants Moralphilosophie, Berlin: de Gruyter 1962 (insbes. das Vorwort) und das Kant-Verständnis Herta Nagl-Docekals und Onora O'Neills in ihren Beiträgen in diesem Band. Für eine gegensätzliche Interpretation, nach der Kants praktische Philosophie durch einen »rationalistischen Wahn« gekennzeichnet ist, siehe Koller, Peter: Zur Kritik der kantischen Konzeption von Freiheit und Gerechtigkeit, in: Gombocz, Wolfgang / Rutte, Heiner / Sauer, Werner (Hg.): *Traditionen und Perspektiven der analytischen Philosophie.* Festschrift für Rudolf Haller, Wien: Hölder-Pichler-Tempsky 1989, S. 54–69.
61 Vgl. etwa Pellegrino, Edmund D.: Der tugendhafte Arzt und die Ethik der Medizin, in: Sass, Hans-Martin (Hg.): *Medizin und Ethik,* Stuttgart: Reclam 1989, S. 40–68; vgl. auch Oksenberg Rorty, Amélie: Virtues and their Vicissitudes, in: dies.: *Mind in Action,* S. 314–329.
62 Annette Baier nimmt etwa Alasdair MacIntyre neben Michael Stocker und Ian Hacking in ihre Liste der »honorary women« auf. Siehe Baier, Annette: What Do Women Want in a Moral Theory? in: *Nôus* XIX, 1, 1985, S. 53–63.
63 Zu nennen wären hier Susan Moller Okin und Beate Rössler.
64 Siehe Moller Okin, Susan: *Justice, Gender, and the Family,* S. 41–73.
65 Siehe Gutman, Amy: a.a.O., S. 320–322.

Carol Gilligan/Grant Wiggins
Die Ursprünge der Moral in den frühkindlichen Beziehungen

Dieser Aufsatz wurde von einer Beobachtung während einer Diskussion angeregt. Diese Diskussion fand auf der Konferenz zum Thema *The Origins of Morality in Early Childhood* statt, die 1984 an der Harvard University ausgerichtet wurde. Solange die Psychologen die Moral auf die Entdeckung des Gerechtigkeitsgedankens durch das Kind zurückführten, wurde Mädchen und Frauen ein schwächerer Gerechtigkeitssinn zugeschrieben als Jungen und Männern. Dieses Defizit in der moralischen Urteilsbildung wurde zum Teil damit erklärt, daß Frauen vor allem anderen mit Beziehungen und Gefühlen beschäftigt seien.[1] Jetzt, da sich bei den Psychologen der Mittelpunkt der Aufmerksamkeit zu den moralischen Gefühlen oder Empfindungen verschoben hat,[2] scheinen die Geschlechtsunterschiede verschwunden zu sein. Das Einfühlungsvermögen und die Beachtung von Gefühlen, die einst als Quelle der Beschränktheit für die moralische Urteilsbildung der Frau galten, werden nun als der Kern der Moral gesehen, aber nicht mehr im besonderen mit den Frauen in Verbindung gebracht. Die Frage ist: Was hat sich geändert?

Jüngste Forschungsergebnisse, die keine Belege für Geschlechtsunterschiede im Einfühlungsvermögen oder im moralischen Urteilen entdecken können,[3] werden als ein Zeichen des Fortschritts sowohl bei den Forschungsmethoden als auch hinsichtlich der sozialen Gerechtigkeit präsentiert. Solche Befunde, die keinerlei Geschlechtsunterschiede feststellen, scheinen die schwierigen konzeptuellen Probleme aufzulösen, die von den Ergebnissen aufgeworfen werden, die Geschlechtsunterschiede finden konnten. Der Rückschluß aber, daß es *keine* Geschlechtsunterschiede in der moralischen Entwicklung gibt, ist sowohl aus empirischen als auch aus theoretischen Gründen problematisch. Aus empirischen Gründen, weil Soziologen auf erstaunliche Geschlechtsunterschiede bei der Häufigkeit und den Formen antisozialen Verhaltens hinweisen, was sehr stark in den Statistiken über Gewaltverbrechen zum Ausdruck kommt.[4] Natürliche Beobachter wie Eltern und Lehrer ebenso wie Psychologen sind frappiert von den Geschlechtsunterschieden bei der Aggression unter Kindern wie auch bei den sozialen Interaktionsmustern und beim Spiel der Kinder.[5] Auf der theoretischen Ebene erklären kognitive Entwicklungspsychologen wie Piaget und Kohlberg die moralische Entwicklung in der Kindheit vor allem als eine Funktion der Interaktion innerhalb der *peer group*.* Unterschiede, die denen ähneln, die Piaget beschrieb, bleiben weiterhin kennzeichnend für die Spiele, die von Jungen und Mädchen gespielt werden, wie auch für die Formen der Konfliktlösung, von denen die gleichgeschlechtlichen *peer groups* der mittleren Kindheit bestimmt sind. Theoretiker in der psychoanalytischen Tradition erklären die moralische Entwicklung mit Hilfe familiärer Bindungen und Identifikationen; doch die Geschlechterasymmetrie, die Freud[6] als ein Hindernis für jede echte Parallele zwischen männlicher und weiblicher Entwicklung begegnete, charakterisiert immer noch die familiären Beziehungen. Die Frauen übernehmen nach wie vor größtenteils die Hauptverantwortung für die Pflege und Erziehung kleiner Kinder, und infolgedessen sind die Muster der kindlichen Bindungen und Identifikationen und die Muster des moralischen oder »prosozialen« Verhaltens von Erwachsenen auf typische Weise für Männer und Frauen verschieden.

Die Psychologen sind aus vielfältigen Gründen – wie den Gefahren der Stereotypisierung, der Suggestion eines biologischen Determinismus und der Tatsache, daß es in den Diskussionen um Geschlechtsunterschiede keine interessenlose Position gibt – vor diesen Beobachtungen zurückgeschreckt. Außerdem könnten die jüngsten Behauptungen, es gebe keine Geschlechtsunterschiede in der moralischen Entwicklung, einen Wandel in der Art und Weise, wie Psychologen die Moral untersuchen, widerspiegeln. Die Aufmerksamkeit hat sich von den Problemen bei den Beziehungen, die Freud in seiner Analyse der Familienkonflikte oder Piaget in seiner Studie der Kinderspiele beschäftigt hatten, abgewandt und den Problemen der moralischen Logik oder der moralischen Gefühle *an sich* zugewandt. Da sowohl männliche als auch weibliche Personen die menschliche Fähigkeit aufweisen, rational zu denken und Mitgefühl zu empfinden, ist es nicht weiter überraschend, daß die Forscher, die die Moral mit diesen Begriffen erfassen, keine

---

* Eine *peer group* ist, laut *Encyclopaedia Britannica*, eine Gruppe interagierender Personen von ungefähr gleichem Status, die gewöhnlich auch annähernd im gleichen Alter sind. [Anm. der Hg.]

Geschlechtsunterschiede in ihren Forschungsdaten finden können. Und doch haben die Stereotype, die Männer als aggressiv und Frauen als fürsorglich beschreiben, wie verzerrend und beschränkt sie auch sein mögen, eine empirische Grundlage. Die Tatsache, daß Gefängnisinsassen überwiegend männlich sind, und das Ausmaß, in dem Frauen kleine Kinder betreuen, können nicht ohne weiteres als irrelevant für Moraltheorien abgetan werden oder in den theoretischen Darstellungen der moralischen Entwicklung ausgeklammert werden. Wenn es keine Geschlechtsunterschiede im Einfühlungsvermögen oder in der moralischen Urteilsbildung gibt, warum gibt es dann Geschlechtsunterschiede im moralischen oder unmoralischen Verhalten? Entweder gibt es ein Problem damit, wie Einfühlung und moralisches Argumentieren erfaßt werden, oder aber die Rolle von Empathie und Kognition für die moralische Entwicklung ist übertrieben worden. Die Frage ist, wie soziologische Fakten und allgemeine Feststellungen von als relevant erscheinenden Unterschieden zwischen den Geschlechtern in der Moral in eine kohärente Konzeption der Moral und eine plausible theoretische Darstellung der moralischen Entwicklung aufgenommen werden können. Wir behaupten, daß es hierzu notwendig sein wird, den theoretischen Bezugsrahmen zu revidieren.

Wir beginnen mit der strittigen Frage nach der Perspektive, denn sie hat Einfluß darauf, welche Beobachtungen bei der Erforschung der Moral gemacht werden, und auch darauf, wie diese Beobachtungen beurteilt werden. Ein großes Hindernis für die bisherigen Diskussionen zu Geschlechtsunterschieden in der Moral war die Annahme eines einzigen moralischen Standpunkts, der als *die* moralische Perspektive definiert wurde. Das macht es unmöglich, von Geschlechtsunterschieden anders als in der Form eines abschätzigen Vergleichs zu sprechen. Unter diesen begrifflichen Zwängen weisen die Diskussionen über Geschlechtsunterschiede Anzeichen der Beunruhigung auf, die ein Unbehagen darüber zu sprechen verraten, aber zugleich auch die Notwendigkeit anzeigen, über das Wahrgenommene zu sprechen. Wo Freud seine These, Frauen hätten ein weniger ausgeprägtes Rechtsgefühl als Männer, einführt, beginnt er mit einer rhetorischen Geste (»Man zögert es auszusprechen, kann sich aber doch der Idee nicht erwehren«) und verbündet sich dann mit der »Kritik seit jeher«,[7] so als ob er sich darin bestärken müsse. Piaget leugnet auf entwaffnende Weise für sich jede privilegierte Stellung bei der Beschreibung des weiblichen moralischen

Defizits, wenn er behauptet: »Allein die oberflächlichste Beobachtung zeigte, daß der juristische Geist im großen und ganzen bei den kleinen Mädchen viel weniger entwickelt ist als bei den Knaben.«[8] Gemeinsam mit Kramer beschreibt Kohlberg[9] die dritte seiner sechs Stufen der moralischen Entwicklung als »funktional« für Hausfrauen und Mütter, beeilt sich aber zu erklären, daß auch Frauen, wenn sie wie die Männer Arbeit mit höherem Status und mehr Bildung erhielten, zu höheren Stufen der moralischen Entwicklung aufsteigen würden.

Sofort ist die Zwangslage des Beobachters zu spüren, der keine neutrale Position innehat, von der aus die Geschlechtsunterschiede kommentiert werden könnten, und der daher auch keine Möglichkeit hat, die Alternativen der moralischen Arroganz und der moralischen Selbstverleugnung zu vermeiden, die Nietzsche als wesensmäßig maskuline und feminine Haltungen beschrieb. Der Vorteil der Frage nach den Geschlechtsunterschieden innerhalb der Diskussion um die moralische Entwicklung liegt genau in dem Umstand, daß sie die Streitfrage nach der Perspektive unvermeidlich werden läßt. Danach zu fragen, aus welcher Perspektive über die Geschlechtsunterschiede nachgedacht wird, führt sogleich zu der Frage: Aus welcher Perspektive wird Moral definiert? Diese Frage wollen wir eingehender betrachten, indem wir den Ursprüngen der Moral in den Beziehungen der frühen Kindheit nachgehen.

1. Zwei moralische Perspektiven – zwei Dimensionen der sozialen Beziehung

Wenn man von unseren Beziehungen zu anderen Menschen absähe, dann gäbe es, wie Piaget bemerkte, keine moralische Notwendigkeit.[10] Diese Beobachtung ist zentral für unsere Ansicht, daß jeder Moralkonzeption eine Perspektive auf Beziehungen zugrunde liegt. Die jüngsten Forschungen über das frühe Kindesalter liefern zwingende Beweise, daß die Grundlagen der Moral in der kindlichen Entwicklung früh vorhanden sind – in der Responsivität des Kleinkinds auf die Gefühle anderer und im Verständnis des kleinen Kindes von Maßstäben.[11] Um aber die Natur moralischer Gefühle und Maßstäbe zu erklären, ist es unerläßlich zu berücksichtigen, wie diese Fähigkeiten organisiert werden, und deshalb sollten die Erfahrungen des Kleinkinds aus den Beziehungen zu anderen Menschen in die Überlegungen einbezogen werden. Wir lokalisieren die Ursprünge der Moral im Bewußtsein des kleinen Kindes von seinem Selbst im Verhältnis zu anderen, und wir identifizieren zwei Dimensionen der frühkindlichen Beziehungen, die dieses Bewußtsein auf unterschiedliche Weise formen. Eine Dimension ist die Ungleichheit, die sich beim Kind im Bewußtsein davon spiegelt, kleiner und unfähiger als Erwachsene und größere Kinder und verglichen mit der Norm eines menschlichen Wesens ein Baby zu sein. Diese Beziehungsdimension ist von Theoretikern der Moralentwicklung aus sowohl der kognitiven als auch der psychoanalytischen Tradition hervorgehoben worden, und sie findet ihren Niederschlag in dem Gewicht, das den kindlichen Gefühlen von Hilflosigkeit und Machtlosigkeit anderen gegenüber beigemessen wird, Gefühlen, die daran geknüpft sind, von anderen, die mächtiger sind, abhängig zu sein. Indem sie sich auf die Zwänge in der Situation des kleinen Kindes konzentrieren, haben die Psychologen Moral als Gerechtigkeit definiert und Entwicklung auf eine Linie gebracht mit dem Fortschritt des Kindes hin zu einer Stellung in Gleichheit und Unabhängigkeit.

Das kleine Kind erlebt aber auch die emotionale Bindung, und die Dynamik der Bindungsbeziehungen schafft ein ganz anderes Bewußtsein des Selbst – nämlich daß es fähig ist, eine Wirkung auf andere zu haben, andere bewegen zu können und von ihnen bewegt zu werden. Charakteristischerweise lieben kleine Kinder die Menschen, die für sie sorgen. Sie möchten in ihrer Nähe sein, sie wollen mit ihnen vertraut sein, sie können sie wiedererkennen und sind traurig, wenn sie weggehen. Im Kontext der emotionalen Bindung entdeckt das Kind die Muster der menschlichen Interaktion und beobachtet die Formen, in denen Menschen füreinander da sind und einander verletzen. Wie die Erfahrung der Ungleichheit, obgleich auf unterschiedliche Art, beeinflußt auch die Erfahrung der affektiven Bindung tiefgehend das Verständnis des Kindes von menschlichen Gefühlen und davon, wie Menschen miteinander umgehen sollten. Die moralischen Implikationen von Beziehungen emotionaler Bindung sind in den Theorien der Moralentwicklung im allgemeinen übersehen worden. Teils deswegen, weil eher die Passivität der frühkindlichen Liebe betont wurde als die Aktivität des Kindes, Kontakte mit anderen herzustellen und aufrechtzuhalten, und teils deshalb, weil die Entstehung von Selbstbewußtsein *(self awareness)* in dieser Zeit an Trennung und Ablösung geknüpft wurde. Erst die

Erfahrung der emotionalen Bindung erzeugt eine Perspektive auf Beziehungen, die der Konzeption der Moral als Liebe zugrunde liegt.

Die unterschiedliche Dynamik der frühkindlichen Ungleichheit und der frühkindlichen Bindung legt demnach das Fundament für zwei Moralvorstellungen – eine Vorstellung von der Moral als Gerechtigkeit und eine Vorstellung von der Moral als Fürsorge. Die Erfahrungen des heranwachsenden Kindes mit der Ungleichheit und der affektiven Bindung, die manchmal, aber nicht immer konvergieren, begründen eine Unterscheidung zwischen den Dimensionen Ungleichheit/Gleichheit und Bindung/Lösung, die alle Formen menschlicher Beziehungen charakterisieren. Obwohl die Natur der Bindung zwischen Kind und Elternteil je nach individuellem und kulturellem Umfeld variiert und obwohl die Ungleichheit durch familiäre und gesellschaftliche Ordnungen gesteigert oder gemildert werden kann, werden alle Menschen in eine Situation der Ungleichheit hineingeboren und überlebt kein Kind, wenn die Verbindung zu einem Erwachsenen fehlt. Da jeder Mensch sowohl durch Unterdrückung als auch dadurch, daß er verlassen ist, verletzbar ist, sind es zwei Geschichten über die Moral, die sich in der menschlichen Erfahrung durchhalten.

Kinder kennen beide Geschichten und erproben sie auf vielfältige Weise. Amerikanische Kinder appellieren angesichts ungleicher Machtverteilung an Gerechtigkeit, indem sie geltend machen: »Das ist nicht fair« oder »Du hast kein Recht dazu«. Sie beurteilen die Intensität der Zuwendung, indem sie erklären: »Du machst dir nichts aus mir« oder »Ich mag dich nicht mehr«. Dabei entdecken die Kinder die Wirkungsmächtigkeit moralischer Maßstäbe, das Ausmaß, in dem Gerechtigkeit, dem, der nicht ebenbürtig ist, Schutz vor der Unterdrückung bietet, und das Ausmaß, in dem Fürsorge die emotionale Bindung vor den Bedrohungen durch Verlassenheit oder Trennung schützt. Diese Lektionen über Gerechtigkeit und Fürsorglichkeit, die in den frühkindlichen Beziehungen gelernt werden, erzeugen Erwartungen, die in der späteren Kindheit und Jugend bestätigt oder modifiziert werden. Zwei moralische Gebote – andere nicht unfair zu behandeln und sich von anderen in Not nicht abzuwenden – definieren zwei Stränge der moralischen Entwicklung, die verschiedene Maßstäbe zur Bewertung moralischer Urteile und moralischen Verhaltens bereitstellen und die auf Veränderungen im Verständnis dessen verweisen, was Fairneß heißt und was Fürsorglichkeit ausmacht. Geht man der moralischen Entwicklung in zwei einander überschneidenden Beziehungsdimensionen nach, dann wird es möglich, Veränderungen, die die Gleichheit betreffen, von den Veränderungen, die die emotionale Bindung betreffen, zu unterscheiden und die Wechselwirkung zwischen Ungleichheitsproblemen und Trennungsproblemen zu berücksichtigen. Die Beobachtungen zu den Geschlechtsunterschieden im moralischen Verstehen und moralischen Verhalten spiegeln die Tendenz wider, daß diese Probleme sich in der männlichen und in der weiblichen Entwicklung unterschiedlich stellen oder unterschiedlich organisiert sind.

Wenn die Frage der Geschlechtsunterschiede auf diese Weise formuliert wird, hat sie nicht die Implikation, daß ein Geschlecht moralisch überlegen ist, und impliziert auch nicht, daß moralisches Verhalten biologisch festgelegt ist. Statt dessen richtet sie die Aufmerksamkeit auf zwei Perspektiven hinsichtlich der Moral. In dem Umfang, in dem sich das biologische Geschlecht, die Psychologie der Geschlechter und die kulturellen Normen und Werte, die maskulines und feminines Verhalten definieren, auf die Erfahrung von Gleichheit und emotionaler Bindung auswirken, werden diese Faktoren vermutlich die moralische Entwicklung beeinflussen.

Zum Beispiel kann die Erfahrung emotionaler Bindung in der frühen Kindheit die Ungleichheitserfahrung abschwächen, indem sie das Kind im Verhältnis zu den Eltern, die sonst unveränderbar und allmächtig erscheinen, stärker macht. Falls Mädchen sich mit ihren Müttern identifizieren, mit denen sie eng verbunden sind und zu denen eine größere körperliche Nähe bestehenbleibt, kann die Ungleichheitserfahrung weniger überwältigend sein, und das Gefühl für die Wirkungsmächtigkeit, die durch die Herstellung von Beziehungen zu anderen gewonnen wird, kann für die Organisation ihres Selbstbildes und ihrer Selbstachtung zentraler sein. Im Jugendalter würden die Mädchen dann weniger auf die Folgen ungleicher Beziehungen achten und wären stärker gewillt, ihre Aufmerksamkeit auf den Charakter und die Intensität einer Beziehung zu konzentrieren, ganz besonders dann, wenn die Normen für weibliches Verhalten Bestrebungen nach Gleichheit behindern. Falls Jungen stärker an ihre Mutter gebunden sein sollten, sich aber mit ihren Vätern identifizieren und über die Autorität und Körperkraft ihres Vaters nicht hinwegsehen können, dann mag die Ungleichheitserfahrung und der Wunsch, diesen Status zu überwinden, im Aufbau des Selbstbildes eine größere Rolle spielen, und Trennung oder Unabhängigkeit mag für die Selbstachtung wesentlicher werden. Wenn die wiederkehrenden Kindheitserfahrungen der Ungleichheit in der Entwicklung der Jungen weniger von Bindungserfahrungen gemildert werden, wenn sie in der Adoleszenz mit sozialer Ungleichheit und einer hohen kulturellen Wertschätzung männlicher Dominanz zusammentreffen, dann können Gefühle von Machtlosigkeit gesteigert werden, und das Gewaltpotential kann dementsprechend anwachsen.

Diese schematischen Beobachtungen sollen andeuten, in welchen Formen Ungleichheitserfahrungen und Bindungserfahrungen zusammenspielen können und möglicherweise dazu führen, daß eine Beziehungsdimension die andere überschattet oder deren Bedeutung färbt. Wir haben aufgezeigt, wie Mädchen dazu tendieren können, die aus der Ungleichheit erwachsenden Probleme aus den Augen zu verlieren, und wie Jungen dazu tendieren können, die Probleme, die aus der Loslösung entstehen, aus dem Blick zu verlieren. Gleichwohl kann die Spannung zwischen diesen beiden moralischen Perspektiven die Psychologie der moralischen Entwicklung am besten dadurch erhellen, daß sie das Interesse auf Konflikte in den Beziehungen lenkt, die zu echten moralischen Dilemmata Anlaß geben.

Werden die folgenden Probleme *entweder* unter dem Aspekt der Gerechtigkeit *oder* der Fürsorge gesehen, dann *scheinen* sie richtige, wenn auch schwierige Antworten zu haben. Aus *beiden* Perspektiven kommt ihre ethische Zweideutigkeit zum Vorschein. Mit diesem Wechsel der Perspektive gelangt man zu einem anderen Verständnis des Kindes, das sich unsicher ist, ob es an dem Maßstab der Fairneß festhalten oder einem anderen Kind in einem Test helfen soll, oder des Jugendlichen, der zwischen der Loyalität gegenüber bestimmten Beziehungen und der Loyalität gegenüber den Idealen von Gleichheit und Freiheit hin und her gerissen ist, oder des Erwachsenen, der sich hinsichtlich der Verteilung von Ressourcen fragt, ob es besser ist, auf die wahrgenommene Bedürftigkeit zu reagieren oder Gerechtigkeitsprinzipien zu befolgen. Diese Konflikte können – wie das von Sartre[12] gestellte Dilemma, ob ein junger Mann in die Résistance eintreten oder bei seiner Mutter bleiben soll, oder das Dilemma von Müttern, die sich fragen, ob sie sich dem Widerstand anschließen oder bei ihren Kindern bleiben sollen – als paradigmatische menschliche Moralprobleme angesehen werden –, als Probleme, die dann entstehen, wenn die Anforderungen der Gleichheit und der emotionalen Bindung zusammenprallen.

Deswegen ist die Metapher, die unsere Erörterung der moralischen Entwicklung erhellt, die in zweifacher Weise interpretierbare Abbildung, die veranschaulicht, wie dieselbe Szene auf zumindest zwei verschiedene Arten organisiert werden und wie die eine Art des Sehens die andere zum Verschwinden bringen kann. Wir wollen mit einer Zusammenfassung des Forschungsstands über moralische Orientierung anfangen, um den Nachweis zu führen, daß die zwei von uns beschriebenen Perspektiven in der Art und Weise, wie Menschen moralische Probleme definieren und lösen, manifest sind. Dann werden wir uns der Frage nach den moralischen Gefühlen zuwenden und aufzeigen, wie die verschiedenen Perspektiven auf Beziehungen die Bedeutung des Mitgefühls färben und die moralischen Gefühle Scham und Schuld, Liebe und Leid organisieren. Schließlich werden wir einen Überblick über die moralische Entwicklung und das Beziehungsleben des Kindes geben. Aus Einsichten schöpfend, die wir aus der erneuten Lektüre von Piaget und aus Bowlbys Arbeit über Verlust und Trennung gewonnen haben, gelangen wir zu dem Standpunkt, daß moralische Gefühle, wie auch moralische Urteile, nicht primäre Gegebenheiten, sondern Ergebnis von Beziehungen sind. Der egozentrische Fehlschluß besteht darin anzunehmen, daß starke Gefühle und klare Prinzipien selbst erzeugt oder *sui generis* seien. Unser Argument lautet, daß starke Gefühle und klare Prinzipien von »authentischen« Beziehungen abhängig sind. Weil Beziehungen ihrer Natur nach variieren, zählen die Bedingungen, die sich auf Beziehungen auswirken, und die psychologischen moralischen Verhaltensweisen, die von verschiedenen Beziehungsformen hervorgebracht werden, zu den zentralen empirischen Fragen und vordringlichen theoretischen Aufgaben. In diesem Aufsatz werden wir unsere Aufmerksamkeit auf zwei Dimensionen von Beziehungen konzentrieren und ihre Implikationen für die Entwicklung der moralischen Urteilsbildung und moralischer Gefühle deutlich machen.

2. Evidenzen für zwei Perspektiven in der moralischen Urteilsbildung

Anhaltspunkte dafür, daß die zwei von uns beschriebenen Moralorientierungen das Denken der Menschen über die Natur und die Auflösung moralischer Konflikte strukturieren, stammen aus Untersuchungen darüber, wie die Menschen moralische Konflikte beschreiben, mit denen sie konfrontiert waren. Die Analyse solcher Beschreibungen zeigt, daß die Menschen dazu neigen, Gerechtigkeitsüberlegungen und Fürsorgeüberlegungen anzustellen, wenn sie von den Erfahrungen moralischen Konflikts und moralischer Wahl ausführlich erzählen. In einer Stichprobe von 80 Jugendlichen und Erwachsenen mit höherer Bildung brachten 55 Personen (69 Prozent) sowohl Überlegungen zur Gerechtigkeit als auch zur Fürsorge ein.[13] Zwei Drittel der befragten Personen (57 von 80 oder 67 Prozent) konzentrierten jedoch ihre Aufmerksamkeit entweder auf Belange der Gerechtigkeit oder auf Belange der Fürsorge, so daß von den Erwägungen, die sie anstellten, 75 Prozent oder mehr unter dem Aspekt der einen oder der anderen Orientierung formuliert waren. Dieses »Fokussierungsphänomen« zeigte sich gleichermaßen bei den Männern und Frauen unter den Gymnasiasten, College-Studenten, Medizinstudenten und erwachsenen Berufstätigen, die wir untersuchten. Aber die Ausrichtung dieses Fokus enthüllte einen Unterschied zwischen den Geschlechtern. Die Bündelung der moralischen Argumentation unter dem Aspekt der Fürsorge zum Beispiel, obgleich keineswegs für alle Frauen charakteristisch, erwies sich in dieser nordamerikanischen Stichprobe von Menschen mit hohem Bildungsstandard als ein nahezu ausschließlich weibliches Phänomen. Von den 31 Männern, die eine Schwerpunktsetzung der Argumentation zeigten, lag diese Fokussierung bei 30 von ihnen auf dem Aspekt der Gerechtigkeit. Von den 22 Frauen fokussierten zehn ihre Überlegungen auf den Aspekt der Gerechtigkeit und zwölf auf den der Fürsorge.

Die klarste Demonstration moralischer Orientierung findet sich in einer Untersuchung, die von Johnston konzipiert und durchgeführt wurde.[14] Sie adaptierte Aesops Fabeln und entwickelte daraus ein standardisiertes Verfahren zur Bewertung spontaner moralischer Orientierungen und Präferenzen der Orientierung. Im wesentlichen läßt diese Forschung darauf schließen, daß sich die Menschen mit zwei Logiken der moralischen Problemlösung auskennen und daß die analytisch unterscheidbaren Orientierungen der Gerechtigkeit und der Fürsorge verschiedene Formen der Konfliktwahrnehmung und der Konfliktlösung vorgeben. Die Forschungsergebnisse stimmen mit unserer Analyse menschlicher Beziehungen und moralischer Entwicklung überein. Denn sie lassen erkennen, daß sich Elfjährige ebenso wie Jugendliche und Erwachsene an den moralischen Werten von Gerechtigkeit und

Fürsorglichkeit orientieren und daß sie zu wechselnden Orientierungen imstande sind, wenn sie über Beziehungskonflikte nachdenken.

Langdale[15] untersuchte moralische Orientierungen in Urteilen zu hypothetischen Dilemmata und berichtete von einer Wechselwirkung zwischen der spontanen moralischen Orientierung (wie sie sich in naturwüchsig entstandenen moralischen Konflikten »des wirklichen Lebens« widerspiegelt) und der charakteristischen Orientierung bei hypothetischen Moralproblemen. Die Validität der Unterscheidung von Gerechtigkeit/Fürsorge in dem von Lyons entwickelten Codierungsverfahren[16] wird bestätigt durch Langdales Untersuchungsergebnis, daß Kohlbergs Dilemmata der Gerechtigkeitsargumentation in einer lebenszyklischen Stichprobe von 144 Personen bei Frauen wie bei Männern die größte Häufigkeit von Gerechtigkeitserwägungen auslösten. Langdale fand über vier verschiedene Dilemmata hinweg Geschlechtsunterschiede in der moralischen Orientierung, wobei die Frauen durchwegs mehr Fürsorglichkeitsüberlegungen anstellten als Männer, selbst beim Lösen des auf Gerechtigkeit zugespitzten Heinz-Problems.

Es muß jedoch betont werden, daß wir an diesem Punkt jeglichen Anspruch hinsichtlich der Allgemeingültigkeit solcher Ergebnisse dahingestellt sein lassen. Natürlich wird es erforderlich sein, die Abwandlungen dieser zwei Orientierungen bei Frauen wie bei Männern, die in verschiedenen sozioökonomischen, Bildungs- und kulturellen Kontexten verankert sind, ebenso zu untersuchen wie die Abwandlungen über eine ganze Bandbreite moralischer Probleme hinweg.

3. Die Implikationen der moralischen Orientierungen für die Untersuchung moralischer Gefühle

Die zwei Perspektiven, die wir als eine »Gerechtigkeitsorientierung« und eine »Fürsorgeorientierung« bezeichnet haben, implizieren eine Wende in der Konzeption dessen, was für den moralischen Bereich relevant ist. Nach dieser These würden die zwei Orientierungen nicht nur unterschiedliche Begriffe von »Moral« enthalten, die in den verschiedenen Formen moralischer Urteilsbildung offenkundig sind, sondern auch unterschiedliche Konzeptionen der Gefühle und des Zusammenhangs der Gefühle mit der Moral implizieren. Bestimmte Tätigkeiten, die aus der einen Perspektive abschätzig behandelt werden, können aus einer anderen Perspektive an Bedeutung gewinnen. Formen menschlicher Beziehungen zum Beispiel, die sich aus der Perspektive einer Gerechtigkeitsorientierung auf den Status von Überresten einer überwundenen Entwicklungsstufe degradieren lassen, können aus einer Orientierung auf Fürsorge heraus als bedeutsam und sogar als zentral angesehen werden. Dieser Wechsel in der Weltsicht ist ganz entscheidend für unsere Darstellung des moralischen Gewichts von Bindungsbeziehungen. Für uns sind diese Bindungsbeziehungen keine Überbleibsel einer frühkindlichen Bedürftigkeit, sondern zentral für die Entwicklung dessen, was früher »moralische Sensibilität« genannt wurde. Die Loslösung, die im Rahmen der Gerechtigkeit als das Kennzeichen reifen moralischen Urteilens bewertet wird, wird im Rahmen der Fürsorge zu einem Zeichen moralischer Gefährdung, zu einem Verlust der Verbundenheit mit anderen. Die scharfe Subjekt-Objekt-Geschiedenheit, die in den meisten psychologischen Theorien bei der Entwicklung für wesentlich gehalten wird, wird also in Frage gestellt. Eine fließendere Konzeption des Selbst im Verhältnis zu anderen ist an ein Wachstum der affektiven Vorstellungskraft gebunden, an die Fähigkeit nämlich, sich durch ein Übernehmen und Erleben der Gefühle anderer in sie hineinzuversetzen und sie zu verstehen.

In der traditionellen Literatur, die überwiegend von einer Gerechtigkeitsperspektive beherrscht wird, wurden Scham und Schuld als die paradigmatischen moralischen Gefühle angesehen. Hoffman[17] steht an der Spitze der Kritiker dieser Sichtweise und unterstreicht die Notwendigkeit, nicht nur Empathie, Sympathie und altruistische Motive in der Konzeptualisierung der Moral und der moralischen Entwicklung zu berücksichtigen, sondern auch der Bezeugung von Empathie, Sympathie und Altruismus in der frühen Kindheit Beachtung zu schenken. Blum[18] plädiert in seiner philosophischen Untersuchung von Freundschaft, Altruismus und Moral für die moralische Bedeutsamkeit menschlicher Verbundenheit und persönlicher Zuwendung, und er kontrastiert zwei Weisen, auf andere einzugehen, die unserer Gegenüberstellung von Gerechtigkeit und Fürsorge ähnlich sind.

Unsere Konzeption der Fürsorgeorientierung als einer in den emotionalen Bindungen gründenden Orientierung führt uns dahin, Liebe und Leid als moralische Gefühle zu betrachten, genauso wie andere Gefühle, die eng mit emotionaler Bindung und mit den Ängsten der Entfremdung und Isolierung verbunden sind. Moralische Empörung kann nicht nur durch Unterdrückung und Ungerechtigkeit hervorgerufen werden, sondern auch durch Verlassenheit oder den Verlust emotionaler Bindung oder das Nicht-Reagieren anderer. Laut einer Studie über Mädchen an Oberschulen beschrieben diese Mädchen solche Situationen, in denen jemand nicht zuhörte, mit moralischem Engagement; was an Simone Weils und Iris Murdochs Definition von Aufmerksamkeit als einem moralischen Akt erinnert. Es ist wichtig zu betonen, daß Liebe in unserer Konzeption nicht Verschmelzung oder Transzendenz impliziert. Vielmehr ist Liebe an Tätigkeiten im Rahmen von Beziehungen geknüpft, sie beruht, wie emotionale Bindung auch, auf der Responsivität menschlicher Verbindung, auf der Fähigkeit von Menschen, so miteinander umzugehen, daß die Bedürfnisse und Gefühle des anderen erlebt und als ein *Teil des* Selbst übernommen werden. So wie Erfahrungen der Ungleichheit und der emotionalen Bindung die moralische Urteilsbildung organisieren, indem sie Gerechtigkeit und Fürsorge zum hauptsächlichen Anliegen machen, so strukturieren diese Erfahrungen auch Gefühle von Scham, Schuld, Liebe und Leid.

Scham und Schuld, Liebe und Leid können auf Erfahrungen von Ungleichheit und emotionaler Bindung zurückgeführt werden, denn Scham und Schuld implizieren das Zurückbleiben hinter einem Maßstab, während Liebe und Leid Verbundenheit implizieren. Bei der einzelnen Person vermischen sich jedoch diese Gefühle wie die Erfahrungen selbst. Schuld mag durch die Unfähigkeit, Liebe erwidern zu können, erzeugt werden; Scham wie auch Leid mag durch einen Verlust an Bindung oder durch Unachtsamkeit hervorgerufen werden; und Leid kann genauso wie Scham und Schuld die Erfahrung der Unterdrückung oder Ungerechtigkeit begleiten. Diese Gefühle definieren moralische Erfahrungen und machen moralische Verletzungen klar; doch die Macht moralischer Gefühle koexistiert mit der Erkenntnis, daß solche Gefühle in verschiedenen Kontexten auch verschieden interpretiert werden können.

Diese Probleme der Interpretation werden plastisch veranschaulicht durch die Erörterung des Wortes »Mitgefühl« *(compassion)* in Milan Kunderas Roman *Die unerträgliche Leichtigkeit des Seins*.[19] Die Erörterung des Mitgefühls beginnt mit folgender Beobachtung: »Alle aus dem Lateinischen hervorgegangenen Sprachen bilden das Wort Mitgefühl aus der Vorsilbe com- und dem Wort, das ursprünglich ›Leiden‹

bedeutete: passio.« In anderen Sprachen wie dem Tschechischen, dem Schwedischen und dem Deutschen wird das Wort aus einer ähnlichen Vorsilbe zusammen mit einer Stammbedeutung »Gefühl« gebildet. Das Bezeichnende dieser etymologischen Unterscheidung ist, daß sich die Bedeutung des Mitgefühls von Mitleid zu Liebe verlagert, so wie sich die darin implizierte Beziehung von einer ungleichen Beziehung zu einer emotionalen Beziehung verändert. Diese Bedeutungsverschiebung, die in der folgenden Textstelle ausführlich geschildert wird, ist entscheidend für unsere Auffassung von der Natur moralischer Gefühle und die Rolle der Gefühlsbewegung oder Empfindung in der moralischen Entwicklung:

»In den aus dem Lateinischen hervorgegangenen Sprachen bedeutet das Wort compassio: wir können nicht herzlos den Leiden eines anderen zuschauen; oder: wir nehmen Anteil am Leid des anderen. Aus einem anderen Wort mit ungefähr derselben Bedeutung (französisch pitié, englisch pity, italienisch pietà usw.) schwingt sogar unterschwellig so etwas wie Nachsicht dem Leidenden gegenüber mit: ›Avoir de la pitié pour une femme‹ heißt, daß wir besser dran sind als diese Frau, uns zu ihr hinabneigen, uns herablassen.

Aus diesem Grund erweckt das Wort Mitleid Mißtrauen: es bezeichnet ein schlechtes Gefühl, das als zweitrangig empfunden wird und nicht viel mit Liebe zu tun hat. Jemanden aus Mitleid zu lieben heißt, ihn nicht wirklich zu lieben.

In den Sprachen, die das Wort nicht aus der Wurzel ›Leiden‹, sondern aus dem Substantiv ›Gefühl‹ bilden, wird es ungefähr in demselben Sinn gebraucht; man kann aber nicht behaupten, es bezeichne ein zweitrangiges, schlechtes Gefühl. Die geheime Macht seiner Etymologie läßt das Wort in einem anderen Licht erscheinen, gibt ihm eine umfassendere Bedeutung: Mit-Gefühl haben bedeutet, das Unglück des anderen mitzuerleben, genausogut aber jedes andere Gefühl mitempfinden zu können: Freude, Angst, Glück und Schmerz. Dieses Mitgefühl (im Sinne von soucit, wspoluczucie, medkänsla) bezeichnet also den höchsten Grad der gefühlsmäßigen Vorstellungskraft, die Kunst der Gefühlstelepathie; in der Hierarchie der Gefühle ist es das höchste aller Gefühle.«[20]

Im englischen Sprachgebrauch meint Mitgefühl *(compassion)* Mitleid, und der Anflug von Mißtrauen, den Kunderas Erzähler beschreibt, erstreckt sich auf die gesamte Diskussion über Altruismus und positives soziales Bewußtsein und vermittelt eine Unsicherheit darüber, ob altruistische Gefühlsregungen in Wirklichkeit eigeninteressiert sind und ob sie dem, dem sie entgegengebracht werden, willkommen sind. Nur dann, wenn Mitgefühl *(compassion)* ein Mit-Fühlen bedeutet, sind seine moralischen Qualitäten klar. Man bleibt angesichts der Gefühle eines anderen nicht mehr distanziert, und der Gegensatz zwischen Egoismus und Altruismus verschwindet. Schon die Idee des Mit-Fühlens richtet sich gegen vorherrschende Annahmen über die Natur des Selbst und dessen Verhältnis zu anderen, denn das Mit-Fühlen beinhaltet weder klare Grenzen zwischen dem Selbst und dem Anderen noch ein Aufgehen oder ein Verschmelzen von Selbst und Anderem. Auf der theoretischen Ebene betrachtet, wird das Mit-Fühlen, ganz gleich wie moralisch wünschenswert es sein mag, psychologisch unmöglich erscheinen. Dennoch taucht die Entgegensetzung von Mitleid und Mit-Fühlen gelegentlich in empirischen Untersuchungen auf, häufig in Verbindung mit Beobachtungen von Geschlechtsunterschieden im Einfühlungsvermögen oder im positiven sozialen Bewußtsein. Um die Bedeutung des Mit-Fühlens und sein mögliches Gewicht für die moralische Entwicklung zu berücksichtigen, wird es zunächst einmal notwendig sein, zwischen verschiedenen Formen moralischer Gefühlsbewegungen und den unterschiedlichen Arten, andere zu kennen, genauer zu unterscheiden.

Hoffman[21] weist darauf hin, daß man die Gefühle eines anderen nur in dem Ausmaß mitempfinden kann, in dem die Gefühle des anderen den eigenen ähnlich sind. Kagan, für den Moralität in Gefühlsbewegungen wurzelt, geht von »einer Familie von Gefühlen, von der jede einzelne einen prototypischen Kern hat«, aus.[22] Obgleich Gefühle vom Individuum empfunden werden, läßt der Vorschlag einer Familie von Gefühlen, vermittelt von präsumtiv jedem zugänglichen Gefühlsstandards, die Frage offen, wie dieser Zugang erworben wird. Unser Interesse am Mit-Fühlen richtet sich auf die Implikation, daß solches Fühlen durch die Erfahrung von Beziehungen, die die Gefühle *anderer* zugänglich machen, entwickelt wird. Der Unterschied zwischen Mit-Fühlen und Empathie besteht darin, daß die Empathie eine Identität der Gefühle beinhaltet – das Selbst und der Andere fühlen dasselbe –, während das Mit-Fühlen beinhaltet, daß Gefühle erlebt werden können, die sich von den eigenen Gefühlen unterscheiden. Das Mit-Fühlen hängt also von der Fähigkeit ab, an den Gefühlen anderer (so wie sie von ihnen erfahren werden) *teilzuhaben*, und bezeichnet eher eine teilnehmende Haltung als eine urteilende oder beobachtende Haltung. Bei einem anderen irgendeine Gefühlsbewegung mitzuempfinden bedeutet im wesentlichen, *bei* dieser Person zu sein, nicht so sehr, daneben zu stehen und dem anderen zuzuschauen und dabei Verständnis *für* sie oder ihn zu haben. Wenn zum Beispiel ein Kind leidet, kann man das

Leiden des Kindes als Teil seiner selbst fühlen oder man kann beobachten, daß das Kind leidet und Besorgnis für das Kind verspüren.

Die moralischen Gefühlsbewegungen Scham und Schuld vermitteln eine Distanz zwischen dem Selbst und dem Anderen; sich in den Augen anderer beschämt oder sich für die eigenen Wünsche oder Handlungen anderen gegenüber schuldig zu fühlen, heißt sich ihnen unterlegen zu fühlen oder vielleicht auch mächtiger in dem Sinne, daß man imstande ist, ihnen Leid zuzufügen. Wenn sich jemand in seinen eigenen Augen beschämt oder schuldig fühlt, bleibt die Implikation der Ungleichheit bestehen. Sie ist aber nach Maßgabe der Selbstachtung strukturiert. Man ist hinter die eigenen Maßstäbe zurückgefallen oder hat darin versagt, den eigenen Ansprüchen zu genügen, wie die Begriffe Über-Ich und Ich-Ideal schon besagen.

Liebe und Leid als moralische Gefühle anzusehen – als Gefühle, die sich auf die Fähigkeit auswirken, für sich und andere Sorge zu tragen, und die das Verständnis davon prägen, wie man handeln sollte oder welche Handlungen Fürsorglichkeit ausmachen –, heißt Erfahrungen der emotionalen Bindung und der Loslösung als relevant für die moralische Entwicklung aufzufassen. Mit dieser Umorientierung ändern sich die Annahmen über Beziehungen, die gewöhnlich in moraltheoretischen Diskussionen gemacht werden. Der Grund dafür, daß Liebe nicht die Konnotation der Herablassung trägt, ist zum Beispiel nicht der, daß sie Gleichheit impliziert, sondern der, daß sie Verbundenheit bedeutet. Durch das Mit-Fühlen werden das Selbst und der Andere, ob gleich oder ungleich, miteinander verbunden und sind wechselseitig aufeinander angewiesen. Verschiedenheit mag in diesem Zusammenhang das Interesse anregen oder das Potential für eine Erfahrungserweiterung oder für Loslösung und Mißverstehen bilden, aber sie beinhaltet nicht, daß einer höher oder niedriger als der andere steht. Umgekehrt impliziert das Mit-Fühlen nicht ein Fehlen der Verschiedenheit oder eine Identität der Gefühle oder eine Unfähigkeit, zwischen dem Selbst und dem Anderen zu unterscheiden. Statt dessen enthält das Mit-Fühlen ein Bewußtsein davon, selbst fähig zu sein, die Gefühle anderer zu kennen und damit leben zu können, ein Bewußtsein davon, bei anderen etwas bewirken zu können und von ihnen selbst beeinflußt zu werden. Mit dieser Umstellung in der Konzeption des Selbst im Verhältnis zu anderen ändern sich auch die moralischen Fragen.

Die moralische Untersuchung dreht sich nun nicht mehr um die

Frage, wie mit der Ungleichheit gelebt werden kann – das heißt, wie so gehandelt werden kann, *als ob* das Selbst und der Andere tatsächlich gleich wären, oder wie eine Regel der Gleichheit auferlegt werden kann, die auf einem Prinzip gleicher Achtung beruht. Statt dessen behandelt die moralische Untersuchung Beziehungsfragen, die die Probleme der Integration und des Ausschlusses betreffen – wie in Verbundenheit mit einem selbst und mit anderen zu leben ist, wie Trennung vermieden oder wie der Versuchung, sich von Hilfsbedürftigkeit abzuwenden, widerstanden werden kann. Die von den Kindern gespielten Spiele und die Muster ihrer Freundschaften offenbaren die Beschäftigung mit diesen Fragen. Die Experimente der Kinder mit Integration oder Ausschluß, latent ablesbar an Cliquen-Bildung und Ausstoßung, führen zu einigen der schmerzvolleren Erfahrungen der Kindheit und des Erwachsenenlebens. Aber sie bereiten die Menschen auch – innerhalb des Beziehungskontextes – auf die schwierigen Fragen von Integration und Ausschluß vor, die im Laufe des Lebens entstehen. Der Preis der Trennung und die Bedingungen für Bindung oder Verbundenheit sind demnach Lektionen, die durch Erfahrung gelernt werden können.

Die Rolle von Gefühlen im Wissen um Bindung und Trennung wirft die Frage auf, wie eine Kenntnis von Gefühlen erworben und erweitert wird. Das Kleinkind, das die Gefühle anderer einfühlsam erwidert, zeigt das Mit-Fühlen in seiner unausgereiftesten Form. Sowie sich das Kind entwickelt, können verschiedene Erfahrungen menschlicher Verbundenheit – mit Eltern, Geschwistern, Freunden, Lehrern usw. – das Erleben von Gefühlen vertiefen und erweitern; sie verbreiten das Repertoire der Gefühle beim Kind und vergrößern sein oder ihr Interesse zu wissen, wie sich Menschen fühlen. Die ästhetische Sensibilität der Kinder, die in ihren Zeichnungen und Erzählungen deutlich wird, zeigt ihre Fähigkeit, sich in die Gefühle anderer hineinzuversetzen und sich auf affektive Weise vorzustellen, wie andere fühlen.

Es ist beispielsweise die gegenseitige Responsivität des Kindes und der Eltern, die der Beziehung zwischen ihnen Leben verleiht, und die diese Beziehung mit einer Freude erfüllt, die aus dem responsiven Engagement kommt, und es ist die Responsivität, die ein Zusammenspiel der Gefühle hervorbringt, welches das Kind über den Erwachsenen staunen und den Erwachsenen Freude am Kind finden läßt. Durch die Bindung oder Verbundenheit, die sie zwischen sich herstellen, lernen Kind und Eltern die Gefühle des jeweils anderen kennen, und auf diese

Weise entdecken sie, wie sie einander trösten können, und auch, wie sie sich gegenseitig verletzen können. Wenn die Responsivität zwischen Eltern und Kind nachläßt und ihre Ungleichheit in den Vordergrund tritt, kann sich das Kind in den Augen der Eltern beschämt oder schuldig fühlen, und die Eltern blicken bestenfalls mit Verständnis auf das Kind und verspüren Mitleid mit seinem oder ihrem Kummer.

Die Distanz zwischen dem Selbst und dem Anderen wurde als das Kennzeichen der Subjekt-Objekt-Unterscheidung gepriesen, als die Geburt der Subjekt-Objekt-Beziehungen. Aber sie bringt auch die Gefahr der Objektivierung mit sich, die Fähigkeit, andere als Objekte zu behandeln und keine Verbundenheit mit ihnen zu empfinden. Der Meinung, daß Sicherheit und Einsicht durch Trennung gewonnen werden, widerspricht die Erkenntnis, daß jemand ohne ein Mit-Fühlen nicht wissen kann, was andere fühlen, und deswegen möglicherweise in egozentrischer Ignoranz lebt und gefährlich zur Rationalisierung neigt.

Den zwei Arten, über Moral zu denken, liegen demnach zwei Beschreibungen von Wissen zugrunde. Die eine konzipiert das Wissen, als entstehe es durch die Entsprechung von Verstand und reiner Form, so daß das moralische Wissen das Überlegungsgleichgewicht zwischen dem Selbst und moralischen Prinzipien darstellt. Man kann die Rolle des anderen einnehmen oder Rawls' Urzustand einführen oder Kohlbergs Spiel einer »moralischen Reise nach Jerusalem« spielen – alles ohne über den anderen irgend etwas Genaueres zu wissen, nur einfach dadurch, daß man den Gesetzen der Perspektive folgt und sich selbst in seine oder ihre Position versetzt.[23] Die andere Beschreibung konzipiert das Wissen als eines, das durch menschliche Verbundenheit erworben wird, eine Konzeption, wie sie in der biblischen Textstelle: »Und Adam erkannte Eva« übermittelt ist. Die Gefühle von Scham und Schuld, Liebe und Leid beim kleinen Kind bekunden das Vorhandensein beider Formen des Wissens und deuten auf ihre Ursprünge in den Beziehungen der frühen Kindheit hin.

In den Untersuchungen zum Einfühlungsvermögen, zum Mitleid und zum förderlichen Sozialverhalten wie Helfen, Teilen und der Sorge um andere wird meistens keine Unterscheidung zwischen Mitgefühl im Sinne von Mitleid und Mitgefühl im Sinne des Mit-Fühlens getroffen. Oder falls sie gemacht wird, bringt man sie mit vorhandenen oder fehlenden Abgrenzungen zwischen dem Selbst und dem Anderen in Verbindung. Diese Untersuchungen stellen oft die Reaktion von Kindern auf Leid in den Mittelpunkt und setzen Entwicklung mit der Fähigkeit des Kindes gleich, das Leid als dem anderen zugehörig zu sehen und seine oder ihre eigenen Gefühle »anzuerkennen«. So unterscheidet Hoffman zwischen der einfühlsamen Responsivität des Kleinkinds und dem verständnisvollen Kummer des Kindes und erblickt in diesem Gegensatz einen Entwicklungsfortschritt, der die Entstehung des Selbstbewußtseins und das Wachstum kognitiver Fähigkeiten widerspiegelt.

In einem Überblick über die Literatur zu den Geschlechtsunterschieden im Einfühlungsvermögen stellt Hoffman[24] fest, daß einer der wenigen Fälle eindeutiger Geschlechtsunterschiede in dem Befund liegt, daß Mädchen und Jungen gleichermaßen imstande sind, die Gefühle anderer zu identifizieren und zu verstehen, daß aber Mädchen dazu neigen, die Gefühle des anderen zu *erleben*. Als sie die Erzählungen von Kindern analysierten, beobachteten Wolf, Rygh und Altshuler,[25] daß Mädchen und Jungen in vergleichbarem Alter über das gleiche Repertoire an Gefühlen verfügen. Aber sie tendieren dazu, Gefühle verschiedenartig »aneinanderzureihen«, wenn sie narrative Sequenzen zusammenfügen. Das schlagendste Beispiel für Geschlechtsunterschiede, das die Unterscheidung zwischen Mit-Fühlen und Mitleid nahelegt, entstammt einer zufälligen Beobachtung in einer Studie zum reflexiven Denken und zum positiven sozialen Bewußtsein in der frühen Adoleszenz. Die Ergebnisse dieser von Bardige durchgeführten Studie deuten auf eine Spannung zwischen dem Mit-Fühlen und dem formal operierenden Denken hin, und zwar in einem Zusammenhang, in dem diese Spannung Fragen zum Wesen der moralischen Entwicklung aufwirft.

Bardige[26] analysierte tägliche Aufzeichnungen von 43 Achtkläßlern aus Vorstädten, die an einem Unterrichtskurs »Die Geschichte und wir: Der Holocaust und das menschliche Verhalten« teilnahmen. Bardige hatte sich die Aufgabe gestellt, die Entwicklung logischen Denkens in der frühen Adoleszenz zu erforschen. Zu diesem Zweck wollte sie die Fähigkeit der Schüler, komplexe historische Ereignisse zu verstehen, analysieren. Als sie ihre Untersuchung durchführte, stellte sie jedoch fest, daß vier Mädchen, deren Aufzeichnungen Züge des konkreten operationalen Denkens aufwiesen, wiederholt auf Filme und Geschichten eingingen und dabei Gewalt in einer Sprache schilderten, die Traurigkeit, Entsetzen oder Bekümmerung mit Empörung und einem Aufruf zum Handeln, um der Gewalt ein Ende zu setzen, verband. Bardige überprüfte die Aufzeichnungen noch einmal und fand heraus, daß dieses Muster in den Aufzeichnungen von acht der 24 Mädchen und bei einem der 19 Jungen aus der Untersuchung auftauchten. Sie nannte das Muster »*responsive face-value language*«, um die Tendenz dieser Schülerinnen, Zeugnisse der Gewalt bei ihrem augenscheinlichen Wert zu nehmen und darauf sofort zu reagieren, zu bezeichnen.

Die Beschränkungen des »Denkens nach dem augenscheinlichen Wert« waren eindeutig und die Naivität der guten Absichten ersichtlich. Doch die Unmittelbarkeit der Wahrnehmung, die leidenschaftliche Klarheit des Urteils, die Intensität der Betroffenheit und der Eifer, »etwas zu tun«, waren beeindruckend – besonders im Lichte der Beobachtung, daß solche Schülerinnen, deren Argumentation differenzierter war (sie waren bestrebt, auch die andere Seite der Sache zu sehen, oder waren in der Lage, mehrere Blickwinkel einzunehmen), auf die Wahrnehmung von Gewalt nicht mit derselben moralischen Intensität reagierten. Die Reaktionen gemäß dem augenscheinlichen Wert lenkten die Aufmerksamkeit gewissermaßen auf »die innerste moralische Wahrheit der Situation – auf die Tatsache, daß Gewalt zugefügt wurde, und die Notwendigkeit, dies zu beenden«. Die Stärke der responsiven Sprache des augenscheinlichen Werts besteht also darin, daß sie »den Impuls einfängt, sowohl emotional als auch handelnd zu antworten. Sie erlaubt keine Ausreden für Folter und Mord.«[27]

Daß man diese Reaktion in Verbindung brachte mit dem, was üblicherweise als Beleg für niedrige Stufen der kognitiven und moralischen sowie der Ich-Entwicklung gehalten wird, veranlaßte Bardige dazu, die Analyse der Aufzeichnungen der SchülerInnen nochmals zu überdenken und die Frage zu stellen, ob die moralische Sensibilität in der Adoleszenz gefährdet ist. Alle SchülerInnen zeigten als Antwort auf die Gewalt, die sie zur Kenntnis nahmen, persönliche Bekümmerung, tiefempfundene Anteilnahme, Ungläubigkeit und den Wunsch, »etwas zu tun«. Aber die von ihnen gebrauchte Sprache und die von ihnen hergestellten Verbindungen waren verschieden. Bei der Gegenüberstellung der »leidenschaftlichen Klarheit eines ›Urteils des Augenscheinlichen‹ und der Großzügigkeit eines ›Urteils des zusammengesetzten Bildes‹, das nach der guten Seite sucht, und der Integrität eines ›mehrere Blickwinkel-Urteils‹, das zur Kenntnis nimmt, daß Handlungen, die das Gewissen beruhigen, nicht unbedingt hilfreich sein müssen«, sah Bardige ein System von Gewinnen und Verlusten.

Kant hatte ähnlich argumentiert. Die moralischen Einsichten, die in den Vorstellungen und dem Verhalten des einfachen Menschen enthalten sind, so schrieb er, können wohl verstummen oder verlorengehen in der Geschicklichkeit des Moralphilosophen, welcher »sein Urteil [...] durch eine Menge fremder, nicht zur Sache gehöriger Erwägungen leicht verwirren und von der geraden Richtung abweichend machen kann«.[28] Piaget sah mit dem Einsetzen formaler Operationen in der Adoleszenz die Gefahr eines umfassenden Egozentrismus einhergehen und charakterisierte deshalb die Adoleszenz als »das metaphysische Alter par excellence«.[29] Auch Bardige erwog, in welchen Hinsichten ein leistungsfähigerer kognitiver Rahmen gefährlicher sein kann:

»Die Fähigkeit, beide Seiten zu sehen, kann ein neues Verständnis für andere bewirken und deswegen die Fähigkeit steigern, deren Bedürfnisse zu berücksichtigen. Sie kann aber auch ein Interesse an den Rechten und dem Wohlergehen des Peinigers zulassen und so die Erfahrung des Opfers und die Realität, daß sich die zwei Seiten nicht gleichen, ins Dunkel abdrängen. Die Sicht aus mehreren Blickwinkeln kann zu einer Übernahme neuer Verantwortung führen. Wie einige von denjenigen, die ein Urteil aus mehreren Blickwinkeln fällten, in ihren Heften herausstrichen, kann diese Fähigkeit aber auch dazu benutzt werden, Untätigkeit zu rationalisieren, den Entscheidungen auszuweichen oder andere gewitzt dahingehend zu manipulieren, daß sie angesichts des Übels in Selbstgefälligkeit verfallen.«[30]

Am eindrucksvollsten an den Reaktionen derjenigen SchülerInnen, die Zeugnisse der Gewalt bei ihrem augenscheinlichen Wert nahmen, war der unmittelbare Ausdruck des Gefühls als Antwort auf die wahrgenommene Verwundung. Der Ausdruck von Traurigkeit oder Abscheu, gepaart mit Bekundungen eines verständnislosen Schockiertseins, bildeten den Boden, auf dem sich diese Schüler zum Handeln aufgerufen fühlten. Fehlte das Denken nach dem augenscheinlichen Wert, dann verschwanden die Anhaltspunkte für das Mit-Fühlen aus den Aufzeichnungen. Bei den differenzierteren Denkern war es wahrscheinlicher, daß sie die Gefühlsbewegung bei sich selbst lokalisierten und Mitleid für die Opfer ausdrückten. Einige, die erkannten, wie Gefühle manipuliert werden können, mißtrauten den emotionalen Reaktionen; andere sprachen von ihren Bemühungen, ihren Hang zur Selbstdistanzierung zu überwinden.

Kagan hat die Vermutung geäußert, daß »vielleicht jeder von uns von der moralischen Richtigkeit einer Idee durch zwei verschiedene, miteinander unvereinbare Prozesse überzeugt ist. Der eine Prozeß beruht auf Gefühlen, der andere auf der logischen Übereinstimmung mit einigen wenigen tief verankerten Prämissen.« Des weiteren beobachtete er, daß »wir es als schwierig empfinden, den Weisungen eines Maßstabs nicht nachzukommen, wenn dieser Maßstab seine Stärke aus einer der beiden Grundlagen bezieht. Wenn der Maßstab von beiden Grundlagen aus gestützt wird, wie es bei Folter und sinnlosen Morden der Fall ist, ist seine bindende Kraft maximal.«[31] Unsere Analyse von Gerechtigkeit und Fürsorglichkeit als zwei moralischen Logiken und von Mitleid und Liebe als zwei Bedeutungen des Mitgefühls erhärtet Kagans Unterscheidung, legt aber außerdem nahe, daß sowohl Gefühle als auch Denkvoraussetzungen die moralische Stimme und moralische Orientierung charakterisieren. Das Fokussierungsphänomen in unseren Untersuchungen, bei dem die Untersuchungspersonen dazu neigten, moralische Probleme weitgehend unter dem Aspekt der Gerechtigkeit oder dem der Fürsorge zu betrachten, läßt auf eine dynamische Spannung zwischen diesen beiden Perspektiven schließen, in der die Übernahme einer Perspektive dazu tendiert, die andere zu trüben. Infolgedessen könnten Probleme, die dann auftreten, wenn die Moralentwicklung aus einer einzigen Perspektive beurteilt wird, vermeidbar sein.

Die Natur der Geschlechtsunterschiede in der moralischen Urteilsbildung wird dadurch klarer, daß in unseren Forschungsdaten der Fokus auf Fürsorge hauptsächlich in den moralischen Urteilen von Mädchen und Frauen auftritt und daß Bardige die dem Augenscheinlichen folgenden Reaktionen auf Gewalt in erster Linie im moralischen Denken der Mädchen fand. So erscheint das, was innerhalb eines Rahmens der Gerechtigkeit als Leidenschaftslosigkeit auftritt, in der Fürsorge-Perspektive als Loslösung: die Fähigkeit, zurückzutreten und auf andere zu blicken, als seien die eigenen Gefühle von den Gefühlen der anderen abgetrennt und als wäre man nicht betroffen von dem, was mit ihnen geschieht. Diese Fähigkeit, Beziehungen auf zwei Arten zu sehen oder eine Geschichte aus zwei verschiedenen Blickwinkeln zu erzählen, liegt dem zugrunde, was zu den eindrücklichsten Erfahrungen des moralischen Dilemmas gehören mag, denn sie erzeugt ein unabänderliches Gefühl ethischer Zweideutigkeit und birgt vielleicht auch die Versuchung, eine Version oder eine Perspektive auszuschließen und die Unvereinbarkeit so verschwinden zu lassen.

4. Die Implikationen für Theorien der Moralentwicklung

Im letzten Abschnitt dieses Aufsatzes wollen wir eingehender betrachten, welche Implikationen unser Forschungsmaterial für die Beschreibung der kindlichen Moralentwicklung hat. Unsere Metapher von der zweifach interpretierbaren Zeichnung macht auf eine ständige Gefahr aufmerksam, die im Verlust der Perspektive liegt. Aus unserer Analyse von Gerechtigkeit und Fürsorglichkeit als zwei moralischen Perspektiven ergibt sich, daß jede der beiden Perspektiven die Belange der anderen innerhalb der eigenen Begrifflichkeit darstellen kann. Im Rahmen der Gerechtigkeit wird Fürsorge zu einer Angelegenheit besonderer Verpflichtungen oder supererogatorischer Pflichten. Im Rahmen der Fürsorglichkeit wird Gerechtigkeit zu einer Aufgabe, das Selbst wie auch andere in den Kreis der Fürsorglichkeit zu integrieren. Doch diese Bemühung, die eine Orientierung nach Maßgabe der anderen Orientierung zu konstruieren, verfehlt – wie Versuche, den beiden Orientierungen den Zuschnitt von Gegensätzen zu geben, so daß Fürsorglichkeit ungerecht und Gerechtigkeit nicht fürsorglich ist – die Umstrukturierung der Beziehungen, die mit dem Perspektivenwechsel einhergeht. Darüber zu streiten, ob die Moral *eigentlich* eine Frage der Gerechtigkeit oder der Fürsorglichkeit ist, gleicht einem Streit darüber, ob nun die zweideutige Hase/Ente-Figur in Wirklichkeit ein Hase oder eine Ente ist.

Die Fürsorge-Ethik kann nicht auf einen »persönlichen« Aspekt der als Gerechtigkeit begriffenen Moral verkürzt werden, wie Kohlberg und andere gemeint haben.[32] Denn das verkennt nicht nur, daß Fürsorge »prinzipiengeleitet« sein kann – von Maßstäben der authentischen Beziehung geleitet –, sondern übersieht auch jene Dilemmata, die von Konflikten zwischen den Perspektiven oder von blinden Flecken innerhalb eines Standpunktes herrühren. Eine Moralpsychologie beispielsweise, die die Entwicklung aus der Perspektive des denkenden oder fühlenden Selbst sieht, das als ein losgelöstes Ego gedeutet wird, das zu seiner Freiheit gelangt, kann die klassischen Fehler moralischer Blindheit oder Rationalisierung nicht erklären. Und eine Moralpsychologie, die Entwicklung nur als Fortschritt hin zu Gleichheit und gegenseitiger Achtung darstellt, läuft auch Gefahr, Ablösung mit Objektivität zu verwechseln, so daß die Beziehungen letzten Endes heteronomen und verdinglichten Moralnormen dienen.

In unserer beziehungsorientierten Perspektive auf Moral sind die Gleichheitserfahrungen und Bindungserfahrungen ausschlaggebend für das Wachstum des moralischen Verständnisses. Wenn wir die Dynamik der Entwicklung betrachten, schenken wir der Verflechtung dieser zwei Beziehungsdimensionen besondere Aufmerksamkeit und damit auch den Konflikten zwischen dem Anliegen, Gerechtigkeit zu schaffen, und dem Anliegen, Fürsorglichkeit walten zu lassen. Wenn das Streben des Kindes nach Gleichheit – das Bemühen, stärker und kompetenter, so wie ein Erwachsener, zu werden – mit dem Streben des Kindes nach Bindung – dem Bemühen, authentische Beziehungen zu schaffen und aufrechtzuerhalten – in ein Spannungsverhältnis tritt, könnte die Erfahrung des moralischen Dilemmas äußerst intensiv sein, und das Potential für die moralische Entwicklung könnte folglich größer sein. Die frühe Kindheit und die Adoleszenz wären solche Zeiten, denn biologisches Wachstum, neue psychologische Fähigkeiten und neue Welten der sozialen Erfahrung vereinen sich und verändern die Bedingungen sowohl für Gleichheit als auch für emotionale Bindung. Die Beziehungen müssen infolgedessen entlang beiden Dimensionen neu ausgehandelt werden. Wenn man die frühe Kindheit und Adoleszenz als Phasen erhöhter Verletzlichkeit ansieht, in denen die Beziehungen einen schnellen Wandel durchmachen, dann sieht man die moralischen Probleme, mit denen kleinere Kinder und Jugendliche sehr wahrscheinlich konfrontiert werden. Die Schlußfolgerung, die emotionale Ablösung stelle in jeder der beiden Phasen eine Lösung für solche Probleme dar, ist unserer Ansicht nach der größte blinde Fleck in den derzeitigen Theorien des Selbst und der Moralentwicklung.

Vor diesem Hintergrund kommen wir auf Piagets Erkenntnisse über die moralische Klugheit und Großzügigkeit des elfjährigen Kindes zurück und ziehen außerdem Bowlbys Arbeit über die Art und Weise, wie Kinder gestörte affektive Bindungen rationalisieren, hinzu. Piagets Frage, »Wie ist es möglich, daß die Demokratie im Murmelspiel 11- bis 13jähriger Knaben so fortgeschritten ist, während sie den Erwachsenen auf vielen Gebieten noch so wenig vertraut ist?«,[33] ist niemals hinausgehend über Piagets Überlegung, daß der Elfjährige der »Souverän« in der kindlichen Welt ist, beantwortet worden. Diese Frage läßt nach wie vor an der Annahme eines zunehmenden Fortschritts, wie sie in der Stufentheorie der Moralentwicklung enthalten ist, zweifeln.[34] Piaget beobachtet bei elfjährigen Jungen, »daß das Kind [...] eine Art Ideal oder einen nicht in Regeln faßbaren Geist des Spiels in seinem Geist gegenwärtig hat«,[35] was unserer Beobachtung vergleichbarer Einsichten in »den Geist einer Beziehung« bei elfjährigen Mädchen, die in diesem Alter auch noch nicht ganz ausgedrückt werden können, korrespondiert. Im Lichte der Geschlechtsunterschiede, die wir bei der moralischen Urteilsbildung und bei moralischen Gefühlen festgestellt haben, sollte die Frage, ob Einsichten in Spiele und Beziehungen, in Gleichheit und Bindung, von Kindern beiderlei Geschlechts geteilt werden, eher als die Frage formuliert werden, ob Jungen und Mädchen dazu neigen, solche Einsichten im Verhältnis zueinander verschieden zu organisieren. Die Adoleszenz bedeutet eine kritische Zeit in der moralischen Entwicklung, weil die kindliche Vermittlung von Gleichheit und affektiver Bindung nicht mehr zu den Erfahrungen des Teenagers paßt. So wird die Einsicht des elfjährigen Kindes in die Spielregeln und in das Wesen von Beziehungen mehr gefährdet als gefestigt und fortlaufend erweitert.

Die Pubertät versetzt das souveräne elfjährige Kind in eine unsichere Stellung zwischen den emotionalen Bindungen der Kindheit und denen der Erwachsenenwelt. In dieser Position werden die früheren Annahmen des Kindes über Fürsorglichkeit und Gerechtigkeit oftmals radikal erschüttert. Das formale Denken eröffnet eine Welt starker moralischer Ideale und hypothetischer Argumente, aber die Pubertät eröffnet auch die Welt der generativen Sexualität und der mystifizierenden affektiven Bindungen. Deshalb steigert sich das Potential für entfremdende Rationalisierungen und für loslösende Gefühle in der schwierigen sozialen Welt des Teenagers, und zwar insbesondere angesichts systematischer Ungerechtigkeit oder rationalisierter Gleichgültigkeit bei den Erwachsenen. Inhelder und Piaget liefern lebendige Beschreibungen der Verführung durch die Metaphysik in der Adoleszenz, und sie sehen den Egozentrismus des Adoleszenten als »messianisch« an, insofern er leicht private Phantasien erzeugt, die der Denker oder die Denkerin selbst später für »pathologischen Größenwahn« halten mag.[36] Die kritische Variable für die moralische Entwicklung in der Adoleszenz ist möglicherweise die Entwicklung echter geistiger und emotionaler Bindungen, die dem Potential eines solchen Egozentrismus entgegenwirken können. Doch stellt sich die Frage: Muß man sich dies zwangsläufig so denken wie Piaget? Oder sind Entfremdung und Rationalisierung eine Reaktion auf unzulänglich gestaltete oder durchdachte Bindungen? Dazu werfen wir einen Blick auf Piagets eigenes Beispiel von einem Elfjährigen, dem er den Namen Camp gibt.

Camp veranschaulicht entgegen Piagets Absichten, wie sich Fürsorge über Gerechtigkeit hinwegsetzen kann. Aber das Beispiel ist unzureichend erklärt – zum Teil deshalb, weil es Piagets Behauptung stützen soll, Gleichheit und Solidarität gingen Hand in Hand:

(Interviewer:) »*Was denkst du vom Betrügen?*« – »Die, welche nicht lernen können, müssen ein wenig sehen dürfen, aber bei denen, die lernen können, ist es nicht recht.« – »*Ein Kind hat seine Rechenaufgaben von seinem Nachbarn abgeschrieben. Ist das recht?*« – »Es hätte nicht abschreiben dürfen. Wenn es aber nicht gescheit war, durfte es das ein wenig.«[37]

Überraschenderweise stellt Piaget dazu fest: »Dieses letztere Verhalten scheint bei den von uns befragten Kindern eine Ausnahme zu bilden. Aber vielleicht haben viele andere dasselbe gedacht, ohne daß sie es uns zu sagen wagten.«[38] Piaget löst das von seinem Beispiel aufgeworfene Problem mit der Behauptung, es illustriere den Konflikt zwischen der Solidarität unter Kindern mit der Autorität von Erwachsenen. Anschließend diskutiert er die kantische Frage, ob jemand lügen solle, um einen Verrat zu vermeiden. Aber die egalitäre Gerechtigkeit, die Piaget in Korrelation zur Idee der Solidarität mit zunehmendem Alter bei den Kindern sich entwickeln sieht, rührt nicht an die problematischen Fragen der emotionalen Bindung und Lösung, die das Beispiel enthält. Diese Fragen werden von Camp auch nicht deutlich ausgesprochen.

Camp veranschaulicht Mitgefühl eher im Sinne des Mitleids als im Sinne des Mit-Fühlens, er distanziert sich von dem weniger klugen Kind, dem zu helfen er »in Ordnung« findet. Damit gibt er zu verstehen, daß man die Gerechtigkeit nur für jene in niedrigerer Stellung modifiziert. Aber die Implikationen solcher Dilemmata für Bindungen werden von den Mädchen dieses Alters häufig ausdrücklich deutlich gemacht. Sie sprechen davon, welche Kosten für sie selbst damit verbunden sind, wenn sie sich von den wahrgenommenen Nöten anderer abwenden – die Erinnerung an den unbeachteten Hilferuf ebenso wie die Gefahr, »alle Freunde zu verlieren«.

Der Widerstand adoleszenter Mädchen gegen die emotionale Ablösung ist gemeinhin als ein Fehlschlagen der Trennung interpretiert worden, das zu Lasten ihres intellektuellen und moralischen Wachstums geht. Vom Preis der Loslösung her gesehen, scheint darin allerdings eine andere moralische Einsicht enthalten zu sein, die sich nicht bloß auf die Privatsphäre erstreckt. Eine Gymnasiastin im Fach Philosophie, die das von Sartre gestellte Dilemma erörtert, ob sich ein junger Mann der Résistance anschließen oder bei seiner Mutter bleiben soll, veranschaulicht sowohl die Kohärenz einer auf Bindung basierenden Fürsorge-Logik als auch den Gegensatz zur gerechtigkeitsbezogenen Urteilsbildung.

»Wenn ich der junge Mann wäre, ich glaube, ich hätte mich dafür entschieden, bei der Mutter zu bleiben. Ich weiß nicht, ob das am besten wäre, aber es ist eine unmittelbare und gute Lösung. Gibt es denn keine anderen Männer, die dem Staat treu sind, wenn er doch der einzige ist, von dem die Existenz seiner Mutter abhängt? Ich bin sehr dafür, Handlungen auf das Wohl der Individuen auszurichten. Wenn das jeder täte, würden diese Handlungen logischerweise dem Wohle aller dienen.«

Das Eingehen auf die Mutter stützt sich nicht nur auf die Unmittelbarkeit und Realität ihrer Bedürftigkeit, sondern auch auf die Logik, die besagt, daß, wenn die Normen, die die Fürsorglichkeit in den einzelnen Beziehungen leiten, allgemein befolgt werden würden (zum Beispiel Universalisierung der Norm der Achtung gegenüber jeder idiosynkratischen Beziehung), solche Konflikte möglicherweise überflüssig wären. Indem sie die Differenzen zwischen den Menschen als Gelegenheiten für kreative Lösungen sieht, die auf das Bedürfnis einer jeden Person eingehen, zeigt diese Jugendliche, wie die Logik der Fürsorge-Ethik und ihre Präferenz für umfassende Lösungen dafür geschaffen sind zu verhindern, daß sich moralische Dilemmata in Situationen verwandeln, die einen vor eine binäre Wahlentscheidung mit Gewinn und Verlust stellen. Doch die umfassende oder kreative Lösung erreicht nicht den Standard für Gleichheit aus der Gerechtigkeitsperspektive. Würde die Schülerin eine Haltung der »idealen Rollenübernahme« (aus der Gerechtigkeitsperspektive) einnehmen und würde sie sich in die Lage einer anderen Person hineinversetzen, müßte sie annehmen, daß diese Person ähnliche Bedürfnisse oder Pflichten (gegenüber Müttern) hätte, auch wenn dies faktisch nicht der Fall wäre. Auf diese Weise können affektive Loslösung, Unparteilichkeit und »ideale Rollenübernahme« die Möglichkeit der Gewinn/Gewinn-Lösung, die sie im Auge hat, unverständlich machen.

Aber es gilt noch einen anderen Punkt festzuhalten. Das Mit-Fühlen charakterisiert den Ansatz der Schülerin zur Lösung des Dilemmas, insofern sie die Bedürftigkeit der Mutter nicht in ihren eigenen Begriffen rekonstruiert, als vielmehr »damit lebt«. In diesem Sinn liegt das Mit-Fühlen der Achtung vor den Gefühlen anderer zugrunde und beseitigt die Anmaßung, für andere zu entscheiden, ob ihre Bedürfnisse »real« sind oder nicht. Auf genau diese Weise verändert der Übergang von der Ungleichheit zur affektiven Bindung die Organisation des Denkens über die Beziehung zwischen dem Selbst und den Anderen und macht Mitgefühl im Sinne von Liebe möglich.

Bei der Diskussion von Kohlbergs Heinz-Dilemma sieht eine andere Gymnasiastin ein Problem in der Loslösung. Und dies nicht nur im Dilemma selbst – der Teilnahmslosigkeit des Apothekers gegenüber Heinz und seiner Frau, sondern auch in den Implikationen dessen, was gewöhnlich für die richtige Antwort gehalten wird, nämlich der Erklärung, Leben gehe vor Recht und Eigentum. Obwohl sie in der Lage ist, logisch zu rechtfertigen, daß es richtig ist, wenn Heinz aus diesen Gründen stiehlt, findet sie es problematisch zu sagen, eine Person solle ein Medikament stehlen, um das Leben eines Fremden zu retten, wenn sie weiß, daß in ihrer eigenen Stadt Menschen sterben, weil sie sich die medikamentöse Behandlung nicht leisten können. Sie sieht, auf welche Weise die »richtige Antwort« richtig ist, aber sie sieht sie auch als moralisch problematisch an. Für sie wirft diese Antwort die Frage auf, was es heißt, das moralische Urteil von der Handlung zu trennen. Außerdem stellt sie die Frage, ob denn das Stehlen eine gute Lösung für Probleme ungerechter Verteilung darstellen könne.

Die laufenden Debatten über die Befähigung des Kindes zu altruistischen Gefühlen und Motiven haben einen wesentlichen Punkt nicht angesprochen: Wenn solche Gefühle natürlich und in der frühen Kindheit vorhanden sind (und Piaget wie auch Kant und Rawls betrachten sie so – als notwendige, wenn auch unzureichende Gefühle), muß ihr Verlust oder ihre schmerzliche Veränderung das *Resultat* bestimmter Arten von Erfahrung sein. Deshalb fragen wir: Welche Erfahrungen könnten im Leben derjenigen eine Rolle spielen, die diese Sensibilität verlieren? Verlieren manche Kinder sie nie? Und wenn das so ist, welche Gestalt hat ihre Erfahrung angenommen?

Piaget deutete an, daß das Wissen um das Gute nach dem Wissen um die bloße Pflicht erworben werde, aber er zeigte nie, wie dieses Wissen erlangt wird.[39] Kohlberg machte geltend, daß seine sechste Stufe Fürsorge und Gerechtigkeit integriere, aber er beschrieb nie, wie sich die Fürsorge entwickelt oder wie jemand weiß, was Fürsorglichkeit ausmacht.[40] Was ist, wenn das Wissen um das Gute nicht nach dem Wissen um die bloße Pflicht erworben wird, sondern wenn in embryonaler Form schon zu einem weit früheren Zeitpunkt der Entwicklung darüber verfügt wird, so wie im Fall der Mädchen, die Piaget nicht versteht (die das Zurückschlagen nicht als eine angemessene Reaktion auf erhaltene Schläge betrachten und die den Egozentrismus in der Kooperationserfahrung schneller verlieren)? Oder was ist, wenn auch elfjährige Murmelspieler und Prüflinge im Besitz dieser Kenntnis sind? Was ist, wenn die Erziehung und die moralische Erfahrung der Mädchen und die Einsichten elfjähriger Jungen, wie sie in Piagets eigenem Datenmaterial wiedergegeben wurden, auf eine andere Art komplexer, idiosynkratischer Moralentwicklung verweisen, die vom Schicksal der affektiven Bindungen abhängt?

Vielleicht mildern die Beziehungserfahrungen von Mädchen – sowohl ihre Verbundenheit mit ihren Müttern als auch ihre Freundschaften während der Kindheit – die Ablösung und den sie begleitenden Egozentrismus und lassen ihre von Beziehungen bestimmte Natur und ihr moralisches Wissen unangetastet, wenngleich dieses auch unsystematisch bleiben mag. Der Umfang, in dem Mädchen im schulpflichtigen Alter ein Tatsachenwissen über menschliche Gefühle erwerben und komplexe Interaktionsmuster in einer Familie oder einer Schulklasse erklären und vorhersagen können, ist niemals in seiner Bedeutung für das moralische Verstehen angesprochen worden. Vielleicht spiegelt die unterschwellige Verunsicherung so vieler heranwachsender Mädchen ihre widerstreitenden Gefühle und die Vielfalt der Sichtweisen und möglichen Urteile wider, die auf einem nicht-egozentrischen Wissen davon basieren, wie andere empfinden.

Piagets Arbeit enthält die Keime zu diesem Argument. Sie verlieren sich aber zum einen in einer Sprache und in einem dominanten Interesse, die die Gerechtigkeitsüberlegungen in den Mittelpunkt stellen, und zum anderen in einer allzu kognitivistischen Deutung des Piagetschen Werks durch seine Anhänger. Piagets Vorstellung, daß sich Autonomie in der Interaktion zwischen *peers*, oftmals trotz der Eltern, entwickelt, hebt nur noch einmal die wesentliche Rolle der Beziehungen für die Moralentwicklung hervor.[41] Die auf einem selbsteinsichtigen Guten beruhende Moral, eine Moral der Absicht und des Mit-Fühlens, ist nicht nur auf die Erfahrung der echten Kooperation angewiesen, sondern auch auf die Erfahrung echter Bindung. Der Verlust der natürlichen moralischen Gefühle scheint demnach weniger ein Verlust als eine repressive Umwandlung zu sein, in welcher die mit der Ablösung sich herausbildenden Entwicklungserfordernisse des Ego die moralischen Gefühle an persönliche Ziele anpassen. Auf diese Weise werden Normen und Regeln als »selbstgewählte Prinzipien« verdinglicht, sie werden aus den Beziehungskontexten, die ihnen Leben und Bedeutung verleihen, herausgelöst.

Wenn der hartnäckige Fehler im Fürsorgedenken das Schwanken und das Fehlen eines klaren Urteils ist, was sich aus der Neigung ergibt, alle möglichen Sichtweisen einzubeziehen, so ist die andauernde Gefahr beim Gerechtigkeitsdenken die moralische Arroganz, der irrationale Glaube an die Unfehlbarkeit von Urteilen nach Prinzipien, die rigide auf eine Situation angewandt werden. Das heißt also, daß Entwicklung nicht unbedingt einen moralischen »Fortschritt« zur Folge haben muß; wenn Bindung ein primäres Faktum ist, dann könnte moralische Klugheit zu einem frühen Zeitpunkt im Leben des Kindes existieren und im Entwicklungsverlauf der Beziehungen verlorengehen. Möglicherweise besteht moralische Unreife nicht in einem Fehlen allgemeiner moralischer Kenntnisse, sondern in einem Fehlen der Bindungen, die notwendig sind, um moralische Vorstellungen zu moralischen Einsichten zu machen. Die erfahrenen und bewältigten Beziehungen des Kindes, besonders in der frühen Kindheit und Adoleszenz, könnten entscheidende Daten sowohl über die Aussicht, moralische Klugheit zu erwerben, als auch über die Gefahr, moralische Einsichten zu verlieren, liefern. Die Frage lautet dann nicht, wie sich ein moralisches »Selbst« entwickelt, sondern welche Entwicklungsmomente es in den Beziehungen sein könnten, die den moralischen Fortschritt fördern wie auch bedrohen.

Unsere Perspektive auf die Moralentwicklung, in der diese sich durch die Veränderung der Bindung wie auch durch das Fortschreiten des Kindes in Richtung Gleichheit vollzieht, betont ganz besonders den Wert der Arbeit von Bowlby über Verlust und Trennung und deutet weiterführende Untersuchungswege an. Das verletzbare Kind empfindet auf Grund des physischen oder psychischen Verlusts der elterlichen Nähe eine »verstörte Trauer«, was entweder zu einem »zwanghaften Umsorgen« oder zu einer »Unabhängigkeit von affektiven Bindungen«

führt. Viele Opfer eines Verlusts von Nähe sind wiederholten Unbeständigkeiten der elterlichen Zuneigung und hochgradig gemischten Botschaften der Eltern, was die Liebe zu ihrem Kind angeht, ausgesetzt. Wie wird sich das Kind zu solchen wechselhaften Botschaften verhalten? Bowlby deutet mehrere mögliche Resultate dieses Dilemmas an:

»Die eine lautet, daß das Kind auf seinem Standpunkt beharrt, auch wenn es dabei Gefahr läuft, mit seinen Eltern zu brechen. Das ist nicht einfach. [...] Eine zweite Möglichkeit ist die vollständige Anpassung an die Version des Elternteils, die mit der Aufgabe der eigenen Version bezahlt wird. [...] Eine dritte und vielleicht weitverbreitete Möglichkeit ist ein unbequemer Kompromiß, bei dem das Kind versucht, beiden Standpunkten Glauben zu schenken, und zwischen ihnen hin und her schwankt.«[42]

Bei diesem häufigsten Resultat ist das Kind zwischen »zwei unvereinbaren Paaren von Modellen« hin und her gerissen, wobei »jedes Paar aus einem Modell seiner Eltern und einem komplementären Modell seiner selbst besteht«. Bowlby beobachtet, daß, obgleich kindliche Fehleinschätzung von Angstquellen viele Rationalisierungen kennzeichnet, die Theorien, die dieses Phänomen belegen, kaum Anhaltspunkte dafür bieten, daß die Ängste des Kindes tatsächlich unbegründet sind. Bowlby vertritt die Meinung, daß die Angst um den Verlust der Bindung ganz verständlich und realistisch den Rationalisierungen vieler Kinder zugrunde liegt: Sie fürchten entweder den Liebesverlust, oder es gelingt ihnen nicht zu begreifen, wie ihre »liebevollen Eltern« in der Wirklichkeit so lieblos erscheinen können.

Der in mißlungener Weise entwickelte Erwachsene mag dann höchst intelligent, aber emotional distanziert und egozentrisch sein und unwissentlich zur Rationalisierung neigen. Der Rationalisierer zieht eine »rationale« Lösung für ein irrationales Problem heran, und so werden die verwirrenden Gefühle und Bilder, die von nicht-authentischen Beziehungen erzeugt werden, durch innere Distanzierung gelöst, was häufig fälschlich als die notwendige Quelle gesunder Autonomie angesehen wird. Die egozentrische innere Distanzierung ist deshalb ein vermeidbares Ergebnis einer bestimmten Art moralisch entfremdender Erfahrung, nicht ein paradigmatischer Fall für Entwicklung. Dementsprechend revidieren wir Piagets Argumentation, die von Piaget-Anhängern übernommen wurde und mit psychoanalytischen Darstellungen der Situation des Kindes in Einklang steht, gründlich. Piaget behauptet:

»In der Tat, das Individuum *allein bleibt* egozentrisch [...] das Individuum [beginnt] damit, alles an sich selbst zu verstehen und zu fühlen... Erst durch den Kontakt mit der Beurteilung und Bewertung anderer wird diese geistige und moralische Anomie unter dem Druck logischer und moralischer Kollektivregeln zurücktreten.«[43]

Bleibt sie oder er sich selbst überlassen, so behaupten wir, *wird* das Individuum egozentrisch; weil es nur in der Lage ist, durch das Medium seiner oder ihrer selbst zu fühlen und zu verstehen, verliert er oder sie den Kontakt mit den Gefühlen anderer und muß sich daher auf die eigenen egozentrischen Urteile verlassen. Auf diese Weise nimmt die Anomie zu.

Wenn anerkannt wird, daß der universelle Grund moralischer Probleme in den häufig divergierenden Zielen von Gleichheit und Bindung liegt, nötigt dies die Moralpsychologie dazu, größere Änderungen an ihren Konzepten und ihrer Methodologie vorzunehmen. Denn haben wir erst einmal zugegeben, daß es (zumindest zwei) verschiedene moralische Orientierungen gibt, dann muß nicht nur der Bezugspunkt unserer Ausgangsdaten, sondern auch unsere Konzeption von »Entwicklung«, »Stufe«, »Selbst-in-der-Beziehung« und »moralischer Reife« sich dahingehend ändern, verschiedene Moralsprachen und die damit einhergehenden Übersetzungsprobleme aufzunehmen. Wenn die moralische Entwicklung in Beziehungen beginnt und durch Beziehungen voranschreitet, dürfen die kognitive und die affektive Entwicklung des Kindes nicht als letzte Ursachen, sondern müssen auch als dynamische Wirkungen aus dem Beziehungsleben des Kindes angesehen werden. Wenn Egoismus nichts Vorgegebenes, wenn Mit-Fühlen keine Unmöglichkeit ist, wenn die Ziele von Gleichheit und Bindung sowohl voneinander abweichen als auch sich einander annähern, muß die Moralpsychologie einer Bandbreite moralischer Erfahrungen Raum geben, die ebenso von den besonderen Beziehungsformen wie von kognitiver und emotionaler Reifung und von dem besonderen gesellschaftlichen und kulturellen Kontext abhängen. Dadurch wird der Bereich der Moral auf angemessenere Weise komplex. Die moralische Entwicklung hat nicht das Verschwinden moralischer Dilemmata zur Folge, und der Versuch, die Entwicklung aus nur einer moralischen Perspektive nachzuzeichnen, garantiert nur die Fortsetzung einer unergiebigen Debatte über Hasen und Enten.

Wir begannen damit, ob die Frage nach den Geschlechtsunterschieden aus der Diskussion über die Moralentwicklung verschwindet. Im Verlauf dieses Aufsatzes haben wir angedeutet, wie jene Diskussion in einen allgemeineren Dialog zwischen zwei moralischen Stimmen überführt werden kann, deren tiefer Widerhall in der menschlichen Erfahrung nahelegt, daß sie ihre Ursprünge in der frühen Kindheit haben. In Virginia Woolfs Roman *Jacobs Raum* äußert sich der Erzähler so: »Entweder sind wir Männer, oder wir sind Frauen. Entweder sind wir kalt, oder wir sind sentimental. Entweder sind wir jung, oder wir werden alt. [...] Derart ist unsere Wahrnehmung. Dergestalt sind die Voraussetzungen für unsere Liebe.«[44] In diesem Aufsatz haben wir deutlich gemacht, daß bei Männern und bei Frauen eine Tendenz bestehen mag, von unterschiedlichen Standpunkten aus zu sehen, oder, anders ausgedrückt, sie können dazu neigen, andere Perspektiven aus dem Blick zu verlieren. Unsere Auffassung von der Moral, derzufolge die Moral den frühkindlichen Beziehungen entstammt, ermöglicht es zu erklären, wie wir als Männer und als Frauen sowohl gefühlskalt als auch sentimental werden können, wenn echte Bindungen mißlingen. Und unsere Auffassung macht auf die Tatsache aufmerksam, daß uns allen bestimmt ist, ungleich zu sein, wenn wir jung sind, und moralische Gleichheit anzustreben, wenn wir älter werden. Es ist wohl wahr, daß wir entweder Männer oder Frauen sind und bestimmte Erfahrungen dem einen oder dem anderen Geschlecht leichter zuwachsen mögen, gleichwohl ist auch wahr, daß die Fähigkeit zur Liebe und der Sinn für Gerechtigkeit auf keines der beiden Geschlechter beschränkt ist.

Aus einer Vielzahl von Gründen sprechen Mädchen und Frauen heute bereitwilliger über den Preis der emotionalen Loslösung, obgleich Männer zu allen Zeiten diesen Preis auf ganz unterschiedliche Weise betont haben. In diesem Augenblick in der Geschichte, da die Psychologie ihr Interesse auf die menschliche Fähigkeit zu Empathie und Mitgefühl richtet, werden wir vielleicht vertieft über die Fähigkeit nachdenken, auf die Gefühle in jemandem einzugehen, der sonst ein Fremder ist, und vermittels dieses Eingehens das Mit-Fühlen zu erfahren, das ihn oder sie weniger fremd sein läßt. Wenn dieser Fähigkeit unsere Wertschätzung gilt, könnten wir gewillt sein, unser Interesse auf die Frauen, die mit den viel erforschten Kleinkindern und noch kleinen Kindern aufs engste befaßt gewesen sind, zu richten wie auch auf die zunehmende Einbezogenheit von Männern. Auf diese Weise könnten wir unsere Gewohnheiten der Wahrnehmung ändern und erkennen, wie die Empathie des Kleinkindes die Keime für das Mit-Fühlen enthält, und wir könnten fragen, wie die Fähigkeit, mit den Gefühlen anderer zu leben, gefördert und bestärkt werden kann. So wie wir uns um Probleme der Ungleichheit – insbesondere wie sie den Heranwachsenden begegnen – kümmern, könnten wir uns dann auch mit den Veränderungen der affektiven Bindung befassen, wenn wir das Schicksal der frühkindlichen Beziehungen eingehend betrachten und den Verlauf der moralischen Entwicklung nachzeichnen.

[Aus dem Amerikanischen von Karin Wördemann-Wingert]

Anmerkungen

1 Freud, Sigmund: *Einige psychische Folgen des anatomischen Geschlechtsunterschieds* (1925), in: *Studienausgabe*, Band V, Frankfurt am Main: Fischer 1972. Piaget, Jean: *Das moralische Urteil beim Kinde* (1932), München: dtv/Klett-Cotta 1990. Kohlberg, Lawrence, und Kramer, R.: Continuities and Discontinuities in Childhood and Adult Moral Development, in: *Human Development* 12, 1969, S. 93–120.

2 Kagan, Jerome: *The Nature of the Child*, New York: Basic Books 1984.

3 Eisenberg, N./Lennon, R.: Sex Differences in Empathy and Related Capacities, in: *Psychological Bulletin* 94, 1, 1983, S. 100–131. Kohlberg, Lawrence: *The Psychology of Moral Development*. Essays on Moral Development 2, San Francisco: Harper & Row 1984. Walker, L.: Sex Differences in the Development of Moral Reasoning: A Critical Review, in: *Child Development* 55, 1984, S. 677–691.

4 Wolfgang, M.: *Patterns of Criminal Homicide*, New York: John Wiley & Sons 1966. Iskrant, A und Joliet, P. V.: *Accidents and Homicide*, Cambridge, Mass.: Harvard University Press 1968. Kutash, I. et al.: *Violence*. Perspectives on Murder and Aggression, San Francisco: Jossey-Bass 1978.

5 Maccoby, Eleanor/Jacklin, Carol: *The Psychology of Sex Differences*, Stanford, Cal.: Stanford University Press 1974. Lever, Janet: Sex Differences in the Games Children Play, in: *Social Problems* 23, 1976, S. 478–487. Lever, Janet: Sex Differences in the Complexity of Children's Play and Games, in: *American Sociological Review* 43, 1978, S. 471–483. Maccoby, Eleanor: Social Grouping in Childhood: Their Relationship to Prosocial and Antisocial Behavior in Boys and Girls, in: Olwens, D./Block, J./Radke-Yarrow, M. (Hg.): *Development of Antisocial and Prosocial Behavior*. Theories, Research and Issues, San Diego: Academic Press 1985.

6 Freud, Sigmund: *Zur Einführung des Narzißmus* (1914), in: *Studienausgabe*, Band III, Frankfurt am Main: Fischer 1975, S. 41–68; *Über die weibliche Sexualität* (1931), in: *Studienausgabe*, Band V, a. a. O., S. 273–292.

7 Freud, Sigmund: *Einige psychische Folgen des anatomischen Geschlechtsunterschieds* (1925), a. a. O., S. 265.

8 Piaget, Jean: *Das moralische Urteil beim Kinde*, S. 96.
9 Kohlberg, Lawrence, und Kramer, R.: Continuities and Discontinuities, a. a. O.
10 »Ohne eine Beziehung zum andern gibt es jedoch keine ethische Notwendigkeit...« Piaget, Jean: *Das moralische Urteil beim Kinde*, S. 239.
11 Kagan, Jerome: *The Nature of the Child*, Stern, D.; *The Interpersonal World of the Infant*, New York: Basic Books 1985.
12 Sartre, Jean-Paul: Ist der Existentialismus ein Humanismus?, in: *Drei Essays*, Frankfurt am Main/Berlin/Wien: Ullstein 1985.
13 Gilligan, Carol/Attanucci, Jane: Two Moral Orientations, in: Gilligan, Carol/Ward, Janie Victoria/Taylor, Jill McLean (Hg.): *Mapping the Moral Domain. A Contribution of Women's Thinking to Psychological Theory and Education*, Cambridge, Mass.: Harvard University Press 1988, S. 73–86.
14 Johnston, D. Kay: Adolescents' Solutions to Dilemmas in Fables: Two Moral Orientations – Two Problem Solving Strategies, in: Gilligan, Carol u. a. (Hg.): *Mapping the Moral Domain*, S. 49–71.
15 Langdale, Sharry: *Moral Orientations and Moral Development. The Analysis of Care and Justice Reasoning across Different Dilemmas in Females and Males from Childhood through Adulthood*, Dissertation, Harvard Graduate School of Education 1983.
16 Lyons, Nona: *Manual for Coding Responses to the Question: How Would You Describe Yourself to Yourself?*, unveröffentlichtes Manuskript, Harvard Graduate School of Education 1981.
17 Hoffman, M.: Empathy, Role-Taking, Guilt, and Development of Altruistic Motives, in: Likona, T. (Hg.): *Moral Development and Behavior*, New York: Holt, Rinehart & Winston 1976.
18 Blum, Lawrence: *Friendship, Altruism and Morality*, Boston: Routledge 1980.
19 Kundera, Milan: *Die unerträgliche Leichtigkeit des Seins*, Roman, München/Wien: Carl Hanser 1984.
20 Kundera, Milan: ebd., S. 22 f.
21 Hoffman, M.: *Empathy*, a. a. O.
22 Kagan, Jerome: *The Nature of the Child*, S. 169.
23 Kohlberg, Lawrence: A Reply to Owen Flanagan and Some Comments on the Puka-Goodpaster Exchange, in: *Ethics* 92, 3, 1982, S. 513–528.
24 Hoffman, M.: Sex Differences in Empathy and Related Behaviors, in: *Psychological Bulletin* 84, 4, 1977, S. 712–722.
25 Wolf, D./Rygh, J./Altshuler, J.: Agency and Experience: Action and States in Play Narratives, in: Bretherton, I. (Hg.): *Symbolic Play. The Development of Social Understanding*, New York: Academic Press 1984, S. 195–217.
26 Bardige, Betty: *Reflective Thinking and Prosocial Awareness: Adolescents Face the Holocaust and Themselves*, unveröffentliche Dissertation, Harvard Graduate School of Education 1983.
27 Bardige, Betty: Things so Finely Human: Moral Sensibilities at Risk in Adolescence, in: Gilligan, Carol/Ward, Janie Victoria/Taylor, Jill McLean (Hg.): *Mapping the Moral Domain*, S. 87–110.
28 Kant, Immanuel: *Grundlegung zur Metaphysik der Sitten* (1785), Frankfurt am Main: Suhrkamp 1978, S. 31.

29 Piaget, Jean: The Mental Development of the Child (1940), in: *Six Psychological Studies*, New York: Vintage Books 1967, S. 64.
30 Bardige, Betty: Things so Finely Human, a. a. O.
31 Kagan, Jerome: *The Nature of the Child*, S. 124.
32 Kohlberg kritisiert Gilligans metaethische Konzeption mit dem Argument, daß die Fürsorge-Ethik »auf die Lösung von Gerechtigkeitsproblemen nicht gut vorbereitet sei; von solchen Problemen, die Prinzipien erfordern, um konfligierende Ansprüche zwischen Personen, von denen für jede in irgendeinem Sinne gesorgt werden müßte, zu lösen«. Es gibt also aus seiner Sicht keinen »moralischen Standpunkt«, von dem aus Probleme der Fürsorge und Verantwortung getrennt von Fragen und Normen der »Gerechtigkeit« anzugehen wären. (Kohlberg, Lawrence: *The Psychology of Moral Development*. Essays on Moral Development, Band 2, San Francisco: Harper & Row 1984, S. 231 f.) Aber die »Fürsorgemoral« repräsentiert nicht bloß die Sphäre der »persönlichen Entscheidungsfindung«, wie er sich ausdrückt, sondern einen alternativen Gesichtspunkt, von dem aus der moralische Bereich erfaßbar ist und von dem aus »die Gesetze der Perspektive« (in Piagets Ausdrucksweise) offenzulegen sind, die eine beziehungsgestützte Sicht der Moral beschreiben.
33 Piaget, Jean: *Das moralische Urteil beim Kinde*, S. 95.
34 In der Tat sollten wir uns erinnern, daß Piaget die Ansicht vertrat, die Moralentwicklung könne genau deshalb nicht in stufentheoretischen Begriffen verstanden werden, weil die Autonomie in jedem neuen Zwangsverhältnis beständig gefährdet wäre (Piaget, Jean: *Das moralische Urteil beim Kinde*, S. 107 f.) – und somit von den sozialen Umständen abhängig sei, mit denen das heranwachsende Kind, der Adoleszente und der Erwachsene konfrontiert werden. Des weiteren hielt es Piaget für ein Problem, daß die moralische Entwicklung mit der intellektuellen Entwicklung verwechselt werden kann, wie seine Bemerkung zeigt: »In dieser Hinsicht würde vielleicht ein intelligenter Taugenichts besser antworten als ein minder begabter braver Junge.« (ebd., S. 143) Siehe auch Kagan, Jerome: *The Nature of the Child*, Kapitel 4.
35 Piaget, Jean: *Das moralische Urteil beim Kinde*, S. 92.
36 Inhelder, Bärbel/Piaget, Jean: *Von der Logik des Kindes zur Logik des Heranwachsenden*. Essay über die Ausformung der formalen operativen Strukturen, Stuttgart: Klett-Cotta 1980.
37 Piaget, Jean: *Das moralische Urteil beim Kinde*, S. 343.
38 Ebd., S. 343 f.
39 Ebd., S. 88, S. 128, S. 416.
40 Kohlberg, Lawrence: *The Psychology of Moral Development*. Essays on Moral Development, Band 2, S. 349–358.
41 Piaget, Jean: *Das moralische Urteil beim Kinde*, S. 226 f., S. 377 f.
42 Bowlby, John: *Trennung*. Psychische Schäden als Folge der Trennung von Mutter und Kind, München: Kindler 1976, S. 375.
43 Piaget, Jean: *Das moralische Urteil beim Kinde*, S. 471 f., Hervorhebung durch die Autoren Gilligan u. Wiggins.
44 Woolf, Virginia: *Jacobs Raum* (1922), Frankfurt am Main: S. Fischer 1985.

Annette C. Baier
Hume, der Moraltheoretiker der Frauen?

In seiner kurzen Autobiographie erzählt David Hume: »Wie ich besonderes Vergnügen an der Gesellschaft bescheidener Frauen empfand, so hatte ich auch keinen Grund, mit der Aufnahme unzufrieden zu sein, die mir von ihnen zuteil wurde.«[1] Diese zweideutige Bemerkung ist typisch für Humes Äußerungen über Frauen. Indem sie als den Grund für Humes Zufriedenheit das Vergnügen der Frauen an seinem Vergnügen an ihrer Gesellschaft andeutet, setzt sie zum einen die Bedeutung ihrer Gastfreundschaft für ihn herab, denn »wer auch immer eine Art und Weise findet, sei es durch seine Dienste, seine Schönheit oder seine Schmeichelei, sich uns nützlich oder angenehm zu erweisen, ist unserer Zuneigung sicher«[2], und legt uns zum anderen die Frage nach den Quellen seines besonderen Vergnügens an ihrer Gesellschaft nahe. Vergnügen an dem reichlichen Dank, den er für ein wenig Schmeichelei erhielt? Dabei ist seine Schmeichelei gegenüber Frauen in seinen Schriften selber doppeldeutig, ebensosehr Beleidigung wie Anerkennung. Ihr »einschmeichelnde(s), geschickte(s) und bezaubernde(s) Wesen«, so erklärt er im Abschnitt über die Gerechtigkeit in seiner Untersuchung über die Prinzipien der Moral[3], wird sie in die Lage versetzen, jede gegen sie gerichtete männliche Verschwörung im Keim zu ersticken. Die Schalkhaftigkeit des Tons in *Of Love and Marriage*, die gönnerhafte Ermunterung zu der größeren geistigen Anstrengung, Geschichtswerke zu lesen statt romantischer Geschichten in *Of the Study of History* waren Grund genug, diese beiden Essays zurückzuziehen (wie er es, aber aus unklaren Gründen, auch mit dem interessanteren und radikaleren *Of Moral Prejudices* tat, wo er einen Mann schildert, der emotional völlig von seiner Frau und seiner Tochter abhängig ist, und andererseits eine Frau, die sich zum geringstmöglichen Grade von dem von ihr selber gewählten Vater ihres Kindes abhängig macht).[4] Es ist nicht überraschend, daß seine Schriften trotz seiner Beliebtheit bei den – bescheidenen und weniger bescheidenen – Frauen, die ihn kannten, von zeitgenössischen Feministinnen nicht sehr positiv aufgenommen wurden. Sie fixieren sich auf seine Bemerkungen über das

»schöne« und das »schwache und fromme« Geschlecht sowie auf seine Verteidigung der Behauptung, daß männliche Galanterie eine ebenso natürliche Tugend sei wie der Respekt vor Älteren, indem beides Arten seien, ein wohlbegründetes Gefühl von Unterlegenheit oder Schwäche großzügig zu beschwichtigen, wie Hume in seinem Essay: *Über Aufstieg und Fortschritt der Künste und Wissenschaften* ausführt: »Die Natur hat den *Mann* der *Frau* überlegen gemacht, indem sie ihm einen stärkeren Geist und einen stärkeren Körper gegeben hat. Er für seinen Teil muß diese Überlegenheit soweit als möglich durch sein großmütiges Verhalten ausgleichen und auf Ehrerbietung und Wohlwollen gegenüber all ihren Neigungen und Meinungen bedacht sein.«[5] Humes »artiges« Zurschaustellen von Aufmerksamkeit für das Geschlecht, das er als das körperlich und geistig schwächere ansah, wird Feministinnen gewiß nicht in höherem Maße dazu ermutigen, sich wegen moraltheoretischer Anregungen an ihn zu wenden, als an Kant, der den Ausschluß aller Frauen aus der Klasse der Menschen mit »bürgerlicher Persönlichkeit«, der Fähigkeit zur Ausübung des Wahlrechts, in § 46 der *Metaphysischen Anfangsgründe der Rechtslehre* vertritt.[6]

Unser Hauptinteresse gilt hier aber nicht dem Feminismus, sondern vielmehr den Implikationen, die Carol Gilligans Erkenntnisse über die Unterschiede zwischen Männern und Frauen, sowohl was die moralische Entwicklung als auch was die reifen Ausprägungen von Moralität angeht, für die Ethik und die Theorie der Ethik haben. Ob diese Unterschiede die Schwächen von Frauen, ihre typische natürliche Unterlegenheit gegenüber Männern an Körper und Geist oder ihre gesellschaftliche Unterlegenheit oder auch ihre Überlegenheit widerspiegeln, ist nicht unser zentrales Anliegen. Dieses bezieht sich vielmehr auf die Moralkonzeption, die viele Frauen haben, und auf die Art von Erfahrung, die Entwicklung und die Reflexion darüber, durch die sie dahin gelangen. Unser Interesse an einer Moraltheorie wie der von Hume sollte sich in diesem Zusammenhang zunächst auf das Maß beziehen, in dem die von ihm entworfene Variante von Moralität mit dem moralischen Wissen von Frauen in Einklang steht oder nicht. Sollten die Hauptzüge dieser Auffassung der Weise, wie Frauen Moralität sehen, gerecht werden, dann ist es ein ironisches historisches Detail, wenn er gerade denen unter seinen Mitmenschen, die seine Moraltheorie wohl am ehesten im Einklang mit ihren eigenen Einsichten fanden, weniger Achtung zollte, als wir es gern gesehen hätten. Und welches auch immer die letzten Ursachen für die moralische Einstellung von Frauen sein mögen, d. h. für die tendenzielle Dominanz der Perspektive der Fürsorge über die der Gerechtigkeit in ihren moralischen Überlegungen, ob nun die unterschiedliche Kindheitssituation oder eine natürliche körperliche und geistige »Unterlegenheit«, eine natürliche Überlegenheit des Geistes und des Herzens oder einfach eine Unterschiedlichkeit von Geist, Herz und Körper – nun, da wir mehr oder weniger den Männern sozial gleichgestellt sind, sollte das Moralverständnis von Frauen ebenso deutlich herausgestellt werden wie das von Männern und damit einen ebensogroßen Einfluß auf unsere Praxis und unsere Institutionen haben. Eine Art, wenn auch natürlich nicht die einzige oder beste, zu seiner Verdeutlichung beizutragen, ist der Vergleich mit einflußreichen Moraltheorien von Männern. Ich versuche dies mit Bezug auf Humes Konzeption. Das kann als einführende Arbeit gesehen werden, um den Theorien kluger Frauen Einfluß zu verschaffen. Wenn ich dann Humes Theorie und ihre Übereinstimmung oder Nichtübereinstimmung mit weiblichem moralischen Wissen untersucht habe, werde ich kurz zu der Frage zurückkehren, wie seine eigene Haltung gegenüber Frauen zu seiner Moralphilosophie paßt.

Wie jeder weiß, der die Geschichte der Philosophie studiert hat, war Hume der Philosoph, dem zu »antworten« Kant sich aufmachte, und sowohl Kants Erkenntnistheorie wie auch seine Ethik stehen in entschiedenem Gegensatz zu der Humes. Und durch ihren Einfluß auf Jean Piaget und John Rawls ist es Kants Sichtweise, die in Kohlbergs Auffassung von moralischer Reife und der zu ihr führenden Entwicklung zum Ausdruck kommt, jener Auffassung, von der Gilligan herausfand, daß sie weniger gut auf Mädchen und Frauen zutrifft als auf Jungen und Männer. So wird sich jeder, der überhaupt mit der Geschichte der Ethik vertraut ist, fragen, ob andere, nicht-kantische Stränge in der abendländischen Ethik, wie sie in der philosophischen Tradition entwickelt wurden, vielleicht weniger schwer mit der moralischen (nicht spezifisch philosophischen) Erkenntnis von Frauen in gedanklichen Einklang zu bringen sind als der kantische. Denn es herrscht sicherlich keine Übereinstimmung darüber, daß Kant und seine Nachfolger den Gipfelpunkt aller moralischen Einsicht unserer philosophischen Tradition darstellen. Alasdair MacIntyres Angriff auf die kantische Tradition wie auch die Kontroverse, die von Versuchen hervorgerufen wurde, in High Schools die Kohlbergschen Ansichten über die Moralerziehung durchzusetzen, zeigen, daß keineswegs alle Männer, geschweige denn alle Frauen, sich in Übereinstimmung mit den Kantianern befinden. Da Kants durchgängige Abkehr von Hume weithin bekannt ist, liegt es nach Gilligans Arbeiten nahe zu fragen, ob Hume eher ein Moralphilosoph der Frauen ist als Kant. Wir könnten dasselbe mit Aristoteles, Hegel, Marx, Mill und MacIntyre tun, mit all den Philosophen, die erhebliche Differenzen gegenüber Kant aufweisen, aber ein Anfang kann mit Hume gemacht werden.

Hume lädt zu einem solchen Vergleich ein, weil er sich im guten wie im schlechten mit männlich-weiblichen Unterschieden befaßte und in seinem Leben anscheinend tatsächlich auf Frauen hörte; und auch, weil er in Zeit, Kultur und in einigen Vorannahmen Kant nahe genug steht, so daß der Vergleich zwischen ihren Moraltheorien dieselbe Hoffnung auf Versöhnung zwischen männlicher und weiblicher moralischer Erkenntnis zuläßt, wie sie Gilligan hegte bzw. in ihrem Buch anstrebte. Es gibt wichtige Übereinstimmungen ebenso wie Differenzen oder mindestens unterschiedliche Akzentuierungen. Und ich möchte auch zwei persönlichere Gründe für die Wahl Humes hinzufügen – zum einen halte ich seine Moralphilosophie für klug und profund; zum anderen stellte ich vor einigen Jahren in einem Einführungskurs zur Ethik, nachdem wir einiges von Aristoteles, Thomas von Aquin, Hume, Kant, Mill und dann Rawls und Kohlberg gelesen hatten, meinen Studenten die Aufgabe darzustellen, was jeder von unseren großen Moralphilosophen dazu gesagt hätte, ob Heinz das Medikament stehlen sollte[7] und warum, und so deren Stufe der moralischen Entwicklung nach der Kohlbergschen Methode einzuschätzen. Hume schien dabei lediglich mit der zweiten Stufe, drittes Stadium abzuschneiden, sowie mit einigen Zügen von Stadium vier, genau so wie die meisten der reifen Frauen bei Gilligan. Seitdem empfinde ich Hume als jemanden, der von der zweiten, »konventionellen« Stufe aus Kohlbergs Behauptungen von der Überlegenheit der dritten, postkonventionellen Stufe über die zweite in Frage stellt, oder auch als Beispiel einer vierten Stufe, die das Wertvolle und Erhaltenswerte sowohl der konventionellen wie auch der postkonventionellen Stufe Kohlbergs aufnimmt und miteinander versöhnt – einer vierten Stufe, die wir »zivilisiert« nennen könnten, mit einem bevorzugten Humeschen Ausdruck der Billigung. Aus diesem Grunde war mein erster Gedanke, als ich Gilligans Ergebnisse las, daß reife, offenbar intelligente und überlegte Frauen auf Kohlbergs drittes

Stadium »zurückzufallen« schienen (das niedrigere Stadium von Stufe zwei, der konventionellen Stufe): »Vielleicht neigen wir Frauen eher dazu, Humeanerinnen zu sein als Kantianerinnen.« Diesen Gedanken möchte ich hier untersuchen.

Ich werde einige auffallende Unterschiede zwischen Kants und Humes Moralphilosophie, so wie ich sie sehe, anführen und sie dann zu den Unterschieden in Beziehung setzen, die Gilligan in den Moralvorstellungen von Männern und Frauen gefunden hat.

Anders als Kant macht Hume in seiner Ethik Moralität nicht zu einer Sache des Gehorsams gegenüber einem universalen Gesetz, sondern der Bildung der Charakterzüge, die einem Menschen »innere(n) Friede(n) der Seele, das Bewußtsein der eigenen Unantastbarkeit« (PM, IX, 132) geben und zugleich diesen Menschen zu einem guten Umgang mit anderen Menschen befähigen, im mehrfachen Sinne von »Umgang«, von dem vergleichsweise unpersönlichen und »weitläufigen« Beisammenleben von Mitbürgern zu den selektiveren, aber immer noch ziemlich distanzierten Beziehungen von Vertragspartnern bis zu den engeren Bindungen zwischen Freunden, Familienmitgliedern und Liebenden. Um ein guter Mitmensch zu werden, konsultiert man nicht irgendein Regelbuch, sondern man bildet seine Fähigkeit aus, Mitgefühl oder Mitmenschlichkeit zu empfinden, ebenso wie die Urteilsfähigkeit, die benötigt wird, wenn Konflikte entstehen zwischen den verschiedenen Forderungen, die möglicherweise aufgrund dieses Mitgefühls an uns gestellt sein können. Humes Ethik verlangt von uns, daß wir uns in manchen Zusammenhängen nach Regeln zu verhalten wissen, aber sie reduziert Moralität nicht auf Regelbefolgung. Berichtigtes (manchmal von Regeln korrigiertes) Mitgefühl, nicht die Gesetze erkennende Vernunft, ist die grundlegende moralische Fähigkeit.

Zum zweiten unterscheidet sich Hume von Kant, was die Quelle der allgemeinen Regeln angeht, die er als moralisch bindend anerkennt, nämlich die Regeln der Gerechtigkeit. Während Kant die menschliche Vernunft als die einzige Urheberin dieser Regeln und diese selbst als universal ansieht, betrachtet Hume sie als von Eigeninteresse, instrumenteller Vernunft und, von einem vernünftigen Standpunkt aus gesehen, von »frivolen« Faktoren geschaffen, wie etwa durch geschichtlichen Zufall und menschliche Laune und was diese als jeweils wesentlich auszeichnet, sowie durch Brauch und Tradition. Er betrachtet diese Regeln, wie etwa die Eigentumsgesetze, nicht als universal, sondern als von Gemeinschaft zu Gemeinschaft veränderlich und vom menschlichen Willen veränderbar, je nachdem, wie sich die Bedingungen oder Bedürfnisse, die Wünsche oder Launen der Menschen ändern. Seine Theorie der gesellschaftlichen »Kunstgriffe« und seine Erklärung der Gerechtigkeit als Gehorsam gegen die Regeln dieser gesellschaftlichen Kunstgriffe, die durch »Konvention« herausgebildet und geschichtlichem Wechsel und Wandel unterworfen sind, steht in scharfem Kontrast zu rationalistischen Erklärungen wie denen von Thomas von Aquin und Kant, die Gerechtigkeit als Gehorsam gegen Gesetze der reinen praktischen Vernunft ansehen, gültig für alle Menschen zu jeder Zeit und an jedem Ort. Hume gibt eine historische und konventionalistische Erklärung für die moralischen Regeln, deren Befolgung von uns erwartet wird und die zu befolgen wir gewöhnlich nach einiger Überlegung auch für vernünftig finden, trotz ihrer Momente von Willkür und trotz der Ungleichheit, die ihre Anwendung gewöhnlich hervorruft. Er hält es für vernünftig, daß wir uns den Regeln unserer Gruppe anpassen, jenen Regeln, die Verpflichtungen und Rechte festlegen, solange sie tatsächlich den gefährlichen zerstörerischen Einfluß des Eigeninteresses in wechselseitig vorteilhafte Kanäle lenken und uns dabei alle die »unendlichen Vorteile« von größerer Stärke, Fähigkeit und Sicherheit verschaffen (verglichen mit dem, was wir ohne jegliche derartige Regeln besäßen), obgleich einige aus der Ordnung, in der wir uns vorfinden, vielleicht mehr Nutzen einer bestimmten Art, wie etwa Reichtum oder Verfügungsgewalt, ziehen als andere. So scheint Humes Ethik jede Berufung auf die universalen Prinzipien des Kohlbergschen fünften und sechsten Stadiums zu fehlen. Die moralische und kritische Haltung, die Hume uns etwa gegenüber den Eigentumsgesetzen unserer Gesellschaft empfiehlt, bevor wir die Rechte, die sie anerkennen, als moralische Rechte betrachten, kommt nicht aus unserer Fähigkeit, sie anhand höherer allgemeinerer Regeln zu überprüfen, sondern aus unserer Fähigkeit, die Reaktionen anderer auf dieses System von Rechten zu erkennen und mitempfindend zu teilen, Gefühle mitzuteilen und zu verstehen, was unsere Mitmenschen fühlen, und so wahrzunehmen, welchen Unmut und welche Befriedigung die gegenwärtige soziale Ordnung hervorbringt. Worauf sich ein Hume-Anhänger auf der postkonventionellen Ebene beruft, das ist – statt der Kenntnis eines höheren Gesetzes – vielmehr der Eigennutzen und die Fähigkeit, die eigennützigen Reaktionen anderer nachzuvollziehen, ferner die Vernunft, die

Vorstellungskraft und die vorausschauende Fähigkeit, über die wahrscheinlichen Folgen irgendeiner Veränderung im System für die Menschen nachzudenken.

Dieser Unterschied zur kantischen Sicht der Rolle von allgemeinen Prinzipien bei der Begründung moralischer Verpflichtungen geht bei Hume einher mit einer weniger hohen Wertung der Rolle der Vernunft und einer Aufwertung der Rolle des Gefühls beim moralischen Urteilen. In Übereinstimmung mit den Rationalisten ist Hume der Auffassung, daß wir uns alle beim Benutzen unserer Vernunft auf allgemeine Regeln berufen – die der Arithmetik oder der Logik oder auch fallweiser Annahmen –, doch er findet keine solchen universalen Regeln für die Moral und keine Erklärung dafür, wie sie, selbst wenn wir sie fänden, alleine imstande sein sollten, uns zu einem ihrer Vorschrift gemäßen Handeln zu *motivieren*. So behauptet Hume weiter, daß Moralität letzten Endes auf dem Gefühl beruht, auf einem besonderen motivierenden Gefühl, das wir schließlich erwerben, wenn wir unsere Fähigkeit, an den Gefühlen anderer teilzunehmen, geübt und auch gelernt haben, die Gefühlskonflikte zu bewältigen, die in einem mitempfindenden Menschen aufkommen, wenn die Wünsche verschiedener anderer Mitmenschen aufeinanderprallen oder wenn die eigenen Wünsche mit denen der Mitmenschen in Widerspruch geraten. In Humes Sicht ist Moralität das Ergebnis einer Suche nach Wegen zur Ausschaltung von Widersprüchen in den »Leidenschaften« *(passions)* mitfühlender Menschen, die sich sowohl der eigenen wie auch der Wünsche und Bedürfnisse, auch der emotionalen, der Mitmenschen bewußt sind. Jeder moralische Fortschritt oder jede Entwicklung, die ein Mensch erlebt, wird nach Hume eine Sache der »Verbesserung der Gefühle« sein, wobei das Korrigierende die jeweils entgegengesetzten Gefühle sind, zusammen mit dem Erkenntnis- und Gefühlsantrieb, die Konflikte im Inneren von Menschen wie auch zwischen ihnen so gering wie möglich zu halten. Vernunft und Logik sind dabei unentbehrliche »Sklaven« der Gefühle, da die Vernunft uns befähigt, die Folgen bzw. die wahrscheinlichen Folgen gegensätzlicher Handlungen klar zu erfassen, Ergebnisse vorherzusehen und selbstzerstörerische Strategien zu vermeiden. Aber »die letzten Zwecke der menschlichen Handlungen [lassen] sich nie und nimmer durch die Vernunft erklären [...], sondern [...] für sie [sind] ausschließlich die Gefühle und Neigungen der Menschen, ganz unabhängig von den intellektuellen Fähigkeiten, maßgebend«. (PM,

Anhang I, 144) Wer Auseinandersetzungen liebt, wird keinen Grund, weil kein Motiv, haben, sein moralisches Gefühl auszubilden, und ebensowenig der Mensch von »kühler Gleichgültigkeit«, der »vom Anblick menschlichen Glücks oder Unglücks nicht berührt wird«. (PM, V, 68) Für das Verständnis von Moralität bedarf es eines menschlichen Herzens ebenso wie menschlicher Vernunft, und die Antworten des Herzens richten sich an bestimmte Menschen, nicht an universale Prinzipien abstrakter Gerechtigkeit. Solche unmittelbaren Reaktionen mögen durch allgemeine Regeln korrigiert werden (wie etwa, wenn die Gerechtigkeit verlangt, daß ein guter Armer seine Schulden an den weniger guten Geizhals zurückzahlt) und durch reflektiertere Gefühlsreaktionen wie die Bestürzung und Vorahnung angesichts von töricht verschenkter Liebe und blindem Vertrauen oder die Mißbilligung von übertriebener elterlicher Nachsicht. Was aber das Empfinden überwacht und reguliert, ist ein größeres Netz von Gefühlen, die die Vernunft uns wahrzunehmen und zu verstehen hilft, wobei aber keinerlei Art von Vernunft die Herrschaft über alle Gefühle innehat.

Als nächster Punkt ist zu vermerken, daß Humes Vorstellung dessen, was ein typisches menschliches Herz begehrt, sich wesentlich sowohl von jener von Egoisten wie von Individualisten unterscheidet. »Das eigennützige Gefühl« *(passion)* oder das Eigeninteresse spielt eine wichtige Rolle, aber ebenso auch Mitgefühl und Interesse an anderen. Selbst wo das Eigeninteresse in seiner Theorie die größte Bedeutung hat, nämlich in seiner Auffassung von Gerechtigkeit, ist es die Eigennützigkeit von Menschen mit ziemlich fließenden Ichgrenzen, nämlich von Familienmitgliedern, denen es darum geht, »Güter und Besitz für uns und unsere nächsten Freunde zu erlangen«.[8] (T, III, 235) Dies ist die konflikträchtige Neigung *(passion)*, die von allgemein akzeptierten Regeln in neue Bahnen gelenkt werden muß, wodurch sie unter Kontrolle gelangt, so daß die gesellschaftszerstörerische Auseinandersetzung um knappe Güter verhindert werden kann. Selbstkontrolle in einem Kooperationsverfahren der ganzen Gesellschaft, das Eigentumsregeln aufstellt, ist deshalb möglich, weil die beteiligten Personen schon in der Familie die Vorteile kennengelernt haben, die aus Selbstbeherrschung und aus Zusammenarbeit erwachsen können. (T, II, 232) Wären die rauhen Kanten »widerspenstiger« und unbeherrschter Leidenschaften, seien sie selbstsüchtig oder nicht, nicht schon durch das Heranwachsen unter irgendeiner elterlicher Zucht abgeschliffen worden, und gäbe es keine wenigstens ansatzweise geselligen menschlichen Gefühle *(passions)* wie die Liebe zwischen Mann und Frau, die Liebe der Eltern zu ihren Kindern, Freundes- und Geschwisterliebe, könnte Humes Gerechtigkeitskonzeption nicht entwickelt werden. Ihre bloße Möglichkeit als künstliche Tugend hängt von der menschlichen Natur ab, in der die natürlichen Empfindungen enthalten sind, die das Familienleben für menschliche Wesen zur natürlichen Sache machen, und welche die elterliche Sorge und die dankbare Erwiderung darauf, ebenso wie die begrenzte daraus entstehende Zusammenarbeit, zu Erscheinungen machen, die nicht künstlich bewerkstelligt werden müssen. Den Kern von Humes Moraltheorie bildet seine Verherrlichung des Familienlebens und der Elternliebe. Gerechtigkeit, die künstliche Haupttugend, ist die Frucht von familiärem Zusammenhalt und erfinderischem eigennützigem Verstand, der erfaßt, wie ein wechselseitig vorteilhaftes Verfahren ausgeweitet werden könnte. Und wenn Hume die natürlichen moralischen Tugenden aufzählt, wobei diese nicht im Gehorsam gegenüber akzeptierten Regeln bestehen und Geltung besitzen, selbst wenn sie nicht allgemein vorhanden sind, ist sein Lieblingsbeispiel die elterliche Liebe und Fürsorge. Der gute Mensch ist Besitzer der natürlichen Tugenden, die ihn zu einem »zuverlässigen Kameraden, gefälligen Freund, milden Herrn, angenehmen Gatten oder nachsichtigen Vater machen«. (T, III, 360) Wir können diese Verbindung von patriarchalen Rollen mißbilligen – Herr, Ehemann, Vater –, aber wir sollten auch die Tugenden zur Kenntnis nehmen, die diese Männer beweisen sollen – Güte, Freundlichkeit, Nachsicht. Diese wurden traditionell eher von Geliebten, Ehefrauen und Müttern erwartet als von Hausherren, Ehemännern und Vätern. Natürlich sind es nicht die einzigen Tugenden, die gute Charaktere in Humes Sinne besitzen; dazu gehört auch ein angemessener Stolz oder die Selbstachtung und der entsprechende Ehrgeiz und Mut, die damit einhergehen können, so gut wie Großzügigkeit, Freigiebigkeit, Begeisterungsfähigkeit, Dankbarkeit, Mitgefühl, Geduld, Fleiß, Beharrlichkeit, Rührigkeit, Wachsamkeit, Eifer, Rechtschaffenheit, Beständigkeit, Mäßigkeit, Genügsamkeit, Sparsamkeit, Entschlußkraft, Ausgeglichenheit, Nächstenliebe, Milde, Unparteilichkeit, Ehrlichkeit, Wahrhaftigkeit, Treue, Besonnenheit, Behutsamkeit, Geistesgegenwart, »und noch tausend ähnliche(n) Dinge(n)«. (PM, VI, 88)

In Humes häufigen Aufzählungen von Tugenden fallen einige durch ihr Fehlen oder durch einschränkende Qualifizierungen auf, nämlich die kriegerischen und die mönchischen oder puritanischen »Tugenden«. Kriegerischer Mut und militärischer Ruhm können das »Gefühl der Menschheit« gefährden und »unendliche(n) Verwirrungen und Unordnungen [...] die Verwüstung von Provinzen, die Plünderung von Städten« (T, III, 355) verursachen, und so veranlaßt kühle Überlegung den Humeschen Moralrichter, bei der Billigung dieser traditionell männlichen Züge zu zögern. Die mönchischen Tugenden werden direkter behandelt. Diese, nämlich Ehelosigkeit, Fasten, Büßen, Kasteiung, Selbstverleugnung, Demut, Schweigen, Einsamkeit, werden »überall von vernünftigen Menschen abgelehnt, als weil sie völlig zwecklos sind [...] Im Gegenteil, wir beobachten, daß sie allen diesen erstrebenswerten Zielen entgegenwirken, den Verstand verdummen, das Herz verhärten, die Phantasie trüben, das Gemüt verbittern.« (PM, IX, 118f.) Hier spricht Hume der Gesellige, dem es Freude machte, Abendessen für seine Freunde in Edinburgh zuzubereiten, der Liebling oder vielleicht das intellektuelle Maskottchen der lebenslustigen Pariser Salons. Eine calvinistische Erziehung und eine vorübergehende Vorliebe für das Militärleben in seiner Jugend scheinen ihn davon überzeugt zu haben, daß derartige Lebensweisen nicht wünschenswert sind, und sein Studium der Geschichte überzeugte ihn von den Gefahren, die sowohl religiöser Eifer, »heilige Inbrunst und Wut«, wie auch militärischer Eifer und Haß für die Gesellschaft mit sich bringen. So ist seine Aufzählung von Tugenden bemerkenswert friedfertig und wenig von Konkurrenzdenken geprägt, man könnte fast sagen weiblich.

Obgleich viele von den Tugenden auf seiner Liste Charakterzüge sind, die sich in einem breiten Spektrum von Zusammenhängen bewähren würden, stehen die meisten in sozialem Kontext. Sie beinhalten Beziehungen zu anderen, und viele beziehen sich auf bestimmte Beziehungen wie die von Eltern und Kind, Freund zu Freund, Kollegen untereinander und Gesprächspartnern. Selbst wenn er Tugenden aufführt, die eher wegen ihrer Nützlichkeit und Annehmlichkeit für ihren Besitzer geschätzt werden als wegen ihres Beitrages zu den Annehmlichkeiten des Lebens für die Gefährten des tugendhaften Menschen, sind die Qualitäten, die er nennt, solche, die Beziehungen zu anderen implizieren – die Fähigkeit, das Vertrauen anderer zu erwerben und zu behalten, sexuelle Selbstbeherrschung und Schamgefühl (ebenso wie sexuelle Leistungsfähigkeit, das heißt die Fähigkeit, »eine Hauptfreude im Leben« zu genießen und »sie andern mitzuteilen« [PM, VI, 91]); Mäßigkeit, Geduld und Nüchternheit sind (auf lange Sicht) für ihren Besitzer nützliche Tugenden, während unter denen, die er als unmittelbar angenehm für ihren Besitzer nennt, ansteckende Heiterkeit und Fröhlichkeit aufscheinen, ein »Empfinden für das, was man selbst in der Gesellschaft oder im täglichen Umgang zu beanspruchen hat« (PM, VII, 100), Freundlichkeit und das Vermeiden von »beständigem Streiten, Schelten und gegenseitigen Vorwürfen« (PM, VII, 104 f.), Abenteuergeist in der Liebe, zumindest bei den Jungen, Lebendigkeit der Gefühle und der Ausdruckskraft – alles angenehme Züge, die voraussetzen, daß ihr Inhaber sich in Gesellschaft anderer befindet, auf sie reagiert und Gegenstand ihrer Reaktionen ist. Es mag Schwierigkeiten bereiten, sich vorzustellen, wie jemand die verschiedenen Humeschen Tugenden vereinen soll – sparsam, aber freigebig sein, ausreichend keusch, aber Unternehmungsgeist in der Liebe beweisen, eine angemessene Vorstellung von dem besitzen, was ihm zukommt, aber Streit und Vorwürfe vermeiden. Hume dürfte sich tatsächlich auf eine gewisse moralische Arbeitsteilung der Geschlechter verlassen haben, die die Keuschheit den Frauen und die amouröse Initiative den Männern zuweist, das größere Maß an Geltendmachen von Rechten den Männern und das größere Maß an Vermeidung von Streit den Frauen, aber wir sollten den Grad, in dem er das tat, nicht überschätzen.

Die Titelseite von Buch Drei des Traktats zitiert die Worte Lukans über den, der die schwierige Tugend liebt, und die Humeschen Tugenden mögen in der Tat schwierig zu vereinigen sein. Sie dürften sich in der Tat nur in manchen gesellschaftlichen Strukturen als miteinander vereinbar erweisen. Es mag für den Liebhaber der schwierigen Tugend einiger Untersuchung bedürfen, nicht allein darüber, was Tugend eigentlich ist und welches die wahren Tugenden sind, sondern auch über die gesellschaftlichen Vorbedingungen ihrer gemeinsamen Verwirklichung. Denn alles, was Hume sagt, legt tatsächlich nahe, daß sie keine voneinander unabhängigen Unternehmungen sind, zumal die als nützlich und angenehm geltenden Tugenden teilweise von den sozialen und wirtschaftlichen Bedingungen abhängig sind, unter denen ihr Besitzer lebt, ebenso wie die Annehmbarkeit dieser sozialen und wirtschaftlichen Bedingungen davon abhängt, welche Art von Tugenden dort gedeihen kann und wie sie in der Bevölkerung verteilt sind. Hume weist darauf hin, daß die Nützlichkeit eines Vorzuges wie eines guten Gedächtnisses in Ciceros Gesellschaft wichtiger war als in seiner eigenen, wegen der geringeren Bedeutung, die es in der letzteren hat, ohne Redekonzept gewandt zu sprechen, und wegen des allgemein stärkeren Vertrauens auf schriftlich Niedergelegtes, das dort in den meisten Lebensbereichen herrscht. Die Verfügbarkeit, Erreichbarkeit und Tragbarkeit von Ersatzmitteln für das Gedächtnis werden sich mit den Gewohnheiten und der technologischen Entwicklung einer Gesellschaft verändern, und Hume ist sich bewußt, daß solche Tatsachen für die Anerkennung von Charakterzügen als funktionalen Tugenden von Bedeutung sind. Wie leicht solche Züge vorgetäuscht oder verkehrt werden können, wird gleichfalls die Anerkennung von Tugenden beeinflussen – in einer Zeit, in der sich privater Ehrgeiz leicht als Gemeinsinn, oder die Absicht, Steuern zu sparen, als Mildtätigkeit maskiert, kann der Glaube an solche leicht vorgetäuschten Tugenden begreiflicherweise zurückgehen. Der Status eines Charakterzuges als Tugend muß nicht feststehen, sondern er befindet sich vielmehr in komplexem Zusammenhang mit dem Charakter der Gesellschaft, in welcher er auftritt. Dies ist durchaus sinnvoll, wenn moralische Tugenden die Qualitäten sind, die jemanden befähigen, eine akzeptable Rolle in einem akzeptablen Netzwerk von sozialen Rollen zu spielen, um mit Menschen auf jene verschiedenen Weisen in Verbindung zu stehen, die eine anständige Gesellschaft fordern, erleichtern, fördern oder lediglich gestatten wird.

Das nächste Moment von Humes Moraltheorie, das ich betonen möchte, ist, daß er bei seinem Augenmerk auf verschiedene Beziehungen zwischen Personen, in denen sich die Tugenden oder Laster im Humeschen Sinne zeigen, den Beziehungen zwischen Gleichen, geschweige denen zwischen autonomen Gleichen, keine besondere Stellung einräumt. Da seine Untersuchung sozialer Kooperation von derjenigen innerhalb der Familie ausgeht, stehen Beziehungen zwischen notwendigerweise Ungleichen, nämlich Eltern und Kindern, im Mittelpunkt der Betrachtung. Er geht von einer Bindung aus, die er als das »stärkste(n) und unzerreißbarste(n) natürliche(n) Band« (PM, VI, 85) betrachtet, »das stärkste Band, dessen der Geist fähig ist« (T, II, 84), nämlich der Liebe von Eltern zu ihren Kindern, und in seiner Theorie der Moral arbeitet er sich gewissermaßen von hier aus voran. Dieser Beziehung und den Verpflichtungen und Tugenden, die sie einschließt, fehlen drei Hauptmerkmale der Beziehungen zwischen moralisch Handelnden im Sinne von Kantianern und Vertragstheoretikern – sie ist intim, sie ist nicht gewählt, und sie besteht zwischen Ungleichen. Natürlich muß die Intimität nicht »unauflöslich« sein, die Ungleichheit kann nur zeitweilig bestehen oder sich später umkehren, und das Maß, in dem die anfängliche Elternschaft ungewählt ist, kann von der ungeplanten oder gegen den eigenen Wunsch eintretenden bis zur beabsichtigten Elternschaft (wenngleich nicht eines bestimmten einzelnen Kindes) bis hin zu jenem höchsten Grad von Willensausübung reichen, der dann eintritt, wenn angesichts eines neugeborenen Kindes seitens eines biologischen Elternteils oder der Eltern entschieden wird, es von anderen adoptieren zu lassen, oder wenn die entgegengesetzte Entscheidung getroffen wird, nämlich die von Adoptiveltern, solch ein schon bekanntes Kind anzunehmen. Eine solche vollständig gewählte Elternschaft ist selten, und die Regel ist, daß Eltern sich mit einem bestimmten Kind konfrontiert sehen, vielleicht mit irgendeinem Kind überhaupt, und daß sich die elterliche Zuneigung weitgehend ohne Vorüberlegung an ihre ungewählten Objekte bindet. Das Vertragsmodell von Moralität, nach dem es um die Erfüllung selbstgewählter Verpflichtungen geht, gerät in offenkundige Schwierigkeiten sowohl hinsichtlich der Pflichten kleiner Kinder gegenüber ihren nicht gewählten Eltern, denen gegenüber keine bindenden Verpflichtungen eingegangen worden sind, wie auch bezüglich der ursprünglich nicht frei wählenden Eltern gegenüber ihren Kindern. Hume hat keine Schwierigkeiten mit solchen ungewählten moralischen Bindungen, zumal er sie als die paradigmatischen auffaßt und es für jedermann eine selbstverständlichere Situation ist, daß ihm moralische Verpflichtungen entstehen, als daß er in irgendeiner Weise Verträge einhalten muß.

Die letzte Hinsicht, unter der ich Humes Moralphilosophie mit der stärker kantischen Alternative kontrastieren möchte, ist seine Auffassung des Problems, das die Moralität zu lösen bestimmt ist; worum es bei ihr eigentlich geht. Für Kant und die Vertragstheoretiker ist der Kernpunkt die Freiheit, und das Hauptproblem besteht darin, wie sie zu erreichen ist unter der Voraussetzung, daß andere existieren, die gleichfalls Anspruch auf Freiheit erheben, und es wahrscheinlich Konflikte zwischen ihnen gibt. Die Lösung im rousseauisch-kantischen Sinne besteht in der Unterwerfung unter ein gemeinschaftlich bejahtes allgemeines Gesetz, wo jeder die Freiheit Suchende sich mit dem Gedanken trösten kann, daß der gesetzgebende Wille, dem er gehorchen muß, ebensosehr sein eigener ist wie der von jedermann sonst. Für

Hume ist das Problem der Koexistenz von Individuen, die eigentlich uneingeschränkt auf ihre eigenen Rechte pochen möchten, durch die Erfindung gesellschaftlicher Kunstgriffe und die Anerkennung der Tugend der Gerechtigkeit gelöst bzw. durch die Befolgung solcher wechselseitig vorteilhaften künstlichen Einrichtungen. Aber das Problem, das die Moral löst, liegt tiefer; es besteht ebensosehr innerhalb der Person wie zwischen den Personen. Es ist das Problem von Widerspruch, Konflikten und Unbeständigkeit in den Wünschen eines Menschen über die Zeit hin, wie auch das von Konflikten zwischen Menschen. Moralität bewahrt uns der Theorie nach sowohl vor in sich widersprüchlichen Trieben wie auch vor sinnlosen Konflikten zwischen Menschen. Und es ist kein bloßer Zusatz in Humes Theorie, daß durch den moralischen Standpunkt Widersprüche zwischen unseren persönlichen Gefühlen im Laufe der Zeit überwunden werden: »Unser Verhältnis zu Personen und Dingen ist in stetigem Fluß; ein Mensch, der uns jetzt fern steht, kann nach kurzer Zeit unser vertrauter Bekannter sein.« (T, III, 335) Seine gesamte Darstellung unserer Empfindungen zeigt sie als eigentlich auf die Empfindungen anderer Menschen reagierend. Ein innerer Konflikt eines mitfühlenden und der Bestätigung bedürfenden Menschen ist nicht unabhängig von Konflikten zwischen den verschiedenen Menschen in seiner oder ihrer Gefühlswelt. »Wir hegen keinen Wunsch, der sich nicht auf die Gesellschaft bezöge. Vollständige Einsamkeit ist vielleicht die denkbar größte Strafe, die wir erdulden können. Jede Lust erstirbt, wenn sie allein genossen wird, und jeder Schmerz wird grausamer und unerträglicher. Welche anderen Affekte auch uns antreiben mögen, Stolz, Ehrgeiz, Geiz, Neugierde, Rachedurst oder sinnliche Begierde, die Seele, das belebende Prinzip in ihnen allen, ist die Sympathie. Sie alle hätten gar keine Macht, sähen wir bei ihnen gänzlich von den Gedanken oder den Gefühlen anderer ab.« (T, II, 97)

Ich habe auf die begrenzte Rolle der Anpassung an allgemeine Regeln in Humes Auffassung von Moralität aufmerksam gemacht; auf die geschichtliche und konventionelle Begründung, die er für solche Regeln gibt; auf seine These, daß Moralität auf selbstkultivierten Empfindungen bzw. Leidenschaften ebenso stark oder stärker beruht als auf der Vernunft, die mit diesen Leidenschaften zusammenwirkt und ihnen dient; auf seine nicht-individualistische, nicht-egoistische Sicht der menschlichen Leidenschaften; auf die zwischenmenschliche oder soziale Natur jener Leidenschaften, die als Tugenden anerkannt werden; auf die zentrale Rolle der Familie, die – zumindest im besten Falle – ein Vorbild für das Zusammenwirken und die wechselseitige Abhängigkeit bietet, die von der Moralität geschützt und erweitert wird; auf die Tatsache, daß moralisches Zusammenwirken für ihn die Kooperation in ungewählten Konstellationen, mit ungewählten Partnern, mit ungleichen Partnern, in engen, intimen, ebenso wie in distanzierteren und formaleren Beziehungen mit umfaßt. Und schließlich habe ich betont, daß die Notwendigkeit von Moralität für Hume ebensosehr von den Konflikten innerhalb jedes einzelnen Menschen wie von den zwischenmenschlichen Konflikten herrührt. Diese Punkte lassen sich relativ direkt zumindest mit einigen von den Aspekten verbinden, unter denen Gilligan die Moralauffassungen von Mädchen und Frauen als unterschiedlich von denen von Männern aufzeigte. Hume erweist sich als geradezu unheimlich weiblich in seinem moralischen Wissen. »Da die Realität der Bindung von Frauen als gegeben vorausgesetzt und nicht als Konsequenz einer freien Entscheidung angesehen wird, gelangen sie zu einem Verständnis des Lebens, das die Grenzen von Autonomie und Herrschaft reflektiert.«[9] Hume lebte zu einer Zeit, bevor die Moral- und Sozialphilosophen von der Idee der Autonomie besessen waren, oder vielmehr während Rousseau sie zu ihrer Obsession machte, aber seine Angriffe auf Vertragskonzeptionen politischer Pflichten und seine klare Wahrnehmung des Gegebenseins gegenseitiger Verbindungen innerhalb der Familie und darüber hinaus, seine Betonung unserer Fähigkeit, die Freuden und Leiden anderer zu den unseren zu machen, unseres Bedürfnisses nach »Unterstützung« von Empfindungen und der unentrinnbaren wechselseitigen Verletzlichkeit wie auch Bereicherung, die die menschliche Psychologie und die conditio humana nach diesem Verständnis mit sich bringen, lassen die Autonomie für Hume nicht einmal als ein Ideal erscheinen. Eine bestimmte Art von Freiheit ist ein Ideal, nämlich die Gedanken- und Redefreiheit, aber »sein eigenes Leben auf seine eigene Art und Weise zu führen« wird wahrscheinlich nicht zu den Zielen von Menschen gehören, für die jede Freude dahin ist, wenn sie nicht von einem oder mehreren Menschen geteilt und gefördert wird. »Der Identitätsbegriff erweitert sich, um das Erlebnis der wechselseitigen Verbundenheit einzuschließen.«[10]

Die Frauen in Gilligans Studie sahen Moralität als etwas, das zuallererst aus ihrer Zusammengehörigkeit mit anderen erwuchs, oft aus ursprünglich vorgegebenen und nicht aus frei gewählten Beziehungen. Die Männer sprachen mehr von ihren Rechten als von ihrer Verantwortung und sahen diese Rechte als solche, die aus frei akzeptierten Quasiabkommen zwischen Individuen erwachsen, die ihr Eigeninteresse verfolgen. Hume räumt in seiner Konzeption von Gerechtigkeit durchaus den Rechten einen Platz ein, die auf Quasiübereinkünften begründet sind und auf die Dauer denen nützen, die sie einhalten, aber er gibt auch einer Fülle von Verantwortlichkeiten Raum, die zu ihrer Begründung kein zuvor geschlossenes Abkommen oder Quasiabkommen voraussetzen. Die Verantwortung von Eltern ist das Paradebeispiel solcher Fürsorgepflichten, aber Hume bezieht auch Fälle von gegenseitiger Fürsorge ein, in denen ich »den Menschen, die ich liebe und die ich näher kenne, immer noch Dienste leisten (kann), ohne irgend Aussicht auf einen Vorteil; und sie können dieselben erwidern ganz in derselben Weise«. (T, III, 269) Hier gibt es kein Recht auf eine Leistung, lediglich das vernünftige, aber nicht gesicherte Vertrauen darauf. (Es kann sogar so etwas wie ein Entweder/oder-, ein »Ente/Kaninchen«-Effekt zwischen seinen »künstlichen Tugenden«, einschließlich der Gerechtigkeit, und seinen »natürlichen Tugenden«, einschließlich Barmherzigkeit und Billigkeit, in all den Zusammenhängen eintreten, wo beide ins Spiel zu kommen scheinen.)

Humes konventionalistische Einstellung bezüglich der Regeln, die wir gegebenenfalls zu befolgen haben, um Ungerechtigkeit gegeneinander zu vermeiden, ist schon erwähnt worden als ein Zug, um dessentwillen seine Gerechtigkeitstheorie lediglich mit dem vierten Stadium der moralischen Skala abschneidet, wenn über eine kritische Einschätzung der überkommenen Regeln zu verfügen denn bedeutet, daß man bei Gesellschaftsverträgen oder universalen Prinzipien angelangt sein muß. Hume ist ein Realist bezüglich der historischen Vorgegebenheit und unvermeidlichen Willkürlichkeit der meisten allgemeinen Regeln, für die eine gewisse Wahrscheinlichkeit besteht, daß wir alle sie befolgen. Wie die Mädchen und Frauen bei Carol Gilligan sieht er moralische Probleme in konkreten geschichtlichen Situationen, in denen die zurückliegende Geschichte ebenso wie die realistischen Zukunftsperspektiven einer bestimmten Gruppe wesentliche Bedeutung für ihre moralischen Zwangslagen und deren Lösungen haben. Selbst die einigermaßen abstrakten und ahistorischen gesellschaftlichen Kunstgriffe im Traktat erhalten ein quasi-historisches Umfeld und werden in den

Essays und der Geschichte Englands ersetzt durch ins einzelne gehende Betrachtungen aktueller, konkreter sozialer und moralischer Problemsituationen, die vollständig erzählerisch entfaltet werden.

Das Mißtrauen gegenüber abstrakten ahistorischen Prinzipien, das Bedürfnis der Mädchen, Kohlbergs verwirrende Fragen zu einer Geschichte auszugestalten, bevor sie sie beantworteten, führte zu dem Verdacht, daß diese schlechte Leistung in der Anwendung universaler Prinzipien auf umrißhaft angedeutete, ihres narrativen Kontextes beraubte besondere Fälle ihre »Vernunft« als geringer entwickelt erweise als die der Jungen.[11] Es könnte aber vielmehr, wie in Humes Fall, die Überzeugung gewesen sein, daß dies das falsche Modell für die Bildung moralischer Urteile sei. Er vermerkt die gefühlsmäßige Reaktion auf eine vollständig wahrgenommene Situation als die höchste Form moralischer Reflexion, nicht als eines ihrer unterentwickelten Stadien, und er verspottet jene Rationalisten, die meinen, abstrakte Regeln würden jemals zeigen, warum zum Beispiel es für menschliche Wesen falsch ist, Vater oder Mutter umzubringen, nicht aber für Eichen. (T, III, 208 f.)

An diesem Punkt kann man fragen, ob Humes Auffassung überhaupt ein Stufenkonzept moralischer Entwicklung zuläßt, ob sie nicht einer der »Sack-voller-Tugenden«-Entwürfe ist, über die Kohlberg sich lustig macht. Kann jemand, der meint, Moral sei eine Sache der Empfindungen, einen Begriff von moralischem Fortschritt oder von moralischer Entwicklung des Individuums zulassen? Die Antwort ist ja. Obgleich er keine derartige Theorie für das Individuum entwirft, spricht Hume von einer »Verbesserung der Gefühle« und einem »Fortschritt der Empfindungen«, besonders wo es um die »künstlichen« Tugenden geht. Da Moralität für ihn von einem reflektierten Gefühl und von selbstkorrigiertem Eigennutzen und kultivierter Anteilnahme abhängt, ist es klar, daß mehr Erfahrung und mehr Nachdenken ein Individuum über mehrere »Niveaus« moralischen Verhaltens hin leiten kann. Die hier interessierende Frage heißt, welches die Umrisse solch eines Alternativmodells für die Entwicklung sein könnten. Offenkundig ist das nicht vom Schreibtisch eines Philosophen aus zu lösen, und psychologische Forschung wie diejenige Gilligans wäre notwendig, um herauszufinden, wie sich menschliche Leidenschaften entwickeln und welche Entwicklungen von denjenigen, bei denen sie auftreten, und von anderen als moralischer Fortschritt angesehen werden. Solche Züge in den Entwicklungen von Frauen sind in den letzten Kapiteln von Gilligans Buch angedeutet, Züge, die nicht unbedingt in den Versuchen von Kohlberg ans Licht kommen. Im Kapitel »Konzepte des Selbst und der Moral«[12] beschreibt sie Übergänge von ichbezogenem Denken (das wohl bei Frauen wie Gilligans Interviewpartnerinnen wahrscheinlich ist, die wegen einer negativen Einstellung des potentiellen Kindesvaters zur Schwangerschaft eine Abtreibung in Erwägung ziehen; doch dies ist kein für gewöhnlich gegebener Ausgangspunkt für ein Mädchen oder eine Frau) zu einer Verurteilung solch eines »Egoismus« (oder einem Wechsel zwischen »egoistischen« und »altruistischen« Regungen) oder dem, was als eine klare Sicht der »Wahrheit« der menschlichen Beziehungen, in die sie verwickelt sind, empfunden wird, die dann zu einer kühlen oder sogar rücksichtslosen Entschlossenheit führt, sich vor weiterer Verletzung und Ausnutzung zu schützen, und die später zu einer revidierten Auffassung davon führt, worin ihre eigenen Interessen bestehen, und zu der Wahrnehmung, daß diese Interessen Verbundenheit mit anderen und Rücksichtnahme auf sie erfordern.[13]

Wenn Alternativen zu Kohlbergs rationalistischem Szenario im einzelnen ausgearbeitet werden sollen, wird es wahrscheinlich sowohl einer leitenden Moral- wie einer psychologischen Theorie bedürfen ebenso wie empirischer Untersuchungen. Es wird etwas erforderlich sein, das dieselbe Rolle spielen kann wie Kants und Rawls' Moraltheorien, die Kohlberg veranlaßten, nach bestimmten speziell moralischen Leistungen zu suchen, und von einigen darunter zu erwarten, daß sie andere, frühere, voraussetzen. Es könnte sogar sein, daß in dem Augenblick, wo wir von einer nichtrationalistischen, aber dynamischen Moraltheorie ausgehen und erwarten, daß ein angenommenes Entwicklungsmodell ihr entspricht, empirische Untersuchungen zeigen würden, daß diese Theorie nicht nur auf Frauen, sondern auch auf Männer zutrifft. Die Geschlechterdifferenz könnte sich möglicherweise nicht in dem tatsächlichen Entwicklungsmuster der Leidenschaften oder in unserem Denken und Reflektieren über die Befriedigung unserer Leidenschaften ausdrücken, sondern lediglich in unseren intellektuellen Meinungen darüber, ob dies nun eine moralische Entwicklung sei oder nicht, so wie sie in den Interviews geäußert werden. Denn sowohl Gilligans wie auch Kohlbergs Untersuchungen haben sich bisher auf verbal geäußerte Auffassungen von Moralität bezogen, auf intellektuelle Reflexionen darüber, nicht auf die moralische Entwicklung selbst, nämlich auf die Änderungen der Antriebe und die veränderten Gefühlsreaktionen auf eigene und fremde Handlungen, Reaktionen und Empfindungen. Soweit ich sehe, wurden nur in Gilligans Abtreibungsstudie Personen befragt, als sie sich wirklich im Prozeß der Suche nach einer moralischen Entscheidung befanden – und diese Frauen dürften keine repräsentative Auswahl zur Frage der Entscheidungsfindung bei Frauen darstellen, weil sie eben wegen ihrer offenbaren Unentschiedenheit ausgewählt wurden, wegen des ihnen unterstellten Bedürfnisses, über ihre Entscheidung weiter nachzudenken und zu sprechen. Die klardenkenden oder zumindest die entschlossenen Frauen wurden einfach nicht in die Studie aufgenommen.[14]

Wir sollten die moralische Haltung eines Menschen nicht mit seiner intellektuellen Darstellung von ihr gleichsetzen und auch nicht voraussetzen, daß er die Stärke seiner eigenen Motive und Gefühle in ihrem Verhältnis zueinander kennt. Um die gefühls- und motivationsmäßige Entwicklung von Menschen zu untersuchen, brauchten wir Gefühls- und Motivationsexperimente, keine Gedankenexperimente, und solche zu entwickeln, kann heikel sein. Hume sagte:

»Wenn ich die Einwirkungen eines Körpers auf einen anderen in irgend einer Situation kennen lernen will, so brauche ich ihn nur in diese Situation zu bringen und den Erfolg zu beobachten. Bemühte ich mich aber, eine Ungewißheit in der Geisteswissenschaft in gleicher Weise aufzuklären, also so, daß ich mich in den von mir betrachteten geistigen Vorgang hineinversetzte, so würden offenbar Überlegung und Vorbedacht so sehr die Wirksamkeit der für gewöhnlich in mir bestehenden Bedingungen stören, daß kein richtiger Schluß aus dem Vorgang mehr gezogen werden könnte.« (T, Einleitung, 7)

Mit »moral philosophy« [im Zitat oben von Theodor Lipps übersetzt mit »Geisteswissenschaften«, Anm. d. Übs.] meint er einfach die Erforschung der menschlichen Natur sowohl in ihren unreflektierten wie auch in ihren überlegteren Akten. Die Psychologie der Moral muß seinem Verständnis zufolge in der Tat einen Unterschied zwischen Überlegung und Vorbedacht gegenüber dem Wirken natürlicher Antriebe und Leidenschaften ins Spiel bringen; dadurch würden Experimente zur Moral – im engen Sinne des Wortes – nicht notwendigerweise von der Überlegung oder Befangenheit verzerrt, die der Selbstversuch mit sich brächte. Das Wissen, daß unsere Reaktion in einer bestimmten Situation als Indiz unseres moralischen Charakters und als Testfall zur Überprüfung des Fortschrittes in moralischer Hinsicht betrachtet wird, könnte lediglich diesen Fortschritt befördern und nicht zu einer falschen Darstellung führen. Aber die »Experimente«, an die Hume denkt, sind solche im wirklichen Leben, und weder unsere eigenen, nachträglichen Bilder davon noch bloß fiktive Situationen, von denen man weiß, daß man nicht ernstlich betroffen ist. Jene sind nicht bloß zu dünn und umrißhaft angedeutet, wie Amy es deutlich in der Geschichte von Heinz und dem teuren Medikament herausgespürt hat, sondern selbst wenn man eine voll ausgestaltete, erfundene Geschichte, vielleicht sogar einen ganzen Roman, erzählte, so bestände dennoch kein Grund für die Annahme, daß jemandes Reaktion auf eine fiktive Situation verläßliche Auskunft über sein Verhalten gäbe, wenn er sich tatsächlich in der gleichen Entscheidungslage befände wie die Romanfigur. Die Lektüre von guten Romanen und das Anschauen oder Mitspielen in guten Theaterstücken mag die unschädlichste Art sein, sich auf die moralischen Möglichkeiten des wirklichen Lebens vorzubereiten, aber es ist keine moralische »Praxis«. Es gibt kein unverfängliches Vollziehen moralischen Verhaltens, keine Probeläufe und Kostümproben. Kindliches Spiel, Theaterstücke, Romane, Kenntnis der Probleme von Freunden und Anteilnahme daran, das alles kann eine nützliche Rolle dabei spielen, uns für die Vielschichtigkeit moralischer Situationen empfänglich zu machen, aber das Verhalten in solch einer Situation läßt keine verläßliche Voraussage zu, wie man sich angesichts derartiger Probleme im eigenen Leben verhielte. Die einzige Art zu lernen, moralisch tugendhaft zu sein, ist, wie Aristoteles sagte, der Vollzug moralischer Handlungen – in der Wirklichkeit, nicht in der Vorstellung. Und allein aus seiner moralischen Praxis, nicht aus seiner vorgestellten moralischen Praxis oder den rationalisierten Bildern seiner zurückliegenden moralischen Praxis, erfahren wir das Stadium moralischer Entwicklung, in dem sich ein Mensch wirklich befindet. Wie Hume sagte, scheint nur eine sorgfältige Beobachtung des menschlichen Lebens, von »Experimenten«, die so ausgewählt werden, wie sie »im gewöhnlichen Lauf der Welt, in dem Benehmen der Menschen in Gesellschaft, in ihren Beschäftigungen und Vergnügungen in Gesellschaft sich darbieten« (T, Einleitung, 7), jegliche empirische Wissenschaft von moralischer Entwicklung begründen zu können.

Ich möchte wiederholen, daß ich nicht sage, es sei das Wissen, beobachtet zu werden, das die Ergebnisse von erdachten moralischen »Tests« verfälsche: meine These ist vielmehr, daß das Verfälschende durch das Wissen komme, daß die Testsituationen fiktiv sind und nicht real. Ich leugne nicht, daß das, was man für seine aufrichtigen Überzeugungen über die Anforderungen der Moral hält und in einem Gespräch mit einem Psychologen oder als Reaktion auf eine vorgestellte Situation äußern könnte, in einem gewissen Zusammenhang mit den tatsächlichen moralischen Entscheidungen steht. Aber ich stimme mit Carol Gilligan überein, die sich fragt, wie eng die Verbindung ist, besonders bei der Reaktion auf umrißhaft angedeutete fiktive Situationen. Die alte Frage »Wie kann ich wissen, was ich denke, bevor ich sehe, was ich schreibe?« kann für moralische Überzeugungen umformuliert werden: »Wie kann ich wissen, was ich für richtig halte, bevor ich sehe, welche Entscheidungen ich treffe und wie ich dann mit ihnen lebe?« Aber selbst das mag zu optimistisch sein, wenn es um unsere Fähigkeit geht einzuschätzen, wie wir mit unseren vergangenen Entscheidungen leben – wir haben natürlicherweise die Neigung, entweder ein schlechtes Gewissen zu umgehen oder es in unseren weiteren Reaktionen auf moralische Entscheidungen zu übertreiben und zu dramatisieren. Wir neigen dazu, unsere eigene Vergangenheit verzerrend zu interpretieren, so daß sie möglicherweise Tragik oder dämonische Niedertracht offenbart, aber nicht moralische Fehler, Dummheit oder gewöhnliche Schlechtigkeit. Wir überziehen unsere eigene Vergangenheit mit dem fahlen Schleier der Selbstentschuldigung – oder in manchen Fällen der Selbstanschuldigung, Selbstanschwärzung und Selbstdramatisierung. Daher sehe ich keine unverfängliche Art und Weise, anhand der Befragung von Menschen über die tatsächlichen oder hypothetischen Entscheidungen anderer oder selbst über ihre eigenen früheren Entscheidungen zu beurteilen, welches ihre tatsächlichen moralischen Überzeugungen sind.

Dies war ein skeptischer erkenntnistheoretischer Exkurs innerhalb meiner Untersuchung, welche Art von Entwicklungsmodell man erwarten könnte, wenn die Erfahrung vom gewöhnlichen Lauf der Welt unsere Empfindungen ebenso verändert wie die Gedanken, die sie leiten, wenn sie unser Handeln motivieren. Eine Erfahrung, von der mehrere der Frauen bei Gilligan berichten, ist, daß sie sowohl einen Sinn für die eigene Fähigkeit entwickelt hätten, ihr Leben und ihre Angelegenheiten in die eigene Hand zu nehmen, wie auch, daß ihre Einstellung gegenüber Eigennutzen und Selbstlosigkeit sich gewandelt hätte. Es versteht sich, daß man in diesen beiden Dimensionen – der allgemeinen Fähigkeit und dem Zutrauen, verantwortlich Entscheidungen treffen zu können, sowie dem Verständnis von Bezügen zwischen selbst- und fremdbezüglichen Empfindungen – bei vertiefter Erfahrung und erweiterten Möglichkeiten Wandel und Veränderung erwarten würde. Die Möglichkeiten, verantwortliche Entscheidungen zu treffen, sind für ein Kind gering, und doch ist die Erfahrung des Kindes, mit den Entscheidungen anderer leben zu müssen, die Erfahrung von Reaktionen auf rücksichtslose Entscheidungen, wie auch die Bereitschaft, Entscheidungen von Überlegenen, die es negativ betreffen, wahrzunehmen, dagegen zu protestieren, sie zu verstehen oder zu verzeihen, eine wesentliche Vorbereitung auf spätere verantwortliche Entscheidungssituationen. Ein Mensch, der vergessen hat, wie es war, der vergleichsweise machtlose Teil zu sein, für den entschieden wurde und der nicht entschied, wird nicht nur außerstande sein, auch nur den Protest oder die Beschwerden vorauszusehen, die seine eigenen Entscheidungen hervorrufen, geschweige denn kluge und einfühlsame Entschlüsse zu fassen. So wird ein Fortschritt in den Bereichen, die wir als Einfühlung und Erinnerung bezeichnen könnten – Entwicklung und Verfeinerung der Fähigkeit, die Reaktionen anderer zu verstehen –, etwas sein, dessen Eintreten in der normalen Entwicklung man erhofft.

Neuere Studien von Judith A. Hall und Robert Rosenthal und ihren Mitarbeitern haben interessanterweise gezeigt, daß Frauen grundsätzlich besser imstande sind, die nichtverbalen Mitteilungen von Gefühlen anderer Menschen (im Gesichtsausdruck, der »Körpersprache« und dem Klang der Stimme) zu erfassen als Männer, und daß Frauen auch leichter selbst zu erfassen sind.[15] Von der Evolution her scheint es durchaus sinnvoll anzunehmen, daß es eine angeborene Grundlage für diese Überlegenheit gibt, weil es von jeher die Frauen waren, die mit Säuglingen sowohl zu kommunizieren als auch deren Mitteilungen zu interpretieren hatten, bevor das Kind eine natürliche Sprache beherrscht. Es könnte nicht nur so sein, daß die moralische Stimme von Frauen sich von der der Männer unterscheidet und oft von ihnen ungehört bleibt, sondern es könnte auch der Klang ihrer Stimme und ihr nichtverbaler Ausdruck subtiler, ausdrucksvoller und eher für andere Frauen verständlich sein als für Männer. Sowohl in der Humeschen Tugend der »Leichtigkeit des Ausdrucks« wie auch in der Leichtigkeit des Erkennens von Gefühlsausdruck scheinen Frauen Männer zu übertreffen.

Die zweite Dimension, in der Veränderung und Fortschritt zu erwarten sind, betrifft das Gewicht, das jemand bei seiner Entscheidung den ihm bekannten Präferenzen der verschiedenen anderen beilegt, die von seiner Entscheidung betroffen sind. Wie man deren Interessen im Verhältnis zu den eigenen sieht, wird sich gleichfalls mit wachsender Erfahrung ändern. Selbst wenn kindlicher Egoismus der Ausgangspunkt ist, bei dem wir alle beginnen, scheint es doch ein kindlicher Egoismus in Kombination mit kindlichem Vertrauen auf die Eltern und Zutrauen in das Gelingen der Mitteilung von Gefühlen zu sein. In Eltern-Kind-Beziehungen, sagt Hume, finden wir »ein Wesen, das uns seine ganze Geistestätigkeit mitteilt, uns in seine innersten Gefühle und Gemütsbewegungen einweiht und uns all seine Gefühlserregungen im Augenblick ihrer Entstehung durch irgend welches Objekt erkennen läßt«. (T, II, 85) Unser Ausgangspunkt in der Kindheit scheint der Optimismus in bezug auf die Mühelosigkeit gegenseitigen Verstehens, auch ohne Sprache, und den Einklang des Willens der Beteiligten zu sein. Was wir wohl durch Erfahrung lernen müssen, ist dagegen, daß es wahrscheinlich Konflikte zwischen dem Wollen verschiedener Personen gibt, daß es klug sein kann, die eigenen Gefühle zu verbergen und daß es häufig Mißverständnisse gibt. Humes eigenes Bild von kindlichen Einstellungen, zum Beispiel im Traktat, Buch II, im Abschnitt »Über die Liebe zu Verwandten«, zeigt eine unglaublich starke und beherrschende Erinnerung oder auch Phantasie eines vertrauensvollen und harmonisch engen Umgangs zwischen Eltern und Kind. Eltern und Kinder werden als Menschen gesehen, die stolz auf die Leistungen und Erfolge des anderen sind, und die nicht etwa miteinander im Wettstreit um den Vorrang liegen: »Nichts erregt mehr unsere Eitelkeit als glänzende Eigenschaften unserer Verwandten.« (T, III, 70) Doch dies Idyll von gemeinsamen Interessen, übereinstimmendem Willen und geteiltem Stolz oder ebensolcher Selbstbestätigung muß notwendig bald von der Erfahrung dessen gestört werden, was Hume »Gegensätzlichkeit« nennt, und von jenem konkurrierenden »Vergleichen«, das Anteilnahme und Zusammenwirken beeinträchtigt. Eine höchst bedeutsame Dimension moralischer Entwicklung, nach der man im Sinne einer Humeschen Moraltheorie zu suchen hätte, wäre nun eben: das Wechselspiel zwischen dem, was er als die entgegengesetzten Prinzipien von Sympathie und Vergleich bezeichnet. Obgleich es seiner Auffassung nach die Sympathie ist, worauf Moralität hauptsächlich beruht, spielt ein angemessenes Gefühl für mögliche Interessenkonflikte mit anderen und für unsere gerechtfertigten Ansprüche gleichfalls eine nicht unwichtige Rolle bei der Entstehung des Gefühls für die Tugend der Gerechtigkeit, so wie er sie beschreibt. Aber das Problem zwischen Menschen, für das die verschiedenen Auffassungen von Moral bessere oder schlechtere Lösungen bieten, ist nach Humes Ansicht dasjenige, wie Interessengegensätze minimiert werden können und wie das Leben zu gestalten ist, damit das Mitgefühl und nicht der feindselige Vergleich, das Prinzip der Beziehung unserer Wünsche auf die unserer Mitmenschen sei. Wo nach dem vorwiegend vertragstheoretischen Modell die Moral bei entgegengesetzten Interessen regulierend und entscheidend eingreift, ist es in Humes wie in Amys Augen die Hauptaufgabe der Moralität, Situationen in der Weise neu zu gestalten, daß die Interessen einander nicht mehr entgegengesetzt sind.

Für Hume gibt es ein enges Wechselspiel zwischen dem Wirken der Sympathie und dem Sinn für die eigenen Interessen. Auf der einen Seite mag es so aussehen, als könnte ich nur in der Beziehung auf ein bereits feststehendes Verständnis dessen, welche Wünsche meine eigenen sind und welche nicht, irgendeine eigene Reaktion als Sympathie mit den Wünschen eines anderen erkennen. In Wirklichkeit aber, so beschreibt Hume das Wirken der Sympathie, dient es ebensosehr durch seine Ausdehnung nach außen wie durch die Festigung des inneren Kerns, dasjenige überhaupt erst zu bestimmen, was als »meine Interessen« gelten kann. Da er glaubt, daß jede menschliche Begierde verkümmert, wenn sie kein anteilnehmendes Echo von einem anderen empfängt (T, II, 97), werden die »selbstsüchtigen« Freuden des Ich nicht von Dauer sein, wenn nicht irgend jemand daran Anteil nimmt. Aber die Tatsache, daß ein anderer in dieser Weise Anteil nimmt, bewirkt zugleich, daß dies Vergnügen nicht so ausschließlich selbstsüchtig ist, daß es »fruchtbarer« für andere wird, und erweckt in mir eine Anteilnahme an der Anteilnahme des anderen für mich – ein »doppeltes Echo«, und eine dankbare Bereitschaft, den Freuden des anderen Sympathie entgegenzubringen, solange diese nicht verschüttet wird durch das Vergleichen unserer jeweiligen sozialen Stellung. Daher kann Hume sagen: »Es ist offenbar ein glücklicher Umstand für die dargelegte Theorie, daß sie nicht auf den herkömmlichen Streit über die in der menschlichen Natur vorkommenden Grade des Wohlwollens und der Selbstliebe eingeht.« (PM, IX, 119)

Humes Konzeption des Selbst ist berühmt für ihren fließenden Charakter, und die fließenden Ichgrenzen, die sie zuläßt, haben eine interessante Auswirkung auf seine Moralpsychologie. Man könnte sagen, daß nach Humes Auffassung von moralischer Entwicklung die Hauptaufgabe darin besteht, ein Bild von sich selbst und von den eigenen Interessen auszuarbeiten, das zugleich die Fülle der eigenen möglichen Befriedigungen maximiert und den Gegensatz zwischen den eigenen und den fremden, zum Teil sich überlagernden Interessen, auf den man wahrscheinlich stoßen wird, möglichst verringert. Dies ist zugleich eine individuelle und eine gesellschaftliche Aufgabe – eine Sache gesellschaftlicher »Kunstgriffe«, die durch die Vereinigung der Kräfte nicht allein die kollektive Macht, sondern auch die jedes einzelnen Menschen verstärken und bewirken, daß »gegenseitiger Beistand [...] uns weniger abhängig von Glück und Zufall macht«. (T, III, 229) Die zusätzliche Kraft, Befähigung und Sicherheit, die annehmbare gesellschaftliche Einrichtungen gewähren, müssen, so sagt er später, ein »System von Handlungen [bilden], wofern die ganze Gesellschaft zu einer Verwirklichung sich vereinigt, unendlich vorteilhaft für das Ganze und für jeden einzelnen Teil«. (T, III, 241) Dies mag als eine unsinnig hohe Forderung erscheinen, der noch keine Gesamtheit von gesellschaftlichen Institutionen bisher genügt hat. Aber wenn wir uns an jene unbegrenzten zusätzlichen Befriedigungen erinnern, die die Arbeitsteilung so gestalten, daß sie allen Arbeitenden zur Erhöhung und nicht etwa zur Verringerung ihrer Fähigkeiten gereicht, und die anteilnehmende Erweiterung des Eigeninteresses den Menschen in Humes Sinne verschaffen kann, dann werden wir sehen, daß ein System von Institutionen, die wirklich imstande wären, Interessengegensätze zu verhindern, tatsächlich einen »grenzenlosen« oder zumindest einen unbestimmt großen Zuwachs an Befriedigungsmöglichkeiten bringen könnten (wie er sie im Traktat, II, 99 beschreibt). Ob diese erhöhten Befriedigungen tatsächlich eintreten, wird nicht einfach von der Natur der Einrichtungen abhängen, sondern von den Individuen, deren Leben durch sie seine Struktur erhält – »ein absolut bösartiges und heimtückisches Wesen« (PM, V, 69) oder auch ein Mensch von »kühler Gleichgültigkeit oder engherziger Selbstsucht« (PM, V, 68) wird selbst von den besten Institutionen keine unbegrenzten Vorteile erfahren. Hume denkt vielleicht allzu optimistisch, daß unter der Voraussetzung einigermaßen annehmbarer Institutionen und Erziehungssitten diese Art Menschen nur noch die Rolle eines »von der Phantasie geschaffenen Scheusals« spielen und in der Tat nicht mehr möglich sein werden. (Er entschuldigt die Taten Neros, indem er die Gründe für seine Angst anführt, und diejenigen Timons durch seine »zur Schau getragene(n) üble(n) Laune«. [PM, V, 69].)

Eine Dimension moralischer Entwicklung wird demnach Humes Moralauffassung zufolge der Wandel im Begriff des eigenen Interesses sein. »Ich achte den Menschen, dessen Selbstliebe, gleichviel unter welchem Einfluß, in der Richtung geht, ihm Teilnahme für andere einzuflößen und ihn zu einem nützlichen Gliede der menschlichen Gesellschaft zu machen.« (PM, Anhang II, 148) Aber gleich wichtig – und bei den Frauen in unserer Gesellschaft wird dieser vielleicht langsamer entwickelt werden – ist ein realistischer Sinn dafür, ob die eigenen angenehmen moralischen Züge von anderen ausgenützt werden, ob es ein »Bündnis« der von engherziger Selbstsucht Getriebenen und jener schlauen Schurken gibt, die es sich an den Schürzenbändern von denen wohlsein lassen, deren großzügige Tugenden sie preisen und ermutigen, aber um die sie sie keineswegs beneiden oder mit ihnen wetteifern. Ein angemessener Stolz ist in Humes Sinne eine Tugend, und man kann nicht stolz darauf sein, Ausnützung zu dulden. Trotzdem erfordert eine realistische Einschätzung des Verhältnisses von Kosten und Nutzen für die verschiedenen Beteiligten in Kooperationsverhältnissen sowie die Weigerung, eine Stellung zweiten Ranges für sich zu akzeptieren, eine ebenso realistische Abschätzung, wieviel tatsächlichen Gewinn nun die »engherzig Selbstsüchtigen« aus ihrer Ausbeutung der großzügigeren und die anderen mit einschließenden Selbstliebe anderer Menschen ziehen. In Humes Deutung kommen die klugen Schurken und die engherzig Selbstsüchtigen nicht besser davon als ihre Opfer – sie sind »die größten Narren«. Das Schlechteste, was die Ausgebeuteten zur Verbesserung ihrer Lage tun könnten, wäre der Versuch, die Mentalität ihrer Ausbeuter nachzuahmen. Die schwierige Kunst besteht darin, die Gerechtigkeit sozialer Konstellationen genau zu prüfen, ein wachsames Auge auf die eigenen Rechte und die der eigenen Gruppe zu haben, ohne dabei die Eigenliebe zu engherziger Selbstsucht in der »moralisierten« Variante zu degradieren – zu einem Bestehen auf den eigenen Rechten auch dort, wo man selbst nichts gewinnt und andere verlieren, weil man sie durchsetzt. Der Sinn für das, was einem zusteht, kann leicht zu jener amour propre herabsinken, die die Feindin jener Art einer ausgeweiteten gesellligen und freundlichen amour-de-soi [im Text frz., Anm. d. Übs.] ist, welche Hume, genau wie Rousseau, als das moralische Ideal für menschliche Wesen ansieht.

Wird es in der moralischen Entwicklung der Humeschen Gefühle etwas wie den Kohlbergschen Stufenunterschied geben, wenn wir sie als eine Veränderung in der Selbstkonzeption im Verhältnis zu anderen sehen, in unserer Fähigkeit, Tatsachen bezüglich wahrscheinlicher und tatsächlicher Konflikte zu begreifen, sowie in unserer durch Reife und Erfahrung entwickelten Fähigkeit, den Reaktionen anderer Sympathie entgegenzubringen? Für Hume ist es ein definierendes Merkmal moralischen Verhaltens, Reaktion auf eine Reaktion zu sein – eine Sache von »Reflexion«, eine auf Empfindungen gerichtete Empfindung. Man kann einen ziemlich deutlichen Unterschied zwischen den Ebenen der »Reflexion« – parallel zu Kohlbergs Sprüngen im Bereich der kritischen Fähigkeiten – postulieren, wenn man die bloße Fähigkeit, Anteil zu nehmen (und negativ auf die Gefühle anderer zu reagieren), wie sie kleine Kinder als eine Art vor-moralischer Reaktion zeigen, von jener stärker gerechtfertigten Ausprägung unterscheidet, die mit unserer Teilnahme für andere als Besitzer von Rechten in einem stärker konventionsbestimmten Kontext entsteht, wenn wir deren Verstimmung über eine Beleidigung oder eine Verletzung mitempfinden (eine Reaktion der zweiten Stufe), in einer Art von offiziell »unterstützter« Anteilnahme, Vergleichung, Achtung des Selbst und Anerkennung bekannter Interessenkonflikte; und man kann dabei doch die Bezeichnung als wirklich moralisches Verhalten der reflexiven Rückwendung dieser Fähigkeiten zu Sympathie, Selbstbestimmung und Konflikterkenntnis auf sich selbst vorbehalten, die zu einer anteilnehmenden vergleichenden Einschätzung verschiedener Typen von Selbstdefinition, Beobachtung und Bewältigung von Konflikten, von Verweigern oder Gewähren von Sympathie führt. Das Humesche Konzept der »Reflexion« leistet dasselbe wie die kantische Vernunft – sie trennt die Reifen und moralisch Unterscheidungsfähigen von den lediglich Angepaßten. Eine Moraltheorie, in der die moralischen Stärken der Frauen bei Gilligan entfaltet würden, könnte Humes Konzept der Reflexion mit Gewinn fruchtbar machen.

Ich schließe mit einer kurzen Rückkehr zur Frage, wie es für Hume bei dieser einsichtsvollen Theorie der Moral möglich war, seine anscheinend sexistischen Behauptungen aufzustellen. Ich denke, wir sind nun in der Lage zu begreifen, wie harmlos sie sein könnten, ein Zeichen seines gesellschaftlichen Realismus, seiner Unwilligkeit, die Wirklichkeit zu idealisieren. Die Frauen in seiner Gesellschaft waren an Körperkraft und geistiger Leistung unterlegen. Keines von beiden aber bedeutet für jemanden, für den die Vernunft die Dienerin der durchdachten und moralisch gemachten Gefühle sein sollte, diejenige Fähigkeit, auf die es am meisten ankommt. Worauf es bei der Beurteilung moralischer Einsicht am meisten ankommt, sind kultivierte Gefühle, Phantasie und die Gabe der Kooperation. Darin beurteilt Hume Frauen nie als unterlegen. Er nennt sie in der Tat das »furchtsame und fromme« Geschlecht, und das bedeutet für ihn eine Kritik, aber da er diese beiden Charakteristika mit Machtlosigkeit verknüpft, sind seine Befunde hier aus einem Guß mit seinen unverblümteren Erörterungen über die Macht, die Frauen besitzen. Darin bemüht er sich nicht nur, die Unterordnung ihrer Interessen unter die der Männer in den bestehenden Institutionen (insbesondere der Ehe) aufzuzeigen, sondern auch, den Frauen zu zeigen, wo ihre Macht liegt, sollten sie ihre Lage ändern wollen.

Wie er betont, ist die »Fortpflanzung unserer Art« für Männer und Frauen ein normales Anliegen, aber jeder von uns bedarf der Mitwirkung eines Angehörigen des anderen Geschlechtes, um dieses Anliegen zu verwirklichen, und aus einer »einfachen, anatomischen Betrachtung« (T, III, 323) ersehen wir, daß kein Mann sicher sein kann, daß seine Art fortgepflanzt worden ist, wenn er nicht einer Frau darin vertrauen kann, daß sie ihm entweder sexuell »treu« ist oder daß sie in bezug auf die Vaterschaft eines Kindes, mit dem sie schwanger ist, Bescheid weiß und ihm die Wahrheit sagt. Das gibt den Frauen einen großen, vielleicht gefährlich großen Vorteil in jedem Kampf mit den Männern, eine Macht, die sehr weit von derjenigen entfernt ist, die »das einschmeichelnde, geschickte und bezaubernde Wesen« (PM, III, 28) begleitet, das Hume als ausreichend bezeichnet hatte, jedes männliche Bündnis gegen Frauen zu brechen. Die Tatsache, daß die Menschen in Hinsicht ihrer Fortpflanzung nicht unabhängig sind, wie Hume in den folgenden Abschnitten weiter betont, und die Notwendigkeit einer vertrauenswürdigen Frau für den Mann, damit er seinen vorausgesetzten Wunsch nach einer Nachkommenschaft, die er als die seine anerkennen kann (einen Wunsch, den Hume im Abschnitt »Keuschheit und Schamhaftigkeit« im Traktat unterstrichen hatte) zu befriedigen vermag, legen das nötige scharfe Eisen in die zarten Hände des schönen und liebenswürdigen Geschlechtes. Hume gibt in seiner Geschichte

Englands und in seinen Essays viele Beschreibungen von starken, unabhängigen Frauen, und er beschäftigt sich mit der Frage, ob der Preis für ihren eisernen Willen und ihre Unabhängigkeit ein Verlust eben der moralischen Tugenden ist, die er bei jedem bewundert, aber häufiger bei Frauen als bei Männern findet – der »weichen«, nichtkriegerischen, mitfühlenden Tugenden. Müssen Frauen, wenn sie aufhören, furchtsam und unterwürfig zu sein, auch aufhören, für Fürsorge und gegenseitige Zuwendung zuständig zu sein? Seine moralische Erzählung von einer emanzipierten Frau, die sich dafür entscheidet, eine unverheiratete Mutter zu sein (in »Of Moral Prejudices«), deutet an, daß dies zu verneinen ist – daß die Vermeidung ergebener Abhängigkeit von Männern mit den Tugenden von Fürsorglichkeit und Verantwortlichkeit durchaus vereinbar wäre, wie auch Stolz und wenigstens einige Formen von Liebe miteinander vereint werden könnten.

[Aus dem Amerikanischen von Ursula Hoffmann]

Anmerkungen

1 Abgedruckt in der Standardbiographie zu David Hume von Mossner, Ernest Campbell: *The Life of David Hume*, Edinburgh: Nelson 1954, App. A: *Hume's My Own Life*, S. 611–615, S. 615.
2 Eigene Übersetzung [Anm. d. Übs.].
3 Hume, David: *Untersuchung über die Prinzipien der Moral*, Hamburg 1962, S. 28. (Im folgenden Text zitiert als PM, Abschnitt, Seitenzahl).
4 Die drei in diesem Abschnitt erwähnten Essays wurden von Hume in der ersten Ausgabe der *Essays Moral and Political* 1741-42 veröffentlicht, aber aus den folgenden Ausgaben herausgenommen. Sie sind in der Ausgabe von Millar, Eugene F. (Hg.): *Essays Moral, Political and Literary*, Indianapolis: Liberty Classics 1985, in einem Anhang »Essays Withdrawn and Unpublished« zu finden.
5 Hume, David: *Politische und ökonomische Essays*, Teilband 1, Hamburg: Meiner 1988, S. 122–153, S. 148.
6 Kant, Immanuel: *Die Metaphysik der Sitten*, 1. Teil, in: *Kants Werke* (= Akademie-Textausgabe) Berlin: de Gruyter 1968, Bd. VI, S. 314.
7 Siehe Kohlberg, Lawrence: *The Philosophy of Moral Development*, San Francisco, Calif.: Harper & Row 1981, S. 12.
8 Hume, David: *Ein Traktat über die menschliche Natur*, Hamburg: Meiner 1973; im folgenden Text zitiert mit T, Buch, Seitenzahl. (Buch I dieser Ausgabe wurde urspr. 1904, Buch II und III wurden 1906 zusammen veröffentlicht, daher die mit Buch II neu beginnende und dann durchlaufende Seitenzählung, Anm. d. Übs.).

9 Gilligan, Carol: *Die andere Stimme*. Lebenskonflikte und Moral der Frau, München: Piper 1984, S. 210.
10 Ebd., S. 211.
11 Ebd., S. 43.
12 Ebd., S. 83–131.
13 Ebd., bes. S. 83 f.
14 Ebd., S. 11.
15 Rosenthal, R./Hall, J. A./DiMatteo, M. R./Rogers, P. L./Archer, D.: *Sensitivity to Nonverbal Communication: The PONS Test,* Baltimore: The Johns Hopkins University Press 1979.

Nel Noddings
Warum sollten wir uns ums Sorgen sorgen?*

1. Einleitung

Ethik, die philosophische Untersuchung der Moralität, richtet ihr Hauptinteresse auf die moralische Urteilsbildung. Eine Vielzahl zeitgenössischer Arbeiten konzentriert sich zum Beispiel auf den Stellenwert moralischer Prädikate, und das herrschende Modell in der Pädagogik präsentiert ein hierarchisches Bild der moralischen Urteilsbildung. Diese Akzentsetzung gibt der Ethik eine gegenwartsbezogene, mathematische Erscheinungsform, aber sie verlagert auch die Diskussion in den Bereich jenseits tatsächlicher menschlicher Tätigkeit und des Gefühls, welches eine solche Tätigkeit erfüllt. Obwohl sorgfältige Philosophen den Unterschied zwischen »reiner« oder logischer Vernunft und »praktischer« oder moralischer Vernunft anerkennen, verläuft die ethische Argumentation häufig so, als ob sie von der logischen Notwendigkeit, wie sie für die Geometrie charakteristisch ist, bestimmt wäre. Sie konzentriert sich auf die Formulierung und Begründung von Prinzipien und dessen, was logisch von diesen hergeleitet werden kann. Wir könnten auch sagen, daß Ethik größtenteils in der Sprache des Vaters diskutiert wird: es geht um Prinzipien und Propositionen, um Begriffe wie Rechtfertigung, Fairneß, Gerechtigkeit. Die Stimme der Mutter schweigt. Menschlichem Sorgen und der Erinnerung an ein Sorgen und Umsorgt-Werden, die, wie ich argumentieren werde, die Grundlage moralischen Reagierens und Agierens ausmachen, wird, außer als Folgeerscheinung ethischen Verhaltens, keine Aufmerksamkeit geschenkt. Wir sind versucht zu sagen, daß die Ethik bisher vom Logos, dem männlichen Prinzip, geleitet war, wogegen der natürlichere und vielleicht stärkere Zugang durch den Eros, das weibliche Prinzip, gege-

---

* Die feinen Unterschiede der englischsprachigen Ausdrücke von *care for, care about, I don't care!, take care* oder *caretaker* sind in der Übersetzung nur schwer zu vermitteln; bisweilen wird für ein Sorgen im nichtethischen Sinn neben »sorgen« auch »sich kümmern« oder »Interesse haben an« verwendet.

ben wäre. Ich zögere, dieser Versuchung nachzugeben, teils weil diese Begriffe durch Jungsche Beimengungen, die ich in ihrer Totalität nicht beanspruchen will, belastet sind. In einer Hinsicht beinhaltet »Eros« den Geschmack und die Idee dessen, was ich hier unternehmen will; die Vorstellung psychischer Verbundenheit bildet das Herzstück der Ethik, die ich vorschlagen werde. In anderer Hinsicht ist selbst »Eros« in seinen Wurzeln männlich und versagt, wenn es darum geht, die rezeptive Rationalität des Sorgens zu erfassen, die für den femininen Zugang charakteristisch ist.

Wenn wir heute mit klarem Blick auf die Welt schauen, sehen wir, wie sie durch Kämpfen, Töten, Vandalismus und psychischen Schmerz aller Art vernichtet wird. Einer der traurigsten Züge dieses Bildes der Gewalt ist die Tatsache, daß all das so oft im Namen von Prinzipien getan wird. Wenn wir ein Prinzip aufstellen, das Töten verbietet, stellen wir auch Prinzipien auf, die Ausnahmen vom ersten Prinzip beschreiben. Unter der Annahme, daß wir moralisch sind (wir lassen uns doch von Prinzipien leiten, oder nicht?), dürfen wir uns für letztlich gerechtfertigt halten, wenn wir über andere, deren Glauben oder Verhalten sich von unserem unterscheidet, herfallen.

Dieser Zugang über Gesetz und Prinzip ist, so meine ich, nicht der Zugang der Mutter. Es ist der Zugang des Losgelösten, des Vaters. Die hier vertretene Ansicht ist eine feminine Ansicht. Das impliziert nicht, daß alle Frauen sie akzeptieren oder daß Männer sie ablehnen; es gibt in der Tat keinen Grund, warum Männer sie nicht teilen sollen. Sie ist im tiefen klassischen Sinn feminin – verwurzelt in Rezeptivität, Verbundenheit und Empfänglichkeit. Auch impliziert diese Ansicht nicht, daß Logik ausgeschaltet würde oder daß Logik Frauen fremd sei. Sie repräsentiert insofern eine Alternative zu den gegenwärtig dominanten Ansätzen, als sie mit der moralischen Haltung oder mit der Sehnsucht nach dem Guten und nicht mit der moralischen Reflexion beginnt. Es ist vielleicht wirklich der Fall, daß ein derartiger Zugang für Frauen typischer als für Männer ist, doch ist dies eine empirische Frage, die zu beantworten ich nicht unternehmen werde. Meines Erachtens würde die Sichtweise, die ich zu entwickeln versuche, schlimm entstellt werden, wenn sie in der Begrifflichkeit der »Sprache des Vaters« präsentiert würde. Einige Theoretiker in der Pädagogik – unter ihnen William Pinar, Madeleine Grumet, Dwayne Huebner, Elliot Eisner – haben nahegelegt, daß unsere Bilder der Welt durch die Abhängigkeit von einem restringierten Bereich der Sprache ungebührlich verkrampft und verengt würden. Insbesondere Pinar und Grumet haben dieses Problem mit Fragen der Geschlechtsidentität[1] in Verbindung gebracht. Ich stimme ihren Einschätzungen zu. Aber wir müssen ebenso erkennen, daß, wer über philosophisch/pädagogische Probleme schreibt, beim Versuch, eine neue Stimme in ein altes Gebiet hineinzubringen, Hindernissen und vielleicht sogar Ablehnung begegnen kann, insbesondere wenn der Eintritt in dieses Gebiet nur denen gewährt wird, die die richtigen Losungen sprechen. Welche Sprache auch immer gewählt wird, sie darf nicht zur Verschleierung schlampigen Denkens verwendet werden; so viel ist sicher. Dieser Teil meines Unterfangens ist also nicht ohne Risiko.

Frauen sind im allgemeinen mit einem ähnlichen Problem konfrontiert, wenn sie den Bereich praktischen Handelns betreten. Wir könnten auch sagen, daß sie diese Domäne durch eine andere Tür betreten. Sicher ist es nicht der Fall, daß Frauen Prinzipien nicht hierarchisch ordnen und Schlußfolgerungen nicht logisch herleiten können. Wahrscheinlicher ist, daß wir diesen Vorgang für viele Probleme moralischen Handelns als peripher oder gar fremd ansehen. Angesichts eines hypothetischen moralischen Dilemmas ersuchen Frauen oft um mehr Information. Ich glaube, wir wollen mehr wissen, um uns ein Bild machen zu können, das realen moralischen Situationen ähnlicher kommt. Im Idealfall finden wir es nötig, mit den Beteiligten zu sprechen, ihre Augen und Gesichtszüge zu sehen und aufzunehmen, was sie empfinden. Moralische Entscheidungen werden letztendlich in realen Situationen getroffen; sie unterscheiden sich qualitativ von der Lösung geometrischer Probleme. Frauen können für ihre Handlungen Gründe angeben und tun es auch, aber diese Gründe weisen oft auf Gefühle, Bedürfnisse, Eindrücke und auf einen Sinn für persönliche Ideale und nicht so sehr auf universelle Prinzipien und ihre Anwendung. Wir werden sehen, daß Frauen als Folge dieses »seltsamen« Zuganges auf moralischem Gebiet oft als Männern unterlegen beurteilt werden.

Da ich das Gebiet gleichsam durch eine sprachliche Hintertür betrete, kann vieles von dem, was ich sage, nicht als »empirisch« oder »logisch« bezeichnet werden. (Einiges davon kann natürlich so bezeichnet werden.) Was also ist es dann? Es ist eine Sprache, die versucht, das einzufangen, was wir »schweigend übergehen sollten«, wie Wittgenstein riet. Aber wenn unsere Sprache auf das Expressive erweitert wird – und schließlich ist sie zu einer solchen Erweiterung sehr gut in der Lage –, vielleicht können wir dann etwas zum ethischen Empfinden sagen, und dieses Etwas darf, wenn schon nicht den Status begrifflicher Wahrheit, so doch zumindest den Stellenwert einer begrifflichen Hilfe oder eines Werkzeuges erlangen. Wir können ein kohärentes und erhellendes Bild entwickeln, ohne irgend etwas zu »beweisen«, und ohne den Anspruch zu erheben, moralisches »Wissen« oder moralische »Wahrheit« zu präsentieren oder zu suchen. Die Hand, die uns stützte, als wir Fahrrad fahren lernten, gab uns kein propositionelles Wissen, aber nichtsdestoweniger führte und unterstützte sie uns, und zuletzt »wußten« wir doch, »wie es geht«.

Die vorliegende Arbeit ist ein Essay über praktische Ethik vom femininen Standpunkt aus. Sie unterscheidet sich sehr stark von einer utilitaristischen Ethik vom Schlage eines Peter Singer. Während wir beide zum Beispiel Tiere gütig und empfindsam behandeln würden, geben wir doch sehr unterschiedliche Gründe für unsere Überlegungen an. Ich muß mich seinem Vorwurf widersetzen, daß wir uns eines »Speziezismus« schuldig machen, wenn wir Tieren keine Rechte zusprechen, denn ich werde den Ort der Quelle ethischen Verhaltens im affektiven menschlichen Reagieren verankern. Während unserer gesamten Diskussion über Ethizität, d. i. die menschliche Fähigkeit zu ethischem Verhalten, werden wir mit dem Affekt, der dieses Verhalten veranlaßt, in Berührung bleiben. Das heißt nicht, daß unsere Diskussion in einem Gefühlssumpf versinken wird, aber es ist nötig, dem affektiven Fundament der Existenz die angemessene Aufmerksamkeit und Anerkennung zu schenken. In der Tat kann es sein, daß einer, der den menschlichen Affekt im Kern der Ethizität ignoriert oder übergeht, sich eines romantischen Rationalismus schuldig macht. Was sich in einem solchen Denken nahelegt, kann in der wirklichen Welt einfach nicht weithin angewandt werden.

Ich werde mit einer Diskussion des Sorgens anfangen. Was bedeutet es, für jemanden zu sorgen und umsorgt zu werden? Die Analyse wird uns lange beschäftigen, da die Idee der Beziehung als ontologisch und die sorgende Beziehung als ethisch fundamental verstanden wird. Für unsere Zwecke können wir uns unter »Beziehung« eine Menge geordneter Paare denken, generiert durch eine Regel, die den Affekt – oder die subjektive Erfahrung – der Elemente beschreibt.

Um ein festes begriffliches Fundament, das frei von Zweideutigkeit sein wird, zu errichten, habe ich den beiden Parteien der Beziehung Namen gegeben: der erste Teil ist der »Sorgende-Teil« und der zweite ist der »Umsorgte-Teil«. Wer mit der Lektüre der »existenzialistischen« Philosophie vertraut ist, wird den Bedarf für eine derartige Terminologie – wie beschwerlich sie auch sein mag – erkennen. Denken wir z. B. an Sartres Verwendung von »für-sich-selbst« und »in-sich-selbst«, Heideggers »In-der-Welt-sein« und Bubers »Ich-Du« und »Ich-Es«. Es gibt mindestens zwei gute Gründe, diesen Mechanismus zu invozieren. Erstens erlaubt er uns, über unsere fundamentalen Entitäten zu sprechen, ohne den gesamten begrifflichen Apparat wiederholt erklären zu müssen; zweitens hält er uns davon ab, Bedeutungen durch die Verwendung von Synonyma hereinzuschmuggeln. Daher repräsentieren in diesem Fall Bindestrich-Entitäten, auch wenn sie den für Stil Empfindsamen weh tun, den Versuch, sowohl Sparsamkeit als auch Strenge zu erlangen. Hier sollte noch eine stilistische Sache im Zusammenhang mit »Sorgender-Teil« und »Umsorgter-Teil« erwähnt werden. Um Ausgewogenheit zu bewahren und Verwirrung zu vermeiden, habe ich durchgehend den Gattungsbegriff »Sorgender-Teil« mit dem universellen weiblichen »sie« und »Umsorgter-Teil« mit dem männlichen »er« verknüpft. Klarerweise können für den Fall, daß wirkliche Personen für »Sorgender-Teil« und »Umsorgter-Teil« in der Grundbeziehung eingesetzt werden, beide männlich, beide weiblich, weiblich-männlich oder männlich-weiblich sein. Daß »Beziehung« als ontologisch fundamental genommen wird, bedeutet einfach, daß wir menschliche Begegnung und affektive Reaktion als ein fundamentales Faktum menschlicher Existenz nehmen. Im Verlaufe der Untersuchung dessen, was es bedeutet, zu sorgen und umsorgt zu werden, werden wir sehen, daß beide Teile zur Beziehung beitragen; mein Sorgen muß irgendwie im anderen vervollständigt, erfüllt werden, wenn die Beziehung als eine sorgende beschrieben werden soll.

Das deutet darauf hin, daß die zu entwickelnde Ethik eine der Reziprozität ist, doch wird unsere Ansicht von Reziprozität eine andere sein als die der »Vertragstheoretiker« wie z. B. Platon und John Rawls. Was der »Umsorgte-Teil« in die »sorgende« Beziehung einbringt, ist kein Versprechen, sich so wie der »Sorgende-Teil« zu verhalten, noch ist es eine Form von »Umsichtigkeit«. Das Problem der Reziprozität wird möglicherweise das wichtigste Problem unserer Diskussion darstellen, und Facetten des Problems werden in einem Spiralenmuster quer durch den gesamten Text erscheinen. Wenn wir wissen, was es ist, das der »Umsorgte-Teil« zur Beziehung beiträgt, werden wir in der Lage sein, Säuglinge von Tieren zu trennen (ein großes Problem für jene, die auf einem bestimmten Maß an Rationalität bei jenen bestehen, denen gegenüber wir uns ethisch verhalten sollen), und wir werden dies tun, ohne auf Begriffe wie Gott oder irgendeine andere äußerliche Quelle von »Heiligkeit« im menschlichen Leben zurückzugreifen.

Der Brennpunkt unserer Aufmerksamkeit wird sich darauf richten, wie wir dem anderen moralisch begegnen können. Ethisches Sorgen, die Beziehung, in der wir dem anderen moralisch begegnen, wird wie etwas beschrieben werden, das sich aus einem natürlichen Sorgen entfaltet – aus einer Beziehung, in der wir als »Sorgender-Teil« aus Liebe oder natürlicher Neigung reagieren. Die Beziehung natürlichen Sorgens wird als die conditio humana identifiziert werden, die wir bewußt oder unbewußt als »gut« wahrnehmen. Es ist jene Beziehung, nach der wir uns sehnen und um die wir uns bemühen, und es ist unsere Sehnsucht nach dem Sorgen – Teil jener besonderen Beziehung zu sein –, welche uns motiviert, uns moralisch zu verhalten. Wir wollen *moralisch* sein, um in der sorgenden Beziehung zu verbleiben und um unser Selbstideal als Sorgender-Teil zu erhöhen.

Es ist dieses ethische Ideal, dieses realistische Bild von uns selbst als Sorgender-Teil, welches uns in unseren Bemühungen, dem anderen moralisch zu begegnen, leitet. Alles hängt von der Natur und der Stärke dieses Ideals ab, denn wir werden über keine absoluten Prinzipien, die uns leiten, verfügen. In der Tat werde ich eine Ethik der Prinzipien als zweideutig und unstabil ablehnen. Wo immer sich ein Prinzip zeigt, dort ist die Ausnahme von ihm impliziert, und nur zu oft fungieren Prinzipien, um uns voneinander zu trennen. Wir können gefährlich selbstgerecht werden, wenn wir uns als an ein wertvolles Prinzip, das vom anderen nicht vertreten wird, gebunden verstehen. Dann kann der andere entwertet und »anders« behandelt werden. Unsere Ethik des Sorgens wird nicht erlauben, daß das geschieht. Wir erkennen, daß wir den anderen im Zustand der Angst, der Wut oder des Hasses anders behandeln, aber diese Behandlung erfolgt niemals ethisch. Wenn wir also Gewalt oder Strategien gegenüber dem anderen verwenden müssen, ist unsere Ethizität bereits verkümmert. Daher müssen sich unsere Bemühungen auf die Bewahrung von Bedingungen richten, die erlauben, daß unser Sorgen erblüht. Ich werde nicht nur Prinzipien und Regeln als Leitlinien ethischen Verhaltens ablehnen, sondern auch die Idee der Universalisierbarkeit. Viele, die über Ethik schreiben und nachdenken, bestehen darauf, daß jedes ethische Urteil – allein weil es ein ethisches Urteil *ist* – universalisierbar sein muß; das heißt, es muß der Fall sein, daß, wenn du unter Bedingungen X genötigt bist, A zu tun, auch ich unter ausreichend ähnlichen Bedingungen genötigt bin, A zu tun. Dies werde ich emphatisch zurückweisen. Erstens richtet sich meine Aufmerksamkeit nicht auf das Urteil und nicht auf die besonderen Handlungen, die wir ausführen, sondern darauf, wie wir dem anderen moralisch begegnen. Zweitens werde ich es mir in Anerkennung des femininen Zuganges zur moralischen Begegnung mit dem anderen – daß wir darauf bestehen, für den anderen zu sorgen – zur Aufgabe machen, die Einzigartigkeit menschlicher Begegnung zu bewahren. Da so viel auf der subjektiven Erfahrung der in ethischen Begegnungen Betroffenen beruht, ist es selten der Fall, daß Bedingungen »ausreichend ähnlich« sind, so daß ich erklären könnte, daß du zu tun hättest, was auch ich tun muß. Es gibt jedoch eine fundamentale Universalität in unserer Ethik, die notwendig da sein muß, um einem Relativismus zu entkommen. Die sorgende Einstellung, das ist jene Einstellung, die unsere frühesten Erinnerungen an ein Umsorgt-Werden ausdrücken und die unseren zunehmenden Schatz von Erinnerungen sowohl an ein Sorgen als auch an ein Umsorgt-Werden ausmacht, diese Einstellung ist universal zugänglich. Da Sorgen und die Verpflichtung, diese Einstellung zu erhalten, den universalen Kern der Ethik bilden, müssen wir gleich zu Beginn ein überzeugendes und umfassendes Bild des Sorgens entwickeln.

Eine weitere Folge unserer Abhängigkeit von einem ethischen Ideal ist die Betonung der Moralerziehung. Da wir von der Stärke und Gefühlsorientiertheit des ethischen Ideales abhängen – sowohl des eigenen als auch des Ideals anderer –, müssen wir das Ideal bei allen unseren pädagogischen Begegnungen nähren. Ich werde behaupten, daß wir voneinander sogar bei der Suche nach dem persönlichen Guten abhängig sind. Wie gut *ich selbst* sein kann, ist zum Teil eine Funktion davon, wie gut *du* – die anderen – mich aufnimmst und auf mich reagierst. Jede Tugend, die ich ausübe, wird in dir vervollständigt, erfüllt. Das erste Ziel jeder Pädagogik muß die Pflege des ethischen Ideals sein.

Um die oben beschriebenen Zwecke zu erreichen, werde ich viele Gegensätze zwischen männlichen und weiblichen Zugängen zu Ethik und Pädagogik, ja zum Leben selbst, herausarbeiten. Dies geschieht nicht in der Absicht, Männer und Frauen in getrennte Lager zu zersplittern. Sie wollen vielmehr zeigen, wie groß die Kluft bereits ist, die das Männliche und das Weibliche in jedem/jeder von uns trennt, und sind als Vorschlag gemeint, daß wir uns auf einen wahrhaft dialektischen Dialog einlassen, um letztlich die Transzendierung des Männlichen und Weiblichen in moralischen Angelegenheiten zu erreichen. Leser und Leserinnen dürfen also nicht vergessen, daß ich die Sprache des Vaters ebenso wie die der Mutter verwenden werde; ich werde für die anfangs formulierten Thesen Argumente finden müssen.

Ein wichtiger Unterschied zwischen einer Ethik des Sorgens und anderen ethischen Ansätzen, die der Subjektivität ihren gebührenden Platz einräumen, ist ihre Fundierung in der Beziehung. Die Philosophin, die mit einem absolut freien Bewußtsein beginnt – einer Einsamkeit und Leere im Herzen der Existenz –, identifiziert *Angst* als den grundlegenden menschlichen Affekt. Wenn ich mein Kind betrachte – selbst eines meiner erwachsenen Kinder – und die grundlegende Beziehung, in der wir definiert sind, erlebe ich oft eine tiefe und überwältigende Freude. Es ist das Wissen um und das Verlangen nach Verbundenheit, die das Fundament unserer Ethik bilden, und die Freude, die die Erfüllung unseres Sorgens begleitet, verstärkt unsere Verpflichtung gegenüber dem ethischen Ideal, das uns als Sorgenden-Teil erhält.

2. Die fundamentale Natur des Sorgens

Hauptaufgabe dieses Kapitels ist eine vorläufige Analyse des Sorgens. Ich möchte die Frage stellen, was es bedeutet, für jemanden zu sorgen. In einem alltäglichen Sinn scheint es offensichtlich, warum wir am Sorgen Interesse haben sollten. Überall hören wir die Klage: »Keiner kümmert sich mehr!«, und da wir immer stärker in bürokratischen Prozeduren und Vorschriften versinken, können wir vorhersagen, daß diese Klage weiterhin zu vernehmen sein wird. Als menschliche Wesen wollen wir sowohl für jemanden sorgen wie auch umsorgt werden. *Sorgen* ist in sich selbst wichtig. Es scheint jedoch notwendig, die Art der detaillierten Analyse, wie ich sie vorschlage, zu begründen; d. h., in einem philosophischen Kontext ist es vernünftig, zu fragen: »Warum sollten wir uns ums Sorgen sorgen?«

Würden wir in traditioneller Weise untersuchen wollen, was es bedeutet, moralisch zu sein, würden wir höchstwahrscheinlich mit einer Diskussion über das moralische Urteil und die moralische Urteilsfindung beginnen. Dieser Ansatz hat offensichtliche Vorteile. Er liefert uns etwas Öffentliches und Greifbares, mit dem wir uns auseinandersetzen können – die Urteile, die unser Denken in moralischen Angelegenheiten beschreiben. Ich aber werde meine Argumentation darauf aufbauen, daß dies weder der einzige – noch der beste – Ansatzpunkt ist. Die Diskussion moralischer Angelegenheiten mit Prinzipien, Definitionen und Demonstrationen zu beginnen, hat Ähnlichkeit mit dem formalen Beginn der Lösung eines mathematischen Problems. Manchmal können wir so vorgehen und tun es auch, aber wenn die Situation neu, verwirrend oder besonders komplex ist, können wir nicht so beginnen. Wir müssen auf eine intuitive oder rezeptive Weise arbeiten, die etwas mysteriös, innerlich und inkonsequent ist. Nachdem die Lösung mit intuitiven Methoden gefunden worden ist, können wir mit der Konstruktion einer formalen Demonstration oder eines solchen Beweises fortfahren. Wie der Mathematiker Gauß es nannte: *Ich habe meine Lösung bekommen, aber ich weiß noch nicht, wie ich sie bekommen (beweisen) kann.*[2]

Eine Schwierigkeit beim Unterrichten von Mathematik liegt darin, daß wir unser mathematisches Basisdenken mit unseren Schülern zu selten teilen. Wir präsentieren alles irgendwie fix und fertig, als wäre es formal perfekt unserem Kopf entsprungen. Das gleiche Problem taucht auf, wenn wir Moralität oder ethisches Verhalten vom rational-kognitiven Ansatz her lehren. Wir bringen es nicht fertig, unsere Gefühle, Konflikte, Hoffnungen und Ideen, die letztlich unsere Entscheidungen beeinflussen, miteinander zu teilen. Wir teilen nur die Rechtfertigung für unsere Handlungen und nicht, was uns motiviert oder berührt.

Ich glaube, daß wir einem zweifachen Irrtum aufsitzen, wenn wir uns moralischen Angelegenheiten auf diese mathematische Weise nähern. Zum ersten fehlt uns natürlich, daß wir die heuristischen Prozesse unseres ethischen Denkens nicht teilen, und zwar genauso wie uns diese Übereinstimmung abgeht, wenn wir die Mathematik selbst so formal angehen. Doch dieser Schwierigkeit könnte pädagogisch abgeholfen werden. Wir müßten nicht unseren Zugang zur Ethik verändern, sondern nur die Lehre vom ethischen Verhalten und ethischen Denken. Zweitens, wenn wir uns moralischen Angelegenheiten auf dem Wege moralischen Argumentierens nähern, werden wir ganz natürlich zur Annahme geführt werden, daß Ethik notwendig ein Gegenstand ist, der in der Sprache von Prinzip und Demonstration zu fassen sei. Dies ist, wie ich zeigen werde, ein Fehler.

Viele Menschen, die ein moralisches Leben führen, nähern sich moralischen Problemen nicht formal. Besonders Frauen scheinen an moralische Probleme so heranzugehen, daß sie sich selbst so weit wie möglich in die konkrete Situation hineinversetzen und für die zu treffenden Entscheidungen persönliche Verantwortung übernehmen. Sie definieren sich selbst über ein Sorgen und erarbeiten sich moralische Probleme von der Position des Sorgenden-Teiles her.[3] Diese Position oder Haltung des Sorgens aktiviert eine komplexe Struktur von Erinnerungen, Gefühlen und Fähigkeiten. Außerdem erfordert der Prozeß moralischer Entscheidungsfindung, der auf einem Sorgen basiert, einen Prozeß der Konkretisierung und nicht so sehr der Abstraktion. Eine auf dem Sorgen aufbauende Ethik ist meines Erachtens dem Charakter nach wesentlich feminin – was selbstverständlich nicht heißt, daß eine solche Ethik nicht auch von Männern geteilt werden kann. Ebensowenig wollen wir sagen, daß traditionelle moralische Systeme nicht auch von Frauen angenommen werden können. Aber eine Ethik des Sorgens geht, so glaube ich, aus unserer Erfahrung als Frauen hervor, so wie der traditionell logische Ansatz zu ethischen Problemen offensichtlicher aus männlichen Erfahrungen hervorgeht.

Ein Grund für die Durchführung einer umfassenden und anerkennenden Untersuchung des Sorgens, der wir uns nun zuwenden werden, liegt daher in dem Ziel, einen femininen – oder einfach einen alternativen – Zugang zu Angelegenheiten der Moralität begrifflich zu erarbeiten.

3. Was heißt Sorgen?

Unsere Wörterbücher sagen uns, »sorgen« sei ein Zustand mentalen Leidens oder mentaler Inanspruchnahme: sorgen heißt, in einem Zustand geistiger Belastung, einem Zustand der Angst, Furcht oder Besorgtheit um etwas oder jemanden sein. Das heißt auch, jemand sorgt sich um etwas oder jemanden, wenn sie für dieses Etwas oder diesen Jemand Wertschätzung oder Neigung empfindet. Wenn ich für Mathematik eine Neigung hege, werde ich freiwillig Zeit für sie aufbringen, und wenn ich für dich eine Wertschätzung empfinde, dann wird, was du denkst, fühlst oder ersehnst, für mich von Bedeutung sein. Und noch einmal, Sorgen kann auch bedeuten, mit dem Schutz, dem Wohlergehen oder der Erhaltung von etwas oder jemandem betraut zu sein.

Diese Definitionen präsentieren unterschiedliche Verwendungen von »Sorgen«, aber in der tiefsten menschlichen Bedeutung ist, wie wir sehen werden, jede einzelne von ihnen am Sorgen beteiligt. In einem gewissen Sinn kann ich »Sorgen« mit »Bürden« gleichsetzen; ich habe in bestimmten Angelegenheiten (beruflich, persönlich oder öffentlich) Sorgen, wenn ich eine Bürde oder Kummer habe, wenn ich mich mit momentanen oder geplanten Sachlagen abplage. In einem anderen Sinn *sorge* ich mich auch um jemanden, wenn ich den Impuls einer Sehnsucht oder einer Neigung für ihn empfinde. In einem ähnlichen Sinn *sorge* ich mich auch um jemanden, wenn ich seine Ansichten und Interessen achte. In einer dritten Bedeutung habe ich die Sorge für einen älteren Verwandten, wenn ich mit der Verantwortung für sein physisches Wohlbefinden betraut bin. Aber es ist klar, daß ich in dem tiefen menschlichen Sinn, der uns beschäftigen wird, nicht behaupten kann, für meinen Verwandten zu sorgen, wenn meine Sorge oberflächlich oder ungern erfolgt.

Wir sehen, daß es nötig sein wird, in unserer Analyse viel von unserer Aufmerksamkeit auf den Sorgenden-Teil zu richten. Selbst wenn wir manchmal das Sorgen von außen, sozusagen als Dritte, betrachten, ist leicht zu sehen, daß die wesentlichen Elemente des Sorgens in der Beziehung zwischen Sorgendem-Teil und Umsorgtem-Teil liegen. In einem wunderbaren kleinen Buch *On Caring* beschreibt Milton Mayeroff Sorgen weitgehend aus dem Blickwinkel des Sorgenden-Teiles. Er beginnt mit den Worten: »Für eine andere Person zu sorgen, heißt im signifikantesten Sinn, ihr helfen zu wachsen und sich selbst zu verwirklichen.«[4]

Ich möchte mich dem Problem auf etwas andere Weise zuwenden, denn ich glaube, daß die Betonung auf der Verwirklichung des Anderen uns vielleicht verleitet, zu rasch über die Beschreibung dessen, was im Sorgenden-Teil vor sich geht, hinwegzugehen. Außerdem tauchen bei der Diskussion über Reziprozität Probleme auf, und wir werden das Bedürfnis verspüren, die Rolle des Umsorgten-Teiles ebenfalls viel genauer zu untersuchen. Aber Mayeroff gibt uns einen signifikanten Anfang, indem er auf die Wichtigkeit von Konstanz, Schuld, Erwiderung und der Grenzen von Sorgen hinweist. Alle diese Aspekte werden wir ziemlich detailliert betrachten.

Fangen wir damit an, uns das Sorgen von außen anzusehen, um die Grenzen dieses Ansatzes zu entdecken. Unter normalen Umständen erwarten wir von jemandem, der behauptet, für jemanden zu sorgen, eine Handlung, selbst wenn das nicht das einzige ist, das wir erwarten. Wie sollen wir bestimmen können, ob Herr Smith für seine alte Mutter, die in einem Altersheim leben muß, sorgt? Es ist sicher nicht genug, wenn Herr Smith sagen sollte: »Ich sorge für sie.« (Aber die Möglichkeit, daß er das sagt, wird uns in Kürze in eine andere Richtung führen. Wir werden Sorgen von innen untersuchen müssen.) Als Beobachter müssen wir nach irgendeiner Handlung, irgendeiner Manifestation im Verhalten des Herrn Smith suchen, die uns gestattet zuzustimmen, daß er für sie sorgt. Sorgen, so fühlen wir, erfordert irgendeine Handlung im Interesse des Umsorgten-Teiles. Wenn Smith daher seine Mutter weder besucht, noch ihr schreibt, noch mit ihr telephoniert, würden wir wahrscheinlich sagen, daß er, obwohl er offiziell mit ihrer Sorge betraut ist – er zahlt für ihren Heimaufenthalt –, nicht wirklich für sie sorgt. Wir weisen darauf hin, daß es ihm an Achtung zu fehlen scheint, daß er nicht genug besorgt ist, selbst nachzusehen, wie es seiner Mutter geht. Es gibt keinen Wunsch, in ihrer Gesellschaft zu sein, noch gibt es eine Neigung für sie. Doch sollte uns nicht entgehen, daß ein Handlungskriterium für diesen Fall nicht leicht zu formulieren wäre. Denn Smith setzt trotz allem eine Handlung im Interesse seiner Mutter: Er zahlt für ihre physische Erhaltung. Wir aber suchen nach einer qualitativ anderen Art von Handlung.

Ist eine direkte, von außen beobachtbare Handlung für das Sorgen notwendig? Kann Sorgen bei Abwesenheit einer Handlung im Interesse des Umsorgten-Teiles da sein? Betrachten wir das Problem von Liebenden, die nicht heiraten können, weil sie bereits befriedigende und ehrbare Ehen eingegangen sind. Der Liebhaber erfährt, daß seine Geliebte krank ist. Alle seine Instinkte verlangen danach, an ihrem Krankenbett gegenwärtig zu sein. Aber er fürchtet, es könnte ihr Probleme bereiten, es könnten Anschuldigungen durch sein Erscheinen hervorgerufen werden, also bleibt er ihr vielleicht fern. In einem solchen Fall würden wir doch sicher nicht sagen, daß der Liebhaber sich nicht kümmert. Er befindet sich in einem geistigen Zustand von Betroffenheit, ja sogar von Leid; er fühlt die tiefste Achtung, und da ihm seine Liebe die Pflicht auferlegt, die Geliebte zu schützen, verleugnet er seine eigenen Bedürfnisse, um ihr ein Leid zu ersparen. So wählt er als Antwort auf den unmittelbaren physischen Schmerz der Geliebten, in seinem Sorgen nicht direkt und zärtlich zu handeln. Wir sehen, daß wir bei einer Tiefenanalyse der Handlungskomponente des Sorgens jenseits beobachtbarer Handlungsweisen nach Verpflichtungen und Bindungen suchen müssen; Verpflichtungen, die nur vom individuellen Subjekt, das sie akzeptiert, gesehen werden.

Im Fall des Liebhabers, dessen Geliebte krank geworden ist, erwarten wir vielleicht, daß er sich, wenn die Krise vorbei ist, eröffnet. Aber selbst das wird vielleicht nicht geschehen. Er wird sich vielleicht entschließen, mit ihr nie mehr Kontakt aufzunehmen, und sein Sorgen könnte dann nur von ihm gewußt werden, wenn er diesen Entschluß immer wieder erneuert. Wir wollen dem Liebhaber das Sorgen nicht absprechen, aber es ist doch klar, daß irgend etwas an der Beziehung fehlt: Das Sorgen wird im Umsorgten-Teil nicht erfüllt. Oder betrachten wir den Fall einer Mutter, deren gerade erwachsen werdender Sohn voll Wut und Rebellion von zu Hause weggeht. Soll sie eine Handlung setzen, um eine Versöhnung herbeizuführen? Vielleicht. Sind wir sicher, daß sie sich nicht kümmert, wenn sie darin versagt, direkt zu handeln, um ihn mit seiner Familie in einen liebevollen Kontakt zu bringen? Sie wird vielleicht tatsächlich ganz bewußt von jeder Handlung Abstand nehmen, weil sie glaubt, ihr Sohn sollte sein Problem allein durcharbeiten dürfen. Ihre Achtung vor ihm zwingt sie vielleicht zu besorgter und sorgsam abgewogener Inaktivität. Wie der Liebhaber kann sie vielleicht später einmal – wenn die Krise vorbei ist – zu ihrem Sohn über ihr Sorgen sprechen, aber auch hier ist es möglich, daß sie es nicht tut. Nach einer Dauer von, sagen wir, zwei Jahren, mag sich die Beziehung wieder stabilisiert haben, und das Sorgen der Mutter mag erneut seine gewohnte Form annehmen. Sollen wir dann sagen, daß sie »jetzt wieder sorgt« und daß sie zwei Jahre lang »nicht gesorgt hat«?

Es gibt noch andere Schwierigkeiten, ein Handlungskriterium für Sorgen zu formulieren. Nehmen wir an, ich erfahre von einer Familie, die sich in großer Not befindet, und angenommen, ich entscheide mich, dieser Familie zu helfen. Ich zahle die rückständige Miete für sie, kaufe Nahrung für die Familienmitglieder und versorge sie mit dem Nötigsten fürs Leben. All das tue ich freudig und verbringe freiwillig Zeit mit ihnen. Kann bezweifelt werden, daß ich mich um sie kümmere? Auch dieser Fall wird Probleme machen. Angenommen der Mann und die Frau dieser Familie wollen unabhängig sein oder haben zumindest eine latente Sehnsucht in diese Richtung. Meine Handlungen jedoch tendieren dazu, den Drang nach Unabhängigkeit zu unterdrücken. Helfe ich oder behindere ich sie in diesem Fall?[5] Sorge ich oder scheine ich nur zu sorgen? Wenn gesagt werden muß, daß meine Beziehung zu dieser bedürftigen Familie keine im eigentlichen Sinn sorgende Beziehung ist, was ist dann fehlgelaufen?

Bei dieser kurzen Betrachtung sorgender Handlungen sind wir also bereits in Probleme geraten. Es gibt noch andere Probleme. Was ist zum Beispiel mit indirektem Sorgen? Was sollen wir über Studenten sagen, die an Protesten für die Schwarzen in Südafrika oder für die »boat people« in Indochina oder die Juden in Rußland teilnehmen? Unter welchen Bedingungen wären wir bereit zu sagen, daß sie sorgen? Auch bei diesen Fragen kann es sich um solche handeln, die nur von denen beantwortet werden können, die von sich behaupten, für andere zu sorgen. Wir müßten zum Beispiel wissen, welche Motive ihren Protesten zugrunde liegen. Dann gibt es noch, wie wir sehen werden, das immer wieder auftauchende Problem der »Erfüllung«. Wie wird das Sorgen an den Umsorgten-Teil weitergegeben? Welche Art von Begegnung kann es zwischen Sorgendem-Teil und Umsorgtem-Teil geben?

Wir werden alle diese Fragen nicht mit Gewißheit beantworten können. Dieser Essay strebt in der Tat nicht nach einer systematischen Exposition der Kriterien für Sorgen. Ich muß vielmehr zeigen, daß ein solcher systematischer Versuch, soweit er das System zu seinem Ziel macht, ein Irrtum ist. Wir erstrecken unser Bemühen sowohl darauf zu zeigen, was nicht fruchtbar ist, als auch darauf, was fruchtbar ist. Es ist nicht mein Ziel, am Ende bestimmte Fälle sortieren zu können: A sorgt, B sorgt nicht, C sorgt, aber nicht für D etc. Wenn wir verstehen können, wie komplex und verwoben, ja wie subjektiv Sorgen ist, werden wir vielleicht für die Begegnung mit Konflikten und Schmerzen, die manchmal von ihm ausgelöst werden, besser ausgerüstet sein. Dann werden wir vielleicht auch, zumindest teilweise, zu begreifen anfangen, wie es dazu kommt, daß in einem Land, das Milliarden für alle möglichen Formen des Sorgens ausgibt, ständig die Klage zu hören ist: »Keiner kümmert sich mehr.«

Trotz der damit verbundenen Schwierigkeiten werden wir Verhaltensindikatoren für Sorgen mit größerem Tiefgang diskutieren müssen, denn wir werden uns um Probleme kümmern müssen, die im Zusammenhang mit dem Anvertrauen, der Beaufsichtigung und der Zuteilung von Sorgeaufgaben entstehen. Wenn wir die Möglichkeit institutionellen Sorgens betrachten, oder wenn wir dem nachgehen, was der Begriff einer »Schule des Sorgens« bedeuten könnte, werden wir wissen müssen, worauf wir zu achten haben. Und selbst wenn die Analyse uns immer stärker zur Untersuchung des Blickwinkels der ersten und zweiten Person bewegen wird, werden wir auch Handlungen des Sorgens sowie den Blickwinkel der dritten Person untersuchen. Nach der Untersuchung der Aspekte der ersten und der zweiten Person wird unsere anfängliche Analyse zur Sichtweise der dritten Person zurückkehren.

Bisher haben wir über die Handlungskomponente von Sorgen gesprochen, und gewiß haben wir keine endgültigen Kriterien gefunden. Nehmen wir nun an, daß wir die Betroffenheit, die wir beim Sorgenden-Teil zu finden erwarten, in Betracht ziehen. Wenn Herr Smith, dessen Sorgen uns im besten Fall als oberflächlich erscheint, sagt: »Ich sorge«, was kann er da meinen? Wir können natürlich nur raten, denn Herr Smith kann nur selbst für sich zu diesem Thema sprechen. Aber er könnte meinen: 1. Ich kümmere mich *wirklich*. Ich denke oft an meine Mutter, und ich mache mir Sorgen um sie. Es ist eine schreckliche Belastung. 2. Ich kümmere mich *wirklich*. Ich sollte sie öfter besuchen, aber ich habe so viel zu tun – ein Haus voller Kinder, lange Arbeitstage, eine Frau, die meine Gesellschaft braucht... 3. Ich kümmere mich *wirklich*. Ich zahle doch die Rechnungen, oder nicht? Ich habe Schwestern, die könnten der Mutter Gesellschaft leisten...

Diese vorgeschlagenen Bedeutungen erschöpfen Herrn Smiths Möglichkeiten nicht, aber sie geben uns etwas, bei dem wir ansetzen können. Erstens könnten wir mit Recht schließen, daß Herr Smith für seine Mutter nicht so ausreichend sorgt, wie er für sich selbst sorgt. Er ist mit Sorgen überlastet, und seine Aufmerksamkeit hat sich nach innen zu ihm selbst und den eigenen Kümmernissen verlagert. Das ist, wie wir noch sehen werden, ein Risiko des Sorgens. In allen Situationen von Sorgen existiert das Risiko, daß der Sorgende-Teil von der Verantwortung und den Pflichten der Aufgabe überwältigt wird und daß er oder sie als Folge dieser Belastung zu sorgen aufhört und statt dessen zum Objekt von »Sorgen« wird. Hier also – wie im Verlauf der gesamten Diskussion über Sorgen – müssen wir versuchen, Zweideutigkeit zu vermeiden. Es gibt, wie wir hervorgehoben haben, mehrere gängige Bedeutungen von »sorgen«, aber nicht eine von ihnen liefert uns die tiefe Bedeutung, zu der wir uns vortasten. Wenn es klar ist, daß sich »Sorgen« auf eine der restringierten Bedeutungen bezieht, oder wenn wir noch nicht sicher sind, worauf es sich bezieht, werde ich es in Anführungszeichen setzen. In der Situation, in der Herr Smith von seinem *Sorgen überlastet ist,* ist er Objekt von »Sorgen«.

Im dritten Fall können wir also mit Recht schließen, daß Herr Smith nicht sorgt. Sein Interesse gilt der Billigkeit. Er möchte, daß man von ihm sagt, er sorge. Er hofft, durch irgendeine Handlung einen annehmbaren Ersatz für echtes Sorgen zu finden. Ein ähnliches Verhalten sehen wir bei der Frau, die vorgibt, Tiere zu lieben, und die alle Tiere, die ihr zulaufen, in ein Tierheim gibt. In Tierheimen werden jedoch die meisten Tiere getötet. Wird sich eine, die sorgt, eher für einen raschen und gnädigen Tod für das Objekt ihres Sorgens als für ein gefährdetes und vielleicht schmerzvolles Leben entscheiden? Nun ja, es hängt davon ab, können wir sagen. Es hängt von unseren sorgenden Fähigkeiten ab, von den Verkehrsbedingungen, wo wir leben, vom physischen Zustand des Tieres. All das trifft genau den Punkt. Was wir tun, hängt nicht von Regeln oder zumindest nicht völlig von Regeln ab – nicht von einer Vorentscheidung dessen, was fair oder billig sei –, sondern von einer Konstellation von Bedingungen, die sowohl mit den Augen des Sorgenden-Teiles als auch mit den Augen des Umsorgten-Teiles gesehen wird. Im großen und ganzen sagen wir nicht mit Überzeugung, daß eine Person sorgt, wenn diese Person routinemäßig entsprechend irgendwelchen fixierten Regeln handelt.

Der zweite Fall ist schwierig. Dieser Herr Smith hat eine Vorstellung, daß Sorgen eine Verantwortung oder Verpflichtung des Selbst involviert, aber er findet es schwierig, mit den eingegangenen Verpflichtungen fertig zu werden. Er leidet unter dem Konflikt, wie weit er sich selbst verausgaben sollte. Sich auf einen Konflikt einzulassen, ist ein weiteres Risiko von Sorgen, und wir werden eine Vielzahl möglicher Konflikte betrachten. Von besonderem Interesse wird für uns die Frage sein: Wann sollte ich versuchen, den Konflikt zu beseitigen, und wann sollte ich mich entscheiden, einfach mit dem Konflikt zu leben? Nehmen wir zum Beispiel an, daß ich sowohl für Katzen als auch für Vögel sorge. (In diesem Stadium muß ich das Wort »sorgen« ohne den Versuch der vollständigen Rechtfertigung seines Gebrauches verwenden.)

Daß ich einige Katzen, *nicht* aber gleichzeitig einige Vögel in meinem Besitz habe, weist auf mein Interesse an beiden hin. Aber in meinem Garten gibt es wilde Vögel, und die Katzen sind eine Gefahr für sie. Dieser Tatsache kann ich beträchtliches Nachdenken widmen. Ich füttere die Katzen sehr gut, so daß sie nicht aus Hunger auf Vogeljagd gehen. Ich hänge kleine Glocken um ihren Hals. Ich halte Vogelkäfige für Opfer bereit, die ich retten konnte. Vorrichtungen für Vogelbäder und -nahrung bringe ich außer Reichweite der Katzen an. Darüber hinaus lebe ich mit dem Konflikt. Andere lassen ihren Katzen vielleicht die Krallen entfernen, aber das will ich nicht. Worum es hier also geht, ist nicht die Frage, ob ich mich mehr für Katzen als für Vögel einsetze und für sie sorge oder ob der sorgende Einsatz von Frau Jones (die ihren Katzen die Krallen nimmt) stärker ist als meiner. Es geht um eine sorgfältige Unterscheidung der verschiedenen Dinge, die ich mir überlegen muß, wenn ich mich in einem Konflikt des Sorgens befinde. Wenn mein Sorgen auf lebendige Dinge gerichtet ist, muß ich deren Natur, Lebensweise, Bedürfnisse und Wünsche betrachten. Und obwohl ich die Realität des anderen niemals vollständig erfassen kann, versuche ich, es zu tun.

Dies ist der grundlegende Aspekt des inneren Sorgens. Wenn ich mir anschaue oder wenn ich nachdenke, wie ich bin, wenn ich für etwas oder jemanden sorge, erkenne ich, daß unweigerlich diese Verlagerung des Interesses von meiner eigenen Realität auf die Realität des anderen übergeht. (Unsere Diskussion wird sich nun auf das Sorgen für Personen beschränken.) Kierkegaard sagt, daß wir die Realität eines anderen als *Möglichkeit* wahrnehmen.[6] Um berührt zu werden, um etwas in mir, das meine eigene ethische Realität stört, hervortreten zu lassen, muß ich die Realität des anderen als eine Möglichkeit für meine eigene sehen. Das heißt nicht, daß ich nicht versuchen kann, die Realität des anderen auf andere Weise zu sehen. Das kann ich in der Tat. Ich kann sie objektiv ansehen, indem ich Tatsachenmaterial in Form von Daten sammle; ich kann sie vom historischen Standpunkt aus betrachten. Wenn sie heroisch ist, kann ich soweit gehen, sie zu bewundern. Aber diese Art des Schauens berührt meine eigene ethische Realität nicht; sie kann mich sogar von ihr ablenken. Wie Kierkegaard es ausdrückt:

»Und ethisch verstanden gibt es nichts, worauf man so gut schläft, wie auf der Bewunderung einer Wirklichkeit. Und wenn etwas, ethisch verstanden, einen

Menschen aufzustören und in Schwung zu bringen vermag, so ist es die Möglichkeit, wenn sie, ideal gesehen, sich selbst von einem Menschen fordert.«[7]

Ich meine aber, daß wir nicht nur die direkten Möglichkeiten sehen, besser zu werden, als wir sind, wenn wir uns zur Realität des anderen durchkämpfen. Wir haben auch in uns das Gefühl wachgerufen, »Ich muß etwas tun«. Wenn wir die Realität des anderen als Möglichkeit für uns sehen, müssen wir handeln, um das Unerträgliche zu eliminieren, den Schmerz zu verringern, das Bedürfnis zu erfüllen, den Traum zu verwirklichen. Wenn ich mich in dieser Art von Beziehung mit dem anderen befinde, wenn die Realität des anderen eine reale Möglichkeit für mich wird, dann sorge ich. Ob dieses Sorgen durchgehalten wird, ob es lange genug dauert, um dem anderen übermittelt zu werden, ob es in der Welt sichtbar wird, all das hängt von meiner Bewahrung der Beziehung ab, oder zumindest davon, daß ich aus Interesse an meiner eigenen Ethizität handle, als ob sie bewahrt würde.

In diesem letzten Fall, bei dem mir irgend etwas abhanden kommt oder mir von Anfang an nicht greifbar ist, aber bei dem ich mich bemühe, es wiederzugewinnen oder zu erwerben, erlebe ich ein genuines Sorgen für das Selbst. Dieses Sorgen für das Selbst, für das *ethische* Selbst, kann nur aus einem Sorgen für andere hervorgehen. Aber ein Gewahrwerden meines eigenen physischen Selbst, ein Wissen darum, was mir Schmerz oder Lust bereitet, geht meinem Sorgen für andere voraus. Andernfalls würde ihre Realität als Möglichkeit für meine eigene Realität nichts für mich bedeuten. Wenn wir von jemandem sagen, »Er sorgt nur für sich selbst«, meinen wir, daß er sich in unserem tiefsten Sinn gar nicht sorgt. Er hat nur eine Wahrnehmung von jenem physischen Selbst – von dem, was ihm Schmerz oder Lust bereitet. Was immer er in anderen sieht, ist vorweg mit Bezug auf seine eigenen Bedürfnisse und Begierden ausgewählt. Er sieht die Realität des anderen nicht als eine Möglichkeit für ihn selbst, sondern nur als einen Fall dafür, was er bereits als Selbst oder Nichtselbst bestimmt hat. Daher ist er ethisch sowohl auf einem Nullpunkt als auch am Endpunkt. Sein einziges »Werden« ist ein physisches Werden. Natürlich muß ich mehr darüber sagen, was unter »ethischer Realität« und »ethischem Selbst« gemeint ist, und ich werde auf diese Frage zurückkommen.

Ich brauche jedoch nicht jemand zu sein, die nur für sich selbst sorgt, um mich gelegentlich so zu verhalten, als ob ich nur für mich selbst sorgen würde. Manchmal verhalte ich mich so, weil ich Dinge nicht sorgfältig genug durchdacht habe und weil der Zeitgeist die Gedankenlosigkeit in seine eigene Richtung drängt. Nehmen wir zum Beispiel an, ich sei eine Lehrerin, die Mathematik liebt. Ich treffe auf einen Schüler, der keine gute Leistung erbringt, und ich entscheide mich, mit ihm zu reden. Er sagt mir, daß er Mathematik haßt. Aha, denke ich. Hier liegt das Problem. Ich muß diesem armen Jungen helfen, Mathematik zu lieben, und dann wird er darin eine bessere Leistung erbringen. Was tue ich, wenn ich so vorgehe? Ich versuche nicht, die Realität des anderen als eine Möglichkeit für mich selbst zu begreifen. Ich habe nicht einmal gefragt: Wie würde es sich anfühlen, Mathematik zu hassen? Statt dessen projiziere ich meine eigene Realität auf den Schüler und sage, dir wird es total gut gehen, wenn du nur einmal gelernt hast, Mathematik zu lieben. Und ich habe »Daten«, die mich unterstützen. Die Evidenz spricht dafür, daß intrinsische Motivation mit besseren Leistungen einhergeht. (Hat das je jemand bezweifelt?) Also wird mein Schüler zu einem Studien- und Manipulationsobjekt für mich. Ich habe natürlich bewußt ein Beispiel gewählt, das nicht oft mit Manipulation in Verbindung gebracht wird. Normalerweise verbinden wir Manipulation mit dem Versuch, unseren Schüler dazu zu bringen, irgendein Lernziel zu erreichen, das wir für ihn erdacht und bereitgestellt haben. Ihn dazu zu bringen, Mathematik zu lieben, wird als ein nobles Ziel angesehen. Und das ist es auch, wenn es ihm als eine Möglichkeit vorgehalten wird, die er selber sehen kann, indem er mich und andere beobachtet; dann aber werde ich nicht von ihm oder von mir enttäuscht sein, wenn er der Mathematik gegenüber gleichgültig bleibt. Es ist eine Möglichkeit, die vielleicht nicht verwirklicht wird. Was für mich von Bedeutung ist, wenn ich sorge, ist die Tatsache, daß er irgendeinen, für sein inneres Selbst akzeptablen Grund finden möge, das mathematische Wissen und Können zu erwerben, das von ihm verlangt wird, oder daß er es mutig und ehrlich ablehnt. Wie würde es sich anfühlen, Mathematik zu hassen? Welche Gründe es zu lernen, könnte ich herausfinden? Wenn ich so denke, weigere ich mich, nach Belohnungen Ausschau zu halten, die ihn verleiten könnten. Er muß seine Belohnungen selber finden. Ich beginne nicht mit faszinierenden Vorstellungen, die mit dem Ziel entworfen wurden, ihn zu faszinieren oder seine Einstellung zu ändern. Ich beginne so nahe wie möglich bei seiner Sicht der Dinge: Mathematik ist öd, verworren, furchterregend, langweilig, langweilig, langweilig... Was in der Welt könnte mich dazu bringen, mich damit abzugeben? Von diesem Punkt an kämpfen wir gemeinsam damit.

Die Realität des anderen wahrzunehmen, zu fühlen, was er fühlt, und zwar so ähnlich wie möglich, ist der wesentliche Teil des Sorgens aus dem Blickwinkel des Sorgenden-Teiles. Denn wenn ich die Realität des anderen als Möglichkeit auf mich nehme und anfange, diese Realität zu spüren, fühle ich auch, daß ich entsprechend handeln muß; das heißt, ich bin angetrieben, im Interesse des anderen zu handeln, als würde es in meinem eigenen Interesse sein. Nun kann dieses Gefühl, handeln zu müssen, auf natürliche Weise durchgehalten werden oder nicht. Ich muß mich verpflichten zu handeln. Die Verpflichtung, im Interesse des Umsorgten-Teiles zu handeln, ein bleibendes Interesse an seiner Realität während eines angemessenen Zeitraumes und die fortgesetzte Erneuerung der Verpflichtung während dieses Zeitraumes, sind die wesentlichen Elemente des Sorgens aus dem inneren Blickwinkel. Mayeroff spricht von Hingabe und der Förderung von Wachstum auf seiten des Umsorgten-Teiles. Ich möchte mit Engagement und Motivationsverschiebung beginnen. Beide Konzepte werden eine ausführliche Besprechung verlangen.

4. Probleme bei der Analyse des Sorgenden-Teiles

Wenn ich darüber nachdenke, wie ich mich fühle, wenn ich sorge, oder wie meine geistige Verfassung ist, dann sehe ich, daß mein Sorgen immer durch eine Bewegung weg vom Selbst charakterisiert ist. Dennoch gleichen sich nicht alle Fälle von Sorgen, auch nicht vom Standpunkt des Sorgenden-Teiles aus. Bedingungen ändern sich, und die Zeitspannen sorgender Aktivität variieren gleichfalls. Während ich in unserem gesamten gemeinsamen Leben für meine Kinder sorge, sorge ich wahrscheinlich nur vorübergehend für einen bedürftigen Fremden. Die Intensität variiert ebenfalls. Ich sorge zutiefst für diejenigen in meinem inneren Kreis und weniger tief für jene, die von meinem persönlichen Leben weiter entfernt sind. Selbst hinsichtlich derer, die mir nahe stehen, variiert die Intensität meines Sorgens; es mag fast die ganze Zeit ruhig und beständig sein, in Notfällen aber vielleicht bange.

Handlungen, die aus dem Sorgen heraus gesetzt werden, unterscheiden sich je nach den Bedingungen der Situation und dem Typ von Beziehung. Als Lehrerin mag es mich kurz beunruhigen, wenn ich erfahre, daß Schüler in meinem Lehrfach allgemein keine gute Leistung erbringen, aber es kann von mir nicht wirklich behauptet werden, daß ich für jeden einzelnen Schüler, der Schwierigkeiten hat, sorge. Und wenn ich die Schwierigkeiten selbst nicht wirklich ernsthaft untersucht habe, kann man von mir auch nicht sagen, daß ich mich um das Problem als solches kümmere. Wenn aber einer meiner eigenen Schüler Schwierigkeiten hat, kann ich Engagement und Motivationsverschiebung, wie sie für ein Sorgen charakteristisch sind, erleben. Entspringt dieses Sorgen aus der Beziehung, die mich mit dem Schüler verbindet? Oder ist es möglich, daß ich auf irgendeine bedeutungsvolle Weise schon sorgte, noch ehe ich diesen besonderen Schüler getroffen habe?

Das hier auftauchende Problem berührt Zeitspannen, Intensität und bestimmte formale Aspekte des Sorgens. Später werde ich das Konzept der Verkettungen des Sorgens erkunden, wo bestimmte formale Verknüpfungen mit bekannten Umsorgten-Teilen uns an die Möglichkeit des Sorgens binden. Die Konstruktion solcher formaler Verkettungen versetzt uns in einen Zustand der Bereitschaft zum Sorgen. Da meine zukünftigen Schüler (formal, *als* Schüler) mit den gegenwärtigen, wirklichen Schülern, für die ich sorge, verbunden sind, bin ich bereit, auch für sie zu sorgen.

Wenn wir uns der Probleme von Zeit, Intensität und formalen Beziehungen bewußt werden, sollten wir vielleicht das Erfordernis des Engagements anders bestimmen. Wir könnten statt dessen das unterschiedliche Sorgen auf unterschiedlichen Ebenen und mit unterschiedlichen Graden von Intensität beschreiben. Obwohl ich verstehe, warum verschiedene Autoren sich für eine Behandlung der speziellen Arten des Sorgens, wie sie besonderen Beziehungen entsprechen, entschieden haben, werde ich behaupten, daß diese Bemühungen die fundamentale Wahrheit verdunkeln. Im Grunde involviert jedes Sorgen ein Engagement. Dieses Engagement braucht nicht intensiv zu sein, noch braucht es das Leben des Sorgenden-Teiles zu durchdringen, aber es muß da sein. Dieses Erfordernis zwingt das Sorgen nicht in ein Modell romantischer Liebe, wie einige Kritiker fürchten[8], denn unser Engagement mag über lange Perioden latent sein. Wir können über das Sorgen das sagen, was Martin Buber von der Liebe sagt: »... sie dauert, aber im Wechsel von Aktualität und Latenz.«[9] Der Unterschied bei diesem Ansatz ist signifikant. Welche Rollen ich auch immer während meines Lebens annehme, ich kann als durchgängig Sorgender-Teil beschrieben werden. Meine erste und nie endende Verpflichtung ist es, dem anderen als Sorgender-Teil zu begegnen. Formale Beschränkungen können diesem fundamentalen Erfordernis beigefügt sein, aber sie ersetzen und schwächen es nicht. Wenn wir zum Beispiel pädagogisches Sorgen diskutieren werden, gehen wir von der Analyse des Sorgens und nicht von den formalen Erfordernissen des Lehrens als eines Berufes aus.[10]

Ein weiteres Problem zeigt sich bei der Betrachtung von Situationen, in denen wir nicht natürlicherweise sorgen. Auf das nächtliche Weinen meines eigenen Kindes zu antworten, mag eine physische Anstrengung verlangen, aber es verlangt gewöhnlich nicht das, was als ethische Anstrengung bezeichnet würde. Es ist ganz natürlich, daß ich das Unbehagen meines Kindes erleichtern will. Aber den anderen in seinen Gefühlen anzunehmen und es zu versuchen, sind qualitativ andere Zustände. Im ersten Fall bin ich bereits »bei« dem anderen. Meine Motivationsenergien fließen zu ihm und vielleicht zu seinen Zielen hin. Im zweiten Fall kann es sein, daß ich vage oder dramatisch eine Realität wahrnehme, die für mich abstoßend ist. Sich darin aufzuhalten mag Selbstabkehr und Ekel erzeugen. Dann muß ich mich zurückziehen. Ich »sorge« nicht für diese Person. Es mag sein, daß ich sie hasse, aber es braucht nicht so zu sein. Wenn ich etwas in seinem Interesse unternehme – seine subjektiven Rechte verteidige oder eine von ihm gemachte Behauptung bestätige –, so tue ich das, weil ich für mein eigenes ethisches Selbst sorge. In dieser Sorge um mein ethisches Selbst plage ich mich mit der Frage: Muß ich versuchen zu sorgen? Wann und für wen? Eine Beschreibung des ethischen Ideals und seiner Konstruktion wird beim Versuch, diese Fragen zu beantworten, wesentlich sein.

Es gibt noch andere Grenzen des Sorgens. Es gibt nicht nur jene, für die ich natürlicherweise nicht sorge – in Situationen, in denen Engagement Abkehr hervorruft und Motivationsverschiebung undenkbar ist; es gibt auch viele, die außerhalb der Reichweite meines Sorgens sind. Ich werde die Vorstellung eines universellen Sorgens – d. h. eines Sorgens für jedermann – zurückweisen, und zwar mit der Begründung, daß es unmöglich verwirklicht werden kann und uns verleitet, echtes Sorgen durch abstrakte Problemlösungen und bloßes Reden zu ersetzen. Viele von uns glauben, daß es nicht nur möglich, sondern moralisch obligatorisch ist, für jeden zu sorgen. In einer gewissen Hinsicht, die noch auszuführen ist, können wir uns um alle »kümmern«; das heißt wir können einen inneren Zustand aufrechterhalten, bereit zu sein, für jeden zu sorgen, der unseren Weg kreuzt. Aber das ist etwas anderes als das Sorgen, auf das wir uns beziehen, wenn wir das Wort »sorgen« verwenden. Wenn wir rücksichtsvolle Personen sind, wissen wir, daß der Unterschied groß ist, und es kann sein, daß wir unsere Kontakte bewußt so einschränken, daß das Sorgen, zu dem wir fähig sind, nicht zu einem bloß verbalen Interesse verkommt. Ich werde diese sprachliche Unterscheidung nicht aufrechterhalten, weil sie irgendwie unnatürlich wirkt, aber wir sollten die darin aufgezeigte Unterscheidung nicht aus den Augen verlieren: Die eine Bedeutung von »sorgen« bezieht sich auf eine Aktualität; die andere bezieht sich auf eine verbale Verpflichtung auf die Möglichkeit des Sorgens.

Wir könnten Schuld und Konflikt in unsere größer werdende Liste der Probleme im Zusammenhang mit der Analyse des Sorgens aufnehmen. Konflikt entsteht dort, wo unser Engagement geteilt ist und wo verschiedene Umsorge-Teile unvereinbare Entscheidungen von uns verlangen. Eine andere Art von Konflikt tritt auf, wenn das, was der Umsorge-Teil wünscht, nicht das ist, was wir für sein Bestes halten, und eine weitere Art von Konflikt taucht dann auf, wenn wir überlastet sind, und wenn unser Sorgen in »Kummer und Belastung« umschlägt. Jeder dieser Konflikte kann zu Schuldgefühlen führen. Ferner können wir uns schuldig fühlen, wenn wir nicht einhalten können, was der Umsorgte-Teil von uns wünscht, oder wenn wir Resultate hervorbringen, die wir selbst nicht hervorzubringen beabsichtigt hatten. Konflikte und Schuld sind unvermeidliche Risiken des Sorgens, und ihre Untersuchung wird die Erforschung von Mut anregen.

Der Sorgende-Teil ist jedoch in der sorgenden Beziehung nicht allein. Manchmal wendet sich das Sorgen nach innen – wie im Falle von Herrn Smith und seiner Beschreibung der Kümmernisse und Belastungen –, weil die Bedingungen unerträglich geworden sind oder weil der Umsorgte-Teil ganz besonders schwierig ist. Es ist klar, daß wir auch die Rolle des Umsorgten-Teiles analysieren müssen.

5. Der Umsorgte-Teil

Wir wollen sowohl die Wirkungen des Sorgens auf den Umsorgten-Teil als auch die speziellen Beiträge des Umsorgten-Teiles zur sorgenden

Beziehung untersuchen. Das erste Thema hat weit mehr Aufmerksamkeit erhalten, und auch wir wollen damit beginnen. Wir werden sehen, daß sowohl A (der Sorgende-Teil) als auch B (der Umsorgte-Teil) einen angemessenen Beitrag leisten müssen, damit eine Beziehung des Sorgens zwischen A und B zustande kommt. Etwas von A muß von B empfangen, von ihm erfüllt werden. Im allgemeinen charakterisieren wir dieses Etwas als eine Einstellung. B sucht nach etwas, das ihm sagt, daß A Achtung für ihn hat, daß mit ihm nicht oberflächlich oder nur zum Schein umgegangen wird.

Gabriel Marcel charakterisiert diese Haltung mit folgenden Begriffen: »Verfügbarkeit (disponibilité), Bereitschaft, zu geben und sich zu schenken und sich verfügbar halten, und ihr Gegenteil, Unverfügbarkeit.«[11] Eine, die verfügbar ist, erkennt, daß sie ein Selbst zu investieren, zu geben hat. Sie identifiziert sich nicht mit ihren Objekten und Besitztümern. Sie ist für den Umsorgten-Teil gegenwärtig. Eine, die nicht verfügbar ist, wirkt sogar auf einen physisch Anwesenden als abwesend, als anderswo. Marcel sagt: »Wenn ich mit jemandem zusammen bin, der nicht verfügbar ist, bin ich mir bewußt, mit jemandem zusammen zu sein, für den ich nicht existiere; ich bin auf mich selbst zurückgeworfen.«[12]

Der Sorgende-Teil ist in Handlungen des Sorgens *gegenwärtig*. Selbst bei physischer Abwesenheit tragen die Handlungen aus der Entfernung die Zeichen der Gegenwärtigkeit: Engagement für den anderen, Achtung, der Wunsch, dem anderen möge es gut gehen. Sorgen ist weitgehend reaktiv und responsiv. Vielleicht ist es noch besser, es als rezeptiv zu charakterisieren. Der Sorgende-Teil ist für den anderen genügend tief engagiert, um ihm zuzuhören und Lust oder Schmerz in seinen Erzählungen zu empfinden. Was immer sie für den Umsorgten-Teil tut, ist in eine Beziehung eingebettet, die sich selbst als Engagement und in einer Haltung enthüllt, die den Umsorgten-Teil wärmt und besänftigt.

Die sorgende Haltung, diese Qualität der Verfügbarkeit, durchtränkt den situativen Zeit-Raum. Soweit es in meiner Kontrolle ist, bleibe ich als Sorgender-Teil in einem Gespräch mit dir während der gesamten Konversation gegenwärtig. Wenn ich sorge, du aber nicht sorgst, werde ich natürlich meine Präsenz auf Distanz halten, um dir die Freiheit zu geben, die Abwesenheit, die du gewählt hast, zu umfassen. Das ist in solchen Situationen der Weg der Würde. Behandelt zu werden, als existierte man nicht, ist eine bedrohliche Erfahrung, und man muß sein

Selbst, seine Gegenwärtigkeit, zusammenraffen und sie an einen sichereren und willkommeneren Ort bringen. Und es ist selbstverständlich der Weg der Großzügigkeit.

Der Umsorgte-Teil sieht das Bemühen, die Freude oder das Interesse in den Augen des Sorgenden-Teiles, und er fühlt ihre Wärme sowohl in ihren Worten als auch in ihrer Körpersprache. Für den Umsorgten-Teil ist keine Handlung, die in seinem Interesse ausgeführt wird, ganz so wichtig oder einflußreich wie die Haltung des Sorgenden-Teiles. Eine wichtige Handlung, die mit Vorbehalt vollzogen wird, mag auf der Oberfläche dankbar entgegengenommen werden, doch tief innen wird sie verachtet, während eine unbedeutende Handlung, die mit Wohlwollen ausgeführt wird, nonchalant, aber mit innerlicher Wertschätzung rezipiert werden kann. Wenn die Haltung des Sorgenden-Teiles Sorge ausdrückt, strahlt der Umsorgte-Teil, er wird stärker und fühlt nicht so sehr, daß ihm etwas gegeben, sondern eher daß ihm diese Gabe hinzugefügt wurde. Und es kann sein, daß diese Gabe schwer zu spezifizieren ist. In der Tat gibt es für den Sorgenden-Teil wie auch den Umsorgten-Teil in einer Beziehung echten Sorgens nicht das Gefühl, die Art der stattgefundenen Transformation spezifizieren zu müssen.

Das nicht greifbare Etwas, das dem Umsorgten-Teil (und oft gleichzeitig dem Sorgenden-Teil) hinzugefügt wird, werden wir bei der Diskussion des Sorgens in sozialen Institutionen und insbesondere in Schulen genau untersuchen. Es mag sein, daß viel von dem, was an einer Lehr- und Lernbeziehung das Wertvollste ausmacht, nicht, und schon gar nicht im vorhinein, spezifiziert werden kann. Die Haltung, die für unser Sorgen charakteristisch ist, kommt bei der Begegnung durch. Wenn ein Schüler mit der Lehrerin Kontakt aufnimmt und wenn er sich frei fühlt, eine Konversation zu beginnen und Interessen zu artikulieren, dann ist er oder sie eher in der Lage, die charakteristische Haltung selbst in förmlichen, zielorientierten Situationen wie zum Beispiel im Unterricht zu entdecken. Dann kann es sein, daß selbst ein kurzer Augenkontakt sagt: »Ich bin immer noch an dir interessiert. Alles, was wir hier tun, hat wechselnde Bedeutung oder Wichtigkeit, du aber bist wichtiger.« Es ist sinnlos, zu sagen, die Lehrerin, die »wirklich sorgt«, will, daß ihre Schüler das Grundwissen, das für ein komfortables Leben wichtig ist, erlernen; ich leugne das nicht, aber dieser Gedanke ist auf beiden Seiten unzureichend. In einer Hinsicht ist es nicht genug, von den Schülern zu verlangen, daß sie Grundkenntnisse beherrschen. Ich möchte nicht wählen müssen, aber wenn ich wählen müßte, ob mein Kind gut lesen lernen oder ein liebenswerter Mensch werden soll, würde ich mich mit Eifer für letzteres entscheiden. Im anderen Extrem ist es einfach zu viel, denn es legt nahe, daß ich als sorgende Lehrerin bereit sein sollte, fast alles zu tun, um meine Schüler dazu zu bringen, die Grundkenntnisse zu beherrschen. Und das bin ich nicht. Eines der nicht greifbaren Dinge, von denen ich möchte, daß meine Schüler es mit ins Leben nehmen, ist das Gefühl, daß der Gegenstand, mit dem wir uns abgeplagt haben, sowohl faszinierend als auch langweilig, sowohl wichtig als auch dumm ist, daß er mit Bedeutung und Unsinn beladen und so herausfordernd wie zäh ist und daß jede Haltung, die wir ihm gegenüber einnehmen, nicht unsere gegenseitige Achtung beeinträchtigen wird. Der Schüler ist unendlich wichtiger als der Gegenstand.

6. Ästhetisches Sorgen

Für das Sorgen für Dinge und Ideen werde ich den Ausdruck »ästhetisches Sorgen« verwenden und diese Verwendung etwas später rechtfertigen. Sorgen für Dinge oder Ideen scheint eine qualitativ andere Form des Sorgens zu sein. In bezug auf Objekte verwenden wir »sich kümmern um« und »Interesse haben an«, oder wir sagen »einem ist etwas wichtig«. Wir sagen »Herr Smith kümmert sich um seinen Rasen«, und »Frau Brown kümmert sich mehr um ihre Küche als um ihre Kinder«. Aber mit diesen Ausdrücken können wir nicht das meinen, wovon wir im Zusammenhang mit Sorgen für Menschen gesprochen haben. Wir mögen Engagement für unseren Rasen oder für unsere Küchen aufbringen, aber es gibt da keinen »anderen«, auf den wir uns zubewegen, es gibt da keine andere subjektive Realität, die wir begreifen wollen, und es gibt keine zweite Person, der eine Haltung übermittelt werden soll. Ein solches »Sorgen« mag mit dem Sorgen für Personen verwandt sein und bezieht sich selbstverständlich auf die Weisen, in denen wir für uns selber sorgen. Aber es kann uns auch davon abbringen, für andere Personen zu sorgen. Wir können zu sehr darin aufgehen, für Dinge zu »sorgen«, so daß keine Zeit bleibt, für Personen zu sorgen.

Auch auf diesem Gebiet des Sorgens werden wir schwierige und reizvolle Abweichungen antreffen. Die meisten von uns halten die Wendung: »Er interessiert sich nur für Geld« für abwertend, aber wenn wir von jemandem hören, daß »er sich nur für Mathematik interessiert« oder daß »sie sich nur für Musik interessiert«, haben wir gemischte Gefühle. Diese Reaktion liegt zum Teil daran, daß wir fühlen, daß eine Person, die sich nur für Geld interessiert, wahrscheinlich nicht davor zurückschreckt, bei ihrer Jagd nach Geld andere Menschen zu verletzen, während jemand, der sich nur für Mathematik interessiert, eine harmlose, ja vielleicht bewundernswerte Person ist, die sich die Vergnügungen des Lebens in ihrer Hingabe an ein esoterisches Objekt versagt. Aber auch hier kann es sein, daß unsere Haltung zum Teil von traditionellem Respekt und ebensolcher Achtung für intellektuelle und insbesondere ästhetische Gegenstände konditioniert ist, die hier als eine Art leidenschaftlichen Engagements für Form und unpersönliche Inhalte interpretiert werden. Wir werden die Frage nach der Beziehung zwischen dem Ethischen und dem Ästhetischen und wie das Sorgen, das wir als das besondere Fundament des Ethischen betrachten, durch das Ästhetische erhöht, verzerrt oder sogar vermindert werden kann, als ein besonderes Problem behandeln. Von den Arbeiten von T. E. Lawrence über seine arabischen Abenteuer[13] bis hin zu Kierkegaards interesselosem und skeptischem A[14] sehen wir, wie das Ethische in einer höchst intellektualisierten Ästhetik verlorengeht. In menschlichen Angelegenheiten als ein kritischer und sensibler Beobachter immer abseits zu stehen, zwar besorgt, aber nicht weiter engagiert zu sein, gerade nur so weit betroffen oder nur auf diese ganz besondere Art betroffen zu sein, das heißt, das Ethische im Ästhetischen zu verlieren.

Und dennoch empfinden wir, daß die Rezeptivität, die für das ästhetische Engagement charakteristisch ist, der Rezeptivität des Sorgens sehr ähnlich ist. Das Bewußtsein nimmt eine ähnliche Seinsweise an – die sich darum bemüht, eine Realität eher zu begreifen und anzunehmen, als sie zu formen. Mozart sprach davon, Melodien in seinem Kopf zu hören,[15] und der Mathematiker Gauß wurde von Mathematik »ergriffen«.[16] Auf ähnliche Weise wird eine, die für einen anderen sorgt, von den Plänen oder Plagen des anderen erfaßt und »hört« oft, ohne daß ein Wort vom anderen gesprochen wurde. Ferner ist der kreative Künstler während der Entstehung eines Werkes für es gegenwärtig: indem er zuhört, beobachtet, fühlt und beiträgt. Dieser Austausch zwischen dem Künstler und dem Werk, diese Bedeutung einer wahrgenommenen oder empfangenen Realität, die nichtsdesto-weniger auf einzigartige Weise dem Künstler gehört, wurde von Mozart in der Frage bestätigt:

»Also wie kommt es eigentlich, daß, während ich arbeite, meine Kompositionen die Form oder den Stil annehmen, der für Mozart charakteristisch ist und der keinem anderen zugeordnet werden kann?«[17]

Das Empfinden, etwas wird durch jemanden und nur zufällig *von* jemandem geschaffen, wird häufig von Künstlern berichtet. In einem Interview zur Feier seines achtundsechzigsten Geburtstages versuchte Joan Miró seine Kreativität einem der Reporter zu erklären. Er sagte Dinge wie: »Das Papier hat Magnetismus. Meine Hand wird von einer magnetischen Kraft geführt. Es ist, als wäre ich betrunken.«[18] Wenn wir jedoch über Kreativität in der Schule diskutieren, ist unser Hauptinteresse fast immer auf Aktivität, Manipulation und Freiheit gerichtet. Und bei der Diskussion von Sorgen liegt unsere Betonung wiederum auf der Handlung und darauf, was richtigerweise Beaufsichtigung oder Fürsorge genannt werden könnte. Aber das Sorgen, das dieser Beaufsichtigung oder Sorgfalt die Bedeutung verleiht, wird nur zu oft als »Gefühl« abgetan. Zum Teil werden unsere Reflexionen zu Kreativität und Sorgen vom herrschenden Beharren auf objektiver Bewertung geleitet. Wie können wir die Rezeptivität, die im Kern von beiden vorhanden ist, betonen, wenn wir keine Möglichkeit haben, sie zu messen? Hier mögen wir letztendlich die Entscheidung treffen, daß einige Dinge im Leben und in der Erziehung durch Glauben und nicht durch objektive Bewertung unternommen und aufrechterhalten werden müssen.

Selbst wenn die Rezeptivität, die für künstlerische Kreationen charakteristisch ist, der des Sorgens ähnelt, werden wir wichtige Unterschiede erkennen und sind auf keinen Fall überzeugt, daß künstlerische Rezeptivität mit der Rezeptivität von Sorgen (bei einzelnen Menschen) korreliert. Schließlich wissen wir von künstlerischen Monstren (Wagner fällt uns ein); von Menschen, die Orchideen geliebt und menschliches Leben verachtet haben (Conan Doyles »Moriarty«); manche Leute, wie zum Beispiel einige der höheren Befehlshaber der Nazis, haben Musik und die Künste geliebt und haben dennoch unglaubliche Grausamkeiten an Menschen verübt. Und wir kennen natürlich jene, die leidenschaftlich für ihre Familie, ihren Stamm oder ihre Nation sorgen und gleichzeitig mit Gusto ihren Feinden die Köpfe abschlagen. Wir erwarten also nicht, eine einfache Formel zu finden, eine Formel, die beschreiben würde, wofür sich zu engagieren unsere Kinder lernen sollen, um in sinnvoller Weise für andere zu sorgen. Wir werden aber wiederum auch die große Bedeutung des Umsorgten-Teiles und seinen Beitrag zu sorgenden Beziehungen sehen. Vielleicht finden einige Menschen Ideen und Dinge responsiver als Menschen, für die zu sorgen sie sich bemüht haben.

Bei der Diskussion über Erziehung werden wir zuletzt für den eigentlichen Beitrag des ästhetischen Sorgens Interesse aufbringen. Schulen und Lehrer können, wenn sie wollen, ein bestimmtes Maß an Kontrolle über die Natur und Responsivität der potentiellen »Umsorgten-Teile«, die den Schülern als Unterrichtsgegenstand präsentiert werden, ausüben, und es gibt vielleicht vernünftige Formen, perzeptiven/kreativen Modi neben beurteilenden/bewertenden einen angemessenen Platz einzuräumen.

7. Sorgen und Handeln

Wenden wir uns nun kurz dem Thema des Handelns zu. Mit einer genaueren Vorstellung von dem, was die sorgenden Aspekte der ersten und zweiten Person konstituiert, können wir nun vielleicht etwas bestimmter über Akte des Sorgens sprechen. Unsere Motivation im Sorgen richtet sich auf das Wohlergehen, den Schutz oder die Verbesserung der Lage des Umsorgten-Teiles. Wir sollten beim Sorgen im Idealfall in der Lage sein, Gründe für unsere Aktivität/Inaktivität anzugeben, die einen vernünftigen, unvoreingenommenen Beobachter davon überzeugen können, daß wir im Interesse des Umsorgten-Teiles gehandelt haben. Das heißt nicht, daß alle derartigen Beobachter darin übereinstimmen müssen, daß sie in einer bestimmten sorgenden Situation in genau derselben Weise wie wir gehandelt hätten. Sie können im Gegenteil andere Alternativen bevorzugen. Sie können genau dieselben Konflikte, die uns Angst eingeflößt haben, erleben, und dennoch einen unterschiedlichen Verlauf der Handlung vorschlagen; oder sie können auf eine rein rational-objektive Weise vorgehen und denselben oder einen anderen Handlungsablauf vorschlagen. Häufig jedoch, und besonders im Fall von Inaktivität, sind wir nicht willens, einem wirklichen Beobachter Gründe anzugeben; unser idealer Beobachter ist und bleibt die Abstraktion. Die Gründe, die wir angeben würden, jene, die wir uns selbst gegenüber im Bemühen ehrlich subjektiven Denkens angeben, sollten mit den objektiven Elementen des Problems so gut verbunden sein, daß unsere Handlungsweise entweder eine deutliche Chance hat, im Interesse des Umsorgten-Teiles erfolgreich zu sein, oder zumindest nur in der Hoffnung gewählt worden sein kann, mit ihm etwas für den Umsorgten-Teil erreichen zu können.

Zum Sorgen gehört ein Heraustreten aus unserem eigenen persönlichen Bezugsrahmen und ein Sich-Hineinbegeben in den Bezugsrahmen des anderen. Wenn wir sorgen, ziehen wir den Standpunkt des anderen in Betracht, wir erwägen seine objektiven Bedürfnisse und was er sich von uns erwartet. Unsere Aufmerksamkeit, unser geistiges Engagement richtet sich auf den Umsorgten-Teil und nicht auf uns selbst. Unsere Gründe zu handeln haben also sowohl mit den Wünschen und Bedürfnissen des anderen als auch mit den objektiven Elementen seiner problematischen Situation zu tun. Wenn eine streunende Katze gesund und relativ sicher ist, werden wir sie nicht in ein Tierheim abschieben; statt dessen werden wir Futter und Wasser zur Verfügung stellen und ihr Freiheit ermöglichen. Warum sollten wir sie zum Tode verdammen, wenn sie die Freiheit eines Vagabundenlebens genießen könnte? Wenn wir jedoch geistig mit uns selbst beschäftigt sind – wenn wir im Grunde noch nie unseren eigenen a priori Bezugsrahmen verlassen haben –, dann weisen unsere Gründe zu handeln auf uns selbst zurück und nicht nach außen auf den Umsorgten-Teil hin. Wenn wir wollen, daß man uns für einen sorgenden Menschen hält, dann handeln wir oft routinemäßig so, daß man uns das leicht abkauft.

Das gibt uns als Außenseitern der Beziehung eine wenn auch sicher nicht unfehlbare Möglichkeit, Beaufsichtigung und Fürsorge als Zeichen echten Sorgens zu beurteilen. Zu sorgen bedeutet, nicht gemäß fixen Regeln, sondern aus Zuneigung und Achtung zu handeln. Es scheint also naheliegend, daß die Handlungen eines Sorgenden-Teiles eher unterschiedlich ausfallen und nicht so sehr regelgebunden wirken; das heißt, ihre Handlungen werden, während sie in einem globalen Sinn vorhersagbar sind, im Detail nicht vorhersagbar sein. Unterschiedlichkeit ist zu erwarten, wenn eine, die von sich behauptet, zu sorgen, auch wirklich sorgt, denn ihr tiefes Engagement liegt beim sich verändernden und niemals vollständig zu verstehenden Anderen, beim Anderen als einem besonderen, in einem besonderen Gefüge von Umständen. Ein von Regeln gebundenes Antworten, das im Namen von Sorgen geschieht, legt den Verdacht nahe, daß der so Redende eigentlich mehr darauf aus ist, für sein Sorgen Anerkennung zu finden.

Als Sorgender-Teil zu handeln heißt also, mit spezieller Achtung für die besondere Person in einer konkreten Situation zu handeln. Wir handeln nicht, damit wir für uns selbst ein Lob bekommen, sondern um den Umsorgten-Teil zu schützen und sein Wohlergehen zu befördern. Da wir uns zum Umsorgten-Teil hingezogen fühlen, wollen wir so handeln, daß es ihm gefällt. Aber wir wollen ihm zu seinem eigenen Nutzen und nicht im Hinblick auf ein Versprechen, daß er unsere Großzügigkeit dankbar beantworten wird, einen Gefallen tun. Selbst diese Motivation – so zu handeln, daß die Glückseligkeit und das Vergnügen des Umsorgten-Teiles erhöht werden – muß nicht ein sicheres äußeres Zeichen des Sorgens sein. Manchmal sind wir im Konflikt, ob das, was der Umsorgte-Teil wünscht und was wir als das beste für ihn betrachten, übereinstimmen. Als sorgende Eltern können wir zum Beispiel nicht immer so handeln, daß unsere Kinder darauf unmittelbar lustvoll oder erfreut reagieren, und wenn wir so handeln, kann es wiederum den Wunsch ausdrücken, für unser Sorgen anerkannt zu werden.

Der Sorgende-Teil wünscht das Wohlergehen des Umsorgten-Teiles und handelt (oder unterläßt eine Handlung – verpflichtet sich innerlich), um dieses Wohlergehen zu fördern. Sie steht dem Anderen positiv gegenüber. Ein Beobachter kann jedoch das zentrale Motiv nicht sehen und die Zeichen des Verhaltens falsch interpretieren. Der Beobachter muß dann das Sorgen zum Teil nach dem folgenden beurteilen: Erstens führt die Handlung (wenn eine erfolgt ist) entweder zu einem günstigen Resultat für den Umsorgten-Teil oder scheint ein solches Resultat mit größter Wahrscheinlichkeit zu folgen; zweitens zeigt der Sorgende-Teil eine charakteristische Vielfalt in seinen Handlungen – sie handelt in einer nichtregelgebundenen Art im Interesse des Umsorgten-Teiles.

Wir werden beträchtliche Zeit und Mühe für die Diskussion nichtregelgebundenen, sorgenden Verhaltens aufbringen müssen. Es ist sicherlich nicht meine Absicht, willkürliches und extravagantes Verhalten zu unterstützen, sondern eher ein Verhalten, das der Inkonsistenz ähnlich ist, die vor vielen Jahren von Ralph Waldo Emerson[19] propagiert wurde; eine Art Verhalten, die nicht durch eine Menge enger und starr definierter Prinzipien, sondern eine breiträumig und offen definierte Ethik bestimmt ist, eine Ethik, die sich von selbst in Situationen formt und die menschlichen Gemütsbewegungen, Schwächen und Ängsten gegenüber eine angemessene Achtung zeigt. Von einer solchen Ethik empfangen wir keine Vorschriften, wie wir uns unter gegebenen Umständen zu verhalten hätten, sondern wir fühlen uns irgendwie dahingehend aufgeklärt, welche Arten von Fragen wir (uns selbst und anderen) in den verschiedenen Arten von Situationen stellen sollten, und wo wir nach den geeigneten Antworten suchen könnten. Eine solche Ethik versucht nicht, das Bedürfnis nach menschlichem Urteil mit einer Reihe von »Du sollst« und »Du sollst nicht« zu reduzieren. Vielmehr trägt sie dem Umstand Rechnung, daß es Situationen und Bedingungen gibt, in welchen ein Urteil (im unpersönlichen und logischen Sinn) rechtmäßig zugunsten von Glauben und Verpflichtung beiseite gestellt werden mag.

Wir gründen Fonds, Institutionen oder Agenturen, um die Beaufsichtigung und Fürsorge, die wir als notwendig beurteilen, zur Verfügung zu stellen. Der ursprüngliche Impuls ist oft mit Sorgen verknüpft. Er entsteht in Individuen. Wenn aber Gruppen von Individuen die wahrgenommenen Bedürfnisse anderer Individuen oder Gruppen diskutieren, dann verändert sich der Imperativ von einem »Ich muß etwas tun« zu einem »Etwas muß getan werden«. Dieser Wechsel wird von einer Verlagerung vom Nichtrationalen und Subjektiven hin zum Rationalen und Objektiven begleitet. Was sollte getan werden? Wer sollte es tun? Warum sollten es die genannten Personen tun? Diese Art von Denken ist in sich selbst nicht fehlerhaft; es besteht ein Bedarf danach, und es ist wichtig. Aber in ihm verbirgt sich der Nährboden für einen gröberen Irrtum. Die Gefahr liegt darin, daß Sorgen, welches essentiell nichtrational ist, insofern es Engagement und Motivationsverschiebung erfordert, allmählich oder ganz abrupt zu einem abstrakten Problemlösungsverfahren transformiert werden kann. Es gibt dann einen Wechsel der Aufmerksamkeit vom Umsorgten-Teil hin zum »Problem«. Es ergeben sich Anlässe für das Eigeninteresse, und Personen, die mit dem Sorgen betraut sind, mangelt es möglicherweise an Engagement jenen gegenüber, für die zu sorgen wäre. Regeln werden formuliert, und die charakteristische Vielfalt der Antworten auf die Bedürfnisse der Umsorgten-Teile kann dahinschwinden. Diejenigen, die mit dem Sorgen betraut sind, werden vielleicht ihr Augenmerk auf die Erfüllung der formulierten Erfordernisse fürs Sorgen legen, und sie werden womöglich darin versagen, in ihren Interaktionen mit den Umsorgten-Teilen gegenwärtig zu sein. So verschwindet Sorgen, und nur seine Illusion bleibt zurück.

Natürlich ist klar, daß auch die Unfähigkeit, in sorgenden Situationen objektiv und gut zu denken, gefährlich sein kann. Wir begeben uns ganz richtig in einen rational-objektiven Zustand, während wir versuchen, genau zu entscheiden, was wir im Interesse des Umsorgten-Teiles zu tun gedenken. Wenn ich schlecht informiert bin oder wenn ich einen Fehler mache oder wenn ich unüberlegt handle, kann ich dem Umsorgten-Teil mehr schaden als helfen. Aber man kann hier auch so argumentieren, daß das Versagen noch auf der Ebene von Engagement und Motivationsverschiebung stattfindet. Doch würde ich mich im eigenen Interesse ebenso sorglos verhalten?

Es hat also den Anschein, daß eine der größten Gefahren des Sorgens in einem verfrühten Wechsel zur rational-objektiven Denkform liegen könnte. Nicht daß objektives Denken für Probleme, die ein Sorgen erfordern, nutzlos wäre, aber es ist von limitiertem und spezifischem Nutzen, und wir werden das, was wir als »Wendepunkte« bezeichnen werden, sehr genau untersuchen müssen. Wenn rational-objektives Denken in den Dienst von Sorgen gestellt werden soll, müssen wir es im rechten Augenblick vom Abstrakten, zu dem es hintendiert, ab- und wieder dem Konkreten zuwenden. Zeitweise müssen wir es auch zugunsten des subjektiven Denkens und Reflektierens unterbrechen und dem *Hinschauen* und dem *Hinfühlen* Zeit und Raum widmen. Die rational-objektive Denkform muß kontinuierlich auf der Basis der Aufgabe, der wir uns verpflichtet fühlen, neu etabliert und in eine neue Richtung gelenkt werden. Sonst finden wir uns tief und womöglich unentwirrbar in Prozeduren verstrickt, die irgendwie nur sich selbst dienen; unsere Gedanken sind vom ursprünglichen Objekt des Sorgens abgetrennt, mit ihm vollkommen unverbunden.

An dieser Stelle sollten wir vielleicht darüber nachdenken, auf welches Ziel wir mit unserer Analyse des Sorgens zusteuern.

8. Ethik und Sorgen

Ganz allgemein stimmt man darin überein, daß Ethik die philosophische Untersuchung der Moralität ist, aber wir sprechen auch von einer »Berufsethik« und einer »personalen Ethik«. Wenn wir von Ethik in der letzteren Bedeutung sprechen, beziehen wir uns auf etwas Erklärbares – eine Menge von Regeln, ein Ideal, eine Konstellation von Ausdrücken, die unser Verhalten leiten und rechtfertigen. Man kann sich offensichtlich ethisch verhalten, ohne sich um Ethik als ein philosophisches Unternehmen zu kümmern, und man kann sogar so etwas wie eine Ethik zusammenstellen – das heißt eine Beschreibung dessen, was es bedeutet, moralisch zu sein –, ohne ernsthaft zu hinterfragen, was es bedeutet, moralisch zu sein. Eine solche Ethik, so scheint mir, kann oder kann nicht zu moralischem Verhalten führen. Das hängt grundlegend davon ab, wie man die Antwort auf die Frage »Was bedeutet es, moralisch zu sein?« beurteilt. Diese Frage ist für unsere Untersuchung zentral. Ich möchte bei den meisten unserer Diskussionen eher von »ethisch« als von »moralisch« sprechen, aber indem ich das tue, nehme ich an, daß sich ethisch zu verhalten dasselbe ist wie Handeln in Übereinstimmung mit einer akzeptier- und begründbaren Erklärung dessen, was es bedeutet, moralisch zu sein. Sich ethisch zu verhalten heißt nicht, sich in Übereinstimmung mit irgendeiner Beschreibung von Moralität zu verhalten, und ich möchte behaupten, daß ethische Systeme nicht einfach deshalb gleichwertig sind, weil sie Regeln, die dieselben Angelegenheiten oder Kategorien betreffen, enthalten.

In einer Diskussion über die Möglichkeit einer objektiven Moralität (gegen einen Relativismus) macht der Anthropologe Ralph Linton zwei wesentliche Unterscheidungen, die vielleicht geeignet sind, ein Licht auf den von mir gewählten Weg zu werfen. In einem Argument scheint er zu sagen, daß ein ethischer Relativismus falsch ist, weil gezeigt werden kann, daß alle Gesellschaften irgendwelche Verhaltensregeln mit bestimmten universellen Kategorien niederlegen. So finden sich zum Beispiel in allen Gesellschaften Regeln für die Steuerung des sexuellen Verhaltens. Aber Linton scheint nicht zu erkennen, daß der Inhalt der Regeln, und nicht ihr bloßes Vorhandensein, für die Diskussion der Ethizität relevant ist. So sagt er zum Beispiel: »Alle Gesellschaften erkennen praktisch den Ehebruch als unethisch und bestrafen die Ehebrecher. Derselbe Mann, der seine Frau an einen Freund oder Bruder verleiht, wird in Wut entbrennen, wenn sie ohne seine Erlaubnis zu einem anderen Mann geht.«[20] Aber wir würden doch sicher alle gern wissen, welches Verständnis von Moralität Ehebruch für »unrecht« und das Ausleihen der eigenen Frau für »recht« erklärt. Ebenso sicher kann ein ethisches System, das solche Entscheidungen trifft, nicht einem ethischen System gleichgestellt werden, das Ehebruch für akzeptabel und das Verleihen der Ehefrau für unakzeptabel hält.

Die zweite Behauptung von Linton wird von einer beträchtlichen Anzahl von Anthropologen unterstützt. Einfach ausgedrückt besagt sie, daß Moralität auf allgemeinen menschlichen Charakteristika und Bedürfnissen basiert und daß daher eine objektive Moralität möglich sei. Daß Moralität irgendwo in allgemeinen menschlichen Bedürfnissen, Gefühlen und Erkenntnissen wurzelt, darüber besteht Übereinstimmung. Aber mir leuchtet nicht ein, daß wir leicht und rasch von dieser Übereinstimmung zur Behauptung, daß eine objektive Moralität möglich sei, übergehen können. Beschreiben können wir vielleicht den moralischen Impuls, wie er als Antwort auf besondere Bedürfnisse und Gefühle entsteht, und vielleicht können wir auch die Beziehung zwischen Denken und Handeln in Beziehung zu diesem Impuls beschreiben; aber während wir diese Aufgaben in Angriff nehmen, mag es geschehen, daß wir uns immer weiter vom Begriff einer objektiven Moralität weg- und immer näher auf die Überzeugung zubewegen, daß ein nichtentfernbarer subjektiver Kern, ein Verlangen nach dem Guten, dasjenige zur Verfügung stellt, was es an Universalität und Stabilität in dem geben kann, was moralisch zu sein bedeutet.

Ich möchte eine Ethik auf dem Sorgen aufbauen, und ich werde behaupten, daß es eine Form des Sorgens gibt, die natürlich und für alle Menschen erreichbar ist. Bestimmte Gefühle, Haltungen und Erinnerungen werde ich als universal beanspruchen. Aber die Ethik selbst wird nicht einer Menge universalisierbarer moralischer Urteile entsprechen. Moralische Urteile werden in der Tat nicht das zentrale Anliegen dieser Ethik sein. Unter Philosophen ist es sehr verbreitet, von der Frage: Was ist Moralität? zur scheinbar leichter handhabbaren Frage: Was ist ein moralisches Urteil? überzugehen. Fred Feldman macht zum Beispiel diesen Zug ziemlich am Anfang. Er schlägt vor:

»Vielleicht können wir etwas Licht auf die Bedeutung des Wortes ›Moralität‹ werfen, indem wir das Eigenschaftswort ›moralisch‹ betrachten. So vorzugehen wird uns in die Lage versetzen, mit einem weniger abstrakten Begriff umzugehen, und wir können so vielleicht mehr Erfolg haben. Also anstatt zu fragen: Was ist Moralität? werden wir eine der interessantesten Verwendungen des Eigenschaftswortes ›moralisch‹ hernehmen und statt dessen fragen: ›Was ist ein moralisches Urteil?‹«[21]

Ich behaupte nicht, daß dieser Zugang völlig falsch ist oder daß durch eine Betrachtung moralischer Urteile nichts gewonnen werden kann, sondern daß ein solcher Zugang nicht die einzige Möglichkeit darstellt. Wir könnten einen anderen interessanten Gebrauch des Eigenschaftswortes wählen und statt dessen nach dem moralischen Impuls oder der moralischen Haltung fragen. Die Wahl ist wichtig. Die althergebrachte Fokussierung auf moralische Urteile hat zu einem ernsten Ungleichgewicht in der moralischen Diskussion geführt. Es ist insbesondere wohl bekannt, daß viele Frauen – vielleicht fast alle Frauen – moralische Probleme nicht als Probleme von Prinzip, Vernunftgründen und Urteilen angehen. Wenn also ein wesentlicher Teil der Menschheit sich moralischen Problemen über eine Betrachtung der konkreten Elemente von Situationen und der Achtung für einen selbst als sorgendes Wesen nähert, dann sollte vielleicht der Versuch gemacht werden, die Untersuchung der Moralität durch diese alternative Art und Weise der Annäherung zu erhellen. Außerdem hat eine solche Untersuchung signifikante Implikationen für die Erziehung, und zwar jenseits von Ethik. Wenn Moralerziehung im doppelten Sinn sich nur am Studium moralischer Prinzipien und Urteile ausrichtet, werden sich nicht nur Frauen veranlaßt sehen, sich Männern gegenüber im Bereich der Moralität minderwertig zu fühlen, Erziehung selbst kann unter einer verarmten und einseitigen moralischen Leitidee leiden.

So scheint der Aufbau einer Ethik auf dem Sorgen sowohl vernünftig als auch wichtig. Die Frage, ob eine so konstruierte Ethik eine Art von »Situationsethik« sei, ist an dieser Stelle berechtigt. Sie ist gewiß nicht jene Form von Handlungsutilitarismus, der gemeinhin als »Situationsethik«[22] bezeichnet wird. Die Betonung liegt nicht auf den Folgen unserer Handlungen, wenn diese natürlich keinesfalls unbedeutend sind. Eine Ethik des Sorgens verortet vielmehr Moralität primär in dem der Handlung vorgelagerten Bewußtsein des Sorgenden-Teiles. Dennoch ist sie nicht eine Form von Agapismus. Sie enthält weder ein Gebot der Liebe, noch enthält sie irgendeinen Gott, von dem ein solches Gebot ausgehen könnte. Außerdem möchte ich die Vorstellung einer universellen Liebe zurückweisen, da ich sie für nicht erstrebenswert halte, außer in einem höchst abstrakten Sinn, und sie daher als eine Quelle der Ablenkung sehe. Auch wenn viel von dem, was in einer Ethik des Sorgens entwickelt werden wird, in einer christlichen Ethik zu finden ist, werden doch die Unterschiede größer und unversöhnlich sein. Menschliche Liebe, menschliches Sorgen wird als Fundament für eine Ethik sicher ausreichen.

Dieses Lieben und Sorgen müssen wir uns noch viel genauer ansehen.

[Aus dem Amerikanischen von Ulla Ernst]

Anmerkungen

1 Im folgenden wird die englischsprachige Unterscheidung von *sex* und *gender* als »biologisches Geschlecht« und »kulturell bestimmte Geschlechtsidentität« übersetzt; das Begriffspaar *sex/gender,* als Abkürzung eines der feministischen Debatte zugehörigen Topos, wird mit »Sexus/Genus« wiedergegeben. [Anm. d. Übs.]
2 Die Bemerkung von Gauß ist zitiert bei Kline, Morris: *Why Johnny Can't Add,* New York: Vintage Books 1974, S. 58.
3 Dazu siehe Gilligan, Carol: In a Different Voice: Women's Conception of the Self and of Morality, in: *Harvard Educational Review* 47, 1977, S. 481–517; dies.: Woman's Place in Man's Life Cycle, in: Harvard Educational Review 49, 1979, S. 431–446; dies.: *Die andere Stimme,* Lebenskonflikte und Moral der Frau, München: Piper 1984.
4 Mayeroff, Milton: *On Caring,* New York: Harper and Row 1971, S. 1.
5 Siehe Brandon, David: *Zen in the Art of Helping,* New York: Dell Publishing Co. 1978, 3. Kapitel.
6 Kierkegaard, S.: *Abschließende Unwissenschaftliche Nachschrift Zu Den Philosophischen Brocken,* Teil II, Düsseldorf/Köln: Eugen Diederichs Verlag 1958.
7 Ebd., S. 64.
8 Siehe Raywid, Mary Anne: Up from Agape: Response to »Caring« von Nel Noddings, in: *Journal of Curriculum Theorizing* 1981, S. 152–156.
9 Buber, Martin: *Ich Und Du,* Heidelberg: Verlag Lambert Schneider 1979, S. 25.
10 Siehe Hult, Richard E.: On Pedagogical Caring, in: *Educational Theory* 29, 1979, S. 237–244.
11 Siehe Blackham, H. J.: *Six Existentialist Thinkers,* New York: 1959, S. 80.
12 Ebd., S. 80.
13 Lawrence, T. E.: *Seven Pillars of Wisdom,* New York: Garden City Publishing Co. 1938, S. 549, 562–566.
14 Kierkegaard, S.: *Entweder – Oder,* Erster Teil, Düsseldorf: Eugen Diederichs Verlag 1964.
15 Siehe den Bericht bei Hadamard, Jacques: *The Psychology of Invention in the Mathematical Field,* New York: Dover Publications, Inc. 1954, S. 16f.
16 Siehe Bell, E. T.: *Men of Mathematics,* New York: Simon and Schuster 1965, S. 254.
17 Zitiert bei Hadamard, J.: a. a. O., S. 16f.
18 NBC: *Prime Time Sunday,* 8. Juli 1979.
19 Emerson, Ralph, Self Reliance, in: *Essays,* First Series, Boston and New York: Houghton Mifflin Company 1903, S. 45–90.
20 Linton, Ralph: An Anthropologist's Approach to Ethical Principles, in: Rachels, James (Hg.): *Understanding Moral Philosophy,* Encino, Calif.: Dickenson Publishing Company, Inc. 1976, S. 8.
21 Feldman, Fred: *Introductory Ethics,* Englewood Cliffs, N. J.: Prentice-Hall, Inc. 1978, S. 2.
22 Siehe z. B.: Fletcher, Joseph: *Situation Ethics,* Philadelphia: The Westminster Press 1966.

Sarah Lucia Hoagland
Einige Gedanken über das Sorgen[1]

Nach mehreren Jahren der Zugehörigkeit zur lesbischen Gemeinschaft und auf der Grundlage der dabei gemachten Beobachtungen schrieb ich *Die Revolution der Moral*. Die darin entwickelte Analyse brachte eine Kritik an jenem Entwurf traditioneller, anglo-europäischer Ethik hervor, der zur »Kooperation« zwischen AntagonistInnen nötigt. Indem ich mich auf das Konzept von »lesbisch« konzentrierte, sah ich mich dazu veranlaßt, Heterosexualismus in Frage zu stellen. Der Begriff »Heterosexualismus« bezieht sich dabei nicht bloß auf eine der Fortpflanzung dienende Sexualität zwischen Männern und Frauen, sondern bezeichnet die Gesamtheit einer Lebensform:

»Heterosexualismus bedeutet, daß Männer dominieren und Frauen in vielen Formen entfähigen und entmachten, vom offenen Angriff bis hin zu paternalistischer Fürsorge, und daß Frauen (notwendigerweise) die Bindung an Frauen abwerten. Heterosexualismus beinhaltet immanente Widersprüche zwischen Verpflichtung und Autonomie, so daß folgerichtig eine Ethik der Abhängigkeit gilt. Heterosexualismus ist eine Lebensform, die in einer Beziehung die Herrschaft einer Person und die Unterordnung der anderen zur Normalität erklärt. Und damit untergräbt er die weibliche Handlungsfähigkeit.«[2]

Die Frage weiblicher Handlungsfähigkeit halte ich für ein aus dem Heterosexualismus resultierendes, zentrales Problem. (Unter »Handlungsfähigkeit« verstehe ich einfach die Fähigkeit, Entscheidungen zu treffen und in Situationen zu agieren.)

Im Rahmen des heterosexuellen Modells von Weiblichkeit bestehen die weiblichen Werte in Selbstaufopferung, Verletzbarkeit und Altruismus.[3] Weibliche Handlungen sind auf andere hin ausgerichtet, und die Handlungsfähigkeit von Frauen wird somit in andere verlegt. Konsequenterweise ist die vorrangige Form weiblichen Agierens die Manipulation. Und dies ist genau jenes Stereotyp, das Männer dazu verwenden, Frauen abzutun und zu kritisieren, wenn sie sich den männlichen Vorschreibungen gemäß verhalten. Das Resultat ist eine jener double-bind-Situationen, auf die Feministinnen im Zuge der Entwicklung einer Sexismus-Analyse aufmerksam machten.

Die Unabhängigkeit des männlichen Handlungsträgers – das Modell für den Subjektsbegriff anglo-europäischer Ethik – ist im wirklichen Leben nur insofern möglich, als unter Annahme einer Abhängigkeit der weiblichen Handlungsträgerin davon ausgegangen wird, daß sie jene notwendigen Dienste zur Verfügung stellt, die es dem Mann erlauben, Autonomie vorzutäuschen. Das Subjekt im anglo-europäischen Modell männlich ethischen Handelns ist isoliert, egoistisch, von Konkurrenzdenken geprägt und antagonistisch. Und wie Alison Jaggar bemerkt, lautet auf Grund dieses Modells die zentrale Frage anglo-europäischer politischer Theorie: Wie bringen wir Personen dazu zu kooperieren?[4] Wenn wir ein solches Modell moralischen Handelns zum Ausgangspunkt nehmen, darf es weiters nicht verwundern, wenn männliche Philosophen argumentieren, daß es ohne Altruismus keine Ethik gebe. Nichtsdestoweniger ist Altruismus, wie ohnehin zu vermuten, eine Sache jener, denen weniger Macht zukommt.[5] Altruismus ist eine weibliche Tugend.

Um dieser Ethik der Unabhängigkeit entgegenzutreten, haben einige heterosexuelle Philosophinnen eine Ethik der Abhängigkeit entwickelt; wie ich annehme, zum Teil in dem Versuch, eine Idee von Gemeinschaft zu erfassen und zu untersuchen, die über eine von männlichen Ethiken her bekannte Ansammlung unabhängiger AntagonistInnen hinausgeht. Bezeichnenderweise wird diese Ethik der Abhängigkeit häufig im Rahmen mütterlichen Verhaltens untersucht, wo es möglich ist, der Idee von Abhängigkeit nachzugehen und sie zu romantisieren, aber wo Frauen als Mütter nicht diejenigen sind, die in einem Abhängigkeitsverhältnis stehen. Ich stelle mütterliches Verhalten als Modell weiblichen Handelns ebenso in Frage wie das männliche, egoistische Modell.

In diesem Artikel möchte ich einige der Fallstricke untersuchen, die sich aus der Verwendung mütterlichen Verhaltens als Modell für weibliches moralisches Agieren ergeben. Ich wählte Nel Noddings' Arbeit, da sie wahrscheinlich am deutlichsten ein männliches Modell des Weiblichen entwickelt.

1. Einführung

Nel Noddings' Buch *Caring*[6] hat seine starken Seiten; es beinhaltet zahlreiche wichtige Aspekte, die ich für eine ethische Theorie als zentral erachte und in traditionellen, männlichen Ethiken meist vermisse. Am wichtigsten ist wahrscheinlich die Verlagerung des Ursprungs ethischer Gesinnung von Regeln hin zu natürlichen Gefühlen, im besonderen zur Sorge. Diese Richtungsänderung enthält zwei Elemente von besonderer Bedeutung. Erstens weist Noddings es zurück, sich auf Regeln oder Prinzipien zu verlassen. Sie erläutert anhand eines situativen Beispiels, in welchem sie eine Autoritätsperson über die Abwesenheit ihres Sohnes von der Schule belügt, oder eines anderen, wo sie es zurückweist, einem Nachbarn nachzuspionieren, wie die Berücksichtigung von Einzelheiten einer Situation dazu beiträgt, die Entscheidung darüber zu treffen, was zu tun ist.[7] Kurz gesagt, Prinzipien bringen nicht zum Ausdruck, wann wir sie anwenden sollen, und langfristig gesehen funktionieren sie nur dann, wenn wir sie nicht wirklich brauchen.

Um die Universalisierbarkeit von Prinzipien zu akzeptieren, so ihr Argument, »müßten wir zeigen, daß menschliche Zwangslagen eine hinreichende Gleichheit aufweisen, aber das können wir nicht tun, ohne von der konkreten Situation jene Qualitäten wegzuabstrahieren, die diese Gleichheit zum Vorschein bringen. So vorzugehen impliziert häufig, daß wir genau jene Qualitäten oder Faktoren übersehen, die die moralische Frage in jener Situation verursachten.«[8] Dies bedeutet jedoch nicht, daß wir Prinzipien insgesamt zurückweisen. Wir betrachten sie als Richtlinien, nicht als endgültige Gebieter über unser Verhalten. Der Sorgende-Teil zeigt »eine charakteristische Vielfalt in seinen Handlungen – sie handelt in einer nichtregelgebundenen Art im Interesse des Umsorgten-Teiles«.[9]

Der zweite Aspekt von Nel Noddings' Verlagerung von einer regelorientierten Ethik hin zu einer Ethik der Sorge besteht in ihrer Konzentration auf die Interaktion zwischen den ethischen Parteien. In ihrer Position wird Beziehung als ontologisch grundlegend und eine Beziehung der Sorge als ethisch grundlegend bestimmt.[10] Sie argumentiert folgendermaßen: »Daß ›Beziehung‹ als ontologisch fundamental genommen wird, bedeutet einfach, daß wir menschliche Begegnung und affektive Reaktion als ein fundamentales Faktum menschlicher Existenz nehmen.«[11] Sie stellt dem Philosophen, der von einem zutiefst freien Bewußtsein ausgeht und das Zentrum unserer Existenz als Einsamkeit und Leere bestimmt, jene gegenüber, die ein Aufeinander-bezogen-Sein anerkennen und sich danach sehnen.[12] Ihrem Vorschlag entsprechend sollen wir unsere Bemühungen »auf die Bewahrung von Bedingungen richten, die erlauben, daß unser Sorgen erblüht«.[13] Und sie legt dar, daß es ihr weder um das Urteil noch um Handlung geht, sondern darum, wie wir einander moralisch begegnen.[14]

Im speziellen besteht für sie der Begriff von Sorge darin, sich auf andere einzulassen sowie deren Realität anzuerkennen.[15] »Zum Sorgen gehört ein Heraustreten aus unserem eigenen persönlichen Bezugsrahmen und ein Sich-Hineinbegeben in den Bezugsrahmen des anderen. Wenn wir sorgen, ziehen wir den Standpunkt des anderen in Betracht...«[16]

Als Ergebnis dieser Konzentration auf Sorge bietet Nel Noddings zahlreiche wertvolle Einblicke in beziehungsmäßige Zusammenhänge an – so zum Beispiel, daß Sorge Selbstbewahrung erfordert[17] und daß das Wissen um die Ursachen von Freude und Schmerz der Sorge um andere vorausgeht.[18] Sie diskutiert auch, wie die Sorge für andere dazu führen kann, Belastungen auf sich zu nehmen und dabei nur um sich selbst zu kreisen –, wenn Sorge einfach eine Angelegenheit von »Sorgen und Bürden« wird und ich mich zum Gegenstand meiner eigenen Sorge entwickle.[19] Von besonderem Interesse ist ihre Überlegung, daß andere unser moralisches Handeln beeinflussen[20] und daß die Aufwertung unseres moralischen Selbst in gewisser Hinsicht von anderen abhängt. Und es spricht auch einiges für den Gedanken, daß wir uns in der Interaktion mit anderen nur von wohlmeinenden Motiven leiten lassen sollen.[21]

In vielerlei Hinsicht stimme ich dieser Blickrichtung zu. Aber wenn sie von moralischem Nutzen sein soll, dann muß sie eine Möglichkeit bereitstellen, die durch unsere Interaktionen festgelegten Werte einzuschätzen, und eine Vorstellung davon liefern, wie sich Werte verändern können. Meine Kritik bezieht sich auf Nel Noddings' Analyse des Sorgens, eine Analyse, die mütterliches Verhalten als Modell annimmt, sowie auf die daraus ableitbaren Implikationen. Mein Anliegen ist zweifacher Natur. Erstens wende ich mich gegen die einseitige Ausrichtung der Beschreibung des Sorgens. Zweitens glaube ich nicht, daß mütterliches Verhalten korrekterweise als Modell für eine Ethik der Sorge verwendet werden kann.

Da es nicht meine Absicht ist, Sorge als zentrale ethische Kategorie zu bezweifeln, sondern eher eine ganz bestimmte Auffassung von Sorge in Frage zu stellen, möchte ich hier etwas ausholen. Nel Noddings' Analyse von Sorge beinhaltet mehrere Elemente: Handeln, Engagement und Motivationsverlagerung auf seiten des Sorgenden-Teils sowie Reziprozität auf seiten des Umsorgten-Teils.[22]

Am schwierigsten zu erfassen ist dabei die Handlungskomponente, da sie nicht durch Verhaltensindikatoren definiert werden kann. An genau diesem Punkt wird die Abwendung von einem regelgebundenen Verhalten am deutlichsten. Die eigene Vorgangsweise ist im Hinblick auf die Person und die Situation zu entscheiden: »Zu sorgen bedeutet, nicht gemäß fixen Regeln, sondern aus Zuneigung und Achtung zu handeln.«[23]

Sich zu engagieren, aufnahmebereit zu sein und das Verlagern von Motivation sind Formen unseres Sich-Einlassens auf andere. Nel Noddings unterscheidet das durch Engagement und Aufnahmebereitschaft gekennzeichnete Erfassen der Realität anderer von Einfühlungsvermögen – beim Erfassen der Realität anderer geht es nicht darum, wie ich mich in ihrer Lage fühlen würde, sondern wie sie selbst diese empfinden.[24] Dies ähnelt Maria Lugones' Begriff von der »spielerischen Weltreise«, durch die wir lernen können, kultur- und rassenübergreifend zu lieben. Es geht dabei um die Fähigkeit, sich in eine andere, von der eigenen sehr unterschiedliche Welt zu begeben, ohne diese zu erobern oder zu zerstören (die männliche Idee von Spiel).[25]

Nel Noddings zufolge zeigt sich das Element der Verlagerung von Motivation insofern, als ich durch den Eintritt in die Welt einer anderen Person »angetrieben (bin), im Interesse des anderen zu handeln, als würde es in meinem eigenen Interesse sein«.[26] Oder anders: »Ich lasse es zu, die mich motivierende Energie mit anderen zu teilen; ich stelle sie anderen zur Verfügung.«[27]

Da ein Akt von Sorge in anderen vervollkommnet werden muß, ist es letztendlich entscheidend, daß der Umsorgte-Teil reziprok reagiert. Reziprozität besteht jedoch nicht darin, daß der Umsorgte-Teil so reagiert wie der sorgende. Vielmehr »gelangt Sorge in allen Beziehungen dadurch zur Vollständigkeit, daß sie vom Umsorgten-Teil als solche aufgefaßt wird«.[28] Ein Baby, das beim Baden vor Vergnügen hin und her schaukelt, zeigt die Gegenleistung des Umsorgten-Teils.[29]

2. Asymmetrische Beziehungen

Sicherlich spricht einiges dafür, sich in der Auseinandersetzung mit ethischen (und politischen) Fragen auf mütterliches Verhalten zu konzentrieren. Alison Jaggar argumentiert, daß dann, wenn wir aufhören, Individuen als isoliert, vereinzelt und essentiell rational zu betrachten, und die biologischen Tatsachen berücksichtigen – daß nämlich Mütter beim Aufziehen von Kindern kooperative Leistungen vollbringen müssen –, Liberale über das Vorherrschen von Egoismus, Konkurrenz und Aggressivität und nicht über das Vorhandensein von Gemeinschaft und Zusammenarbeit verblüfft wären.[30] Nel Noddings' Hauptaugenmerk richtet sich jedoch nicht auf die für Kindererziehung notwendige Kooperation zwischen Erwachsenen, sondern eher auf die ungleiche Beziehung zwischen Mutter und Kind. Sie erwähnt auch die Beziehungen zwischen LehrerIn und SchülerIn und später jene zwischen TherapeutIn und KlientIn.

Nel Noddings' Interesse an diesen Beziehungen scheint darin zu bestehen, daß Kinder/SchülerInnen/KlientInnen ein Bedürfnis haben, welches Mütter/LehrerInnen/TherapeutInnen befriedigen können.[31] In gewisser Hinsicht setzt sie Sorge mit Unterrichten gleich, und ihre Konzentration auf die Mutter-Kind-Beziehung als Primärbeziehung scheint eine Sache der Abhängigkeit des Kindes zu sein, welche in der Mutter eine Reaktion hervorruft. Die Mutter ist somit jene Person, die ein sorgendes Verhalten zeigt – eine natürliche Sorge, die in eine moralische Sorge umgewandelt werden kann.[32] Diese Beziehung ist jedoch asymmetrisch, da das Kind oder die Schülerin »nicht dazu in der Lage sind zu erkennen oder zu verstehen, was die Mutter oder Lehrerin will«.[33]

Erstens besteht der Zweck von elterlicher Fürsorge, von Unterricht und Therapie darin, den Umsorgten-Teil seiner Abhängigkeit zu entwöhnen. Konsequenterweise stellt eine Ethik der Sorge, die eine Abhängigkeitsbeziehung zum Modell nimmt, bestenfalls eine unvollständige Analyse von Sorge bereit. Folgendes scheint mir noch bedeutungsvoller: Insoweit der Umsorgte-Teil um die Bedürfnisse und Wünsche des Sorgenden-Teils nicht weiß, läßt sich der Schluß ziehen, daß eine solche Beziehung nur die reduzierte Form einer Beziehung des Sorgens darstellt. Zweitens argumentiert Nel Noddings an anderer Stelle, daß die Autorisation von Eltern/LehrerIn/TherapeutIn im Zusammenwirken mit der Situation des Umsorgten-Teils nicht nur Ungleichheit rechtfertigt, sondern davon ausgehend auch die Tatsache, daß vom Umsorgten-Teil echte Reziprozität gar nicht erwartet wird.[34] Aber dies weist nur eine der beiden Parteien in der Beziehung als hilfsbedürftig aus; und das ist – außer wenn es um eine Diskussion der bloßen Entwicklung von Fertigkeiten geht – falsch.

Drittens besteht eine Tendenz zur Annahme, daß wir asymmetrische Beziehungen deshalb schätzen, weil sie es ermöglichen, Unterschiede in bezug auf Fähigkeiten zu adressieren. Ausgehend davon, daß die Funktion von Beziehungen mit ungleicher Machtverteilung darin besteht, Unterschiede in den Fähigkeiten anzuerkennen, neigen wir dazu, diese Beziehungen zu rechtfertigen. Damit einhergehend wird des weiteren angenommen, daß wir in symmetrischen Beziehungen andere so behandeln, als hätten sie die gleichen Fähigkeiten wie wir selbst. Dies ist jedoch nicht der Fall.[35] Wenn wir mit unseresgleichen interagieren, behandeln wir einander weder so, als hätten wir die gleichen Fähigkeiten, noch gehen wir davon aus, daß anderen ein geringerer Wert zukommt, weil sie nicht dieselben Fähigkeiten besitzen. Es ist eher so, daß wir einander ganz normal behandeln und damit fortfahren, einander zu helfen und einander etwas beizubringen. Meine Freundin, die Buchhalterin ist, hilft mir mit der Buchhaltung, aber deshalb handelt es sich nicht um eine asymmetrische Beziehung. Wenn wir also mit jemand in einer Art interagieren, die einen Machtunterschied voraussetzt, so nicht deshalb, weil wir den anderen unsere eigenen Fähigkeiten absprechen. Oft ist es deshalb, weil wir sie im Fall von Entscheidungen ganz allgemein als inkompetent wahrnehmen oder sie für weniger kompetent halten als uns selbst. Konsequenterweise müssen wir uns fragen, welche Werte wir dadurch befördern, daß wir asymmetrische Beziehungen zum Ideal erklären, statt sie als etwas zu sehen, das es durchzuarbeiten oder sogar zu überwinden gilt.

Meiner Meinung nach muß Sorge in einer nicht durch Autorität bestimmten Beziehung begründet werden[36] und als tatsächliche Kontrolle jener Macht dienen, die in »autorisierten« Beziehungen ausgeübt wird. Denn wir leben in einer Gesellschaft, die Dominanz und Unterordnung zur Voraussetzung hat, und wenn es darum geht, Entscheidungen »zum Wohle anderer«[37] zu treffen, zeigt sich Unterdrückung in vielgestaltiger Form – das Spektrum reicht von elterlichen bis hin zu kolonialen Beziehungen.

Und schließlich schafft ein Autoritätsgefälle im Namen von Wohlwollen Probleme hinsichtlich des Vertrauens, das der Umsorgte-Teil in die Autorität setzen soll. Zum Beispiel wird von einem Kind erwartet, der Mutter gegenüber ehrlich zu sein, während sich die Mutter dem Kind gegenüber nicht zu verantworten hat – unter dem Vorwand, das Kind nicht zu belasten, kann sie zum Beispiel lügen. Das Problem verschlimmert sich noch im Fall von LehrerIn und TherapeutIn, da sich andere auf deren Urteil hinsichtlich akademischer Fähigkeiten und mentaler Zustände verlassen.[38] Eine solche Situation beläßt den Umsorgten-Teil in dem guten Glauben, daß die Weitergabe persönlicher Informationen an Personen mit Machtbefugnis über ihn zu Entscheidungen in seinem Interesse beiträgt. Dies ist jedoch unangebracht, zumindest in einer kapitalistischen oder sozialistischen Gesellschaft.

In Anbetracht der Natur unserer Gesellschaft muß eine Ethik, die sich darauf konzentriert, wie wir einander moralisch begegnen, meiner Meinung nach Werte befördern, die Unterdrückung in Frage stellen und Veränderung in die Wege leiten. Obwohl ich keine Ethik suche, die ausgehend von Regeln richtig und falsch definiert, sollte eine Ethik doch dazu in der Lage sein, eine Veränderung bestehender Werte hervorzubringen – im besonderen eine Verringerung von Dominanz und Unterordnung.

3. Beziehungen zwischen Erwachsenen und Kindern

Ein Teil jener Herausforderung, die Veränderung bewirken kann, betrifft in direkter Weise die Erwachsenen-Kind-Beziehung. Nel Noddings bemerkt, daß sie »auf Kriterien hinarbeiten möchte, die unsere tiefsten und wärmsten menschlichen Gefühle bewahren. Die Sorge der Mutter für das Kind, der Erwachsenen für einen Säugling, ruft in den meisten von uns die zärtlichsten Gefühle hervor.«[39] Wenn nun Nel Noddings beabsichtigt, bei diesem Übergang von Mutter/Kind zu Erwachsener/Säugling auch Männer in ihre Analyse miteinzubeziehen, dann ist es wichtig anzumerken, daß in einem Drittel jener Haushalte, in denen männliche Erwachsene Zugang zu Mädchen haben, ein männlicher Erwachsener eines oder mehrere Mädchen vergewaltigt.[40] Es ist sicherlich nicht eines der zärtlichsten Gefühle, das einen Erwachsenen dazu veranlaßt, ein Kind zu vergewaltigen; sowohl das diesem Phänomen zugrundeliegende Gefühl als auch seine materiellen Bedingungen haben in Form von Dominanz mit Macht zu tun. Und obwohl sich Nel Noddings nur auf die sogenannten positiven Gefühle stützt, muß eine Analyse, die sich der Erwachsenen-Kind-Beziehung bedient, auch jene anderen Gefühle in Betracht ziehen, wenn es darum geht, eine Veränderung in der Beziehung herbeizuführen.

Nel Noddings gesteht die Existenz mißhandelnder Männer ein, und sie diskutiert den Fall einer Frau, die ihren gewalttätigen und inzestuösen Mann tötet. Dennoch meint sie, es sei dem ethischen Anspruch abträglich, wenn Mißhandlung durch eine Verweigerung von Sorge beendet wird.[41] Ich stimme dem nicht zu und werde später noch darauf zurückkommen. Ganz allgemein muß eine Analyse von Sorge, die auf der Mutter-Kind-Beziehung beruht, weiter gehen als Nel Noddings' Diskussion und sich mit jenen Werten auseinandersetzen, die dem vielleicht schwerwiegendsten unmittelbaren Dilemma von Müttern zugrundeliegen – ob ein mißhandelnder Mann aus ökonomischen Gründen zu tolerieren oder ein Mädchen zu verteidigen ist.

Drittens muß ein Modell mütterlichen Verhaltens, das sich auf zärtliche Gefühle stützt, auch den für manche Mütter sehr realen Konflikt zwischen Ärger und Zärtlichkeit anerkennen.[42] Wenn wir eine Ethik auf der Grundlage natürlicher Gefühle errichten wollen, dann, denke ich, müssen wir alle Aspekte dieser Gefühle in Betracht ziehen. Noch wichtiger scheint es, daß dieses Modell mütterlichen Verhaltens sich nicht mit dem Faktum von Kindesmißhandlungen durch Mütter auseinandersetzt. Obwohl nicht so weit verbreitet wie Inzest oder Kindesmißhandlung durch Männer ist dies eine Dynamik, die nicht ignoriert werden kann. Eine Position der Einzelautorität über andere sollte generell eliminiert werden, und Gruppenmutterschaft wäre die Lösung.

Tatsächlich legt eine weniger romantisierte, realistischere Auffassung der Erwachsenen-Kind-Beziehung nahe, daß eine Analyse von Fürsorglichkeit dazu in der Lage sein müßte, zentrale Elemente wie männliche Dominanz, Kleinfamilie und sogar die Glorifizierung ungleicher Machtverhältnisse in Frage zu stellen. Eine Ethik, die sich an die Mutter-Kind-Beziehung wendet, muß sowohl die Macht in Beziehungen als auch den sozialen Kontext von Beziehungen in Betracht ziehen. Beides zu ignorieren, verstärkt bloß den Beitrag von Ethik zu Unterdrückung, unabhängig davon, ob es sich um eine Ethik der Fürsorge oder um eine solche von Prinzipien handelt.

4. Agapismus

Nel Noddings hält ihre Ethik für keine Ethik der Agape. Im Gegensatz dazu möchte ich jedoch behaupten, daß sie es ist, und daß gerade darin das Problem besteht. Obwohl Nel Noddings argumentiert, daß der Sorgende-Teil auch umsorgt werden kann[43], ist die phänomenologische Analyse von Sorge einseitig ausgerichtet. Und meiner zentralen These zufolge stärkt diese einseitig ausgerichtete Natur der Analyse Institutionen, die andere unterdrücken.

Ich möchte mich zuerst der Reziprozität auf seiten des Umsorgten-Teils zuwenden. Diese ist nämlich kein wechselseitiges Engagement und kein Verlagern von Motivation, sie ist nicht einmal ein Aufnehmen der Welt anderer im Sinne eines Verstehens dieser Welt. Reziprozität läuft auf die Anerkennung der Sorgeleistungen anderer hinaus.[44] Nel Noddings bemerkt, daß die Beziehung intensiviert werden kann, wenn der Umsorgte-Teil den Sorgenden-Teil anerkennt, indem er ihn in seine Vorhaben miteinbezieht. Für das Kind besteht jedoch keine Veranlassung, sich den Vorhaben der Mutter zuzuwenden und dafür Interesse zu zeigen. Um es zu wiederholen: Insoweit der Umsorgte-Teil (das Kind) nicht verstehen kann, was der sorgende (die Mutter) braucht oder will, ist eine solche Beziehung ipso facto eine Sorgebeziehung von eingeschränkter Form.

Ich möchte bezweifeln, daß das – sehen wir vom simplen Akt der Anerkennung von Sorge ab – nicht-reziproke Verhalten des Kleinkindes als Modell ethischen Interagierens dienen kann. Wenn ich einer vertrauten Person gegenüber keine wirklichen Erwartungen habe, wenn ich zum Beispiel bestimmte Standards der Sorge für mich selbst beanspruche, aber sie nicht auf andere anwende, dann fehlt es mir an Respekt.

Weiters verringert Nicht-Reziprozität die Möglichkeit, dem Umsorgten-Teil den Wert von Sorge zu vermitteln. Ich bin nicht davon überzeugt, daß ein Kind, im besonderen ein Knabe, der von seiner Mutter umsorgt wird, jemals lernen wird, selbst Sorgeleistungen zu erbringen. Meine Erfahrungen lehren mich eher, daß Knaben von allen Frauen Sorge ohne Gegenleistung erwarten; und das ist es eigentlich auch, was Männer in ihren Ehefrauen suchen. Nichts deutet darauf hin, daß diese Art von Sorge dazu in der Lage ist, das zu unterminieren, was Marilyn Frye »das arrogante Auge männlicher Wahrnehmung«

nennt.⁴⁵ Zusätzlich läßt sich aufgrund meiner Beobachtung und Erfahrung noch anmerken, daß die zur Sorge disponierende Erziehung eines Mädchens mit Sorge im eigentlichen Sinn wenig zu tun hat. Nicht wohlmeinendes Interesse für die Vorhaben eines Mädchens (zum Beispiel Sport) steht im Vordergrund, sondern eher die Behinderung seiner Pläne und Fähigkeiten sowie das Einprägen von Schuldgefühlen und die Entwicklung einer tiefsitzenden Bereitschaft, sich, was die eigene Person anbelangt, um die Meinung anderer zu kümmern – kurz, um die Elemente weiblicher Sozialisation in einer patriarchalen Gesellschaft.

Zweitens impliziert die Bereitschaft, sich zu engagieren und die eigene Motivation zu verlagern, ein Handeln im Interesse anderer: »Wenn wir die Realität des anderen als Möglichkeit für uns sehen, müssen wir handeln, um das Unerträgliche zu eliminieren, den Schmerz zu verringern, das Bedürfnis zu erfüllen, den Traum zu verwirklichen.«⁴⁶ Diesem Vorschlag zufolge ist es für uns angebracht, die Situation anderer zu übernehmen und zu kontrollieren, kurz, zu versuchen, sie in Ordnung zu bringen. Ich stelle dies in Frage und habe in meiner Arbeit argumentiert, daß der Versuch, sich eine Situation anzueignen und sie für andere zu kontrollieren, die moralischen Fähigkeiten beider Parteien beeinträchtigt.⁴⁷ (Es mag Zeitpunkte geben, wo eine Intervention in einer gegebenen Situation notwendig erscheint, aber ich behaupte, daß dies ebenfalls zu negativen moralischen Konsequenzen führt, die anschließend wieder behoben werden müssen.) Wie dem auch sei, die Vorstellung, daß es angebracht sei, die Situation für jemand anderen zu übernehmen und zu kontrollieren, trägt zur einseitig ausgerichteten Natur der Sorgebeziehung bei und verstärkt insofern die Idee, daß es sich dabei um eine Form von Agape handelt.

Drittens stelle ich die Bedeutung jenes Selbst in Frage, das sich aus der Analyse von Sorge ergibt. Nel Noddings argumentiert, daß es sich bei Sorge nicht um Selbstaufopferung handelt, da wir durch diese Beziehung definiert sind und es für den Sorgenden-Teil angebracht ist, sich auch um sich selbst zu kümmern.⁴⁸

Obwohl sie sicherlich darauf besteht, daß wir uns um uns selbst sorgen, besteht die moralische Grundlage dieser Behauptung darin, Sorgeleistungen zu verbessern.⁴⁹ Somit rechtfertigen wir unser Interesse an uns selbst über andere und ermutigen dadurch falsche Informationen hinsichtlich dessen, was als gesund oder als moralisch gut angesehen wird.⁵⁰ Wenn mein ethisches Selbst also nur aus der Sorge für andere erwächst[51], wenn das Selbst nur innerhalb von Beziehungen definiert wird[52] und wenn Ethik auf einer Sorge aufbaut, die immer an anderen ausgerichtet ist[53], dann besteht in der Rolle des Umsorgten-Teils die einzige Chance, mich auf meine eigenen Ziele zu konzentrieren und diese zu einer ethischen Angelegenheit zu machen – dann nämlich, wenn es für andere wichtig ist, daß ich als Resultat ihrer Sorge meine eigenen Ziele verfolge. Zusätzlich läßt sich noch sagen, daß meine ethische Identität immer an anderen ausgerichtet ist, da ich nur dann dazu in der Lage bin, für mich selbst zu sorgen, wenn ich auch für andere sorge und deren Sorge annehme.[54] Aber dies unterscheidet sich nicht wesentlich von einer Ausbeutungssituation im Sinne der Analyse von Marilyn Frye.[55]

Sicherlich ist der Begriff der Beziehung eine für die Ethik zentrale Kategorie. Dennoch muß es zumindest zwei Wesen geben, die sich aufeinander beziehen. Von sich selbst abzusehen, ist ein Aspekt der Dynamik von Sorge, aber dies kann nicht das einzige definierende Element sein. Sonst ist, wie in Nel Noddings' phänomenologischer Analyse, nicht *Beziehung* ontologisch grundlegend, sondern *die anderen*, und das Selbst hört auf, in seinem eigenen ethischen Recht zu existieren – es gibt soweit keine wirkliche Beziehung. Sicherlich sind wir keine Individuen, die im wesentlichen isoliert bleiben und einander beziehungsmäßig nicht berühren. Wir entwickeln uns, indem wir interagieren, und das ist es, wie Nel Noddings andeutet, was eine Beziehung moralisch grundlegend macht und in einer männlichen Ethik fehlt. Unsere Position verbessert sich jedoch nicht dadurch, daß der ethische Status und die Identität des Sorgenden-Teils völlig in anderen angesiedelt wird. Um es zu wiederholen, das Weibliche ist kein Gegenmittel zum Männlichen. Eher ist es eine Unterstützung und Formung des Männlichen. Ich sympathisiere mit Nel Noddings' Anspruch, die Ebene männlicher Ethik zu verlassen. Nur, in einer patriarchalen Welt brauchen wir etwas viel Radikaleres als den Appell an die Weiblichkeit – selbst ein Produkt dieser maskulinen Welt.

Es reicht nicht aus, daß der Sorgende-Teil sich sowohl als vereinzelt als auch in einer Beziehung stehend wahrnimmt, sondern er muß diese Selbsterfahrung in einem ethischen Sinn machen; sonst gelingt es ihm nicht, Unterschiede zu erkennen – zum Beispiel, daß in einer rassistischen Gesellschaft die eine Person farbig ist und die andere weiß. Und die Verneinung von Unterschieden wird dazu führen, die Verbindung zu untergraben und zahlreiche Aspekte unserer gegebenen Sozialstruktur wie Rassismus, Sexismus, Altersdiskriminierung oder Heterosexismus aufrechtzuerhalten.[56] Ich behaupte, daß sich mein ethisches Selbst sowohl durch das Streben nach eigener Integrität und eigenen Zielen als auch durch den Bezug auf andere entwickelt; es entsteht aus meiner Selbstwahrnehmung als eine unter vielen.[57]

Viertens bringt Nel Noddings zufolge der Rückzug aus einer Beziehung eine Beeinträchtigung des ethischen Ideals mit sich.[58] Ich möchte dagegen vorschlagen, daß es eine Möglichkeit des Rückzugs vom Umsorgten-Teil geben muß, ohne dieses Ideal zu gefährden, da es zur Bewahrung meines Ideals manchmal notwendig ist, sich aus einer Beziehung zu lösen. Wie Nel Noddings bemerkt, ist jene Mutter, die sich mit dem inzestuösen Vater einläßt, demoralisiert, ihr Ideal ist verkümmert. Sie argumentiert jedoch, daß es ebenso verkümmert ist, wenn sie sich von ihm zurückzieht.

Dahinter scheint die Idee zu stehen, daß zum Beispiel ein Mann, der seine Töchter vergewaltigt, abgesehen davon ein ganz anständiger Kerl ist. Und Tante Phoebe in ihrem selbstgefälligen Haß auf Farbige ist in anderer Hinsicht eine herzliche und großzügige Person. Ungeachtet diverser Theorien zur Persönlichkeitsspaltung sind solche Haltungen aber nicht von anderen Haltungen dieser Personen zu trennen. Ich muß dazu in der Lage sein, jede Beziehung im Hinblick auf Mißhandlung und Unterdrückung einzuschätzen, und sollte dies der Fall sein, mich von ihr zurückziehen können. Ich fühle keine Schuld, ich habe mich entwickelt, ich habe etwas gelernt. Ich verstehe meinen Anteil an dieser Beziehung. Ich trenne mich. Ich werde nicht mehr da sein. Weit entfernt davon, mein ethisches Selbst zu gefährden, stärke ich es eher.

Rückzug kann oft auch der einzige Weg sein, anderen zu helfen. Eine Gefahr von Sorge ist das, was »Anonyme Alkoholiker«-Gruppen Ermöglichung nennen: Leute, die Alkoholikern nahe stehen, ermöglichen oft deren Abhängigkeit. Wie Celinda Canto erklärt, werden »ErmöglicherInnen« zu Mit-Alkoholikern – zu jenen, die »vom Alkoholiker ebenso abhängig sind wie der Alkoholiker vom Alkohol« –, denn sie »berauschen sich daran, auf den Betrunkenen aufzupassen und von ihm gebraucht zu werden«.[59]

Fünftens bezweifle ich, daß die Analyse von Sorge frei von jeglicher Beurteilung ist. Nel Noddings merkt an, daß wir uns auf andere, soweit das möglich ist, ohne Bewertung und Einschätzung einlassen.[60] Erstens ist dies einfach falsch – sogar nicht zu urteilen, ist ein Urteil. So zu tun, als wäre Urteilslosigkeit möglich, verhindert bloß, sich über die eigene Umgebung und die Werte des Status quo bewußt zu werden – in der Therapie zeigt sich dies häufig in der Beschuldigung des Opfers.

Nel Noddings verneint, daß ein ursprünglich sorgender Impuls eine Beurteilung enthält; sie versteht unter »Urteil« eine »Einschätzung von richtig und falsch«. Es handelt sich jedoch um eine Form von Einschätzung, wenn zum Beispiel eine heterosexuelle Frau in ihrem ersten Impuls mit Abneigung auf eine Lesbe reagiert. Obwohl möglicherweise unreflektiert, ist eine solche Reaktion nicht vorbewußt. Wenn das Gefühl von Sorge völlig unreflektiert ist, dann unterscheidet es sich in keiner Weise von einem Nieser. Wie Naomi Scheman schreibt, bezieht alles, das komplexer ist als Ziehen und Stechen, seinen Sinn durch den Bezug auf unseren sozialen Kontext (zum Beispiel das kapitalistische Patriarchat).[61]

Nel Noddings argumentiert, daß ihre Ethik keine solche der Agape ist. Ich schlage im Gegensatz dazu vor, daß sie es ist. Sie hält deshalb ihre Ethik nicht für Agape, weil es keinen Befehl zu lieben gibt[62]; dies ist jedoch nicht mein Verständnis von Agape. Das Wesen von Agape besteht in der Gerichtetheit des Liebens. In direktem Kontrast zur Selbstzentriertheit des Eros richtet sich Agape auf andere. Die Sorge der Agape geht immer von sich selbst weg und erstreckt sich bedingungslos auf andere. In Nel Noddings' Analyse ist Sorgen mit Sicherheit eine Bewegung weg von sich selbst.[63] Da es jedoch auf seiten des Umsorgten-Teils jenseits von Anerkennung von Sorge keinerlei Erwartungen an den Sorgenden-Teil gibt, da mein ethisches Selbst nur durch die Sorge für andere entstehen kann, da Rückzug ein geschwächtes Ideal konstituiert und das Sich-Beziehen auf andere angeblich frei von jeder Beurteilung ist, möchte ich hinzufügen, daß sich Sorgen so gut wie bedingungslos ausdehnt.

Das Stereotyp der »Mammy« kann vielleicht als Paradigma dieser bedingungslosen Liebe dienen. bell hooks schreibt:

»Ihre größte Tugend war natürlich ihre Liebe für die Weißen, denen sie freiwillig und ergeben diente. Das Image der Mammy wurde von Weißen immer mit Zuneigung dargestellt, da es die eindringlichste sexistisch-rassistische Vision idealer schwarzer Weiblichkeit verkörperte – komplette Unterwerfung unter den Willen der Weißen. In gewissem Sinn schufen Weiße in dieser Mammy-Figur eine schwarze Frau, die ausschließlich jene Charakteristika aufwies, die sie als

Kolonialherrn auszubeuten wünschten. Sie sahen in ihr die Verkörperung der Frau als passive Ernährerin, eine Mutterfigur, die gab, ohne eine Gegenleistung zu erwarten, die nicht nur ihre Unterlegenheit Weißen gegenüber eingestand, sondern diese Weißen auch noch liebte. Die von den Weißen porträtierte Mammy stellt keine Bedrohung für die existierende weiße, patriarchalische Sozialordnung dar, da sie sich völlig dem weißen rassistischen Regime unterwirft. Gegenwärtige Fernsehsendungen fahren fort, die schwarze Mammy-Figur als Prototyp der akzeptierten schwarzen Weiblichkeit zu präsentieren.«[64]

Die Verlagerung von Motivation ist eine der Konsequenzen von Versklavung, und der Implikation von Nel Noddings' Analyse zufolge ist sorgendes Verhalten dann durch Erfolg gekennzeichnet, wenn der Sohn eines Sklavenbesitzers unter der Sorge der Mammy aufwächst, um selbst Sklavenhalter zu werden.

Weiters verhindert das einseitig ausgerichtete Ideal mütterlichen Verhaltens eine reziproke Interaktion zwischen Müttern und Töchtern (sehen wir vom einfachen Akt der Anerkennung von Sorge ab) und unterstützt so auch Inkompetenz und Altersdiskriminierung zwischen uns. Jene, die bedingungslose Liebe konsumieren, nämlich Kinder und Ehemänner, schließen sich in der Ausbeutung von Müttern zusammen und tragen zu einer Diskriminierung von älteren Frauen bei:

»Die Kinder lernten es von ihrem Vater, Privilegien anzunehmen, und umgekehrt wurde er zu einem der Kinder – legitimerweise passiv, unverantwortlich [...] Meine älteren Töchter konnten nie eine Beziehung beobachten, in der Pflege eine *wechselseitige* Angelegenheit war. In ihrem Weltbild waren es Mütter, die gaben, und Männer/Töchter, die nahmen. Unsere Familie war eine so isolierte Kleinfamilie, daß sie buchstäblich nie die Gelegenheit hatten mitanzusehen, wie ich gepflegt, bei Kräften erhalten, umsorgt und emotional unterstützt wurde. [...] Meine eigenen Töchter, nun in den Dreißigern, sind pflichtbewußte Ehefrauen, aber sie wissen immer noch nicht, was es bedeutet, mich zu umsorgen, oder wie sie einen Interessenkonflikt zwischen uns aushandeln sollen. [...] Während die Kinder heranwachsen, gewöhnen sie sich daran, von älteren Frauen Dienstleistungen zu erwarten. Inzwischen beanspruchen sie einen privilegierten Platz in der Machthierarchie.«[65]

Maria Lugones schreibt von dem Scheitern, ihre Mutter zu lieben, und deutet an, daß erst dann zwischen ihnen eine bedeutungsvolle Beziehung entstehen konnte, als sie selbst ihre Mutter umsorgte und dieser dadurch in einer Situation des Sorgens begegnen konnte.[66]

Weiblichkeit (deren Wesen zum Teil in Agape und bedingungsloser Liebe besteht) sowie die ihr entsprechende Form weiblichen Handelns anzustreben heißt, Unterdrückung anzustreben. Das Maskuline und das Feminine sind in dem, was sie hervorbringen, nicht wesentlich voneinander unterschieden.

5. Insularismus

Nel Noddings' Analyse des Sorgens appelliert an das Feminine, an Aufnahmefähigkeit. Eine wahrhaft radikale Ethik stellt jedoch nicht nur das Maskuline, sondern auch das Feminine in Frage, denn das Feminine ist aus dem maskulinen Kontext heraus entstanden und repräsentiert keine Veränderung auf einer tieferen Ebene. Sowohl das Maskuline als auch das Feminine sind zentral für Heterosexualismus. Im allgemeinen gebe ich der Gesellschaft der Mütter keinen Vorzug gegenüber der Gesellschaft der Väter. Monique Wittig und Sande Zeig stellen Mütter den Amazonen gegenüber; sie erzählen von einer mythischen Zeit, in der einige Frauen nicht länger mit den Amazonen ausreiten wollten und statt dessen in der Stadt blieben und ihre wachsenden Leiber beobachteten; sie verweigerten andere Interessen und nannten sich selbst »Mütter«:

»Während des Goldenen Zeitalters waren alle, die im irdischen Garten lebten, Amazonen. Mütter wurden nicht von Töchtern unterschieden. Sie lebten in Harmonie und ihre Freuden waren gemeinsame Freuden. Sie ließen sich an den schönsten Plätzen des irdischen Gartens nieder und luden einander ein, sich zu besuchen. Sie jagten zusammen. Sie sammelten zusammen, und sie zogen zusammen herum. Sie beschrieben ihre Taten und Erkundungen in Epen. Ihre Abenteuer kannten keine Grenzen, und Alter hatte weder in ihrem Leben noch in ihrer Dichtung eine Bedeutung. Jede hielt sich selbst für eine Amazone.
Nach den ersten Niederlassungen in den Städten ging weiterhin alles seinen gewohnten Gang. Statt in ihren Städten lebten die Amazonen weit entfernt davon. Nach dem Jagen oder Sammeln wurden Mahlzeiten im Freien zubereitet und Feste gefeiert. Oft war es der Fall, daß die Stadt völlig verlassen und für einige Tage leer war.
Dann kam eine Zeit, als es einigen Töchtern und einigen Müttern nicht mehr gefiel, den irdischen Garten zu durchwandern, sie begannen, in den Städten zu bleiben und beobachteten, wie sich ihre Leiber vergrößerten. Es heißt, daß ihnen diese Beschäftigung tiefste Befriedigung gab. Die Entwicklung in diese Richtung ging so weit, daß sie es ablehnten, irgendwelche anderen Interessen zu haben. Umsonst luden ihre Freundinnen sie dazu ein, sie auf ihren Reisen zu begleiten. Sie mußten sich immer um einen neuen Leib kümmern. So nannten

sie sich Mütter. Und sie fanden immer neue Auszeichnungen für die Funktion des Gebärens, zum Beispiel, Mutter als die Grenzenlose, Mutter als die Erzeugerin. Es begann die erste Generation von Müttern, die keine Veränderung suchten und die es ablehnten, ihre Städte zu verlassen. Von diesem Zeitpunkt an nannten sie die anderen ›ewige, unreife Töchter, Amazonen.‹
Sie empfingen sie nicht mehr freundlich, wenn sie von ihren Reisen zurückkamen. Sie hörten nicht mehr auf ihre Berichte von Entdeckungen und Erkundungen. Die Freude des Jagens, Sammelns und Herumziehens war vorüber. Zu dieser Zeit hörten die Mütter auf, sich Amazonen zu nennen, und die Mütter und die Amazonen begannen, getrennt voneinander zu leben.«[67]

In einem gewissen Sinn werfe ich der von Nel Noddings beschriebenen Sorgenden vor, daß ihr Erfahrung in der Welt fehlt[68] – eigentlich, daß sie sich vom öffentlichen Bereich zurückzieht.[69] Ich sehe ihre Orientierung als die einer Frau, die ihre Aufmerksamkeit eingeschränkt hat und die Stadt nicht verlassen will. Aber da ich nicht an Prinzipien appelliere, um diese Probleme zu lösen, hat meine Kritik nichts mit jener maskulinen Ethik zu tun, von der Nel Noddings sich abwendet. Von Prinzipien aus zu handeln, kann den gleichen oder sogar einen noch größeren Mangel an Erfahrung bedeuten. Es ist eine lesbische Kritik: Sorgen kann nicht insular sein, und es kann nicht die politische Realität, die materiellen Bedingungen und die sozialen Strukturen der Welt ignorieren.

Obwohl ich sowohl Nel Noddings' Konzentration auf Sorge und besondere Situationen, ihre Abwendung von Regeln und Prinzipien als auch die Sorgfalt, mit der sie an detaillierte Beispiele herangeht, begrüße, stelle ich ihre ganz bestimmte Analyse des Sorgens in Frage, da diese die unmittelbar Vertrauten nicht adäquat herausfordert, die nahestehenden Fremden fürchtet und die distanzierten Unbekannten ignoriert.[70] Eine Ethik, die verhungernde Menschen in einem entfernten Land nicht in den Bereich moralischer Überlegungen miteinbezieht, ist inadäquat, besonders dann, wenn wir, wie Claudia Card bemerkt[71], in der Schaffung dieser Bedingungen die Hand mit im Spiel hatten. Und eine Position, die die Nähe der Fremden fürchtet, bedeutet, daß das Sorgen nicht dazu in der Lage ist, politische und soziale Schranken wie Rassismus zu überschreiten, um Veränderung hervorzubringen. Indem sie das Scheitern der Liebe zwischen weißen, angloamerikanischen Frauen und farbigen Frauen diskutiert, schreibt Maria Lugones: »Ich bin im besonderen [...] an diesen Fällen interessiert, wo weiße/angloamerikanische Frauen [...] uns ignorieren, uns ächten, uns für unsichtbar erklären, uns stereotypisieren, uns völlig allein lassen, uns als verrückt ansehen. Und all das, *während wir uns in ihrer Mitte befinden.*«[72]

Wenn eine Ethik der Sorge, im speziellen im Kontext von Unterdrückung, erfolgreich eine solche ersetzen soll, die in Prinzipien und Pflichten begründet ist, dann muß sie eine Möglichkeit für ethisches Verhalten gegenüber dem Fremden zur Verfügung stellen, sie muß eine Analyse von Unterdrückung in Betracht ziehen, und sie muß eine Vision, wenn nicht sogar ein Programm für Veränderung liefern. Meiner Meinung nach ist ein Sorgen, das ohne diese Elemente auskommt, kein Sorgen, das uns nützt. Weiters muß, solange wir innerhalb eines Kontexts von Unterdrückung existieren, eine für uns relevante Ethik auch in diesem Kontext funktionieren. Wenn wir ein frauenzentriertes Sorgen zum Zentrum einer ethischen Theorie machen, einer Theorie von Werten, die sich in einer patriarchalen Gesellschaft bewähren muß, dann schlage ich die Sorge der Amazonen vor, welche die aus den Werten der Väter resultierenden Ungerechtigkeiten in Frage stellt.

[Aus dem Amerikanischen von Gertrude Postl]

Anmerkungen

1 Eine frühere Version dieser kritischen Diskussion von Nel Noddings' Arbeit wurde bei einer vereinten Sitzung der Radical Philosophy Association und der Society for Women in Philosophy während der Konferenz der American Philosophical Association, Central Division, in Cincinnati im April 1988 gehalten. Eine gekürzte Version findet sich in *Hypatia* 5, 1, 1990, S. 109–114.
2 Hoagland, Sarah Lucia: *Die Revolution der Moral.* Neue lesbisch-feministische Perspektiven, Berlin: Orlanda Frauenverlag 1991, S. 37.
3 Ebd., Kapitel 3.
4 Jaggar, Alison: *Feminist Politics and Human Nature*, Totowa, N.J.: Rowman & Allanheld 1983, S. 40.
5 Hoagland, Sarah Lucia: o. a. O., Kapitel 2.
6 Die Einleitung und das erste Kapitel von Noddings' Buch befinden sich unter dem Titel »Warum sollten wir uns ums Sorgen sorgen?« in diesem Band, S. 135 ff.).
7 Noddings, Nel: *Caring.* A Feminine Approach to Ethics and Moral Education, Berkeley: University of California Press 1984, S. 57.
8 Ebd., S. 85.
9 Ebd., S. 25.

10 Ebd., S. 3.
11 Ebd., S. 4.
12 Ebd., S. 6.
13 Ebd., S. 5.
14 Ebd.
15 Ebd., S. 14.
16 Ebd., S. 24.
17 Ebd., S. 105.
18 Ebd., S. 14.
19 Ebd., S. 37 und S. 14.
20 Ebd., S. 49.
21 Ebd., S. 178.
22 Ebd., S. 150.
23 Ebd., S. 24.
24 Ebd., S. 30.
25 Lugones, Maria: Playfulness, ›World‹-Travelling, and Loving Perception, in *Hypatia* 2, 2, 1987, S. 3–19.
26 Noddings, Nel: *Caring*, a. a. O., S. 16. In diesem Band, S. 154.
27 Ebd., S. 33.
28 Ebd., S. 65.
29 Ebd., S. 52.
30 Jaggar, Alison: a. a. O., S. 41.
31 Noddings, Nel: *Caring*, a. a. O., S. 66.
32 Ebd., S. 5.
33 Ebd., S. 70.
34 Ebd., S. 66.
35 Leighton, Ann T.: Interview, 1987.
36 Noddings, Nel: *Caring*, a. a. O., S. 66.
37 Ein gutes Beispiel ist das Verhalten von Sharon Kowalskis Vater, als es darum ging, Entscheidungen zum Wohl seiner Tochter zu treffen. (Sharon Kowalski ist eine Lesbe, die 1983, nachdem ein Betrunkener sie niedergefahren hatte, eine Verletzung des Hirnstamms erlitt. Ihre Geliebte Karen Thompson arbeitete unermüdlich, um Sharon zur Genesung zu verhelfen; ihr Bemühen um Zugang zu Sharon wurde jedoch bald zu einem aussichtslosen Kampf gegen die Vorurteile von Sharons Vater sowie der medizinischen und gerichtlichen Institutionen.) Im Gegensatz dazu zeigte sich Karens Sorge für Sharon in dem Versuch, Sharon in Entscheidungen, die sie selbst betrafen, miteinzubeziehen und dabei die ungleiche Natur einer Beziehung zwischen einer gesunden Person und einer Paraplegikerin auszugleichen. Thompson, Karen, und Andrzejewski, Julie: *Why Can't Sharon Kowalski Come Home?* San Francisco: Spinsters/Aunt Lurie 1988. Siehe die Kapitel 2 bis 4 zu Karens Versuch, Sharon in Entscheidungen zu integrieren.
38 Was Therapie und Zurechnungsfähigkeit anbelangt, zeigt sich die vielleicht ergreifendste Darstellung dieser Frage nach dem Vertrauen in Kate Milletts *The Loony Bin Trip*, New York: Simon and Schuster 1990.
39 Noddings, Nel: *Caring*, S. 87.

40 Bart, Pauline: Interview, 1988. Stanko, Elizabeth: *Intimate Intrusions*. Women's Experience of Male Violence, Boston: Routledge & Kegan Paul 1985. Russel, Diana E. H.: *Sexual Exploitation*. Rape, Sexual Child Abuse, and Workplace Harassment, Beverly Hills, California: Sage Publications 1984. Rush, Florence: *The Best Kept Secret*. The Sexual Abuse of Children, Englewood Cliffs, N. J.: Prentice-Hall 1980.
41 Noddings, Nel: *Caring*, S. 114.
42 Rich, Adrienne: *Of Woman Born*. Mothering as Experience and Institution, New York: W. W. Norton 1976, S. 21.
43 Noddings, Nel: *Caring*, und dies.: A Response, in: *Hypatia* 5, 1, 1990, S. 120–126.
44 Noddings, Nel: *Caring*, S. 52 und 65.
45 Frye, Marilyn: In and Out of Harm's Way, in: Frye, Marilyn: The *Politics of Reality*. Essays in Feminist Theory, Freedom, California: Crossing Press 1983, S. 52–83, S. 66–82.
46 Noddings, Nel: *Caring*, S. 14.
47 Hoagland, Sarah Lucia: a. a. O., Kapitel 3.
48 Noddings, Nel: *Caring*, S. 99.
49 Ebd., S. 105.
50 Frye, Marilyn, a. a. O., S. 70.
51 Noddings, Nel: *Caring*, S. 14.
52 Ebd., S. 99.
53 Ebd.
54 Ebd., S. 49.
55 Frye, Marilyn, a. a. O., S. 60.
56 Lorde, Audre: *Zami*, Freedom, California: Crossing Press 1982 und: *Sister/Outsider*. Essays and Speeches, Freedom, California: Crossing Press 1984.
57 Hoagland, Sarah Lucia, a. a. O., Kapitel 5. Obwohl Nel Noddings existentielle Freiheit kritisiert, würde ich diesbezüglich anmerken, daß Simone de Beauvoirs existentielle Freiheit keine Freiheit von Engagement ist; sie ist zutiefst engagiert. Beauvoir, Simone de: *The Ethics of Ambiguity*. N. J.: Citadel Press 1972.
58 Noddings, Nel: *Caring*, S. 114.
59 Cantu, Celinda: In Sobriety, You Get Life, in: Swallow, Jean (Hg.): *Out from Under*. Sober Dykes and Our Friends, San Francisco: Spinsters Ink 1983, S. 84–92, S. 85.
60 Noddings, Nel: *Caring*, S. 34.
61 Scheman, Naomi: Individualism and the Objects of Psychology, in: Harding, Sandra/Hintikka, Merrill (Hg.): *Discovering Reality*. Feminist Perspectives on Epistemology, Metaphysics, Methodology, and Philosophy of Science, Boston: D. Reidel, S. 225–245.
62 Noddings, Nel: *Caring*, S. 28 f.
63 Ebd., S. 16.
64 hooks, bell: *Ain't I a Woman?* Black Women and Feminism, Boston: South End Press 1981, S. 84–85.
65 Copper, Baba: The View from over the Hill. Notes on Ageism between Lesbians, in: *Trivia* 1985, S. 48–63, S. 57.

66 Lugones, Maria, a. a. O., S. 8.
67 Julienne Bourge, Comments on the Past, Gaul, Glorious Age, in: Wittig Monique/Zeig, Sande: *Lesbian Peoples*. Materials for a Dictionary, New York: Avon 1979, S. 108 f.
68 Noddings, Nel: *Caring*, S. 46.
69 Ebd., S. 84.
70 Ebd., S. 47.
71 Card, Claudia: Caring and Evil, in: *Hypatia* 5, 1, 1990, S. 100–108.
72 Lugones, Maria, a. a. O., S. 7; Hervorhebung im Original.

Alison M. Jaggar
Feministische Ethik:
Ein Forschungsprogramm für die Zukunft

Feministische Ansätze zur Ethik zeichnen sich durch ihr explizites Engagement dafür aus, Ethik neu zu bedenken, und zwar in Hinblick auf jedwede Form eines *male bias*, der in ihr enthalten sein mag.[1] Feministische Ethik, wie diese Ansätze oft kollektiv genannt werden, bemüht sich um die Identifizierung und Hinterfragung all jener Weisen, in denen die westliche Ethik Frauen ausgeschlossen oder ihre Unterordnung rationalisiert hat, egal ob diese Formen der Unterordnung offensichtlich sind oder ob sie, wie es häufiger und schädlicher (folgenreicher) geschieht, verdeckt werden. Ihr Ziel ist, sowohl praktische Handlungsanleitungen als auch theoretische Möglichkeiten für ein Verständnis der Natur von Moralität zu entwickeln, welches die Interessen von jeder Frau oder Gruppe von Frauen den Interessen irgendeines anderen Individuums oder einer anderen Gruppe weder offen noch verdeckt unterordnen.

Während jene, die eine feministische Ethik praktizieren, zwar ein gemeinsames Projekt verbindet, divergieren sie weitgehend in ihren Ansichten hinsichtlich der Frage, wie dieses Projekt umgesetzt werden könnte. Diese Divergenzen resultieren aus einer Vielfalt philosophischer Differenzen, einschließlich differierender Auffassungen von Feminismus selbst, einem perennierend umstrittenen Konzept. Die Unvermeidbarkeit solcher Meinungsverschiedenheiten bedeutet, daß feministische Ethik nicht mit einer Reihe spezifischer Themen, Methoden oder Orthodoxien gleichgesetzt werden kann. Es ist zum Beispiel ein Fehler, und zwar einer, den selbst einige Feministinnen gelegentlich begangen haben, feministische Ethik mit irgendeinem der folgenden Aspekte zu identifizieren: die Interessen von Frauen an den ersten Platz zu stellen; den Brennpunkt exklusiv auf sogenannte Frauenthemen zu legen; Frauen (oder Feministinnen) als Experten oder Autoritäten der Moral zu akzeptieren; ›weibliche‹ (oder ›feminine‹) Werte an die Stelle von ›männlichen‹ (oder ›maskulinen‹) zu setzen; oder direkt von den Erfahrungen von Frauen aus zu extrapolieren.

Obwohl meine anfängliche Charakterisierung feministischer Ethik ziemlich offen ist, enthält sie doch gewisse Minimalbedingungen von Angemessenheit für jeden ethischen Ansatz, der beansprucht, feministisch zu sein.

1. Innerhalb des gegenwärtigen sozialen Kontextes, in dem Frauen weiterhin systematisch eine untergeordnete Stellung einnehmen, muß ein feministischer Ansatz der Ethik eine Handlungsanweisung anbieten, die dazu tendiert, diese Unterordnung umzustürzen statt sie zu verstärken. Ein solcher Ansatz muß also praktisch, transitorisch und nichtutopisch sein, er muß eine Erweiterung von Politik statt einen Rückzug aus ihr darstellen. Er muß zum Beispiel gegenüber symbolischen Bedeutungen wie auch praktischen Konsequenzen irgendwelcher Handlungen, die wir als geschlechtliche Subjekte in einer männlich dominierten Gesellschaft setzen, sensibel sein, und er muß ferner begriffliche Ressourcen für die Identifikation und Bewertung der Vielfalt von Widerstand und Kampf, auf den sich Frauen eingelassen haben, bereitstellen. Er muß die oft unbemerkten Formen, wie Frauen und andere Mitglieder der unterworfenen Klasse die Kooperation verweigert und sich gegen die Herrschaft gestellt haben, erkennen, während er gleichzeitig die Unvermeidlichkeit von Übereinkünften und die Unmöglichkeit absolut sauberer Hände anerkennt.[2]

2. Da ein so großer Teil des Frauenkampfes in der Küche und im Schlafzimmer wie auch in den Kammern des Parlamentes und in Fabriken stattgefunden hat, lautet eine zweite Anforderung an feministische Ethik, daß sie mit moralischen Themen in den beiden sogenannten Sphären der Öffentlichkeit und des Privaten umzugehen in der Lage sein muß. Sie sollte auch in Fragen intimer Beziehungen – beispielsweise Zuneigung und Sexualität –, die bis vor kurzem noch von der modernen Moraltheorie ignoriert wurden, handlungsnormierend sein. Dabei kann sie nicht voraussetzen, daß moralische Begriffe, die ursprünglich für die Anwendung im öffentlichen Bereich entwickelt wurden, Konzepte wie zum Beispiel Unparteilichkeit oder Ausbeutung, automatisch auch im Privatbereich anwendbar sind. In ähnlicher Weise gilt auch, daß ein für den Feminismus angemessenes Herangehen an Ethik ebenso angemessene Leitlinien für Aktivitäten im öffentlichen Bereich, beim Verhandeln mit einer großen Anzahl von Menschen einschließlich Fremden, zur Verfügung stellen muß.

3. Zuletzt muß feministische Ethik die moralischen Erfahrungen von allen Frauen, wenn auch natürlich nicht kritiklos, ernst nehmen. Ob-

wohl das, was *feministisch* ist, sehr oft etwas ganz anderes ist als das, was *feminin* ist, bedarf es unbedingt eines grundsätzlichen Respektes für die moralischen Erfahrungen von Frauen, um die moralischen Fähigkeiten von Frauen anzuerkennen, wie auch um traditionelle Stereotypen von Frauen als im moralischen Sinn nicht ganz vollwertigen Wesen, als kindlich oder ›natürlich‹ abzuwehren. Wie u. a. Okin[3] argumentiert, machen empirische Behauptungen über Unterschiede der moralischen Erfahrung von Frauen und Männern außerdem die Annahme unmöglich, daß irgendein ethischer Ansatz je einstimmig akzeptiert werden wird, wenn er darauf verzichtet, die moralischen Erfahrungen von Frauen zu befragen. Des weiteren scheint die Annahme plausibel, daß die unterschiedliche soziale Erfahrung von Frauen sie vielleicht besonders empfänglich hinsichtlich der Implikationen von Herrschaft, insbesondere einer Geschlechterherrschaft, machen könnte, und sie ganz speziell dafür ausgestattet sein könnten, die männlichen Vorurteile, die, wie gezeigt wurde, große Teile der von Männern verfaßten westlichen Moraltheorie durchziehen, aufzuspüren.

Zumindest oberflächlich betrachtet sind diese Adäquatheitsbedingungen einer feministischen Ethik ziemlich minimal – obwohl ich glaube, daß ihre Erfüllung radikale Folgen für die Ethik haben würde. Ich denke, die meisten feministischen, und vielleicht sogar viele nichtfeministische[4] Philosophinnen würden wahrscheinlich die allgemeine Feststellung dieser Bedingungen relativ unproblematisch finden, aber eine scharfe Meinungsverschiedenheit bezüglich der Frage, wann diese Bedingungen erfüllt wären, für unvermeidlich erachten. Sogar Feministinnen differieren wahrscheinlich zum Beispiel bei der genauen Bestimmung der Interessen von Frauen und wann sie ignoriert worden sind oder bei der Definition von Widerstand gegen Herrschaft oder in der Frage, welche Aspekte von welchen moralischen Erfahrungen von Frauen wert wären, entwickelt zu werden, und in welche Richtungen.

Ich werde nun dazu übergehen, einige dieser Unterschiede, wie sie in feministischen Diskussionen über fünf ethische und metaethische Themen entstanden sind, herauszuarbeiten. Diese fünf sind gewiß nicht die einzigen Themen, mit denen sich feministische Ethik konfrontiert sieht; im Gegenteil, der Bereich feministischer Ethik ist identisch mit jenem einer nichtfeministischen Ethik – es ist der Gesamtbereich der Moralität und der Moraltheorie. Ich habe diese fünf Themen aus zwei Gründen ausgewählt: Erstens weil ich glaube, daß sie im Kontext der gegenwärtigen philosophischen Debatte von spezieller Dringlichkeit sind, und zweitens weil ich sie persönlich besonders interessant finde. Wie sofort ersichtlich werden wird, sind die von mir ausgewählten Themen nicht voneinander unabhängig; sie sind nicht zuletzt durch eine wiederholte Beschäftigung mit Fragen der Universalität und der Partikularität verbunden. Nichtsdestoweniger werde ich die Themen aus Gründen der Darlegung trennen.

1. Gleichheit und Differenz

Ohne Zweifel ist die zentrale Einsicht des gegenwärtigen Feminismus die Anerkennung der Geschlechtsidentität[5] als eines Systems sozialer Normen, die die Aktivitäten der Individuen entsprechend ihrem biologischen Geschlecht regulieren; eines Systems, das alle Bereiche durchdringt, auch wenn es bisweilen widersprüchlich ist. So wird von Individuen, deren Geschlecht männlich ist, erwartet, daß sie den herrschenden Normen der Männlichkeit entsprechen, während von weiblichen Individuen erwartet wird, daß sie den gängigen Normen von Weiblichkeit entsprechen. 1970 begann Shulamith Firestone ihren Klassiker *Frauenbefreiung und sexuelle Revolution* mit den Worten: »Die Spaltung in geschlechtsspezifische Klassen – die Klasse der Männer und die Klasse der Frauen – ist so tief verwurzelt, daß sie nicht mehr zu erkennen ist«, und während der ersten Dekade der Frauenbewegung widmeten sich Frauen der Aufgabe, diese Spaltung in geschlechtsspezifische Klassen oder kulturell bestimmte Geschlechtsidentität sichtbar zu machen und die Tiefe und das Ausmaß der Geschlechterordnung im Leben eines jeden Individuums zu erforschen (und zu verurteilen). Es wurde nachgewiesen, daß geschlechtsspezifische Normen nicht nur Kleidung, Beruf und Sexualität beeinflußten, sondern auch Körperverhalten, Sprachmuster, Eßgewohnheiten und die intellektuelle, emotionelle, moralische und selbst physische Entwicklung – meist auf Wegen, die praktisch und/oder symbolisch die Herrschaft von Männern über Frauen verstärkten.

Die begriffliche Unterscheidung zwischen biologischem Geschlecht und kulturell bestimmter Geschlechtsidentität ermöglicht es Feministinnen, eine Reihe von wesentlichen Einsichten zu artikulieren. Dazu gehört die Erkenntnis, daß die oberflächlich nicht diskriminierende

Akzeptanz von außergewöhnlichen, d. h. ›männlichen‹ Frauen nicht nur mit einer Abwertung des ›Weiblichen‹ kompatibel ist, sondern eine solche Entwertung tatsächlich voraussetzt. Die Unterscheidung von Sexus/Genus ermöglicht es also Feministinnen, die kritische Reflexion auf kulturelle Normen von Männlichkeit von einem Antagonismus gegenüber wirklichen Männern zu trennen.[6]

Wie nützlich das Konzept der kulturell bestimmten Geschlechtsidentität für den Feminismus auch gewesen sein mag, so hat doch die jüngere feministische Reflexion gezeigt, daß diese Unterscheidung weder so einfach noch so unproblematisch ist wie ursprünglich angenommen. Einige Feministinnen haben die anfänglich scharfe Trennung zwischen Sexus und Genus angefochten, indem sie darauf hinwiesen, daß, ebenso wie biologische Geschlechtsunterschiede die Entwicklung von Geschlechtsidentitätsnormen beeinflußt (wenn auch nicht unvermeidlich determiniert) haben, Geschlechterarrangements die biologische Evolution bestimmter sekundärer sexueller Charakteristika, ja sogar das Definitionskriterium von Geschlecht überhaupt, nämlich die Fortpflanzung, beeinflußt haben könnten.[7] Andere Feministinnen haben die Unterscheidung zwischen Geschlechtsidentität und anderen sozialen Kategorien wie zum Beispiel Rasse und Klasse angefochten. Unter Hinweis auf die Tatsache, daß feministische Behauptungen über ›Frauen‹ vielfach ungerechtfertigt die Erfahrungen einer relativ kleinen Gruppe von weißen Mittelschichtfrauen verallgemeinerten, haben Feministinnen in den letzten zehn Jahren betont, daß Geschlechtsidentität eine Variable und nicht Konstante darstelle, da Geschlechtsnormen nicht nur zwischen, sondern innerhalb von Kulturen entlang solcher Dimensionen wie Klasse, Rasse, Alter, Familienstand, sexuelle Präferenzen usw. variieren. Da außerdem jede Frau eine Frau in einem bestimmten Alter, von einer bestimmten Rasse, Klasse und einem bestimmten Familienstand ist, sei die Geschlechtsidentität nicht einmal eine unabhängige Variable; es gäbe keinen Begriff einer reinen oder abstrakten Geschlechtsidentität, der theoretisch isoliert und unabhängig von Klasse, Rasse, Alter oder Familienstand untersucht werden könne.[8] Auch die anderen sozialen Kategorien können natürlich nicht unabhängig von der Geschlechtsidentität verstanden werden.

Ihre zunehmend verfeinerten Verständnisformen von Geschlechtsidentität haben die Diskussionen von Feministinnen über viele moralische und gesellschaftliche Themen komplex gestaltet. Eine dieser Fragestellungen ist die der sexuellen Gleichheit. Zu Beginn der gegenwärtigen Frauenbewegung in den späten sechziger Jahren schien das ein relativ einfaches Thema zu sein. Die feministische Vorliebe im 19. Jahrhundert für ›getrennte Sphären‹ für Frauen und Männer[9] war durch Forderungen nach der Identität subjektiver Rechte für Männer und Frauen, oder, wie sie später genannt wurde, nach Gleichheit vor dem Gesetz, ersetzt worden. Bis zum Ende der sechziger Jahre waren die meisten Feministinnen in den Vereinigten Staaten zu der Ansicht gelangt, daß das Rechtssystem geschlechtsblind sein sollte, daß es in keiner Weise zwischen Männern und Frauen Unterschiede machen sollte. Diese Ansicht drückte sich im Kampf für einen Zusatzartikel zur Verfassung der Vereinigten Staaten, dem *Equal Rights Amendment*, aus, der, wenn er rechtskräftig geworden wäre, jedwedes geschlechtsspezifische Gesetz verfassungswidrig gemacht hätte.

In den späten siebziger und den frühen achtziger Jahren wurde jedoch sichtbar, daß das Assimilationsziel strikter Gleichheit vor dem Gesetz Frauen nicht immer zum Vorteil gereicht, zumindest nicht kurzfristig. Ein notorisches Beispiel waren die unter dem Titel ›schuldlos‹ ausgehandelten Scheidungsverträge, die das Familieneigentum zwischen Ehemann und Ehefrau zu gleichen Stücken aufteilten, aber Ehefrauen den Ehemännern gegenüber regelmäßig in einer weitaus schlechteren ökonomischen Situation zurückließen. Eine Studie kam zu dem Ergebnis, daß der Lebensstandard von Exehemännern ein Jahr nach der Scheidung um 42 % gestiegen war, wogegen der Lebensstandard von Exehefrauen um 73 % gesunken war.[10] Diese enorme Diskrepanz im Scheidungsergebnis war das Resultat einer Vielzahl von Faktoren, einschließlich des Faktums, daß Frauen und Männer auf dem Arbeitsmarkt typisch unterschiedlich situiert sind, wobei Frauen für gewöhnlich über viel niedrigere Berufsqualifikationen und geringere Berufserfahrung verfügen als Männer. In diesem Fall scheint Gleichheit (konstruiert als Identität) bei der Behandlung der Geschlechter ein Ergebnis hervorzubringen, bei dem geschlechtsspezifische Ungleichheit zunimmt.

Die offensichtliche Alternative, die Gleichheit durch besondere rechtliche Schutzbestimmungen für Frauen zu erreichen sucht, bleibt jedoch weiterhin so gefahrvoll für Frauen, wie sie es in den früheren Jahren des Jahrhunderts war, als die Existenz von Schutzbestimmungen als Entschuldigung benutzt wurde, um Frauen aus vielen der prestigevolleren und besser bezahlten Beschäftigungen auszuschließen.[11] So fördert zum Beispiel eine Beurlaubung aufgrund von Schwangerschaft oder Geburt die Vorstellung, daß Frauen weniger verläßliche Arbeiterinnen als Männer wären; die Anerkennung eines ›prämenstruellen Syndroms‹ oder von ›post-partum-Depressionen‹ als Ursachen periodischer Arbeitsunfähigkeit verstärkt die Vorstellung, daß Frauen weniger verantwortungsvoll als Männer wären; während Versuche zum Schutz der Sexualität von Frauen durch eine die Pornographie einschränkende Gesetzgebung oder durch den Ausschluß von Frauen von Tätigkeiten in männlichen Institutionen wie zum Beispiel Gefängnissen, das gefährliche Stereotyp verewigen, daß Frauen von Natur aus sexuelle Beute der Männer wären. Dieser kulturelle Mythos dient als implizite Legitimierung für Prostitution, sexuelle Belästigung und Vergewaltigung von Frauen, weil er impliziert, daß solche Aktivitäten irgendwie natürlich seien. In allen diesen Fällen dürften Versuche, Gleichheit zwischen den Geschlechtern durch Reaktion auf wahrgenommene Unterschiede zwischen Männern und Frauen zu erreichen, existierende Unterschiede wahrscheinlich verstärken statt abbauen, selbst solche Unterschiede, die ihrem Ursprung nach als sozial und nicht als biologisch anerkannt werden.

Außerdem ignoriert eine ›geschlechtersensible‹ im Gegensatz zu einer ›geschlechtsblinden‹ Vorstellung von Gleichheit die Unterschiede *zwischen* Frauen, indem sie alle Frauen in eine einzige homogene Kategorie absondert, und möglicherweise eine Gruppe von Frauen bestraft, indem sie sie zwingt, einen Schutz zu akzeptieren, den eine andere Gruppe vielleicht wirklich braucht.

Früher oder später stoßen die meisten feministischen Versuche, eine angemessene Vorstellung sexueller Gleichheit zu formulieren, auf die Erkenntnis, daß die Grundlinie für Diskussionen über Gleichheit ein typisch männlicher Standard ist. Mit den unnachahmbaren Worten von Catharine MacKinnon:

»Die Physiologie der Männer definiert die meisten Sportarten, ihre Bedürfnisse definieren Kraftfahrzeug- und Krankenversicherungen, ihre gesellschaftlich entworfenen Biographien definieren Arbeitsplatzerwartungen und erfolgreiche Karrieremuster, ihre Perspektiven und Anliegen definieren wissenschaftliche Qualität, ihre Erfahrungen und Obsessionen definieren Leistung, ihre Objektivierungen des Lebens definieren die Kunst, ihr Militärdienst definiert Staatsbürgerschaft, ihre Gegenwart definiert die Familie, ihre Unfähigkeit miteinander umzugehen – ihre Kriege und Regierungsformen – definiert die Geschichte, ihr Bild definiert Gott, und ihre Genitalien definieren Sex.«[12]

Von dieser Einsicht bestimmt, wandten sich einige feministische Theoretikerinnen von der Debatte über die Für und Wider dessen, was MacKinnon den ›Einzel-‹ versus den ›Doppelstandard‹ nennt, ab und begannen mit Spekulationen über die Arten von weitreichenden Gesellschaftstransformationen, die Geschlechtsunterschiede ›kostenlos‹ (Littleton) machen würden. Mit der Analyse von Begriffen wie ›Gleichheit als Akzeptanz‹ scheinen Feministinnen auf ein radikales Konstrukt von Gleichheit als Ähnlichkeit individueller Resultate bzw. von Gleichheit der Bedingung oder Wirkung zuzugehen, ein Konzept, das mit dem traditionellen liberalen Verständnis von Gleichheit als Gleichheit des Verfahrens oder Chancengleichheit kaum mehr zusammenpaßt.[13]

Während einige Feministinnen darum bemüht sind, einen dem Feminismus angemessenen Begriff von sexueller Gleichheit zu formulieren, meinen andere, das Unterfangen sei hoffnungslos. Für sie ist Gleichheit integraler Bestandteil einer ›Ethik der Gerechtigkeit‹, die insofern typisch männlich ist, als sie menschliche Unterschiede dadurch verdunkelt, daß sie von der Besonderheit und der Einzigartigkeit konkreter Menschen in ihren spezifischen Situationen abstrahiert und danach sucht, konfligierende Interessen durch die Anwendung einer abstrakten Regel und nicht durch direktes Reagieren auf Bedürfnisse, die unmittelbar wahrgenommen werden, zu lösen. Diese Feministinnen gehen davon aus, daß der Diskurs über die Verantwortung[14] oder Sorge[15] ein angemesseneres Modell für feministische Ethik – sogar einschließlich feministischer Jurisprudenz – anbieten könnte. Beide Vorschläge warten darauf, im Detail ausgearbeitet zu werden.

Die verzwickte Debatte über Gleichheit und Differenz illustriert auf ausgezeichnete Weise einen charakteristischen Zug gegenwärtiger feministischer Ethik, nämlich ihr Insistieren darauf, daß Geschlechtsidentität oft, wenn nicht unvermeidlich, einen moralisch relevanten Unterschied zwischen Individuen macht. So gesehen scheint der Ausgangspunkt zentraler Überlegungen feministischer Ethik ein anderer als der der modernen Moraltheorie zu sein: Anstatt anzunehmen, daß alle Individuen gleich behandelt werden sollten, bis moralisch relevante Gründe für eine unterschiedliche Behandlung identifiziert werden können, könnten feministische Theoretikerinnen die traditionelle Bürde der moralischen Beweislast verlagern, indem sie davon ausgehen, daß, bis das Gegenteil bewiesen wurde, gegenwärtig Männer und Frauen selten ›ähnlich situiert‹ sind. Das führt zu einer verwandten und für die heutige feministische Ethik gleich wichtigen Frage, nämlich wie Unparteilichkeit zu charakterisieren und zu bewerten sei.

2. Unparteilichkeit

Unparteilichkeit wird in der modernen westlichen Tradition häufig als ein fundamentaler Wert, vielleicht sogar als ein definierendes Charakteristikum von Moralität, das wahre Moralität von Stammesdenken[16] unterscheidet, anerkannt. Unparteilichkeit, so wird gesagt, erfordert das gleichwertige Abwägen der Interessen jedes einzelnen Individuums, sie erlaubt Unterscheidungen nur auf der Basis von Unterschieden, die als moralisch relevant nachgewiesen werden können. Unparteilichkeit ist somit begrifflich mit Gleichheit wie auch mit Rationalität und Objektivität verknüpft, und zwar insofern, als Befangenheit oft als die Abwesenheit von Unparteilichkeit definiert wird.

In den letzten paar Jahren ist die dem Begriff der Unparteilichkeit gewöhnlich zugeschriebene Vorrangigkeit sowohl von feministischen als auch von nichtfeministischen Philosophinnen angefochten worden. Nicht feministisch Argumentierende haben den Vorwurf erhoben, daß ein Beharren auf Unparteilichkeit außer acht läßt, wie unsere besonderen Pläne und unsere nichtgewählten Beziehungen mit anderen konstituiert werden; und daß dieses Beharren abstrakte ›Variablen‹ für reale menschliche moralisch handelnde oder passive Wesen substituiert. So argumentiert zum Beispiel Williams[17], daß das Erfordernis von Unparteilichkeit unsere persönliche Integrität untergraben könnte, weil es von uns verlangen könnte, Pläne, die für unsere Identität zentral sind, aufzugeben, und er meint, daß ein Handeln aus Pflichtgefühl manchmal weniger wertvoll als ein Handeln aus einer unmittelbaren emotionalen Reaktion auf einen besonderen Anderen sein könnte. MacIntyre[18] und Sommers[19] argumentieren, daß Unparteilichkeit weder Tradition noch gewohnte Erwartungen und vorgegebene Bindungen (encumbrances) respektiere und daß sie ein Verhalten erfordern könnte, das moralisch verwerflich sei.

Während einige der moralischen Intuitionen, die nichtfeministische Kritiker und Kritikerinnen der Unparteilichkeit motivieren, sicher von vielen Feministinnen geteilt werden, werden andere Intuitionen dies sehr wahrscheinlich nicht. So ist zum Beispiel nicht anzunehmen, daß die meisten Feministinnen sich Williams anschließen würden, wenn er Gauguin dafür Applaus zollt, daß er seine Familie verließ, um für seine Kunst zu leben, oder daß sie sich Sommers anschließen würden, wenn sie die Ansichten konventioneller Moralität im Hinblick auf Themen wie die Verantwortlichkeiten von Frauen fraglos akzeptiert. Statt dessen tendiert die feministische Kritik der Unparteilichkeit dazu, sowohl weniger individualistisch als auch weniger konventionell zu sein. Sie variiert sehr stark.

Nel Noddings[20] ist eine der extremsten Gegnerinnen der Unparteilichkeit, und ihre Arbeit hat eine Reihe von Feministinnen beeinflußt, obwohl der Untertitel ihres Buches klarmacht, daß sie von sich weiß, daß sie eher einen femininen als einen feministischen Ansatz in der Ethik entwickelt. Noddings betrachtet die Emotion des Sorgens als eine natürliche Basis der Moralität, eine Ansicht, die erfordern würde, Unparteilichkeit in universalem Sorgen zum Ausdruck kommen zu lassen. Noddings behauptet jedoch, daß wir psychologisch nur fähig sind, für besondere andere, mit denen wir in wirklichen Beziehungen verbunden sind, zu sorgen, d. h. in Beziehungen, die in der Anerkennung unseres Sorgens durch den Umsorgten-Teil ›erfüllt‹ werden. Sie kommt zu dem Schluß, daß Ansprüche, für die Menschen im ganzen zu sorgen, nicht nur heuchlerisch, sondern selbstzerstörerisch sind und unser echtes Sorgen für jene, mit denen wir in realen Beziehungen stehen, untergraben. Noddings' Argumente würden, wenn gültig, natürlich unterschiedslos für ein Sorgen, das entweder von Männern oder von Frauen geübt wird, gelten, und so scheint es, als ruhe das eindeutig feministische Interesse von Noddings' Arbeit einzig in ihrem offensichtlich diskussionswürdigen Anspruch, Frauen wären »besser als Männer fürs Sorgen geeignet«[21], und daher wäre es weniger wahrscheinlich, daß Frauen unparteilich seien. Wie wir jedoch bereits angemerkt haben, ist feministische Ethik nicht die Verpflichtung eingegangen, die moralische Praxis selbst der meisten Frauen zu reproduzieren, und so müssen feministische (wie nichtfeministische) Moraltheoretiker und -theoretikerinnen alle von Noddings vorgebrachten Argumente gegen Unparteilichkeit genau untersuchen und ihren Wert feststellen, und zwar unabhängig davon, ob ihre Behauptungen über eine ›weibliche‹ Moralität empirisch bestätigt werden können.

Eine andere Kritik der Unparteilichkeit stammt von jenen feministischen Philosophinnen, die unterstreichen, daß Unparteilichkeit – obwohl historisch mit Individualismus assoziiert – paradoxerweise den Respekt für Individualität untergräbt, weil sie Individuen als moralisch auswechselbar behandelt.[22] Viele, wenn auch gewiß nicht alle, Feministinnen behaupten, daß es für Frauen weniger wahrscheinlich sei als für Männer, diesen angeblich moralischen Irrtum zu begehen, da es für Frauen naheliegender sei, die speziellen Charakteristika besonderer Individuen zu schätzen; wiederum gilt jedoch, daß feministische Einschätzungen der Gültigkeit der Argumente von Code und Sherwin von diesem empirischen Anspruch unabhängig zu sein haben.

Schließlich wird zumindest von einer Feministin der Anspruch auf spezielle Rechtsregelungen für Frauen dahingehend erweitert, daß sie in Fragen der Moral gleichfalls einen Doppelstandard empfiehlt, der moralische Gemeinschaften auf der Basis von Geschlecht bzw. Geschlechtersolidarität limitiert. Susan Sherwin schreibt, daß Feministinnen eine spezielle Verantwortung verspüren, das Leid besonders der Frauen zu verringern; so negiere »der Feminismus durch die Anerkennung der Relevanz der Unterschiede zwischen den Menschen als einer Basis für einen Unterschied an Sympathie und Anteilnahme die Legitimität der zentralen Prämisse traditioneller Moraltheorien, nämlich daß alle Personen von uns als moralisch gleichwertig angesehen werden sollen«.[23] Da jedoch Frauen und sogar Feministinnen, wie wir gesehen haben, nicht homogene Gruppen sind, scheint diese Art von Argumentation den vorgeschlagenen Doppelstandard so weit zu treiben, daß er sich in einen multiplen Standard von Moral verwandelt – was von Theoretikern der Aufklärung als totale Absage an Unparteilichkeit und damit an Moral selbst interpretiert werden könnte.

Eine Vielfalt von Antworten scheint auf die vorangehenden Kritikpunkte gegenüber Unparteilichkeit möglich. Eine Alternative liegt in dem Argument, daß die Kritikpunkte unfundiert seien und auf Fehlinterpretationen, Mißverständnissen und einer Karikierung der Unparteilichkeitsposition beruhten.[24] Wenn sich dieser Einwand bestätigen läßt, kann vielleicht gezeigt werden, daß es keinen realen Konflikt zwischen einer ›männlichen‹ Unparteilichkeit und einem ›weiblichen‹ Partikularismus, zwischen ›männlicher‹ Gerechtigkeit und ›weiblichem‹

Sorgen gibt. Eine andere Alternative liegt darin, sich auf eine direkte moralische Konfrontation einzulassen, indem Argumente vorgebracht werden, die die Intuitionen jener anfechten, die Unparteilichkeit kritisieren, weil sie Handlungen fordere, die moralisch verwerflich und politisch gefährlich wären. Aber es könnte auch eine dritte Alternative geben, nämlich den Begriff der Unparteilichkeit und die Erwägungen, die für die Bestimmung unserer Verantwortlichkeiten gegenüber verschiedenen Individuen und Gruppen angemessen sind, erneut zu durchdenken. Feministische Ethik muß einen Weg finden, zwischen diesen und anderen Möglichkeiten zu wählen und den richtigen Platz für Unparteilichkeit in der heutigen Ethik zu evaluieren.

3. Moralische Subjektivität

Mit den vorangehenden Fragen zur Unparteilichkeit verbinden sich Fragen nach der begrifflichen Fassung der Individuen, der Subjekte einer Moraltheorie. Feministische wie nichtfeministische Autorinnen und Autoren haben das neocartesianische Modell des moralischen Selbst, eines körperlosen, einzelnen, autonomen, einheitlichen, rationalen Wesens, das essentiell jedem anderen moralischen Selbst ähnlich ist, kritisiert. Marx stellte die Geschichtslosigkeit dieses Modells in Frage; Freud problematisierte seinen Anspruch auf Rationalität; gegenwärtige Kommunitaristen wie Sandel und MacIntyre bezweifeln die Annahme, daß Individuen ›bindungslos‹ *(unencumbered)* seien und argumentieren statt dessen, daß wir alle Mitglieder von Gemeinschaften sind, von denen wir uns bis zu einem gewissen Grad distanzieren können, aber die nichtsdestoweniger für unsere Identität tiefgehend konstitutiv sind; Postmodernisten haben das Modell dekonstruiert und eher fragmentierte als einheitliche Identitäten enthüllt.

Die Voreingenommenheit hinsichtlich der Geschlechterdifferenz, die angeblich jede einzelne der oben erwähnten Traditionen vergiftet, bedeutet, daß Feministinnen sich die existierenden Arten der Kritik am neocartesianischen moralischen Selbst nicht unkritisch aneignen können. Dennoch haben feministische Theoretikerinnen bei der Entwicklung ihrer eigenen Kritik an diesem Modell des Selbst oft auf nichtfeministischer Arbeit aufgebaut und/oder sind mit einer solchen parallel gegangen. So haben zum Beispiel feministische Untersuchungen über gesellschaftliche Zuweisungen von Geschlechtsidentität bei der neofreudianischen Objektbeziehungstheorie Anleihen gemacht, um zu zeigen, wie dieses zentrale Charakteristikum unserer Identität gesellschaftlich konstruiert wird und daß es nicht einfach gegeben ist.[25] Die oben erwähnten Einwände von Code und Sherwin, daß die moderne Moraltheorie Individuen nur als abstrakte Varianten und Repräsentanten gesellschaftlicher Typen anerkennt, erinnert an kommunitaristische Diskussionen über das durch vorgegebene Bindungen konstituierte *(encumbered)* Selbst. Und weitere Verbindungen mit dem Kommunitarismus wie auch mit der Phänomenologie und dem Marxismus können an dem wachsenden philosophischen Interesse von Feministinnen abgelesen werden, einem Interesse, das dem Problem der Verkörperung und den Weisen, wie diese für unsere Identität konstitutiv ist, gilt.[26] Alle diese Theoretikerinnen bieten entschieden feministische Gründe, dem Universalismus, Essentialismus und Ahistorismus des cartesianischen Modells entgegenzutreten und sich erneut auf das Bedürfnis zu konzentrieren, Partikularität und Differenz in der begrifflichen Bestimmung des Selbst anzuerkennen.

Andere feministische Kritikpunkte am neocartesianischen Subjekt konzentrieren sich auf das verbreitete moderne Verständnis der Rationalität als Egoismus, welches »die Tatsache übersieht, daß Millionen Menschen (die meisten von ihnen sind Frauen) seit Hunderten von Jahren Millionen von Stunden geopfert haben, um ihr äußerstes für Millionen andere zu geben«.[27] Andere haben die häufige moderne Annahme angefochten (die zum Beispiel in der als utilitaristisch entlarvten Präferenztheorie explizit ist), daß ausgedrückte oder selbst empfundene Wünsche und Bedürfnisse in der Moraltheorie unhinterfragt als Gegebenes gelten können. Sie verweisen auf den Bedarf nach einer feministischen Ethik, die eine Erklärung der sozialen Konstruktion von Wünschen anbietet wie auch eine Möglichkeit der begrifflichen Fassung des Unterschieds zwischen dem, was die marxistische Tradition ›wahre‹ und ›falsche‹ Bedürfnisse genannt hat.[28] Feministische Analysen der Macht von Ideologie über das Unbewußte und die Enthüllung von Konflikten innerhalb des Selbst haben die cartesianische Voraussetzung der Einheit des Selbst wie auch die Annahme, daß das Selbst essentiell rational sei, in Frage gestellt.[29] Zuletzt haben Beschreibungen einer angeblichen ›Fürsorglichkeitsmoral‹ von Frauen[30] die Annahme der ontologischen Getrenntheit des Selbst hinterfragt und die Bedeutung, vielleicht sogar die moralische oder epistemologische Priorität des Selbst als eines Teiles einer moralischen und epistemischen Gemeinschaft verstärkt.

Angesichts dieser Masse an Literatur ist evident, daß ein zentrales Anliegen der gegenwärtigen feministischen Theorie die Entwicklung von Möglichkeiten sein muß, über moralische Subjekte nachzudenken; solche Überlegungen müssen sich durch Sensibilität auszeichnen sowohl gegenüber der Konkretheit dieser Subjekte, ihrer unvermeidlichen Partikularität und einzigartigen Spezifität, die zum Teil in ihren Beziehungen mit spezifischen historischen Gemeinschaften zum Ausdruck kommt, als auch gegenüber ihrem eigensten und gemeinsamen Wert, dem Ideal, das sich in den von der Aufklärung formulierten Ansprüchen auf gemeinsame Humanität, Gleichheit und Unparteilichkeit artikuliert.[31]

4. Autonomie

Ein Aspekt dieser Aufgabe richtet sich auf den Begriff der Autonomie, der neu überdacht werden muß, und der, wie jener der Unparteilichkeit (mit dem er oft begrifflich verbunden ist), ein Ideal der modernen Moraltheorie darstellt. (Zusätzlich hat ein nahe verwandter Begriff von Autonomie in der cartesianischen epistemologischen Tradition eine zentrale Rolle gespielt, der die Suche nach Wissen als das Projekt eines einsamen Wissenden vorstellt.) Die Kernintuition von Autonomie ist jene der Unabhängigkeit oder Selbstgesetzgebung, das Selbst als letzte Autorität in Angelegenheiten der Moral oder Wahrheit. In der kantischen Tradition, die das Ideal der Autonomie besonders betont, wird moralische Autonomie mittels Kategorien wie Desinteresse, Losgelöstheit von partikularen Neigungen und Interessen, sowie Freiheit von Vorurteilen und Selbstbetrug bestimmt.[32]

Heutige Feministinnen reagieren auf das moderne Ideal von moralischer Autonomie unterschiedlich. Einerseits bestehen sie darauf, daß Frauen im moralischen und intellektuellen Sinn so autonom sind wie Männer – ebenso rational, ebenso begabt mit einem Sinn für Gerechtigkeit und so weiter; und sie verlangen auch politische, soziale und ökonomische Autonomie für Frauen durch politische Repräsentation, die Abschaffung der Diskriminierung aufgrund des Geschlechtes und Respekt für die Entscheidungen von Frauen, zum Beispiel in der Frage der Abtreibung. Auf der anderen Seite haben jedoch einige Feministinnen traditionelle Interpretationen von Autonomie als männliche Phantasien in Frage gestellt. So haben sie zum Beispiel einige der Formen, in denen ›Wahlfreiheit‹ vergesellschaftet ist und ›Konsens‹ manipuliert wird, untersucht.[33] Zusätzlich hinterfragen sie die Möglichkeit, daß wir uns von partikularen Verbundenheiten lösen und dennoch unsere persönliche Identität bewahren können, und sie argumentieren, daß eine Befreiung von partikularen Verbundenheiten eher in einer kalten, rigiden, moralistischen als in einer wahrhaft moralischen Antwort enden könnte.[34] Wenn ein unverzichtbarer Teil von Moralität darin besteht, auf besondere Andere emotional zu antworten, könnte uns die Befreiung von partikularen Verbundenheiten eher zu Moralität *unfähig* machen, als eine Antwort, die im reinsten Sinne moralisch zu nennen wäre, garantieren.

Die heutige feministische Ethik muß Wege zur Konzeptualisierung von moralischer Handlungsfähigkeit, von Wahlfreiheit und Konsens finden, die mit der feministischen Erkenntnis vereinbar sind, daß die Entwicklung zur Moralität ein allmählicher Prozeß und die Seele ein von Geschlechtszugehörigkeit abhängiges soziales Konstrukt ist und unsere Entscheidungen geschichtlichen Zwängen unterliegen. Dies ist eines der Gebiete, in dem es bereits einige vielversprechende Arbeiten von Feministinnen gibt.[35]

5. Epistemologie und Antiepistemologie in der Moraltheorie

Die Moraltheorie der Aufklärung hat charakteristischerweise eine universale Moralität angenommen – d. h., daß moralische Ansprüche, wenn sie gültig sein sollen, zu allen Zeiten und an allen Orten gültig wären. Die moderne Absage an den Glauben an ein teleologisches und heiliges Universum machte die Rechtfertigung solcher Ansprüche problematisch, und ein großer Teil der Moraltheorie der letzten drei Jahrhunderte bestand in Versuchen, eine rationale Grundlage für Moralität zu liefern. Gegenwärtig entwickeln sowohl die kontinentale europäische Tradition, insbesondere, aber nicht allein, in der Form des Postmodernismus, und die angloamerikanische Tradition, insbesondere, aber nicht allein, in der Form des Kommunitarismus, mächtige Herausforderungen an die bloße Möglichkeit der Ansicht, daß Moralität aus universell gültigen Regeln, die in einer universellen Vernunft gründeten, bestünde. Das unvermeidliche Resultat dieser skeptischen Herausforderungen ist die Verstärkung eines normativen und metaethischen Relativismus.

Feministinnen sind bezüglich dieser Herausforderungen ambivalent. Einerseits gehen viele der feministischen Kritikpunkte der modernen Moraltheorie mit den Kritikpunkten von Kommunitarismus und Postmodernismus parallel. Andererseits aber sind Feministinnen verständlicherweise besorgt, daß ihre Kritik männlicher Herrschaft lediglich als eine von vielen Meinungen abgetan werden könnte. Daher ist es für feministische Ethik ganz wesentlich, eine Form der Rechtfertigung feministischer Thesen zur Moralphilosophie zu entwickeln. Die Moralepistemologie ist jedoch ein Gebiet, in welchem die Kritik von Feministinnen besser entwickelt ist als ihre Alternative.

Feministische Diskussionen über Moralepistemologie können in zwei Kategorien eingeteilt werden, wobei sich beide durch eine etwas unterschiedliche Ansicht über die Natur von Moralität auszeichnen. Feministinnen der ersten Kategorie stellen die moderne Konzeption von Moralität nicht explizit in Frage, d. h., sie problematisieren nicht explizit, daß diese primär aus einem unparteilichen System rational gerechtfertigter Regeln und Prinzipien besteht, obwohl nur wenige Feministinnen behaupten würden, daß es möglich ist, Regeln anzugeben, die selbständig, spezifisch und unter allen Umständen gültig sind. Jene der zweiten Kategorie negieren im Gegensatz dazu, daß Moralität auf Regeln reduziert werden könne, und betonen die Unmöglichkeit, die Ansprüche der Ethik durch eine Berufung auf eine universelle, unparteiliche Vernunft zu rechtfertigen. Der Gegensatz zwischen diesen beiden Gruppen von Feministinnen ist groß, wie diese erste Charakterisierung vielleicht suggerieren könnte: So ist beiden die Kritik an gängigen Entscheidungsverfahren in der Ethik gemeinsam. Aber Feministinnen der ersten Gruppe haben größere Hoffnung, jene Verfahren verbessern zu können, während Feministinnen der zweiten Gruppe sie bereits völlig aufzugeben scheinen.

Feministinnen und Feministen der letzten Gruppe behaupten häufig, über eine Moralerfahrung zu reflektieren, die ausgesprochen feminin sei, und aus diesem Grund werden sie oft – fälschlicherweise – für RepräsentantInnen einer feministischen Orthodoxie gehalten. Zu ihnen gehören Autorinnen und Autoren wie Gilligan[36], Noddings[37], Baier[38], Blum[39], Ruddick[40] und Walker[41]. Obwohl diese in ihren Ansichten beträchtlich voneinander abweichen, lehnen sie alle die den modernen Moraltheoretikern zugeschriebene Ansicht ab, daß nämlich die rechte Handlungsweise durch Befragen einer Liste moralischer Regeln gefunden werden könne, und sie werfen den modernen Moraltheoretikern vor, auf die epistemologische Wichtigkeit von Regeln einen ungebührlichen Wert zu legen und dadurch die wesentliche Rolle von moralischer Einsicht sowie von Tugend und Charakter bei der Bestimmung dessen, was getan werden sollte, zu verdunkeln. Diese dem Wesen nach Aristotelische Kritik wird feministisch umgedeutet, indem behauptet wird, daß ein exzessives Vertrauen auf Regeln ein juridisch-administratives Interesse verrate, welches für moderne Männlichkeit charakteristisch sei[42], während von heutigen Frauen im Gegensatz dazu gesagt wird, daß sie eher dazu neigen, konventionell akzeptierte Moralregeln nicht zu beachten, weil derartige Regeln den Besonderheiten spezifischer Situationen gegenüber unsensibel seien.[43] Daher wird auch argumentiert, daß eine Regelmoral die moralische Weisheit von Frauen entwerte, und außerdem ein ungenügendes Gewicht auf angeblich weibliche Tugenden wie Güte, Großzügigkeit, Hilfsbereitschaft und Sympathie lege.

Einige Feministinnen behaupten, ›weibliche‹ Zugänge zur Moral befänden sich im Gegensatz zu angeblich männlichen, regelgeleiteten Ansätzen, indem sie charakteristischerweise darin bestünden, auf besondere Andere auf der Basis vorgeblich natürlicher Gefühle von Empathie, Sorge und Mitgefühl[44] oder liebevoller Aufmerksamkeit[45] zu reagieren. Abgesehen von den Schwierigkeiten des Nachweises, daß ein derartig ›partikularistisches‹ Herangehen an Moral[46] tatsächlich typisch weiblich oder gar feministisch sei, sind Versuche der Entwicklung einer Moralepistemologie, die auf derartigen Reaktionen basiert, auch mit einer Vielfalt anderer Probleme konfrontiert. Erstens treffen sie auf die bekannten, wenn auch vielleicht nicht überwindbaren Probleme, die allen Moralepistemologien gemeinsam sind, die die Emotion als Schlüssel zum rechten Handeln nehmen, nämlich die häufige Inkonsistenz, Unverfügbarkeit oder schiere Unangemessenheit von Emotionen.[47] Mit anderen Worten, sie sind in Gefahr, zu einer Art subjektivem ›tu, was sich gut anfühlt‹-Relativismus herabzusinken. Zusätzlich ist auch nicht klar, ob nicht unsere emotionalen Antworten auf andere vielleicht Reaktionen unter irgendeiner universellen Beschreibung und in diesem Sinn eher allgemeine und nicht so sehr besondere Reaktionen sind – oder, wenn sie schon besondere und daher nichtkonzeptionelle sind, ob sie dann nicht vielleicht den Reaktionen von Tieren ähnlicher sind als spezifisch menschlichen. Weiters ist ungewiß, wie diese Arten partikularer Reaktionen unsere Handlungen gegenüber einer großen Anzahl von Menschen leiten können, gegenüber Menschen also, von denen wir die meisten niemals kennenlernen werden. Zuletzt eröffnet die feministische Betonung des Bedürfnisses nach ›Kontextualität‹ die offensichtlichen Gefahren eines »Ad hoc-ismus«, von Sonderregelungen und Parteilichkeit.

Natürlich fühlen sich nicht alle Feministinnen einer partikularistischen Moralepistemologie verpflichtet. Selbst einige von denen, für die Emotionen die geeigneten Wegweiser zur Moral sind, betonen die Intentionalität von Emotionen und diskutieren den Bedarf nach moralischer Erziehung. Während außerdem die meisten Feministinnen gewisse Aspekte der Entscheidungsverfahren, wie sie von der modernen Moraltheorie entwickelt wurden[48], kritisieren, glauben einige, daß es möglich sein könnte, einige dieser Prozeduren zu revidieren und neu zu formulieren. Hauptkandidaten für eine solche Revision sind die von Rawls und Habermas entwickelten Methoden, wobei beide glauben, daß eine idealisierte Dialogsituation (die jeder anders beschreibt) moralisch gültige Prinzipien sowohl generieren als auch rechtfertigen wird.

Das von Rawls entwickelte Entscheidungsverfahren ist Angriffspunkt einer Reihe feministischer Kritiken. So argumentiert zum Beispiel Okin, wie bereits erwähnt, daß das Verfahren von Rawls einen moralischen Konsens nur dann generiert, wenn die wohlerwogenen Urteile von Männern und Frauen übereinstimmen; was ihrer Meinung nach in Gesellschaften, die nach wie vor von der Geschlechtsidentität her strukturiert sind, ziemlich unwahrscheinlich ist. Sie attackiert die Annahme von Rawls, daß die Vertragspartner im Urzustand Familienoberhäupter sind, indem sie richtig bemerkt, daß dies sie daran hindert, die Gerechtigkeit der Haushaltsarrangements in Betracht zu ziehen.[49] Benhabib[50] bringt das Argument, daß jene, die hinter dem Rawlsschen ›Schleier des Nichtwissens‹ argumentieren, so wenig über ihre besonderen Umstände wissen, daß sie die spezifischen Identitäten verloren haben, die für Menschen als Handelnde charakteristisch sind. Sie will damit sagen, daß »es in Rawls' Urzustand keine wirkliche *Pluralität* der Perspektiven gibt, sondern nur eine *definitorische Identität*«.[51] Benhabib kritisiert das von ihr als ›monologisch‹ bezeichnete Modell moralischer Argumentation, weil es sich durch Beschränkung auf den »Standpunkt des verallgemeinerten Anderen« und den Ausschluß des »Standpunkts des konkreten Anderen« eines Großteils jener moralisch relevanten Information beraubt, die notwendig wäre, um die Kantschen Kriterien für Moral wie Reversibilität und Universalisierbarkeit anzuwenden. Trotz dieser Kritikpunkte glaubt Okin[52], daß das von Rawls entwickelte hypothetische Entscheidungsverfahren so revidiert werden kann, daß es feministische Anliegen betreffend Gerechtigkeit innerhalb des Haushaltes, Empathie, Sorge und Differenz einschließen kann. Benhabib[53] meint, daß eine »kommunikative Ethik von Bedürfnisinterpretationen«, basierend auf Habermas' Fassung eines idealen Dialoges, in der Lage ist, das zu überwinden, was sie als den Rawlsschen Monologismus perzipiert. Dies geschieht dadurch, daß die Differenzen konkreter anderer auf eine Weise anerkannt werden, die mit den kontextualistischen Anliegen vereinbar ist, wie Gilligan sie Frauen zuschreibt, die sich eine Ethik des Sorgens zunutze machen. Andere Feministinnen wie zum Beispiel Fraser[54] und Young[55] scheinen ebenfalls von einer solchen Methode angezogen zu werden, obwohl Young die Habermasschen Beschreibungen des idealen Dialogs kritisiert, weil sie affektive und körperliche Bedeutungsdimensionen nicht berücksichtigen.[56] Um den spezifischen Situationen von konkreten Anderen wirklich gerecht zu werden, scheint es jedoch nicht eines hypothetischen, sondern eines *faktischen* Dialoges zu bedürfen, wenn auch eines Dialoges, der unter sorgfältig gestalteten Bedingungen stattfindet. Aber es ist schwer vorstellbar, wie ein faktischer Dialog in einer Welt mit ungleichen Machtverhältnissen, ungleichem Zugang zu den »soziokulturellen Mitteln der Interpretation und Kommunikation«[57] und sogar ungleicher Verfügung über Zeit für Moralreflexionen und -debatten annähernd fair sein sollte.

Eine mögliche Alternative sowohl zu einem unwillkommenen Relativismus wie auch zu einer Position, in der viele Feministinnen die Anmaßung eines moralischen Rationalismus sehen, könnte die Entwicklung eines Moralstandpunktes sein, der deutlich feministisch ist. Sara Ruddick beansprucht, einen solchen Standpunkt im mütterlichen Denken finden zu können[58], aber ihre Arbeit wird von einigen Feministinnen als ethnozentrisch[59] und als Überbewertung von Mutterschaft[60] kritisiert. Selbst wenn der feministische Standpunkt anders bestimmt worden wäre, würden jedoch Probleme bleiben. Die Standpunktepistemologie geht auf Marx zurück und scheint, zumindest in der Version von Lukács, eine objektivistische Unterscheidung zwischen Erscheinung und Wirklichkeit zu erfordern, die den gesellschaftskonstruktivistischen Tendenzen vieler Feministinnen der Gegenwart ziemlich fremd ist.

Die Kontroverse in der zeitgenössischen feministischen Moralepistemologie ist so scharf, daß Held[61] vorschlägt, die Suche nach einer »einheitlichen Feldtheorie«, die alle Bereiche der Lebensaktivität abdeckt, aufzugeben. Andere Autorinnen haben jedoch auf die Gefahr hingewiesen, daß eine auf den Bereich des Persönlichen eingeschränkte weibliche »Ethik des Sorgens«, wie dies etwa Kohlberg vorschlägt, als der männlichen »Ethik der Gerechtigkeit« unterlegen perzipiert würde, so wie in der gegenwärtigen Gesellschaft das Private dem Öffentlichen untergeordnet wird.

6. Schluß

Selbst eine derartig limitierte Übersicht wie die vorliegende sollte deutlich machen, daß feministische Ethik, von einer rigiden Orthodoxie weit entfernt, ein Ferment von Ideen und Kontroversen ist, von denen viele die Debatten der nichtfeministischen Ethik vertiefen und spiegeln. Die Zentralität der Themen und die Lebhaftigkeit der geführten Diskussionen lassen erwarten, daß die nächsten Jahre eine fruchtbare Periode für feministische Ethik – und damit für Ethik überhaupt – sein werden.

[Aus dem Amerikanischen von Ulla Ernst]

Anmerkungen

1 Viele der in diesem Aufsatz vertretenen Ideen sind im Verlauf langjähriger Diskussionen mit Marcia Lind entwickelt worden. Der Aufsatz hat durch ihre nachdrückliche Art zu fragen und durch ihre einsichtsvollen Reaktionen auf frühere Fassungen enorm gewonnen. Auch Pamela Grath machte eine Anzahl hilfreicher Kommentare.

2 Siehe Ringelheim, Joan: Women and the Holocaust: A Reconsideration of Research, in: *Signs* 10, 4, 1985 und King, Ynestra: Afterword, in: Harris, Adrienne, Ynestra (Hg.): *Toward a Feminist Peace Politics*, Boulder CO: Westview Press 1989.
3 Okin, Susan Moller: Justice and Gender, in: *Philosophy & Public Affairs, 16, 1, 1987*.
4 ›Nichtfeministisch‹ bezieht sich hier auf Philosophinnen, die ihre feministischen Anliegen in ihren philosophischen Arbeiten nicht explizit machen: Das soll nicht heißen, daß diese Philosophinnen nicht auf andere Art und Weise feministische Anliegen demonstrieren.
5 Hier und im folgenden werden die englischsprachigen Ausdrücke *sex* und *gender* als ›biologisches Geschlecht‹ und als ›(kulturell bestimmte) Geschlechtsidentität‹ wiedergegeben; für das Begriffspaar *sex/gender* als Topos feministischer Diskussionen wird der Kürze wegen das etwas künstlich klingende ›Sexus/Genus‹ verwendet. [Anm. d. Übs.]
6 Plumwood, Val: Do We Need a Sex/Gender Distinction? in: *Radical Philosophy* 51, 1989.
7 Jaggar, Alison M.: *Feminist Politics and Human Nature*, Totowa, NJ: Rowman and Allanheld 1983.
8 Spelman, Elizabeth V.: *Inessential Woman*. Problems of Exclusion in Feminist Thought, Boston: Beacon Press 1989.
9 Freedman, Estelle: Separatism as Strategy: Female Institution Building and American Feminism 1870–1930, in: *Feminist Studies* 5, 3, 1979.
10 Weitzman, Lenore J.: *The Divorce Revolution*, New York: The Free Press 1985.
11 Williams, Wendy W.: Equality's Riddle: Pregnancy and The Equal Treatment/Special Treatment Debate, in: *New York University Review of Law and Social Change* XIII, 2, 1984–85.
12 MacKinnon, Catharine A.: *Feminism Unmodified: Discourses of Life and Law*, Cambridge, MA: Harvard University Press 1987, S. 36.
13 Feministinnen, die diese Richtung einschlagen, scheinen mit der Bewegung von Marx in seiner *Kritik des Gothaer Programmes* parallel zu gehen, d. h. hin zu einer Gesellschaft, in der die Betonung einer Gleichheit der Rechte aufgegeben wird, da die Unterschiede zwischen Individuen in eine Produktion von Ungleichheiten der Resultate münden, und in der das Prinzip sozialer Organisation lautet: *Jeder nach seinen* (sic) *Fähigkeiten, jedem nach seinen* (sic) *Bedürfnissen.*
14 Finley, Lucinda M.: Transcending Equality Theory: A Way Out of the Maternity and the Workplace Debate, in: *Columbia Law Review* 86, 6, 1986.
15 Krieger, Linda J.: Through a Glass Darkly: Paradigms of Equality and the Search for a Woman's Jurisprudence, in: *Hypatia*, 2, 1, 1987.
16 Baier, Kurt: *Der Standpunkt der Moral*, Düsseldorf: Patmos 1974.
17 Williams, Bernard: A Critique of Utilitarianism, in: *Utilitarianism: For and Against*, Cambridge University Press 1973; ders.: Sittlichkeit und Gefühl in: *Probleme des Selbst*. Philos. Aufsätze 1956–1972, Stuttgart: Reclam 1978, S. 329–365. Personen, Charakter und Moralität, in: ders.: *Moralischer Zufall*. Philosophische Aufsätze 1973–1980, Königstein: Hain 1984.

18 MacIntyre, Alasdair: *Der Verlust der Tugend*. Zur moralischen Krise der Gegenwart, Frankfurt am Main/New York: Campus 1987.
19 Hoffsommers, Christina: Filiale Moralität, in: Nunner-Winkler, Gertrud (Hg.): *Weibliche Moral*. Die Kontroverse um eine geschlechtsspezifische Ethik, Frankfurt am Main/New York: Campus 1987.
20 Noddings, Nel: *Caring*. A Feminine Approach to Ethics and Moral Education, Berkeley: University of California Press 1984. Vgl. den diesem Buch entnommenen Beitrag von N. Noddings im vorliegenden Band. [Anm. d. Hg.]
21 Ebd.: S. 97.
22 Code, Lorraine: Experience, Knowledge und Responsibility, in: Griffiths, Morwenna/Whitford, Margaret (Hg.): *Feminist Perspectives in Philosophy*, Bloomington & Indianapolis: Indiana University Press 1988 und Sherwin, Susan: A Feminist Approach to Ethics, in: *Resources for Feminist Research* 16, 3, 1987 (Sonderausgabe über *Women and Philosophy*).
23 Sherwin, Susan: a.a.O., 1987, S. 26. Siehe auch Fisk, Milton: *Ethics and Society*. A Marxist Interpretation of Value, New York: New York University Press 1980, Fraser, Nancy: Toward a Discourse Ethic of Solidarity, in: *Praxis International* 5, 4, 1986 und Hoagland, Sarah Lucia: *Die Revolution der Moral*. Neue lesbisch-feministische Perspektiven, Berlin: Orlanda Frauenverlag 1991.
24 Herman, Barbara: Integrity and Impartiality, in: *The Monist* 66, 2, 1983 und Adler, Jonathan: Particularity, Gilligan and the Two-levels View: A Reply, in: *Ethics* 100, 1, 1990.
25 U. a. Chodorow, Nancy: *Das Erbe der Mütter*. Psychoanalyse und Soziologie der Geschlechter, München: Verlag Frauenoffensive 1985.
26 Spelman, Elizabeth V.: a.a.O. und Young, Iris Marion: Throwing Like a Girl: A Phenomenology of Feminine Body Comportment, Motility and Spatiality; Pregnant Embodiment: Subjectivity and Alienation; Breasted Experience: The Look and the Feeling, in: dies.: *Throwing Like a Girl and Other Essays in Feminist Philosophy and Social Theory*, Bloomington and Indianapolis: Indiana University Press 1990.
27 Miller, Jean Baker: *Toward a New Psychology of Women*, Boston: Beacon Press 1976.
28 Jaggar, Alison M.: a.a.O.
29 Grimshaw, Jean: Autonomy and Identity in Feminist Thinking, in: Griffiths, Morwenna/Whitford, Margaret (Hg.): a. a. O.
30 Gilligan, Carol: *Die andere Stimme*. Lebenskonflikte und Moral der Frau, München: Piper 1984.
31 Benhabib, Seyla: Der verallgemeinerte und der konkrete Andere. Ansätze zu einer feministischen Moraltheorie, in: List, Elisabeth/Studer, Herlinde (Hg.): *Denkverhältnisse*. Feminismus und Kritik, Frankfurt am Main: Suhrkamp 1989.
32 Hill, Thomas E., Jr.: Gewicht und Bedeutung der Autonomie, in: Nunner-Winkler, Gertrud (Hg.): *Weibliche Moral*. Die Kontroverse um eine geschlechtsspezifische Ethik, Frankfurt am Main/New York: Campus Verlag 1991.
33 MacKinnon, Catharine A.: a.a.O. und Meyers, Diana T.: a.a.O. und dies.: Personal Autonomy and the Paradox of Feminine Socialization, in: *Journal of Philosophy* LXXXIV, 11, 1987.

34 Noddings, Nel: a.a.O.
35 Holmstrom, Nancy: Firming Up Soft Determinism, in: *The Personalist* 58, 1, 1977; Gibson, Mary: Consent und Autonomie, in: *To Breathe Freely: Risk, Consent and Air*, a.a.O. und Meyers, Diana T.: The Socialized Individual and Individual Autonomy: An Intersection between Philosophy and Psychology, in: Feder Kittay, Eva/Meyers, Diana T. (Hg.): *Women and Moral Theory*, Totowa, NJ: Rowman & Allanheld 1987.
36 Gilligan, Carol: a.a.O.
37 Noddings, Nel: a.a.O.
38 Baier, Annette: The Need for More Than Justice, in: Hanen, Marsha/Nielsen, Kai (Hg.): *Science, Morality and Feminist Theory*, Calgary: University of Calgary Press 1987. Vgl. auch den Beitrag von A. Baier in diesem Band. [Anm. der Hg.]
39 Blum, Lawrance: Particularity and Responsiveness, in: Kagan, Jerome/Lamb, Sharon (Hg.): *The Emergence of Morality in Young Children*, Chicago: University of Chicago Press 1987.
40 Ruddick, Sara: *Maternal Thinking*. Toward a Politics of Peace, Boston: Beacon Press 1989.
41 Walker, Margaret: Moral Understandings: Alternative ›Epistemology‹ for a Feminist Ethics, in: *Hypatia*, 4, 2, Sommer 1989.
42 Blum, Lawrence: Kant's and Hegel's Moral Rationalism. A Feminist Perspective, in: *Canadian Journal of Philosophy* 12, 2, 1982.
43 Gilligan, Carol: a.a.O. und Noddings, N.: a.a.O.
44 Gilligan, Carol: a.a.O. und Noddings, N.: a.a.O.
45 Murdoch, Iris: *Sovereignty of Good*, London: Routledge & Kegan Paul 1970; Ruddick, Sara: a.a.O., 1989.
46 Blum, Lawrence: a.a.O., 1987.
47 Lind, Marcia: *Hume and Feminist Moral Theory*, als Vortrag gehalten auf der Konferenz: *Explorations in Feminist Ethics*. Theory and Practice, University of Minnesota-Duluth, 7. bis 8. Oktober 1988.
48 Die meisten Feministinnen perzipieren die traditionellen Formulierungen der Gesellschaftsvertragstheorie als in vieler Hinsicht von männlichen Vorurteilen getragen. Vgl. Jaggar, Alison M.: a.a.O.; Held, Virginia: Non-Contractual Society, in: Hanen, Marsha/Nielsen, Kai (Hg.): *Science, Morality and Feminist Theory*, Calgary: University of Calgary Press 1987.
49 Okin, Susan Moller: Justice and Gender, a.a.O.
50 Benhabib, Seyla: a.a.O.
51 Benhabib, Seyla: a.a.O., S. 472. (Auch im Original kursiv.)
52 Okin, Susan Moller: Reason and Feeling in Thinking about Justice, in: *Ethics* 99, 2, 1989. [In deutscher Übersetzung in diesem Band. Anm. d. Hg.]
53 Benhabib, Seyla: a.a.O.
54 Fraser, Nancy: a.a.O.
55 Young, Iris M.: Impartiality and the Civic Public, in: *Praxis International*, 5, 4, 1986.
56 Young, Iris M.: a.a.O., 1986, S. 395.
57 Fraser, Nancy: a.a.O.

58 Ruddick, Sara: a.a.O. 1989.
59 Lugones, Maria: *The Logic of Pluralism*, als Vortrag gehalten beim Jahrestreffen der American Philosophical Association (Eastern Division), Washington, D. C., Dezember 1988.
60 Hoagland, Sarah Lucia: a.a.O.
61 Held, Virginia: *Rights and Goods,* New York: The Free Press 1984.

Susan Sherwin
Feministische Ethik und In-vitro-Fertilisation[1]

Neue Methoden in der Fortpflanzungsmedizin haben in weiten Kreisen Diskussionen darüber hervorgerufen, ob diese Verfahren erstrebenswert und moralisch vertretbar sind. Um diese komplexe Gegenwartsproblematik aus moraltheoretischer Sicht zu beleuchten, haben sich auch Autoren der biomedizinischen Ethik mit der Anwendung dieser Reproduktionstechniken auseinandergesetzt. Ich glaube allerdings, daß die gegenwärtig allgemein anerkannten Ethiktheorien fragwürdig sind und daß ein neuartiger ethischer Ansatz vonnöten ist, wenn wir die Überlegungen und Sichtweisen der feministischen Theorie in die Betrachtung solcher Themen mit einbeziehen wollen. Daher schlage ich vor, eine bestimmte Methode innerhalb der wachsenden Anzahl neuer Fortpflanzungstechniken näher zu betrachten, nämlich die In-vitro-Fertilisation (IVF), um zu sehen, zu welcher Einschätzung die gängigen Ansätze der Moraltheorie diesbezüglich gelangen und welches Licht im Vergleich dazu eine feministisch geprägte Ethik auf diese Diskussion wirft.

An anderer Stelle habe ich bereits darauf hingewiesen, daß die weithin anerkannten Ethiktheorien unserer Zeit den gegenwärtigen moralischen Fragen nicht gerecht werden, da sie allesamt von so abstrakten Werten wie Autonomie des Individuums oder von einem bestimmten Ausmaß an Glück ausgehen und unabhängig handelnde Personen voraussetzen. Ich behauptete dagegen, daß wir einer Theorie bedürfen, die ethische Belange im Rahmen eines komplexen sozialen Zusammenhangs betrachtet, der sich durch spezifische zwischenmenschliche Beziehungen auszeichnet. Eine Theorie, wie ich sie anstrebe, würde die Einsichten und Überlegungen der feministischen Theorie mit einbeziehen, und deshalb bezeichne ich sie als feministische Ethik.[2]

In diesem Beitrag möchte ich die Unterschiede zwischen einem feministischen Ethik-Verständnis und anderen, eher traditionellen Auffassungen von Ethik erörtern, indem ich die Entwicklung und Durchführung der Retortenzeugung und ähnlicher Methoden auf ihre moralische Angemessenheit untersuche. Es handelt sich hierbei um eine komplizierte Aufgabe, da jede Art von ethischer Theorie eine Reihe von Interpretationen und folglich eine Reihe von Schlußfolgerungen für konkrete ethische Fragestellungen zuläßt. Nichtsdestoweniger lassen sich bestimmte Grundzüge und Tendenzen erkennen. Auch das feministische Denken ist in dieser Beziehung ambivalent, da unter den FeministInnen bezüglich ihrer Haltung zu Eingriffen dieser Art Uneinigkeit herrscht. Ich hoffe nun, daß eine systematische theoretische Beurteilung der IVF vom Standpunkt eines feministischen Ethik-Begriffs aus dazu beiträgt, unter den FeministInnen größere Klarheit bezüglich dieser Fragen zu erlangen.

Zunächst möchte ich mit einer kurzen Beschreibung der IVF beginnen. In-vitro-Fertilisation ist das Verfahren, welches die von den Medien so genannten »Retortenbabys« erzeugt. Die Empfängnis verhindernde Faktoren, vor allem verklebte Eileiter und zu niedriger Spermiengehalt, werden hierbei nicht beseitigt, sondern vielmehr umgangen. Künstliche Befruchtung bedeutet, daß Eizellen aus dem Körper der Frau entnommen und mit dem Sperma des Mannes zusammengebracht werden, um eine Zeugung im Labor durchzuführen und wenige Tage danach einige der befruchteten Eizellen direkt in die Gebärmutter der Frau einzupflanzen, in der Hoffnung, daß die Schwangerschaft von da an normal weiterverläuft. Dieser Prozeß setzt voraus, daß der Frau verschiedenste Hormone verabreicht werden – die erhebliche emotionale und körperliche Veränderungen bewirken –, daß ihr Blut und Urin täglich untersucht werden und daß dann in der kritischen Zeit im Abstand von drei Stunden mit Hilfe von Ultraschall überprüft wird, wann der Eisprung stattfindet. In einigen Kliniken muß die Frau für die Implantation 48 Stunden lang unbeweglich liegen (davon 24 Stunden mit dem Kopf nach unten). Die IVF verlangt gewöhnlich zahlreiche Versuche der Implantation und ist in ca. 10–15 % der als geeignet ausgewählten Fälle erfolgreich.

Betrachten wir nun die Haltung von Philosophen mit einem traditionellen Ethik-Verständis zu diesem Thema. Eine Durchsicht der bioethischen Literatur läßt eine intensive Auseinandersetzung mit dieser Behandlung erkennen. Von einem theologischen Standpunkt ausgehende Philosophen wenden häufig ein, daß dieses Verfahren Unrecht sei, da es nicht »natürlich« sei und sich Gottes Plänen widersetze. Paul Ramsey beispielsweise erhebt Bedenken hinsichtlich der Künstlichkeit der IVF und anderer Reproduktionstechniken, die damit in Zusammenhang stehen, wie z. B. der Embryotransfer, das Spenden sowie der Verkauf von Ei- und Samenzellen und die zunehmende eugenische Kontrolle:

»Doch es gibt noch keine erkennbaren Anzeichen dafür, daß wir den Sinn für den Menschen als natürliches Wesen wiedererlangen, [...] demgegenüber eine Art natürliche Pietät angemessen ist [...] Elternschaft ist gewiß einer der natürlichen Tatbestände des Menschen, die nicht folgenlos zerlegt und wieder zusammengefügt werden können.«[3]

Leon Kass argumentiert in ähnlicher Weise in *Making Babies Revisited*.[4] Er befürchtet, daß unser Begriff des Menschseins die uns bevorstehenden technologischen Permutationen nicht überdauern wird und daß diese neuen, künstlich gezeugten Embryonen eher als Objekte denn als Subjekte behandelt werden. Es beunruhigt ihn zudem, daß wir die traditionellen menschlichen Kategorien der Elternschaft und Abstammung nicht mehr werden nachvollziehen können und daß wir aufgrund dieses Verlusts wichtige Aspekte unserer Identität aus den Augen verlieren. In der jüngsten Stellungnahme der katholischen Kirche zur Reproduktionsmedizin finden sich ähnliche Bedenken:

»Aufgrund der gesicherten und verbürgten Beziehung zu seinen (sic!) eigenen Eltern kann das Kind seine eigene Identität finden und seine eigene menschliche Entwicklung vollziehen [...]
Heterologe künstliche Befruchtung verstößt gegen die Rechte des Kindes; sie beraubt es seiner verwandtschaftlichen Bindung an seine elterliche Herkunft und kann die Entwicklung seiner persönlichen Identität beeinträchtigen.«[5]

Die Utilitaristen unter den Philosophen bevorzugen eine naturwissenschaftlichere Argumentation. Derartige Bedenken bezeichnen sie als bloßen Aberglauben. Sie erklären ihren theologischen Kollegen behutsam, daß es keinen eindeutigen Begriff des »Natürlichen« gäbe und erst recht keinen, der einen besonderen moralischen Status für sich beanspruchen könnte. Jede medizinische Tätigkeit und vielleicht jede Tätigkeit des Menschen überhaupt könne irgendwie als »Eingriff in die Natur« betrachtet werden, doch dies könne kaum ein Grund dafür sein, solcherlei Betätigung zu unterlassen. »Menschlichkeit« sei ebenfalls ein Begriff, der viele Interpretationen zuläßt; im allgemeinen biete er keine befriedigende Rechtfertigung für moralische Bewertungen. Überdies sei es nicht länger angemessen, sich zu sehr auf Fragen der Abstammung und strikter biologischer Verwandtschaft zu konzentrieren, zumal die meisten Theorien über Identität ohnehin nicht auf solchen Kriterien beruhten.

Während einige Theologen einwenden, daß »eine außerhalb des Körpers des Paares bewerkstelligte Zeugung von vornherein all jener Werte entbehre, die in der Sprache des Körpers und in der Vereinigung menschlicher Personen liegen«[6], weisen die Utilitaristen diesen Einwand gegen eine Fortpflanzung ohne Sexualität in einer ordnungsgemäßen Ehe eilig von sich. Man beachte z. B. Michael Bayles Äußerung in *Reproductive Ethics*:

»... auch wenn Fortpflanzung nur im Rahmen ehelicher Liebe stattfinden sollte, zielt diese Bedingung eigentlich auf die Erziehung der Nachkommen. Und die Erziehung ist nicht von dem sexuellen Akt abhängig. Das Argument verwechselt den biologischen Akt mit dem familiären Zusammenhang.«[7]

Eine weitere Überlegung führt in der Diskussion über die künstliche Befruchtung zu gravierenden Meinungsverschiedenheiten zwischen Moraltheologen und ihren Kritikern auf seiten der Philosophen. IVF ist ein Verfahren, welches die Stimulation des Super-Eisprungs, das »Ernten« von Eizellen, die Befruchtung und das Implantieren der Embryonen einschließt. Es läßt sich ohne weiteres für den Transfer von Eizellen und Embryonen und also auch für das Spenden und den Verkauf von Sperma sowie für die »Vermietung von Gebärmutterraum« heranziehen. Es führt auch zu verbesserten Möglichkeiten für das Heranreifen von Föten außerhalb der Gebärmutter und zur Entwicklung künstlicher Gebärmütter für den gesamten Zeitraum der Schwangerschaft. Gelegentlich wird die IVF bereits mit der künstlichen Insemination kombiniert, und häufig wird dabei ein Überschuß an befruchteten Eizellen gewonnen, die für einen späteren Gebrauch tiefgefroren werden. Die Theologen befürchten, daß solche Methoden und weitere zu erwartende Entwicklungen der Fortpflanzungsmedizin (wie z. B. das cloning menschlichen Erbguts) Gottes Plan für die Fortpflanzung des Menschen zuwiderhandeln. Sie sind beunruhigt über die kulturelle Verschiebung, die eintritt, wenn Fortpflanzung eher als wissenschaftliches Unternehmen denn als das »Wunder der Liebe« betrachtet wird, für das Befürworter einer religiösen Deutung eintreten: Der Mensch »kann nicht als das Ergebnis der Intervention medizinischer oder biologischer Techniken erwünscht oder aufgefaßt werden; das würde ihn auf ein Objekt der wissenschaftlichen Technologie reduzieren«[8]. Schlimmer noch sei, bemerken sie, daß wir die letzte Konsequenz dieser sich rapide weiterentwickelnden Methode nicht absehen könnten.

Das händeringende Wo-soll-das-alles-enden, das diese Art religiöser Futurologie begleitet, wird von den meisten analytischen Philosophen zurückgewiesen. Sie machen darauf aufmerksam, daß wenige Bahnen so schief sind, wie die Pessimisten uns weismachen wollen, daß Wissenschaftler anständige Leute und durchaus dazu imstande sind, Schaden und Nutzen jeder neuen Technologie abzuwägen und daß IVF nach ihren gegenwärtigen Konsequenzen beurteilt werden müsse und nicht nach den möglichen Folgen einer zukünftigen Technologie, mit der sie eventuell verknüpft werden könnte. Samuel Gorovitz argumentiert z. B. folgendermaßen:

»Es genügt nicht zu zeigen, daß der unkontrollierte Vorgang zu einem Unheil führen kann. Ein Mensch, der von Omaha aus nach Osten wandert, wird im Atlantik ertrinken – wenn er nicht stehenbleibt. Die Argumentation muß auch den Grad der Wahrscheinlichkeit, daß Beurteilung und Kontrolle verantwortungsvoll ausgeübt werden, berücksichtigen... Insgesamt haben wir bedeutende Kapazitäten, um Beurteilung und Kontrolle auszuüben... hinsichtlich medizinischer Behandlung und Forschung ist unsere Reputation recht gut.«[9]

Bezüglich der Frage nach dem moralischen Status der befruchteten Eizelle gehen die Ansichten stärker auseinander. Da die Superovulation, die zur Erzeugung der für die Entnahme bestimmten Eizellen ausgelöst wird, bewirken soll, daß mehrere Eizellen gleichzeitig heranreifen, und da der Vorgang der Entnahme der Eizellen so kompliziert und überdies die Aussicht auf Erfolg für jeden einzelnen Versuch der Zeugung so gering ist, werden gewöhnlich mehrere Eizellen gleichzeitig entnommen und befruchtet. Einige dieser Zygoten werden in die Gebärmutter eingesetzt, in der Hoffnung, daß sich zumindest eine davon einnistet und die Schwangerschaft beginnt, aber häufig bleiben befruchtete Eizellen übrig. Bezüglich der Frage, was mit diesen überzähligen Zygoten geschehen soll, tauchen moralische Schwierigkeiten auf. Sie können für den späteren Gebrauch tiefgefroren werden (da die Erfolgschancen für den ersten unternommenen Versuch gering sind); sie können aber auch als Forschungsmaterial verwendet oder einfach »weggeworfen« werden. Kanadische Kliniken umgehen die Unannehmlichkeit dieses Zwiespalts, indem sie alle befruchteten Eizellen in die Gebärmutter einpflanzen. Dies birgt jedoch die verheerende Gefahr, daß sechs oder acht erfolgreich implantiert werden und die Frau schließlich einen ganzen

Wurf auszutragen hätte, wofür ihr Körper, nebenbei bemerkt, nicht geeignet ist.

Die radikalen Abtreibungsgegner, die den Embryo vom Zeitpunkt der Empfängnis an als eine Person betrachten, widersetzen sich all diesen Verfahren. Für sie gibt es keine moralisch vertretbaren Methoden der IVF. Ihren Grundsätzen treten die Utilitaristen mit den immergleichen Einwänden entgegen: Persönlichkeit sei eine Frage moralischer und nicht biologischer Kategorien. Ein Wesen ohne Empfindungsvermögen und Bewußtsein sei keine Person in irgendeinem vernünftigen Sinn. Gorovitz argumentiert folgendermaßen: »Gewiß setzt der Begriff ›Person‹ grundsätzlich ein Empfindungsvermögen voraus oder zumindest das Wahrnehmen von Eindrücken.«[10] Bayles schreibt: »Damit Föten ein moralischer Status zukommt, müssen sie die Fähigkeit zur Unterscheidung von Gut und Böse haben ... Was ihnen widerfährt, darf ihnen nicht gleichgültig sein. Folglich ist irgendeine Form der Wahrnehmung unabdingbar für einen moralischen Status.«[11] (Die praktischen Mediziner haben versucht, dieses Problem insgesamt zu umgehen, indem sie einen neuen Begriff geprägt haben, in der Hoffnung, auf diese Weise eine neue ontologische Kategorie einzuführen, die des ›Prä-Embryos‹.)[12]

Zahlreiche Bio-Ethiker sind der Ansicht, die sie auch in der Abtreibungsfrage übereinstimmend geltend machen, daß das wesentliche moralische Problem der IVF in der Frage nach dem moralischen Status und den Rechten des Embryos liegt. Wenn sie diese Frage erst geklärt haben, können sie, wie Engelhardt, zu dem Schluß kommen, daß es aufgrund der Tatsache, daß Föten keine Personen sind und Fortpflanzungsprozesse außerhalb des menschlichen Körpers keine besonderen moralischen Probleme aufwerfen, »im Prinzip keine stichhaltigen moralischen Einwände gegen In-vitro-Fertilisation geben kann«.[13] Er behauptet:

»In-vitro-Fertilisation und Verfahren, die es uns erlauben, die menschliche Fortpflanzung zu studieren und zu kontrollieren, sind moralisch neutrale Mittel zur Verwirklichung grundlegender menschlicher Ziele, die mit der Verwirklichung des Wohls anderer eng verknüpft sind: Kinder für zeugungsunfähige Eltern und größere Gesundheit für neugeborene Kinder.«[14]

Ethiker äußern auch Sorge über die Sicherheit des Verfahrens, und damit meinen sie im Grunde die Sicherheit für die Föten, die aus dem Prozeß hervorgehen. Diese Bedenken sind in den Jahren seit 1978, als das erste Retortenbaby geboren wurde, weitgehend aus dem Weg geräumt worden, denn die mehreren Tausend seither auf diese Weise gezeugten Kinder neigen offensichtlich nicht mehr zu Mißbildungen als die übrigen Neugeborenen. Tatsächlich scheinen in dieser Gruppe angeborene Schädigungen eher seltener aufzutreten, vermutlich wegen der besseren Überwachung und der vor- und nachgeburtlichen Kontrolle. (In Publikationen außerhalb der bioethischen Literatur werden angesichts der verspäteten Entdeckungen über die Wirkung von DES* auf die Leibes-Frucht Bedenken hinsichtlich der Langzeitwirkung einiger der für die IVF eingesetzten Hormone geäußert. Durch die chemische Ähnlichkeit von Clomiphen, eines ebenfalls bei der IVF verwendeten Hormons, mit DES werden diese Bedenken noch erhärtet.)[15]

Der größte Teil der Literatur enthält sich eines Kommentars zu den Ungewißheiten bezüglich der Wirkung der Hormone, die den Super-Eisprung auslösen sollen, sowie hinsichtlich der Risiken der Narkose während der Laparoskopie (Bauchspiegelung). Häufig wird der im Zusammenhang mit dieser Behandlung stehende emotionale Streß übersehen, obgleich er allem Anschein nach in den 85–90 % der Fälle, in denen der Versuch mißlingt, äußerst belastend ist. In den Fällen, in denen die Retortenzeugung gelingt, treten nicht selten Schwierigkeiten im Umgang mit elterlichen Gefühlen wie Ärger und Frustration auf, da sich die Eltern das Kind so lange gewünscht haben. Dennoch könnte die utilitaristische Theorie solchen Bedenken ohne weiteres gerecht werden, wenn sich die zuständigen Philosophen mit ihnen auseinandersetzen würden. Im Grunde ist so gesehen keine neue ethische Theorie notwendig, obgleich eine Erweiterung der Perspektive (welche die Wirkungen auf die betroffenen Frauen miteinbeziehen würde) gewiß angebracht wäre.

Die einfachste Lösung der im Zusammenhang mit der künstlichen Befruchtung auftretenden Probleme scheinen die Deontologen unter den Ethikern bereit zu haben. Frei von religiösen Vorurteilen geben sie der Autonomie und den Rechten des Individuums äußersten Vorrang.

---

* Diäthylstilbostrol, ein synthetisches Östrogen. [Anm. d. Übs.]

Für sie ist die IVF ganz einfach eine private Angelegenheit, die das betroffene Paar gemeinsam mit einem medizinischen Spezialisten zu entscheiden hat. Der Wunsch, Kinder zu haben und zu erziehen, ist ein sehr allgemeiner und gilt gemeinhin als Musterbeispiel für rein private Angelegenheiten. Paare, die eine Retortenzeugung in Erwägung ziehen, sind mit einem medizinischen Problem konfrontiert, das Unterstützung durch einen Dritten erfordert, und man hält es für ungerecht, »zeugungsunfähigen Paaren die Freude vorzuenthalten, Kinder zu haben, oder ihnen zuzumuten, behinderte Kinder aufzuziehen«.[16] Das gängigste Argument für die Anwendung dieses Verfahrens ist zweifellos, daß es dazu beiträgt, den individuellen Wünschen bzw. Bedürfnissen gerecht zu werden.

Letztlich bleibt unter den Einwänden der traditionellen Ethiker gewöhnlich nur der Hinweis auf die hohen Kosten für die IVF. Es handelt sich um ein äußerst kostspieliges Verfahren. Schätzungen reichen von 1500 bis 6000 Dollar pro Versuch. Gorovitz erwähnt beispielsweise »die Frage nach der Kostenverteilung, eine Frage, die die Kontroverse verschärft, wenn wir die Verwendung öffentlicher Gelder zur Finanzierung medizinischer Behandlungen betrachten«.[17] Die Diskussion endet meistens in der Ratlosigkeit darüber, wie die rapide steigenden Kosten des Gesundheitswesens insgesamt zu bewältigen sind, und man kommt zu dem Schluß, daß keinerlei neue ethische Probleme auftauchen.

Die FeministInnen teilen viele dieser Bedenken, aber sie sehen noch zahlreiche andere ethische Fragen hinsichtlich der Entwicklung und Anwendung dieses Verfahrens, und sie nehmen das Schweigen der Standard-Moraltheorien zu diesem Thema zur Kenntnis. Zudem betrachten FeministInnen die oben diskutierten Probleme nicht als die moralisch gesehen vorrangigen. Dennoch ist die In-vitro-Fertilisation in den Augen der FeministInnen ein schwieriges Thema.

Tatsächlich befürwortet ein Großteil der FeministInnen das Engagement der meisten Moraltheoretiker für die Autonomie des einzelnen, und es ist ihr Interesse, die Entscheidungsfreiheit der Frau in der Familienplanung zu sichern. Diese Freiheit wird oftmals im Zusammenhang mit der Verfügbarkeit von sicheren und effektiven Empfängnisverhütungsmethoden und, notfalls, mit der Möglichkeit des Schwangerschaftsabbruchs diskutiert. Frauen, die aufgrund eines Eileiterverschlusses oder der Zeugungsunfähigkeit ihres Partners keine Kinder bekommen können, kann die Retortenzeugung zu einer Schwangerschaft verhelfen, die ihnen ansonsten versagt bliebe. Die meisten Frauen, die eine In-vitro-Befruchtung in Erwägung ziehen, betrachten dieses Verfahren zweifellos als Erweiterung ihrer Entscheidungsfreiheit hinsichtlich der Familienplanung. Dies scheint nahezulegen, daß wir FeministInnen diese Technologie als Teil unseres allgemeinen Engagements für das Recht auf autonome Kontrolle unseres Körpers in Fragen der Reproduktion befürworten sollten. Einige FeministInnen haben sich für diesen Standpunkt entschieden. Sie müssen allerdings auch zur Kenntnis nehmen, daß die IVF, wie sie derzeit angewendet wird, dem Anspruch auf individuelle Autonomie nicht gerecht wird.

In-vitro-Fertilisation ist letztlich ein Verfahren, das ein medizinisches Eingreifen erfordert, und daher liegt es weniger in der Macht der betreffenden Frau als vielmehr in den Händen der Mediziner, die für diese »Dienstleistung« zuständig sind. Nicht jede Frau, die sich in medizinischer Hinsicht dafür eignet, kann eine IVF durchführen lassen, sondern nur diejenigen, welche in den Augen der beteiligten medizinischen Spezialisten als dafür würdig erscheinen. Um für diesen Eingriff zugelassen zu werden, muß eine Frau verheiratet sein und eine augenscheinlich beständige Ehe führen. Sie muß den Medizinern nachweisen, daß sie und ihr Ehemann über die nötigen Ressourcen verfügen, um ein auf diesem Weg gezeugtes Kind zu ernähren (zusätzlich zu den Geldmitteln, die für den Eingriff selbst erforderlich sind), und daß sie diese Hilfeleistung »verdienen«. Alleinstehende Frauen, Lesben und Frauen, die nicht mit Sicherheit zumindest der Mittelschicht angehören, haben kein Recht auf eine IVF. Auch ist sie nicht für Frauen vorgesehen, die nach Ansicht der zuständigen Mediziner den Normen einer guten Mutter nicht entsprechen. Die besagte Entscheidungsfreiheit kommt also nur wenigen Frauen zu, die nach den persönlichen Wertmaßstäben derjenigen ausgewählt wurden, die die Behandlung durchführen.

Und auch für diese Frauen ist die Reichweite ihrer eigenen Entscheidungen nicht abzusehen. Es sei beispielsweise darauf hingewiesen, daß die Retortenzeugung seit jeher experimentellen Charakter hatte: Sie wurde ohne vorherige Versuche an Primaten durchgeführt, die für die meisten neuen medizinischen Eingriffe unerläßlich sind, und sie wird weiterhin in ständig variierter Form durchgeführt, da die Kliniken versuchen, die äußerst geringe Erfolgsquote zu steigern. Zudem werden die Zulassungsbedingungen für eine Behandlung von den Patientinnen als ziemlich restriktiv empfunden. Frauen, die sich für eine IVF entscheiden, befinden sich in keiner besonders günstigen Lage, um über eine Änderung der Behandlungsbedingungen zu verhandeln: Wenn es einer Frau nicht paßt, wie man in einer Klinik mit ihr umgeht, steht ihr keine andere Klinik an der nächsten Straßenecke zur Verfügung. Zahlreiche Anwärterinnen würden aber sofort ihren Platz einnehmen, falls sie sich für einen Abbruch der Behandlung entscheiden sollte.

Neuere Studien belegen, daß nur wenige der Frauen, die sich gegenwärtig einer künstlichen Befruchtung unterziehen, über deren geringe Erfolgsquote informiert sind.[18] Und es ist nicht zu erwarten, daß man die Betreffenden dazu ermuntert, über die medizinischen Unwägbarkeiten nachzudenken, die mit den verschiedenen Abschnitten der Prozedur verbunden sind, wie z. B. die langfristige Wirkung der Superovulation und die Behandlung mit Hormonen, die dem DES chemisch ähnlich sind. Auch schließt die Zustimmung zur Behandlung nicht ein, daß mit den Frauen über den weiteren Verbleib der »überzähligen« Zygoten gesprochen wird. Es ist zu bezweifeln, daß die behandelten Frauen ein tatsächliches Mitspracherecht bezüglich der weiteren Verwendung der nicht benötigten Eizellen haben. Diese übergeordneten Entscheidungen werden gewöhnlich seitens der Klinik gefällt. Es sei darauf hingewiesen, daß zumindest eine Feministin behauptet, daß weder die Frau noch die Ärzte das Recht hätten, diese Embryonen zu vernichten:

»... da niemand, nicht einmal die Eltern, den Embryo/Fötus besitzen, hat niemand das *Recht*, ihn zu vernichten, auch nicht in einem ganz frühen Entwicklungsstadium... niemand verfügt automatisch über die Berechtigung, einen Embryo zu töten, auch nicht die genetischen Eltern.«[19]

Darüber hinaus hegen manche der Beteiligten eine tiefsitzende Ambivalenz hinsichtlich der Bedeutung dieser Behandlung für viele Frauen. Sie weisen darauf hin, daß ihre Ehe sowie ihr Status von dem Entschluß abhängig sind, »alles in ihrer Macht Stehende« zu tun, um auf »natürlichem« Weg ein Kind zu bekommen, und man hilft ihnen nicht, mit den Unwägbarkeiten hinsichtlich ihres langfristigen Wohlbefindens zurechtzukommen. So wie sie derzeit durchgeführt wird, bringt die künstliche Befruchtung erhebliche Einschränkungen der Autonomie der Patientinnen, die von den Deontologen in anderen medizinischen Bereichen nachdrücklich gefordert wird, mit sich. Dieses Ungleichgewicht bleibt jedoch in der nicht-feministischen Forschung unbeachtet.

Gehen sie von einem moraltheoretischen Konsequentialismus aus, so versuchen FeministInnen, die Retortenzeugung vor dem Hintergrund der ständigen Erneuerungen im Bereich der menschlichen Reproduktionstechnologie zu betrachten. Während ein Teil dieser Technologie den Frauen nützlich zu sein scheint, indem z. B. ein besseres Verständnis von Zeugung und Empfängnisverhütung bewirkt wird, besteht andererseits der leise Verdacht, daß diese Forschungen dazu beitragen werden, neue Verfahren und Produkte wie das Cloning menschlicher Gene und künstliche Gebärmütter zu entwickeln, was die Mehrheit der Frauen im Prinzip überflüssig machen könnte. (Das ist in einer frauenfeindlichen Gesellschaft keineswegs eine paranoide Befürchtung: Es ist vorhersehbar, daß solche Verfahren in den folgenden Generationen stärker in Anspruch genommen werden. Einer der bisherigen »Erfolge« der Reproduktionsmedizin war es schließlich, daß Eltern das Geschlecht ihres Kindes bestimmen können. Die somit ermöglichte Wahl droht eindeutig, ein beachtliches Ungleichgewicht in dem Verhältnis von weiblichen und männlichen Babys herbeizuführen. So wird es voraussichtlich einen Mangel an gebärfähigen Frauen geben, und es ist daher zu erwarten, daß das Drängen auf weitere technologische Lösungen für das »neue« Fortpflanzungsproblem stärker wird.)

Zahlreiche AutorInnen aller Richtungen halten es für unerläßlich, danach zu fragen, aus welchen Gründen manche Paare so verzweifelt auf dieses Verfahren setzen. Warum ist es für viele Leute so wichtig, ein »eigenes« Kind zu zeugen? In dieser Frage kommen analytische Theoretiker offensichtlich wieder auf eine zuvor bereits verlassene Ebene zurück und behaupten, daß dies ein natürlicher oder zumindest legitimer Wunsch sei. Engelhardt beispielsweise sagt: »Die Verwendung von Technologie zur Hervorbringung von Kindern ist deshalb legitim, weil sie dazu beiträgt, den Menschen die Welt angenehmer zu machen.«[20] Bayles stellt vorsichtiger fest: »Der Wunsch, ein Kind zu zeugen, als solcher [...] ist vermutlich irrational«; doch unmittelbar darauf kommt er zu dem Schluß, daß »die Verfahren zur Erfüllung dieses Wunsches aus ethischer Sicht für zulässig erachtet werden.«[21] R. G. Edwards und David Sharpe drücken sich hier am schärfsten aus: »Der Wunsch, Kinder zu haben, gehört zu den grundlegenden menschlichen Instinkten, und ihn zu leugnen, kann zu enormen psychologischen und sozialen Problemen führen.«[22] Obwohl die jüngsten Äußerungen der katholischen Kirche darin übereinstimmen, daß »der Wunsch nach einem Kind natürlich ist«[23], leugnet sie interessanterweise, daß ein Paar das Recht auf ein Kind hat: »Ein Kind ist kein Objekt, auf das jemand ein Recht hat.«[24]

Hier wird meiner Ansicht nach die Notwendigkeit einer gründlicheren, feministischen Analyse deutlich. Wir müssen die sozialen Bedingungen und kulturellen Werte untersuchen, die dem Entschluß zugrunde liegen, die angesprochenen Risiken für eine biologische Elternschaft in Kauf zu nehmen. Es läßt sich nicht leugnen, daß Kapitalismus, Rassismus, Sexismus und die elitäre Haltung unserer Kultur gemeinsam eine Einstellung hervorgebracht haben, derzufolge Kinder als Waren gelten, deren Wert an den Besitz der elterlichen Chromosomen gebunden ist. Kinder werden als Privatbesitz betrachtet, in dem sich die Zeugungskraft der Eltern und die von ihnen ererbten Eigenschaften widerspiegeln. Auch werden Kinder als Verpflichtung für die Eltern angesehen und nicht als Vermögen sowie Aufgabe einer jeweiligen Gesellschaft. Eltern müssen unter Androhung von Strafverfolgung den Bedürfnissen ihrer Kinder gerecht werden und erhalten andererseits die uneingeschränkte Kontrolle über sie zugesprochen. Anderen Erwachsenen ist es untersagt, innige und dauerhafte Beziehungen zu nicht-eigenen Kindern zu unterhalten: Durch den Versuch, mit einem fremden Kind regelmäßig zu sprechen und zärtlich zu ihm zu sein, gerät man genauso in Verdacht, wie wenn man über ein fremdes Auto oder Fahrrad streicht und sehnsüchtig um es herumschleicht. Menschen, die einen näheren Kontakt zu Kindern suchen, sehen sich daher gezwungen, ein eigenes zu haben.

Man redet Frauen ein, daß ihr höchstes Ziel im Leben darin besteht, Kinder zu gebären und aufzuziehen. Es wird ihnen unentwegt gesagt, daß ihr Leben ohne Kinder unvollkommen ist und daß es zu ihrer Selbstverwirklichung gehört, Kinder zu haben. Und tatsächlich stehen viele Frauen ohne Kinder einem leeren Dasein gegenüber. Wenige Frauen haben Zugang zu einer sinnvollen und befriedigenden Arbeit. Die meisten sehen sich nicht im Mittelpunkt jener romantischen Liebesbeziehung, die ihnen gemeinhin als die Norm für heterosexuelle Paare vorgeführt wird. Sie wurden dahingehend sozialisiert, sich vor engen Freundschaften in acht zu nehmen – man lehrt sie, anderen Frauen gegenüber mißtrauisch zu sein und sich vor den Gefahren einer Freundschaft mit einem anderen als ihrem Ehemann zu hüten. Kinder bleiben die einzige Hoffnung auf wirkliche Vertrautheit und auf die Erfüllung des Lebens, die sich aus einer als nützlich erachteten Arbeit ergibt.

Gewiß können Kinder diese Art von Selbstwertgefühl vermitteln, auch wenn Mutterschaft für viele Frauen (und zeitweise wahrscheinlich für alle Mütter) nicht dem verklärten Glück entspricht, das sie zu leben hofften. Doch in einer Gesellschaft, in der die Kindererziehung das einzige Betätigungsfeld ist, auf dem die meisten Frauen ihre Erfüllung finden können, muß etwas im argen liegen. Auch an der Theorie, nach der Kinder das Eigentum ihrer Eltern sind und sich alle anderen Erwachsenen zu ihnen auf Distanz zu halten haben, kann etwas nicht stimmen. Zwischen Kindern und Erwachsenen sollten vielfältige enge Beziehungen möglich sein, so daß uns allen bewußt wird, daß wir für das Wohlergehen der Jugend verantwortlich sind und wir alle von ihrer Weltsicht lernen können.

In einer solchen Welt wäre es nicht nötig, riesige Geldsummen auf die künstliche Zeugung von Musterkindern zu verwenden, während anderswo jährlich Millionen von Kindern den Hungertod sterben. Erwachsene, die Kinder mögen, könnten sich an deren Erziehung beteiligen, ungeachtet dessen, ob sie sie gezeugt haben oder nicht. Und wenn die Institution der Ehe überdauert, könnten Frauen und Männer sich verheiraten, weil sie ihr Leben gemeinsam verbringen wollen und nicht, weil die Männer der Frauen bedürfen, um ihre Erben zu zeugen und Frauen auf finanzielle Unterstützung für ihre Kinder angewiesen sind. Das wäre eine Welt, in der wir uns einer Entscheidungsfreiheit bezüglich des Kinderkriegens erfreuen könnten. Die Welt, in der wir heute leben, verfügt über so beschränkte Entfaltungsmöglichkeiten für Frauen, daß es durchaus begründet ist, die Unabhängigkeit der Frauen im Hinblick auf die Entscheidung für diese Technologie in Frage zu stellen, da es sich genaugenommen um das Ergebnis sozialer Zwänge handeln könnte.

Dennoch muß ich einräumen, daß manche Paare an ihrer Unfähigkeit, ohne eine künstliche Befruchtung Kinder zu zeugen, aufrichtig leiden. Die Tatsache, eigene Kinder zu haben, bringt ganz besondere und einzigartige Freuden mit sich, die in kinderlosen Beziehungen nicht aufkommen können. Diese Menschen haben Anrecht auf unser Mitgefühl. Die Umsetzung der oben erwähnten kulturellen Ideale würde die Nachfrage nach der IVF mit Sicherheit erheblich verringern, aber wir werden dies wohl nicht erleben. Mit Besorgnis erinnern manche FeministInnen daran, daß die persönlichen Wünsche von Paaren mit Zeugungsschwierigkeiten mit den Gesamtinteressen von Frauen und Kindern nicht immer in Einklang zu bringen sind.

Ein feministischer Denkansatz trägt also dazu bei, verschiedene

Aspekte des Problems zu beleuchten, die von anderen Zugängen allzuleicht übersehen werden. Doch auch diese Herangehensweise verhilft uns nicht zu einer endgültigen Entscheidung darüber, ob diese Art der Reproduktionstechnik zu befürworten, zu tolerieren, zu modifizieren oder einzuschränken sei. Ich schlage vor, daß wir uns den sich allmählich entwickelnden Theorien feministischer Ethik zuwenden, um einer Lösung für diese Frage näherzukommen.[25]

Meiner Ansicht nach ist eine feministische Ethik eine Theorie, die sowohl die Beziehungen zwischen Menschen als auch die einzelnen Individuen betrachtet. Sie geht von einem komplexen sozialen Netz aus und nicht von dem üblichen Modell isolierter, voneinander unabhängiger atomistischer Individuen, und sie gibt den Verbindungen unter den Menschen Vorrang vor dem Recht auf Unabhängigkeit. Sie ist eine Theorie, in deren Mittelpunkt konkrete Situationen und Menschen stehen, und nicht freischwebende, abstrakte Handlungen.[26] Auch wenn zahlreiche Einzelheiten noch zu erforschen sind, wird in bestimmten Themenbereichen deutlich, worum es ihr geht.

Es handelt sich um eine Theorie, die ausdrücklich die sozialen, politischen und wirtschaftlichen Beziehungen zwischen Menschen in Betracht zieht: Als eine feministische Theorie erforscht sie insbesondere die Auswirkungen von Handlungen und politischen Praktiken auf die Stellung der Frauen. Es ist daher notwendig, Fragen vom Standpunkt der feministischen Ethik zusätzlich zu solchen Fragen zu stellen, die gewöhnlich vom Standpunkt der gängigen ethischen Theorien gestellt werden. Wir müssen die Probleme im Zusammenhang mit der gesellschaftlichen und politischen Realität betrachten, aus der sie hervorgehen, und der Versuchung widerstehen, Handlungen und Praktiken isoliert zu bewerten (wie es in traditionellen Studien der biomedizinischen Ethik häufig geschieht). Wir können also die Frage nach der IVF nicht einfach per se behandeln, ohne danach zu fragen, inwiefern die IVF das System der Unterdrückung der Frauen insgesamt festigt. Wie Kathryn Pyne Addelson bereits im Zusammenhang mit der Abtreibungsfrage bemerkte[27], wirft ein feministischer Ansatz Fragen auf, die innerhalb eines traditionellen Ethik-Ansatzes nicht zulässig wären, aber für Frauen in einer patriarchalen Gesellschaft von äußerster Brisanz sind. Im Gegensatz zu biomedizinischen Auffassungen würde eine feministische Ethik die oben dargelegten Bedenken, die in der feministischen Literatur diskutiert werden, nicht ignorieren.

Eine feministische Ethik würde auch Komponenten der sogenannten »weiblichen Ethik« berücksichtigen, wie sie in den empirischen Arbeiten von Carol Gilligan[28] skizziert wurden. (Das beste Beispiel einer solchen Theorie ist die Arbeit von Nel Noddings in ihrem vielbeachteten Buch *Caring*.[29]) Mit anderen Worten, es wäre eine Theorie, die sich vorrangig mit zwischenmenschlichen Beziehungen und frauenzentrierten Werten wie Zuwendung, Einfühlungsvermögen und Kooperation beschäftigen würde. In der Frage der IVF müßten wir uns also den Frauen und Männern zuwenden, die so verzweifelt über ihre Zeugungsunfähigkeit sind, daß sie bereit sind, die enormen Kosten sowie die körperlichen und emotionalen Risiken der Behandlung in Kauf zu nehmen, nur um »eigene« Kinder zu bekommen. Das heißt, wir sollten, in Noddings' Worten, ihre Realität als die unsere betrachten und uns mit ihrem Gefühl der Unzulänglichkeit auseinandersetzen. Dann müßten wir uns aber auch mit den Konsequenzen dieser Art der Problemlösung befassen. Auch wenn dieses Verfahren den durchaus verständlichen Wünschen einiger Frauen entgegenkommt – Wünsche, die an sich schon problematisch sind, da sie mit den Werten einer Gesellschaft in Einklang stehen, in der Frauen grundsätzlich unterdrückt werden –, droht es gerade die Werte, die für diese Unterdrückung verantwortlich sind, zu festigen. Genaugenommen läuft die angebotene Methode Gefahr, die Unabhängigkeit der Frauen in Wirklichkeit einzuschränken. In diesem Fall sollte sie abgelehnt werden.

Eine feministische Ethik wird jedoch keine grundsätzliche Ablehnung der IVF vertreten, denn dies würde nicht unserer Verpflichtung gerecht werden, uns derer anzunehmen, die unter ihrer Zeugungsunfähigkeit leiden. Es liegt in der Verantwortlichkeit derjenigen, die sich der weiteren Anwendung dieses Verfahrens widersetzen, für die gesellschaftlichen Veränderungen einzutreten, die ein Bedürfnis danach weitgehend überflüssig machen würde. Auf der medizinischen Ebene sollte man sich in der Forschung sowie in der Praxis darum bemühen, die Anzahl der Eierstockentzündungen und das Auftreten der Gonorrhöe zu reduzieren, die häufig zu einem Verschluß des Eileiters führen. Den Ursachen und Behandlungsmöglichkeiten der Zeugungsunfähigkeit von Männern sollte mehr Aufmerksamkeit geschenkt werden, und wir müßten Methoden finden, die eine sichere reversible Sterilisation erlauben und Frauen eine bessere Alternative zur Tubenligatur als Mittel der Empfängnisverhütung bieten. Diese Methoden könnten die Möglichkeiten der Frauen bezüglich der Geburtenkontrolle erweitern und wären mit den Zielsetzungen des Feminismus vereinbar. Auf der gesellschaftlichen Ebene müssen wir intensiv darauf hinarbeiten, daß Frauen nicht auf ihre Funktion zur Fortpflanzung reduziert werden und Kinder nicht länger als Eigentum gelten. Die Gesellschaft muß als eine Gemeinschaft gleichwertiger Mitglieder betrachtet werden, unabhängig von Alter und Geschlecht. Und wir müssen in Frage stellen, ob der Wunsch, ein Kind mit seinem eigenen Erbgut zu zeugen, einen ausreichenden Grund darstellt, um von Frauen und Männern mit schlechtem Spermabefund zu erwarten, daß sie die körperlichen und emotionalen Wagnisse einer solchen Behandlung in Kauf nehmen.

Überdies wird eine feministische Ethik der Art der Beziehungen zwischen den beteiligten Personen Rechnung tragen. Annette Baier hat eindringlich die Wichtigkeit hervorgehoben, eine Ethik des Vertrauens zu entwickeln[30], und ich glaube, eine feministische Ethik muß die Frage nach dem Ausmaß des Vertrauens im Zusammenhang mit den Beziehungen, die jeweils im Spiel sind, betrachten. FeministInnen haben darauf hingewiesen, daß Frauen wenig Grund haben, den medizinischen Fachleuten zu vertrauen, die ihnen ihren Kinderwunsch erfüllen wollen, denn im allgemeinen kommt den Interessen der Frauen vom medizinischen Standpunkt aus keine besondere Bedeutung zu.[31] Im Grunde kann die Kritik der FeministInnen an der Retortenmedizin als Ausdruck ihres mangelnden Vertrauens in diejenigen, die diese Techniken handhaben, verstanden werden. Die wenigsten FeministInnen wenden sich gegen die Fortpflanzungsmedizin an sich. Vielmehr äußern sie Bedenken gegen diejenigen, die sie anwenden und dagegen, daß sie zur weiteren Ausbeutung der Frauen verwendet werden kann. Das Problem der Reproduktionstechnik besteht darin, daß es die Macht über die Fortpflanzung in den Händen derjenigen konzentriert, die nicht unmittelbar an der Geburt und der Erziehung des Kindes beteiligt sind, d. h. in den Händen von Männern, die ihren Patienten auf eine technische, berufliche und autoritäre Art begegnen. Sie stellt einen weiteren Schritt zur medizinischen Überwachung von Schwangerschaft und Geburt dar, die, in Nordamerika jedenfalls, durch die Beziehung der Schwangeren zu ihrem Arzt geprägt ist und sich von der traditionellen Beziehung der Schwangeren zu ihren Hebammen stark unterscheidet. Diese ermöglichte eine Atmosphäre gegenseitigen Vertrauens, die sich während einer Krankenhausentbindung heutzutage nicht einstellen kann. In neueren Abhandlungen über Schwangerschaft und Geburt wird die Mutter häufig als eine Bedrohung für den Fötus dargestellt, die man dazu zwingen muß, ein medizinisches Programm zu befolgen, welches die Geburt von gesunden Babys sicherstellt, ganz gleich, was die Mutter dafür in Kauf zu nehmen hat. Oftmals wird die Beziehung der Mutter zu dem Ungeborenen medizinisch als Gegensatz charakterisiert, und die Ärzte versuchen, der Mutter ein entfremdetes und passives Verhältnis zu ihrem Baby zu vermitteln. Sosehr die IVF auch den Interessen der wenigen Frauen dient, denen der Zugang hierzu ermöglicht wird, so dient sie doch vor allem den Interessen (seien sie finanzieller, beruflicher, wissenschaftlicher oder rein patriarchaler Art) derjenigen, die sie praktizieren.

Feststellungen wie diese bringen die Vertreter traditioneller Ethik-Ansätze in Verlegenheit, denn sie legen es nahe, die moralische Bewertung der verschiedenen reproduktionstechnischen Verfahren von der Beurteilung der jeweiligen Anwendung dieser Verfahren zu trennen. Aus der Sicht einer feministischen Ethik erscheint eine solche Unterscheidung jedoch nicht sinnvoll. Die Reproduktionstechnik ist keine abstrakte Tätigkeit, sondern sie wird in bestimmten Zusammenhängen ausgeführt, und diese Zusammenhänge müssen berücksichtigt werden.

Die oben dargelegten Bedenken von seiten der FeministInnen machen die Schwierigkeiten deutlich, die wir mit einigen traditionellen ethischen Konzeptionen haben. Eine feministische Ethik zwingt uns also dazu, unsere grundlegenden ethischen Begriffe zu überdenken. Autonomie oder Entscheidungsfreiheit können nicht isoliert betrachtet und bestimmt werden, wie es gewöhnlich in vielen Ansätzen der angewandten Ethik getan wird. Vielmehr ist die Lebenssituation zu berücksichtigen. Die Entscheidungsfreiheit, für die FeministInnen in der Abtreibungsfrage plädieren, ist die Freiheit, den eigenen Status als Kindergebärende in Anbetracht der sozialen, ökonomischen und politischen Bedeutung der Fortpflanzung für Frauen selbst zu bestimmen. Eine feministische Sichtweise macht deutlich, daß die Freiheit der Fortpflanzung sowohl die Selbstbestimmung über die eigene Sexualität einschließt als auch den Schutz vor Zwangssterilisation (oder vor der iatrogenen Sterilisation, wie sie beispielsweise durch das Dalkon Shield*

---

* Intrauterines Pessar, das im angloamerikanischen Raum verwendet, inzwischen aber aus dem Handel gezogen wurde, weil es zu schweren Komplikationen führte. [Anm. d. Hg.]

verursacht wurde). Sie fordert das Vorhandensein eines sozialen und ökonomischen Netzwerks für die Kinder, die wir zur Welt zu bringen beschließen. Es ist die Freiheit, unsere Rolle in der Gesellschaft nach unseren jeweiligen Interessen und Bedürfnissen zu bestimmen.

Demgegenüber scheint die Freiheit der Konsumenten, diese Behandlung zu erwerben, die ohnehin nur einige wenige Paare der privilegierten Schicht (in traditionell anerkannten Beziehungen) genießen, die patriarchale Auffassung von der Rolle der Frau als Kindergebärende sowie die Betrachtung der heterosexuellen Monogamie als einzig statthafter Liebesbeziehung nur noch zu verstärken. Mit anderen Worten: Diese Form der Entscheidungsfreiheit fördert die Selbstbestimmung der Frauen im weiteren Sinne offensichtlich nicht. Die Retortenzeugung scheint die sexistischen, klassenspezifischen und häufig rassistischen Grundlagen unserer Kultur noch zu verfestigen. Nach unserem revidierten Verständnis von Freiheit ist der Beitrag der IVF zur Selbstbestimmung der Frau weitgehend negativ zu beurteilen.

Wir können nun den Vorteil einer feministischen Ethik gegenüber herkömmlichen ethischen Theorien sehen, denn eine feministische Analyse macht ausdrücklich die Notwendigkeit einer politischen Dimension unseres Verständnisses ethischer Fragen geltend. Darin unterscheidet sie sich von traditionellen Moraltheorien, und sie unterscheidet sich auch von einem bloß weiblichen Ethik-Verständnis im Sinne von Noddings. Noddings stützt sich offenbar ausschließlich auf Beziehungen zwischen Einzelpersonen und mißtraut politischen Zusammenschlüssen aufgrund ihrer potentiellen Bedrohung der reinen Sorge-Beziehung zutiefst. Doch ein vollständiges Verständnis der Bedrohung, die IVF darstellt, wie auch der erforderlichen Schritte, sollten wir uns zur Ablehnung der IVF entscheiden, ist nur möglich bei Berücksichtigung einer politischen Dimension, welche der Rolle der Frau in der Gesellschaft Rechnung trägt.

Vom Standpunkt einer feministischen Ethik aus geht es in erster Linie darum, ob diese und andere Reproduktionstechniken den Mangel an Autonomie, unter dem Frauen in unserer Gesellschaft leiden, noch zu verstärken drohen – auch wenn sie unsere Freiheit auf den ersten Blick zu erweitern scheinen. Wir müssen zur Kenntnis nehmen, daß die Verflechtungen der gesellschaftlichen Zwänge, welche die Frauen unterdrücken, das Mißtrauen der FeministInnen gegenüber diesem Verfahren verursachen, das sich rühmt, die Autonomie der Frauen zu vergrößern.[32] Die politische Perspektive, die unseren Blick darauf lenkt, inwiefern dieses Verfahren sich in die allgemeinen Muster des Umgangs mit Frauen einfügt, ist den traditionellen Ethiktheorien nicht ohne weiteres zugänglich, da sie Kategorien miteinbezieht, die in diesen Theorien nicht berücksichtigt werden – z. B. die Komplexität von Problemen, die einer isolierten Betrachtung derselben widerspricht; die Rolle der Unterdrückung bei der Ausformung persönlicher Wünsche und die potentiellen Unterschiede des moralischen Status, die mit einer Ungleichbehandlung zusammenhängen.

Die Gesamtheit der Strukturen, welche die fortwährende Unterdrückung der Frauen in unserer Gesellschaft bedingen, veranlaßt FeministInnen dazu, auf die altbekannten »Argumente der schiefen Bahn« zurückzugreifen, um vor der künstlichen Befruchtung zu warnen. Wir müssen uns darüber bewußt sein, daß mit dem Aspekt der mangelnden Kontrolle der Frauen über die Fortpflanzung die Diskussion bereits auf einem ziemlich abschüssigen Terrain einsetzt. Ein Verfahren, das den Frauen die Kontrolle in der Geburtenregelung noch mehr aus den Händen nehmen kann, macht den Abhang freilich sehr rutschig. Die IVF, die sich unter dem Deckmantel größerer Freiheit in der Familienplanung darbietet, droht in Wirklichkeit zu einer beachtlichen Verringerung dieser Freiheit zu führen, insbesondere, weil sie immer eine aktive Beteiligung von Spezialisten einschließt und niemals eine private Angelegenheit des betreffenden Paares bzw. der betreffenden Frau bleibt.

Ethik sollte uns nicht dazu verleiten, individuelle Einzelfälle zu beurteilen, ohne gleichzeitig die Konsequenzen unserer Entscheidungen in einem größeren Zusammenhang zu betrachten. Ich behaupte, daß eine feministische Ethik diesen größeren Zusammenhang liefert, da ihre andersgeartete Vorgehensweise sowohl für die persönlichen als auch die gesellschaftlichen Dimensionen der Probleme sensibel ist. Deshalb ist sie meiner Ansicht nach die einzige ethische Perspektive, die für die Beurteilung von Problemen dieser Art geeignet ist.

[Aus dem Amerikanischen von Gisela Klose]

Anmerkungen

1 Ich bedanke mich für die hilfreiche Kritik von Kollegen des Fachbereichs Philosophie der Dalhousie University und des Womens's Studies Program der University of Alberta, wo frühere Fassungen dieses Aufsatzes gelesen wurden. Besonders dankbar bin ich Linda Williams und Christine Overall für ihre sorgfältige Kritik.
2 Sherwin, Susan: A Feminist Approach to Ethics, in: *Dalhousie Review* 64, 4, 1984/85, S. 704–713.
3 Ramsey, Paul: Shall We Reproduce?, in: *Journal of the American Medical Association* 220, 1972, S. 1484.
4 Kass, Leon: »Making Babies« Revisited, in: *The Public Interest* 54, 1979, S. 32–60.
5 Ratzinger, Joseph Kardinal/Bovone, Alberto: *Instruction on Respect for Human Life in its Origin and on the Dignity of Procreation*. Replies to Certain Questions of the Day, Vatikanstadt: Vatican Polyglot Press 1987, S. 23 f.
6 Ebd., S. 28.
7 Bayles, Michael: *Reproductive Ethics*, Englewood Cliffs, NJ: Prentice-Hall 1984, S. 15.
8 Ratzinger, Joseph Kardinal/Bovone, Alberto: a. a. O., S. 28.
9 Gorovitz, Samuel: *Doctor's Dilemmas*. Moral Conflict and Medical Care, New York: Oxford University Press 1982, S. 168.
10 Ebd., S. 173.
11 Bayles, Michael: a. a. O., S. 66.
12 Diese Beobachtung verdanke ich Linda Williams.
13 Engelhardt, H. Tristram: *The Foundations of Bioethics*, Oxford: Oxford University Press 1986, S. 237.
14 Ebd., S. 241.
15 Direcks, Anita: Has the Lesson Been Learned?, in: *DES Action Voice* 28, 1986, S. 1–4; und Crooks, Nikita A.: *Clomid*. DES Action/Toronto Factsheet # 442 (erhältlich über 60 Grosvenor St., Toronto, M5S 1B6).
16 Bayles, Michael: a. a. O., S. 32. Obwohl Bayles kein Deontologe ist, formuliert er hier präzise einen deontologischen Einwand.
17 Gorovitz, Samuel: a. a. O., S. 177.
18 Soules, Michael: The In Vitro Fertilization Pregnancy Rate: Let's Be Honest with One Another, in: *Fertility and Sterility* 43, 4, 1985, S. 511–513.
19 Overall, Christine: *Ethics and Human Reproduction*. A Feminist Analysis, Allen und Unwin 1987.
20 Engelhardt, H. Tristram: a. a. O., S. 239.
21 Bayles, Michael: a. a. O., S. 31.
22 Edwards, Robert G./Sharpe, David J.: Social Values and Research in Human Embryology, in: *Nature* 231, 1971, S. 87.
23 Ratzinger, Joseph Kardinal/Bovone, Alberto: a. a. O., S. 33.
24 Ebd., S. 34.
25 Zur Zeit untersuchen zahlreiche AutorInnen, was eine feministische Ethik aus-

zeichnet. Unter den mir bekannten kanadischen Aufsätzen befinden sich Morgan, Kathryn: Women and Moral Madness, und Mullett, Sheila: Only Connect: The Place of Self-Knowledge in Ethics, beide in: Hanen, Marsha und Nielsen, Kai (Hg.): Science, Morality and Feminist Theory, Calgary: Calgary University Press 1987, S. 201–226 und S. 309–338, und Wilson, Leslie: Is a Feminine Ethics Enough?, in: *Atlantis* 13 (2), 1988, S. 15–23.

26 Sherwin, Susan: a. a. O.
27 Addelson, Kathryn Pyne: Moral Revolution, in: Pearsall, Marilyn (Hg.): *Women and Values*, Belmont, California: Wadsworth 1986, S. 291–309.
28 Gilligan, Carol: *Die andere Stimme*, Lebenskonflikte und Moral der Frau, München: Piper 1984.
29 Noddings, Nel: *Caring*. A Feminine Approach to Ethics and Moral Education. Berkeley: University of California Press 1984.
30 Baier, Annette: What Do Women Want in a Moral Theory?, in: *Nôus* 19, März 1985, S. 53–64, und dies.: Trust and Antitrust, in: *Ethics* 96, 1986, S. 231–260.
31 Diese Überzeugung formuliert Linda Williams besonders deutlich in ihrer sehr wichtigen Arbeit »But What Will They Mean for Women? Feminist Concerns About the New Reproductive Technologies« in der Reihe *Feminist Perspective*, CRI-AW Nr. 6.
32 Marilyn Frye veranschaulicht das Phänomen der Wechselbeziehungen, welche zur sexistischen Unterdrückung beitragen, indem sie die Metapher eines Vogelkäfigs heranzieht, der aus feinen Drähten besteht, von denen jeder einzelne relativ harmlos ist, die aber insgesamt für den Bewohner des Käfigs ein undurchlässiges Gitter bilden. Frye, Marilyn: *The Politics of Reality:* Essays in Feminist Theory, Trumansburg, NY: The Crossing Press 1983, S. 4–7.

Marilyn Friedman
Jenseits von Fürsorglichkeit:
Die Ent-Moralisierung der Geschlechter

Für Carol Gilligan sprachen die Stimmen jener Frauen, die sie in ihren Untersuchungen zum moralischen Urteilen befragte, eine ›andere moralische Sprache‹.[1] Indem sie es wagte, sowohl die Kompetenz dieser Stimmen als auch den Wert ihrer Botschaft zu behaupten, hat die Entwicklungspsychologin Gilligan der gegenwärtigen feministischen Moralphilosophie ihren Stempel aufgedrückt. In ihrem von einer Theoretikerin zutreffend als Bestseller bezeichneten Buch *Die andere Stimme*[2] sieht Gilligan das moralische Urteilen von Frauen durch Fürsorglichkeit und zwischenmenschliche Beziehungen bestimmt, während die für Männer typischen Formen moralischer Entscheidung eher an Vorstellungen von Gerechtigkeit und Recht ausgerichtet sind.

Laut Gilligan bezieht die im Rahmen der Moralpsychologie artikulierte moralische Standardstimme (oder ›männliche‹ Stimme) ihr Urteil über Einzelfälle von abstrakten, verallgemeinerten moralischen Regeln und Prinzipien, deren Hauptanliegen die Durchsetzung von Gerechtigkeit und Recht ist. So gilt folgendes für das sogenannte Gerechtigkeitsdenken: Der entscheidende moralische Imperativ ist eine eindringliche Mahnung, die Rechte anderer zu respektieren (S. 124); der Begriff der Pflicht ist auf wechselseitige Nichteinmischung beschränkt (S. 180); die motivierende Vision besteht darin, das Selbst und andere gleichwertig zu behandeln (S. 82); eine wichtige Grundvoraussetzung dieser Denkrichtung ist eine höchst individualisierte Konzeption von Personen.

Im Gegensatz dazu vermeidet die andere (oder ›weibliche‹) moralische Stimme, die Gilligan in ihren Untersuchungen hörte, abstrakte Regeln und Prinzipien. Sie bezieht ihr moralisches Urteil aus den kontextbezogenen Details einer Situation, welche als besonders und einzigartig wahrgenommen wird. (S. 125) Die wichtigsten Anliegen dieser moralischen Stimme sind Fürsorglichkeit und Verantwortungsgefühl, im speziellen in ihrer Bedeutung für zwischenmenschliche Beziehungen. (S. 30) Durch Fürsorge bestimmte moralische Urteile sind an Einfühlungsbereitschaft und Mitgefühl gebunden (S. 89); die entscheidenden moralischen Imperative kreisen um Fürsorglichkeit, um das Nicht-Verletzen anderer und um die Vermeidung eigennütziger Handlungen (S. 114); und die motivierende Vision dieser Ethik ist, »daß jeder gehört und einbezogen werden wird, daß niemand allein gelassen oder verletzt werden wird«. (S. 82)

Während sich diese zwei Stimmen nicht notwendigerweise in jeder Hinsicht widersprechen, scheinen sie zumindest in ihrer Ausrichtung unterschiedlich zu sein. Gilligans Untersuchungen dieser Unterschiede haben eine umfangreiche feministische Auseinandersetzung mit verschiedensten ethischen Fragestellungen angeregt.[3] Der vorliegende Beitrag nimmt Gilligans Arbeit als Sprungbrett, um einige der aufgeworfenen Themen in neue Richtungen zu erweitern. Meine Diskussion besteht aus drei Teilen. Im ersten Teil werde ich mich der ungelösten Frage widmen, ob Geschlechtsunterschiede im moralischen Urteilen empirisch bestätigt werden konnten oder nicht. Ich werde dafür argumentieren, daß die kulturell mit jeweils einem der beiden Geschlechter assoziierten moralischen Werte und Normen tatsächlich voneinander differieren, selbst wenn sich statistische Unterschiede im moralischen Urteilen von Frauen und Männern nicht bestätigen lassen. Die beiden Geschlechter werden auf unterschiedliche Weise ›moralisiert‹. Moralische Normen hinsichtlich angemessenen Verhaltens sowie charakteristischer Tugenden und Untugenden sind Teil unserer Konzepte von Feminität und Maskulinität, von weiblich und männlich. Das Ergebnis ist eine Dichotomie, die das veranschaulicht, was als ›moralische Arbeitsteilung‹[4] zwischen den Geschlechtern bezeichnet werden könnte.

Als alternative Antwort auf die Frage, warum Frauen und Männer in ihren tatsächlichen moralischen Urteilen nicht stärker entlang der Fürsorge-Gerechtigkeits-Dichotomie divergieren, werde ich im zweiten Teil meines Beitrages die Vorstellungen von Fürsorge und Gerechtigkeit untersuchen und zeigen, daß sie einander stärker überschneiden, als Gilligan und andere das realisiert haben. Im speziellen werde ich vorbringen, daß ein moralisch adäquates Verständnis von Fürsorge nicht ohne Überlegungen zu Gerechtigkeit auskommt. Insofern läßt sich sagen, daß diese beiden moralischen Kategorien nicht notwendigerweise unterschiedliche moralische Perspektiven in der Praxis festlegen.

Drittens und letztlich schlage ich vor, daß die Konzepte von Fürsorge und Gerechtigkeit sogar dann auf wichtige Unterschiede in der moralischen Orientierung hinweisen, wenn sie keine eigenen moralischen Perspektiven definieren. Einer dieser Unterschiede hat mit der Natur der Beziehung zu anderen und der darin zugrunde liegenden Form moralischer Verpflichtung zu tun, wobei diese Verpflichtung den zentralen Kern der Beziehung und des daraus resultierenden moralischen Urteilens ausmacht. Kurz gesagt, die sogenannte ›Fürsorglichkeits‹-Perspektive betont das Interesse für bestimmte Personen als je einzelne und eine in dieser Einzigartigkeit begründete Verpflichtung ihnen gegenüber. Im Gegensatz dazu akzentuiert die sogenannte ›Gerechtigkeits‹-Perspektive das Festhalten an moralischen Regeln, Werten und Prinzipien und eine abstrahierende Behandlung von Individuen, gestützt auf die ausgewählten Kategorien, unter denen sie gesehen werden.

Wenden wir uns zuerst dem Problem der Geschlechterdifferenz zu.

1. Die Kontroverse um den Geschlechtsunterschied

Gilligan hat zumindest zwei unterschiedliche Positionen in bezug auf die Perspektiven von Fürsorge und Gerechtigkeit entwickelt. Eine besagt, daß sich die Perspektive der Fürsorglichkeit deutlich von der um Gerechtigkeit und Recht zentrierten moralischen Orientierung unterscheidet. Im Anschluß an Gilligan[5] möchte ich diese die *Hypothese von der ›anderen Stimme‹* in moralischen Urteilen nennen. Gilligans zweiter Hypothese zufolge ist die Fürsorgeperspektive typisch oder charakteristisch für die moralische Stimme *der Frau,* die Gerechtigkeitsperspektive hingegen typisch oder charakteristisch für die moralische Stimme *des Mannes.* Nennen wir diese die *Hypothese von der ›Geschlechterdifferenz‹* in moralischen Urteilen.

Mehrere KritikerInnen haben unter Hinweis auf den scheinbaren Mangel an empirischer Evidenz die Berechtigung von Gilligans Geschlechterdifferenz-Hypothese in Frage gestellt.[6] Diese Evidenz schließt Studien der Psychologin Norma Haan mit ein, die bei ihren Untersuchungssubjekten zwei unterschiedliche moralische Stimmen wahrnehmen konnte, aber feststellt, daß sie sich im ungefähr gleichen Ausmaß auf Frauen und Männer verteilen.[7]

In einem Versuch, die empirischen Einwände gegen ihre Hypothese einer Geschlechterdifferenz zurückzuweisen, behauptet Gilligan nun, daß es nicht ihr Ziel war, einen statistischen Geschlechtsunterschied im moralischen Urteilen aufzudecken, sondern einfach auf Unterschiede in den beiden Perspektiven hinzuweisen und diese zu interpretieren.[8] Dagegen argumentierte der Psychologe John Broughton, daß – sollte die Geschlechterdifferenz nicht aufrechterhalten werden – Gilligans gesamter Erklärungsrahmen zusammenbreche.[9] Broughton hat jedoch unrecht. Der Hypothese der anderen Stimme kommt eine Bedeutung für Moralpsychologie und Moralphilosophie zu, die das Verschwinden der Geschlechterdifferenz-Hypothese überleben würde. Ein nicht geringer Teil dieser Bedeutung liegt in der Aufdeckung einer einseitigen Beschäftigung gegenwärtiger Moraltheorien in beiden Disziplinen mit Konzeptionen von Gerechtigkeit und Recht, die Universalität und Unparteilichkeit fokussieren, und der relativen Geringschätzung *besonderer*, auf Parteilichkeit und affektiven Bindungen beruhender, zwischenmenschlicher Beziehungen.[10] (Die Hypothese von der anderen Stimme wird jedoch selbst anfechtbar, wenn sie von einer Trennung zwischen Gerechtigkeit und Fürsorglichkeit ausgeht; es ist dies eine Position, die ich im zweiten Teil dieser Arbeit in Frage stellen möchte.)

Aber was hat es mit dieser angeblichen Unmöglichkeit, die Geschlechterdifferenz-Hypothese empirisch zu bestätigen, auf sich? Sogar ForscherInnen, die die empirische Evidenz für unzulänglich hielten, stellten fest, daß viele LeserInnen von Gilligans Buch es ›durch und durch in Übereinstimmung mit ihren eigenen Erfahrungen finden‹.[11] Gilligan merkt an, daß eine ihrer Absichten genau darin lag, die Kluft zwischen weiblicher Erfahrung und den Ergebnissen psychologischer Forschung aufzudecken,[12] und – wie wir annehmen können – letztere im Lichte der ersten zu kritisieren.

Diese unsystematischen und anekdotenhaften Bestätigungen der von Gilligan festgestellten Unterschiede zwischen Frauen und Männern sollten uns zu folgenden Schlußfolgerungen führen: entweder 1. die Methoden einer empirischen Forschung, die keine solchen Unterschiede nachweist, in Frage zu stellen und genau zu überprüfen; oder 2. zu vermuten, daß der Geschlechtsunterschied in einer Form existiert, die genau gesprochen nicht als statistischer Unterschied im moralischen Urteilen von Frauen und Männern erfaßt werden kann. Gilligan selbst hat den ersten dieser beiden Wege beschritten. Ich würde mich gern mit der zweiten Möglichkeit näher auseinandersetzen.

Angenommen, es gäbe eine bestimmte Art von Geschlechterdifferenz, eine Differenz jedoch, die auf der Ebene weiblicher und männlicher moralischer Urteile weder formal noch inhaltlich einfach zu erfassen ist. Die folgende Sicht der Dinge scheint eine gewisse Plausibilität aufzuweisen: Innerhalb der weißen Mittelschicht westlicher Industriegesellschaften, wie zum Beispiel Kanadas oder der Vereinigten Staaten, werden Frauen und Männer auf jener Ebene der sozialen Konstruktion von Geschlecht, die Stereotypen, Symbole und Mythen umfaßt, mit unterschiedlichen moralischen Normen und Werten in Verbindung gebracht. Es ließe sich sagen, Moral ist ›geschlechtsmarkiert‹, und die beiden Geschlechter werden auf unterschiedliche Weise ›moralisiert‹. Unsere Konzeptionen von Feminität und Maskulinität, von weiblich und männlich, beinhalten Normen, die sowohl angemessenes Verhalten als auch charakteristische Tugenden und Untugenden festlegen.

Ich schlage vor, Moral im Sinne einer durch den Geschlechtsunterschied bestimmten ›moralischen Arbeitsteilung‹ zu verstehen, deren Gründe in der historischen Entwicklung von Familie, Staat und Wirtschaft liegen. Während Männer die Aufgaben des Regierens, die Regelung der sozialen Ordnung und die Verwaltung anderer ›öffentlicher‹ Institutionen als privilegierte Bereiche für sich selbst monopolisierten, wurde die Aufrechterhaltung privatisierter zwischenmenschlicher Beziehungen Frauen aufgezwungen oder einfach überlassen.[13] Die beiden Geschlechter werden somit als Ausführende spezifischer und unverwechselbarer moralischer Projekte begriffen. Die moralischen Normen, Werte und Tugenden sind für Männer durch Gerechtigkeit und Recht strukturiert, für Frauen hingegen durch Fürsorge und Zuwendung. Die moralische Arbeitsteilung hat die Doppelfunktion, die einzelnen sowohl auf die entsprechenden sozial definierten Bereiche vorzubereiten als auch, ihre Inkompetenz für die Angelegenheiten jener Sphäre zu bewirken, aus der sie ausgeschlossen sind. Daß Gerechtigkeit in unserer Kultur durch die Gestalt einer Frau symbolisiert wird, ist eine bemerkenswerte Ironie; ihre Augenbinde versteckt mehr als die Waagschalen, die sie hält.

Die Moralisierung der Geschlechter zu behaupten bedeutet, daß moralische Ideale, Werte, Tugenden und Praktiken kulturell als spezifische Projekte oder Handlungssphären des jeweiligen Geschlechts wahrgenommen werden. Diese Konzeptionen entscheiden darüber, welche Verpflichtungen und Verhaltensweisen als normal und angebracht gelten und von jedem Geschlecht erwartet werden, aber auch, welche Verpflichtungen und Verhaltensweisen als außergewöhnlich oder heroisch und welche als abweichend, unangebracht, unverschämt, empörend und untolerierbar angesehen werden. Männer, die es verabsäumen, auf das Weinen eines Säuglings einzugehen, die keine positiven Gefühle ausdrücken können oder die dazu unfähig sind, angesichts von Schmerz und Sorge anderer Mitgefühl zu zeigen, werden höchstwahrscheinlich gutmütig toleriert, während Frauen, die ähnlich handeln, damit rechnen können, daß ihnen selbstsüchtige Gleichgültigkeit vorgeworfen wird. Umgekehrt wird jedoch von Frauen selten verlangt, daß sie sich dem Dienst an ihrem Land oder den Kämpfen für Menschenrechte verschreiben. Von Frauen wird selten erwartet, daß sie eine jener Tugenden aufweisen, die mit dem nationalen oder politischen Leben assoziiert werden. Gleichzeitig tragen Frauen immer noch die Last einer äußerst einschränkenden und repressiven Sexualmoral; sexuelle Aggressivität und Promiskuität gelten als Untugenden, für die Frauen in allen sozialen Gruppen bedingungslos verurteilt werden, während Männer für diesen Beweis ihrer ›Virilität‹ häufig sogar Anerkennung erhalten.

Eine Vielzahl von Arbeiten innerhalb der Sozialwissenschaften beweist, daß Geschlechtsunterschiede auf der Ebene der Populärwahrnehmung nach wie vor florieren. Sowohl Männer als auch Frauen haben im Durchschnitt eine auf moralischen Kategorien beruhende Vorstellung von beiden Geschlechtern. So drücken zum Beispiel beide Geschlechter Erwartungen und Wahrnehmungen aus, die stärkeres Einfühlungsvermögen und eine größere Bereitschaft zu Selbstlosigkeit mit Frauen assoziieren.[14] Das Geschlechtsstereotyp von Frauen zentriert sich um Eigenschaften, die manche AutorInnen als ›gemeinschaftsorientiert‹ bezeichnen. Diese beinhalten: die Sorge um das Wohlergehen anderer; das Überwiegen fürsorglicher Eigenschaften; und – in einem geringeren Ausmaß – zwischenmenschliche Sensibilität, emotionale Ausdrucksfähigkeit und einen liebenswürdigen, sanften persönlichen Stil.[15]

Im Gegensatz dazu sind die Normen des männlichen Stereotyps ›handlungsbezogen‹[16] und zentrieren sich hauptsächlich um behauptende und kontrollierende Tendenzen. Die dafür paradigmatischen Verhaltensformen sind Selbstbehauptung, häufig ausagiert als Dominanz, und Unabhängigkeit von anderen sowie Selbstvertrauen, persönliche Wirksamkeit und ein direkter, risikofreudiger persönlicher Stil.

Sollte die Realität nicht mit den Mythen oder Symbolen übereinstimmen, sollten tatsächliche Frauen und Männer nicht die Eigenschaften und Dispositionen zeigen, die von ihnen erwartet werden, so muß dies noch nicht notwendigerweise die Bedeutung der Mythen und Symbole untergraben; die Wahrnehmung könnte selektiv sein, und die Erfahrung, die die Stereotypen nicht bestätigt, könnte darauf reduziert werden, den Status ›gelegentlicher Ausnahmen‹ und ›abnormer, abweichender Fälle‹ einzunehmen. Verstärkt durch die vereinheitlichenden Tendenzen von Massenmedien und Massenkultur würde ›Realität‹ durch die Bilder der kulturellen Mythen nur fehlerhaft erfaßt, und die Vorstellungen der Allgemeinheit hätten kaum einen Anhaltspunkt für die Erkenntnis, daß Frauen und Männer nicht den mythischen Konzeptionen entsprechen.

Wenn ich nicht irre, dann hat Gilligan die *symbolische* moralische Stimme der Frau wahrgenommen und sie von der *symbolischen* männlichen losgelöst. Die Moralisierung der Geschlechter ist eher eine Angelegenheit des *Denkens* über moralisches Urteilen als dessen, wie wir wirklich urteilen, sie ist eher eine Sache geschlechtsbezogener moralischer *Zuschreibungen* als eine von tatsächlichen statistischen Unterschieden im moralischen Urteilen zwischen Frauen und Männern. Da die Erfahrungen zahlreicher Menschen durch kulturelle Mythen und Geschlechtsstereotypen – die sich nicht einmal durch feministisches Theoretisieren zerstreuen lassen – geformt sind, harmonieren sie mit Gilligans Ergebnissen. Folglich *erwarten* in unserer Kultur beide Geschlechter von Frauen und Männern, daß sie dieser moralischen Dichotomie entsprechen, und – das ist meine Hypothese – diese Erwartung hat sowohl Gilligans Beobachtungen als auch die ihnen eingeräumte Plausibilität bestimmt. Oder, um es etwas anders auszudrücken, gleichgültig *mit welchen* moralischen Angelegenheiten *auch immer* sich Männer beschäftigen, sie werden als Angelegenheiten von ›Gerechtigkeit und Recht‹ kategorisiert, während die moralischen Anliegen von Frauen den entwerteten Kategorien von ›Fürsorge und persönlichen Beziehungen‹ zugeordnet werden.

Es ist wichtig zu fragen, warum diese weitverbreiteten Vorstellungen dennoch keine Wirklichkeit schaffen können, die mit ihnen in Übereinstimmung steht.[17] Wie konnten die KritikerInnen von Gilligans Geschlechterdifferenzhypothese vorschlagen, daß die Geschlechter keine signifikanten Unterschiede in ihrem moralischen Urteilen zeigen, wenn Frauen und Männer kulturell dazu erzogen und trainiert werden, sich radikal voneinander zu unterscheiden, wenn diesbezüglich Druck auf sie ausgeübt, es von ihnen erwartet wird und sie auch dementsprechend wahrgenommen werden?[18]

Philosophie allein ist nicht dazu in der Lage, diese Frage adäquat zu beantworten. Meine zugegebenerweise nur *partielle* Antwort hängt davon ab zu zeigen, daß die Fürsorglichkeits/Gerechtigkeits-Dichotomie rational nicht überzeugend ist und daß die beiden Perspektiven miteinander verträglich sind. Diese konzeptuelle Verträglichkeit schafft die empirische Grundlage dafür, daß die beiden moralischen Auffassungen in der Praxis ineinandergreifen. Ihre tatsächliche Verbindung im moralischen Urteilen von wirklichen Frauen und Männern ist natürlich nicht nur durch die besagte konzeptuelle Nähe bestimmt, sondern erfordert auch die Klugheit und Einsicht jener Frauen und Männer, die die Relevanz beider Konzepte für ihre Erfahrungen verstehen.[19] Philosophie kann nicht das tatsächliche Auftreten von Einsicht erklären. Die Begrenztheit eines Konzepts von Fürsorge als losgelöst von Gerechtigkeitsüberlegungen und umgekehrt eines Konzepts von Gerechtigkeit als frei von fürsorglichen Elementen *ermöglicht* – wenn auch nicht in einem unausweichlichen Sinn –, daß die Geschlechter in Wirklichkeit nicht entlang dieser moralischen Linien getrennt sind. Um diese teilweise Erklärung abzusichern, scheint es notwendig, Fürsorglichkeit und Gerechtigkeit neu zu konzipieren – es ist dies das Thema des nächsten Teils meiner Ausführungen.

2. Die Überwindung der Trennung von Fürsorge und Gerechtigkeit

Da die Konzepte von Fürsorge und Gerechtigkeit einander nicht wechselseitig ausschließen, sollte es nicht überraschen, wenn sich im moralischen Urteilen von Frauen und Männern keine statistischen Unterschiede entlang der Fürsorge/Gerechtigkeits-Dichotomie nachweisen lassen. Personen, die einander gerecht behandeln, können auch Fürsorglichkeit füreinander empfinden. Umgekehrt zeichnen sich persönliche Beziehungen durch das Recht auf eine bestimmte Form der Behandlung und durch Fairneß im Sinn einer kontinuierlichen, wechselseitigen Anerkennung aus. Es ist diese letztere Auffassung, nämlich die Relevanz von Gerechtigkeit für enge zwischenmenschliche Beziehungen, die ich hier hervorheben möchte.

Gerechtigkeit im allgemeinsten Sinn besteht darin, den betreffenden Personen das zu geben, was ihnen gebührt, und sie korrekt zu behandeln. Sie ist genau in dem Ausmaß für persönliche Beziehungen und Fürsorglichkeit relevant, in dem Gerechtigkeitsüberlegungen selbst die angemessene Form der Behandlung von Freunden oder Vertrauten darstellen. Gerechtigkeit, wie sie in Beziehungen zwischen Freunden und Familienmitgliedern oder in anderen persönlichen Bindungen auftritt, mag zwar keine universalisierbaren, allen Personen aufgrund ihres gemeinsamen Status als moralische EntscheidungsträgerInnen zukommenden Pflichten involvieren. Aber dies macht Gerechtigkeit zwischen Freunden oder Vertrauten nicht bedeutungslos.

Moralisches Denken hat Gerechtigkeit nicht immer als vom Bereich enger, persönlicher Beziehungen losgelöst aufgefaßt. Der älteste griechische Gerechtigkeitskode reiht Freundschaft an vorderster Stelle jener Bedingungen, die zur Realisierung von Gerechtigkeit notwendig scheinen, und die im gleichen Kode festgelegten Regeln für Gerechtigkeit decken sich daher mit den Grenzen von Freundschaft. Die LeserInnen seien daran erinnert, daß eine der ersten Definitionen von Gerechtigkeit, die Plato in der *Politeia* anzufechten suchte, darin besteht, ›Freunden zu nutzen und Feinden zu schaden‹.[20] Obwohl das alte griechische Modell von Gerechtigkeit unter Freunden dieses moralische Privileg auf frei geborene griechische Männer beschränkte, ist die Konzeption dennoch aufschlußreich, da sie eine Bereitschaft zeigt, den Begriff von Gerechtigkeit an Beziehungen zu binden, die auf Zuneigung und Loyalität beruhen. Dies ist ein entscheidender Gegensatz zu modernen Auffassungen von Gerechtigkeit, die oft in voller Absicht die Annahme einer wechselseitigen Anteilnahme jener, auf die sich die Konzeption bezieht, vermeiden.

Wie hinlänglich bekannt ist, verlangt zum Beispiel John Rawls, daß die Menschen im Urzustand, in dem Gerechtigkeit verhandelt werden soll, keine aufeinander gerichteten Interessen haben.[21] Von jeder involvierten Partei wird angenommen, daß sie zuerst und vor allem mit der Durchsetzung eigener Interessen beschäftigt ist und sich nur in dem Ausmaß der Interessen anderer annimmt, als dies eigenen Interessen förderlich ist. Rawls' Postulat eines wechselseitigen Desinteresses soll sicherstellen, daß die Prinzipien der Gerechtigkeit nicht von sogenannten ›starken Voraussetzungen‹, wie zum Beispiel ›verbreiteten natürlichen Gefühle(n) zwischen den Menschen‹, abhängen.[22] Rawls sucht nach Prinzipien der Gerechtigkeit, die auf jede Person in allen ihren sozialen Beziehungen zutreffen, unabhängig davon, *ob* sie durch Zuneigung und Sorge um das Wohl anderer charakterisiert sind *oder nicht*. Während ein solcher Standpunkt verspricht, die Pflichten von Gerechtigkeit gegenüber allen im Sozialvertrag zusammengeschlossenen Parteien zu erfassen, könnte er an jenen *speziellen* Pflichten von Gerechtigkeit vorbeigehen, die aus engen persönlichen Beziehungen erwachsen, und eher auf Zuneigung oder Verwandtschaft beruhen als auf einem Vertrag. Das methodologische Vorgehen in Form einer Annahme wechselseitigen Desinteresses könnte dazu führen, daß wir Gerechtigkeit dort übersehen, wo sie für aneinander interessierte und/oder miteinander vertraute Beteiligte eine Rolle spielt.

Gilligan selbst hat vorgeschlagen, daß ein reifes Urteilen über Fürsorglichkeit Überlegungen zu Gerechtigkeit und Recht miteinschließt. Allerdings hat sie eine höchst beschränkte Vorstellung davon, was dies bedeutet. Sie meint damit offenbar lediglich die Anerkennung dessen, ›daß das Selbst und andere gleich sind‹, was eher dazu dient, sich über die problematische Seite einer Ethik der Fürsorge, nämlich im weiblichen Lebenszusammenhang auf Selbstaufopferung hinauszulaufen, hinwegzusetzen. Wie wichtig Gilligans Konzeption auch immer sein mag, der Begriff der Gerechtigkeit wird darin nur unzulänglich erfaßt.

Gerechtigkeit ist auf unterschiedliche Weise für enge, persönliche Beziehungen relevant. Die ersten beiden Möglichkeiten, die ich behandeln werde, beziehen sich auf Beziehungen zwischen Freunden, Verwandten oder Vertrauten, die sich auf einer vergleichbaren Stufe ihrer moralischen Entwicklung befinden, wie zum Beispiel Beziehungen zwischen zwei reifen, verantwortungsbewußten Erwachsenen. Die dritte Form der Relevanz von Gerechtigkeit für enge Beziehungen, die ich in Kürze diskutieren werde, ist die Interaktion zwischen Erwachsenen und Kindern im Familienverband. Obwohl dieser Bereich eine größere Herausforderung für die Anwendung von Gerechtigkeit darstellt, möchte ich mich zuerst der einfacheren Aufgabe zuwenden.

Ein Aspekt von Gerechtigkeit in engen Beziehungen zwischen Personen von vergleichbarem moralischen Entwicklungsstand läßt sich dann erkennen, wenn eine persönliche Beziehung als Sozialsystem im kleinen angesehen wird, das qualifizierte wechselseitige Vertrautheit, Unterstützung und Anteilnahme für die Beteiligten zur Verfügung stellt. Die Aufrechterhaltung einer Beziehung verlangt Bemühungen auf seiten der Beteiligten. Es mag jedoch sein, daß eine der miteinander vertrauten Personen eine wesentlich größere Last für die Aufrechterhaltung der Beziehung auf sich nimmt als (eine) andere und weniger Unterstützung, Anteilnahme und so weiter erhält, als ihr für ihre Bemühungen zusteht. Gerechtigkeit erlegt solchen Beziehungen Beschränkungen auf, indem sie von den Beteiligten eine angemessene Aufteilung der ihr Verhältnis konstituierenden Nutzen und Lasten verlangt.

Marilyn Frye zum Beispiel wies darauf hin, daß es in heterosexuellen Beziehungen regelmäßig zu einer *Verletzung* dieses Gerechtigkeitsanspruchs kommt. Sie argumentierte, daß Frauen aller Rassen, sozialen Klassen und Gesellschaften hinsichtlich der ihnen kulturell zugeschriebenen, charakteristischen Funktion als kohärente Gruppe definiert werden können. Diese Funktion ist, um es in Fryes Worten auszudrücken, »der Dienst an Männern und an den von Männern definierten männlichen Interessen«.[23] Diese Dienstleistungen beinhalten persönlichen Service (die Befriedigung routinemäßiger körperlicher Bedürfnisse wie Hunger und andere profane Aufgaben), sexuellen und reproduktiven Service und Ego-Service. So sagt Frye, »... auf jeder Rassen- und Klassenebene und sogar über Rassen- und Klassentrennungen hinweg leisten Männer den Frauen nicht auf die gleiche Weise Dienste wie Frauen den Männern«.[24] Frye verallgemeinert natürlich über gesellschaftliche und kulturelle Unterschiede hinaus, und die Reichweite ihrer Verallgemeinerung umfaßt sowohl enge, persönliche Beziehungen als auch solche, die distanzierter sind oder über eine spezifische Abwicklung nicht hinausreichen, wie zum Beispiel jene zwischen einer Prostituierten und ihrem Kunden. Indem wir vorläufig diese letzteren Fälle beiseite lassen und Fryes Analyse auf familiäre und andere enge Bindungen zwischen Frauen und Männern anwenden, können wir die für diese Beziehungen typische, einseitige Ausbeutung erkennen, die – oft verkleidet als Liebe oder Fürsorglichkeit – diese erste Art von Ungerechtigkeit ausmacht.

Gerechtigkeit ist noch auf eine zweite Weise relevant für enge persönliche Beziehungen zwischen Personen von vergleichbarem moralischen Entwicklungsstand. Die Intimität besonderer Beziehungen und das dafür charakteristische Vertrauen schaffen eine ganz bestimmte Art von Verletzlichkeit. Allgemein anerkannte Verletzungen, wie Körperverletzungen oder sexuelle Übergriffe werden leichter verübt; darüber hinaus erlauben korrumpierte, beleidigende oder degenerierte Formen besonderer Beziehungen emotionale Verletzungen, die in unpersönlichen Beziehungen überhaupt nicht realisiert werden können. Wenn jemand in einer persönlichen Beziehung verletzt wird, steht ihr eine Art von Wiedergutmachung zu, eine Korrektur dessen, was ihr angetan wurde. Und wieder taucht die Idee von Gerechtigkeit als relevante moralische Vorstellung auf.

Somit läßt sich sagen, daß in engen Beziehungen zwischen Personen von vergleichbarem moralischen Entwicklungsstand Fürsorglichkeit zu den Ungerechtigkeiten von Ausbeutung und Unterdrückung degenerieren kann. Als Ergebnis feministischer Analyse der verschiedensten Aspekte von Familienleben und Sexualbeziehungen kommt vielen dieser Probleme neuerdings eine breite öffentliche Aufmerksamkeit zu. Gewalt gegen Frauen, Vergewaltigung durch Bekannte und sexuelle Belästigung sind nur einige der zahlreichen Ungerechtigkeiten des ›persönlichen‹ Lebens, die seit kurzem an die Öffentlichkeit gebracht werden. Ein Begriff von Ungerechtigkeit, der diese durch ungleiche Verteilung oder durch ein korrekturbedürftiges Verhalten definiert, scheint fast zu schwach, um diese Demütigungen zu erfassen, die – wie wir wissen – die Grenzen körperlicher Integrität überschreiten und einen Anspruch auf das Recht zu beleidigen und zu verletzen voraussetzen. Diese Verletzungen als Ungerechtigkeiten zu bezeichnen schließt jedoch keineswegs andere Formen vehementer moralischer Kritik aus.

Die zwei Erfordernisse für Gerechtigkeit, die ich soeben diskutiert habe, veranschaulichen die Standardunterscheidung zwischen verteilender und korrektiver Gerechtigkeit. Sie illustrieren die Rolle von Gerechtigkeit in persönlichen Beziehungen unter Absehung vom gesellschaftlichen Kontext. Diese Beziehungen können aber auch innerhalb eines institutionalisierten Rahmens, wie zum Beispiel Ehe und Familie, betrachtet werden. Hier taucht Gerechtigkeit ebenfalls wieder als relevantes Ideal auf, indem sie jene Institutionen definiert, die die Interaktionen zwischen Familien- und anderen Haushaltsmitgliedern sowie Vertrauten im allgemeinen strukturieren. So weist zum Beispiel die Familie[25] als Gesellschaft im kleinen die Hauptmerkmale eines in großem Rahmen angelegten Soziallebens auf: Entscheidungen, die die gesamte Einheit betreffen; ausführende Handlungen; die Feststellung von Schuld und Unschuld; Belohnung und Bestrafung; Zuteilung von Verantwortung und Privilegien, von Lasten und Nutzen; und einen enormen Einfluß auf die Lebenschancen sowohl ihrer heranwachsenden als auch ihrer erwachsenen Mitglieder. Jedes einzelne dieser Merkmale *für sich betrachtet* würde ausreichen, um die Relevanz von Gerechtigkeit geltend zu machen; zusammen sind sie um so überzeugender.

Die historisch paradigmatische Mutterrolle von Frauen gewährt eine Vielfalt von Einsichten, mit deren Hilfe sich die Bedeutung von Gerechtigkeit in Familienbeziehungen rekonstruieren läßt, im besonderen in jenen Beziehungen, die nennenswerte Ungleichheiten hinsichtlich Reife, Fähigkeit und Macht aufweisen.[26] In diesen Familienbeziehungen geht es darum, daß sich ein Mitglied im Laufe der Zeit zu einer moralischen Persönlichkeit entwickelt und allmählich die Fähigkeit erwirbt, moralisch verantwortungsvoll zu agieren. Der mütterliche Umgang mit Kindern involviert Gerechtigkeitsüberlegungen auf vielfache Weise. Erstens könnte es Geschwister geben, deren Forderungen und Konflikte den Kontext für elterliche Vermittlung sowie die Notwendigkeit einer fairen Zuteilung von Verantwortung und Privilegien schaffen. Dann gilt es, Entscheidungen zu treffen, die das Wohl aller Familienmitglieder berücksichtigen, wobei die Heranwachsenden allmählich die Fähigkeit entwickeln sollen, an diesen administrativen Aufgaben mitzuwirken. Von besonderer Bedeutung in der Kindererziehung sind auch die Pflichten der Pflege und der Förderung von Wachstum und Reifung. Diese Pflichten könnten als Gegenstück zu den Wohlfahrtsrechten angesehen werden, die für viele eine Sache sozialer Gerechtigkeit darstellen.[27] Obwohl der häusliche Bereich vom politisch-legalen Diskurs über Gerechtigkeit nicht erfaßt wird, stellt Mutterschaft ihre Ausführenden ständig vor moralische Probleme, die am besten im Sinn eines komplexen, Gerechtigkeit in Fürsorglichkeit integrierenden Bezugsrahmens verstanden werden.[28]

Bislang habe ich die Relevanz von Gerechtigkeit für enge persönliche Beziehungen diskutiert. Einige Worte über meine Begleitthese – die Relevanz von Fürsorglichkeit für den öffentlichen Bereich – scheinen ebenfalls angebracht.[29] In einer anspruchsvolleren Spielart würde sich die öffentliche Variante von Fürsorglichkeit vielleicht in Form von Auslandsunterstützung, Wohlfahrtseinrichtungen, Hunger- oder Katastrophenhilfen oder anderen Sozialprogrammen zeigen, deren Zweck darin besteht, Leiden zu lindern und sich um menschliche Bedürfnisse zu kümmern. Wird Fürsorge in der öffentlichen Sphäre jedoch nicht von Gerechtigkeit begleitet, dann degeneriert sie sehr rasch. Der berüchtigte Boß der alten demokratischen Parteimaschinerie in Chicago, Bürgermeister Richard J. Daley, war berühmt für seinen Nepotismus und seine Parteilichkeit; verschwenderisch kümmerte er sich um seine Verwandten, Freunde und politischen Gesinnungsgenossen.[30]

In der Wiedergabe der moralischen Überlegungen einer ihrer Versuchspersonen schrieb Gilligan einmal, daß die »›Gerechtigkeits‹-Perspektive es verabsäumt, ›die Realität von Beziehungen in Rechnung zu stellen‹«. (S. 180) Damit meinte sie, daß die ›Gerechtigkeits‹-Perspektive die Rechte des eigenen Selbst auf Nichteinmischung durch andere betont. Sollte die Bedeutung von Gerechtigkeit wirklich nur darin bestehen, dann – so sorgte sich Gilligan – würde eine solche Perspektive die moralischen Werte von positiver Interaktion, Zusammenhalt und Verpflichtung zwischen Personen mißachten.

Gilligans Interpretation von Gerechtigkeit ist jedoch viel zu beschränkt. Erstens verabsäumt sie es, positive Rechte, die von einer Gerechtigkeitsperspektive gebilligt werden könnten, wie zum Beispiel das Wohlfahrtsrecht, anzuerkennen. Abgesehen von diesem weniger bedeutenden Punkt ist es aber ein wesentlich größeres Problem, daß sich Gilligan nicht mit dem in zwischenmenschlichen Beziehungen und der menschlichen Gemeinschaft enthaltenen Potential für *Gewalt und Verletzung* auseinandersetzt.[31] Das Konzept von Gerechtigkeit erwächst im allgemeinen aus beziehungsmäßigen Bedingungen, in denen die meisten menschlichen Wesen die Fähigkeit und viele die Neigung haben, einander schlecht zu behandeln.

Erst die Realisierung dessen, daß Personen, die zusammen ein soziales System ausmachen, möglicherweise die Nutzen und Lasten ihrer gemeinschaftlichen Zusammenarbeit nicht fair teilen, macht Vorstellungen einer verteilenden Gerechtigkeit notwendig. Konzeptionen von retributiver oder korrigierender Gerechtigkeit erwachsen aus der Absicht, im Fall von Verletzungen entweder den früheren Zustand der Betroffenen soweit wie möglich wieder herzustellen oder zukünftige ähnliche Verletzungen zu vermeiden oder beides. Und die den Individuen auf verschiedenste Art zukommenden Rechte sind bloß Manifestationen unseres Interesses, einzelnen Schutz vor Verletzungen durch andere zu gewähren. Die komplexe Realität sozialen Lebens umfaßt sowohl das menschliche Potential, anderen zu helfen, für sie zu sorgen und sie zu pflegen, *als auch* jenes, sie zu verletzen, auszubeuten und zu unterdrücken. Gilligan irrt somit, wenn sie annimmt, daß die Gerechtigkeitsperspektive ›die Realität von Beziehungen‹ völlig außer acht läßt. Vielmehr entsteht diese aus einer komplexeren und realistischeren Einschätzung der Natur menschlicher Beziehungen.

Angesichts dieser Überlegungen scheint es angebracht, sowohl die scheinbare Dichotomie zwischen Fürsorglichkeit und Gerechtigkeit zu überdenken, als auch die moralische Angemessenheit jenes Vorgehens in Frage zu stellen, das eine der beiden Orientierungen von der anderen loslöst. Unser Ziel würde es sein, zu einem Standpunkt ›jenseits von Fürsorglichkeit‹ zu gelangen, das heißt, jenseits von Fürsorglichkeit *allein*, unabhängig von einem Anspruch auf Gerechtigkeit. Darüber hinaus wäre es auch wünschenswert, über die Geschlechterstereotypen hinauszugehen, welche Frauen und Männern deutlich ausgeprägte und unterschiedliche moralische Rollen zuweisen. Unser höchstes Ziel sollte in der Schaffung eines geschlechtsunabhängigen, nicht-dichotomisierten, moralischen Rahmens bestehen, innerhalb dessen sämtliche moralische Überlegungen zum Ausdruck gebracht werden könnten. Ironisch ausgedrückt ließe sich dieses Projekt als ›die Ent-Moralisierung der Geschlechter‹ beschreiben.

3. Verpflichtungen gegenüber bestimmten Personen

Obwohl Fürsorglichkeit und Gerechtigkeit keine einander ausschließenden moralischen Bereiche abgeben, ist es dennoch zu früh, die Hypothese von der ›anderen Stimme‹ fallen zu lassen. Ich glaube, daß es sogar dann gute Gründe für die Annahme unterschiedlicher moralischer Orientierungen gibt, wenn die Begriffe von Fürsorglichkeit und Gerechtigkeit die relevanten Unterschiede nicht erfassen und diese Unterschiede statistisch nicht mit Geschlechtsunterschieden korrelieren.

Meine These besteht darin, daß ein wichtiger Unterschied mit der Natur und Ausrichtung dessen zusammenhängt, was als ›primäre moralische Verpflichtung‹ bezeichnet werden könnte. Beginnen wir mit der Beobachtung, daß die Bedeutung des sogenannten ›Fürsorglichkeitsstandpunkts‹ vor allem darin liegt, auf andere Personen in ihrer Gesamtheit und Einzigartigkeit einzugehen. Dieser Gedanke wiederum weist auf ein Verständnis von moralischer Verpflichtung, das sein Hauptaugenmerk auf *bestimmte Personen* richtet[32] und jenem gegenübersteht, dessen Schwerpunkt auf allgemeinen und abstrakten Regeln, Werten oder Prinzipien beruht. Ich glaube, es ist kein bloßer Zufall, daß Gilligan die Betonung von *Regeln* als charakteristisch für die sogenannte Gerechtigkeitsperspektive ansah. (z. B. S. 93 f.)

Im zweiten Teil dieses Beitrages argumentierte ich dafür, daß die Konzepte von Gerechtigkeit und Fürsorglichkeit miteinander vereinbar sind und in einem gewissen Ausmaß auch voneinander abhängen. Meiner Analyse zufolge beruht die ›Gerechtigkeitsperspektive‹ im Grunde auf der Annahme, daß ein *fürsorgliches* Verhalten anderen Personen gegenüber darin besteht, ihre Rechte zu respektieren und ihnen das zu geben, was ihnen zusteht; letzteres sowohl hinsichtlich der Verteilung sozialer Lasten und Vorteile als auch hinsichtlich der Korrektur von geschehenem Unrecht. Diese Prinzipien können jedoch befolgt werden, ohne mit Gefühl, Empfindung, Leidenschaftlichkeit oder Mitgefühl auf andere Personen zu reagieren. Für die Aufrechterhaltung von Gerechtigkeit ist es nicht notwendig, den gesamten Umfang wechselseitigen Reagierens zwischen Personen zu realisieren.

Im Gegensatz dazu betont die sogenannte Ethik der Fürsorglichkeit ein kontinuierliches Eingehen auf andere. Diese Ethik ist im Grunde identisch mit der stereotypen moralischen Norm für Frauen in der häuslichen Rolle, die darin besteht, gegenüber einem konkurrenzorientierten Markt und einer indifferenten Polis die Familie aufrechtzuerhalten. Der häusliche Bereich wurde als jene Sphäre idealisiert, in der Personen als je einzigartige Individuen Pflege, liebevolle Zuwendung und Beistand erhalten sollen. Die von Gilligan diskutierte Fürsorgeperspektive hat ihre Grenzen; sie erfaßt Fürsorge nicht wirklich in ihrer gesamten Komplexität, denn dies würde – wie ich argumentierte – gerechte Behandlung *miteinschließen*. Aber sie behandelt sehr wohl die Natur von Beziehungen zu besonderen Personen an sich. Dabei wird das Hauptaugenmerk darauf gelegt, emotionale Zustände anderer, ihre individualisierenden Unterschiede, spezifischen Eigenheiten und Besonderheiten mit der entsprechenden Sensibilität und Aufnahmebereitschaft zu erfassen. Die Perspektive der Fürsorglichkeit konzentriert sich auf Personen in ihrer Ganzheit und nimmt dem Festhalten an moralischen Regeln etwas von seiner Bedeutung.

In dieser Verpflichtung einzelnen Personen gegenüber sehe ich die wichtige Konzeption, die es aus der Fürsorgeperspektive herauszuarbeiten gilt. Worin besteht jedoch diese Form einer moralischen Verpflichtung? Einer bestimmten Person gegenüber, wie zum Beispiel einem Geliebten, einem Kind oder einer Freundin, legt sie das Hauptaugenmerk auf die Bedürfnisse, Wünsche, Einstellungen und Urteile, kurz, auf das Verhalten und die gesamte Seinsweise dieser Person. Das Engagement für dieses bestimmte Individuum ist ein spezifisches und läßt sich nicht verallgemeinern. Wir zeigen eine Verpflichtung einer anderen Person gegenüber immer dann, wenn wir uns ihren Bedürfnissen zuwenden, uns an ihren Erfolgen freuen, uns ihren Urteilen fügen und von ihren Werten und Zielen inspirieren lassen, und das alles aus dem einfachen Grunde, daß es *ihre* sind. Wenn nicht die allgemeine Regelhaftigkeit ihrer Handlungen oder Charakterzüge, sondern das, *wer sie ist*, für einen selbst zum motivierenden Leitbild wird, dann ist das eigene Verhalten ihr gegenüber eher im Sinn einer personenorientierten als einer regelbegründeten moralischen Verpflichtung zu sehen.

Die beiden Perspektiven, die Gilligan ›Fürsorglichkeit‹ und ›Gerechtigkeit‹ nannte, weisen somit auf beträchtliche Unterschiede in menschlichen Beziehungen und Verpflichtungen. Beide Orientierungen befassen sich in gewisser Weise mit Beziehungen; beide mögen legitimerweise eine Sorge für Gerechtigkeit und Fürsorglichkeit beinhalten und darauf abzielen, die Verletzung anderer und (in letzter Konsequenz) die Verletzung des eigenen Selbst zu vermeiden. Aber vom Standpunkt der ›Fürsorglichkeit‹ aus sind sowohl das Selbst als auch die anderen eher in ihrer *Einzigartigkeit* denn als Beispielfälle für die Anwendung allgemeiner moralischer Ideen konzeptualisiert. Dieser Unterschied greift auf einen der Hauptunterschiede in der Struktur und Ausrichtung moralischen Denkens über.

Diese Analyse erfordert eine kleine Erweiterung. Was das gesamte moralische Spektrum einer Person betrifft, so schließen Verpflichtungen gegenüber einzelnen Personen und Verpflichtungen gegenüber Werten, Regeln und Prinzipien einander ebensowenig aus wie Fürsorge und Gerechtigkeit. Zweifellos sind sie in den moralischen Einstellungen der meisten Leute miteinander verwoben. Pat hat Mary gern und bewundert sie wegen ihres intelligenten Mutes und ihrer humorvollen Unverfrorenheit, aber auch, weil sie sich nicht von den Tragödien des Lebens unterkriegen läßt. Dadurch bekennt sich Pat *im allgemeinen* zu den menschlichen Charakterzügen von Widerstandsfähigkeit, Mut und Verwegenheit.

Aber in Mary verbinden sich diese Züge in einer einzigartigen Weise: vielleicht wird niemand anderer einer Freundin in Not ganz so unerschütterlich beistehen wie Mary; vielleicht ist niemand so effektiv wie Mary, wenn es um Petitionen an den Rektor geht. Die Züge, die Pat im allgemeinen gefallen, laufen in Mary zusammen und machen sie in Pats Augen zu einem besonders bewundernswerten menschlichen Individuum, zu einer Art von moralischem Beispiel. Angesichts von Pats Loyalität zu ihr könnte es dazu kommen, daß Mary eine Rolle in Pats Leben spielt, die in ihrer Gewichtigkeit all jene Werte überschreitet, welche Pat in Marys Tugenden – wenn sie im einzelnen und in Abstraktion von einer bestimmten menschlichen Persönlichkeit betrachtet werden – zu sehen vermeint.

Pat bekennt sich sowohl zu moralischen Abstraktionen als auch zu einzelnen Personen. Kurz gesagt, Pat ist wie die meisten von uns. Wenn wir moralische Urteile fällen, können wir einen Standpunkt einnehmen, der unsere Aufmerksamkeit auf je eine der beiden Formen moralischer Verpflichtung lenkt. Die Entscheidung darüber, welcher Standpunkt zu einem gegebenen Zeitpunkt einzunehmen ist, ist wahrscheinlich – wie andere moralische Alternativen – in Situationen moralischer Zweideutigkeit und Unsicherheit, in denen wir nicht wissen, wie wir vorgehen sollen, am schmerzlichsten und schwierigsten. In solchen Situationen können wir uns *entweder* von prinzipiengebundenen Bekenntnissen zu Werten, Handlungsformen oder menschlichen Tugenden leiten lassen *oder* von den Beispielen, die von einer vertrauten Freundin oder Bekannten vorgegeben wurden – Beispiele dessen, wie *sie* dieselben moralischen Zweideutigkeiten interpretiert oder wie *sie* dieselben moralischen Unsicherheiten löst.

Es sind natürlich nicht nur Situationen moralischer Unentschiedenheit, die die Verpflichtung einer einzelnen Person gegenüber offenbaren. Aber die Erfahrung moralischer Unschlüssigkeit könnte zu einer Klärung der unser Denken strukturierenden, verschiedenen Arten moralischer Verpflichtung beitragen. Situationen moralischer Unsicherheit werden unterschiedlich gelöst werden, je nachdem, ob wir hoch gehaltenen Werten folgen oder dem Beispiel anderer.

Die Einsicht, daß jede Person in ihrem Leben andere braucht, die ihre Einzigartigkeit in all ihrer Vielfalt und Gesamtheit erkennen, respektieren und fördern, läßt sich somit als die der Fürsorglichkeitsperspektive eigene, motivierende Vision bezeichnen.[33] Der aus dieser Vision sich entwickelnde Respekt für Personen ist nicht der abstrakte Respekt, der allen Personen aufgrund ihres gemeinsamen Status als Mensch zukommt, sondern ein Respekt für individuelle Werte, Leistungen, Bedürfnisse oder sogar Eigenheiten. Es ist eine Form von Respekt, die dann, wenn die charakteristischen Eigenschaften an sich geschätzt werden, Bewunderung und liebevolle Sorge beinhaltet und die sich zumindest als Toleranz äußert, wenn diesen Eigenschaften keine besondere Bedeutung zukommt.

Im Fall einiger Philosophen weist jedoch der Begriff der Person, der den Konzeptionen universeller moralischer Pflichten anderen gegenüber zugrunde liegt, eine offensichtliche Ironie auf. So ist zum Beispiel die von Kant angenommene Rationalität, die nicht nur jeder Person Würde verleiht, sondern Personen zu einem absoluten moralischen Wert und somit unersetzbar macht,[34] nichts anderes als eine abstrakte Rationalität, aufgrund derer wir uns alle gleichen. Aber wenn wir uns in dieser Hinsicht alle gleichen, dann ist es schwer zu verstehen, warum wir unersetzbar sein sollten. Die uns allen gemeinsame Rationalität würde uns eher voneinander ununterscheidbar und deshalb wechselseitig austauschbar machen. Für unseren absoluten Wert wäre unsere je spezifische Identität irrelevant. Demgegenüber scheint es eher der Fall zu sein, daß wir nur *aufgrund* unserer besonderen Einzigartigkeit wirklich unersetzbar sind.

Unsere Einzigartigkeit *schließt* das Konzept einer allgemeinen, uns allen gemeinsamen Natur natürlich nicht *aus*. Wir verdienen den gleichen Respekt, da uns allen der Status, Mensch zu sein, zukommt. Aber wir sind noch *mehr* als in diesem abstrakten und gleichwertigen Sinn Mensch. Und es ist dieses ›Mehr‹, zu dem wir uns bekennen, wenn uns andere in ihrer Einzigartigkeit nicht gleichgültig lassen.

In meiner Interpretation läßt sich somit mit Hilfe von Gilligans Bezugsrahmen von ›Fürsorge‹ und ›Gerechtigkeit‹ zumindest ein wichtiger Unterschied im moralischen Urteilen ausmachen. Dieser Unterschied hängt von der primären Form moralischer Verpflichtung ab, die unser moralisches Urteilen und die daraus resultierende Reaktion auf andere Personen strukturiert. Für Personen, deren Denken sich an einem Gesichtspunkt von Fürsorge orientiert, ist die Anerkennung anderer Personen sowie das Bekenntnis zu ihnen in ihrer Einzigartigkeit das vorrangigste moralische Anliegen.[35]

Im Gegensatz zu den Konzepten von Gerechtigkeit und Fürsorge, welche eine wechselseitige Integration zulassen, ist es weniger klar, ob das Schwergewicht moralischer Aufmerksamkeit im Einzelfall aus einer Gemeinsamkeit dieser beiden unterschiedlichen Formen moralischen Urteilens bestehen kann. Überdies ist es nicht möglich, daß wir auf alle Personen in jeder der beiden Formen gleich gut reagieren. Die einzig mögliche Form einer Integration dürfte darin bestehen, mit gut bekannten Personen intimere, interessiertere und verbindlichere Beziehungen zu suchen, Beziehungen in Zusammenhängen, für die unterschiedliche Bedürfnisse wichtig sind und mit einer gewissen Verläßlichkeit gewußt werden können, und mit Bezug auf die große Anzahl jener, die nicht in ihrer Einzigartigkeit gekannt werden können, sich auf einen regelbegründeten, gleichen Respekt zu einigen.

Um die verschiedenen Fäden dieser Diskussion zusammenzubringen, können wir auf jeden Fall schlußfolgern, daß nicht der Faktor Geschlecht an sich nach einer Aufteilung moralischer Normen verlangt, die eine partikularisierte, personalisierte Verpflichtung den Frauen zuordnet und eine universalisierte, regelgeleitete den Männern. Was wir brauchen, besteht lediglich darin, die Geschlechter zu ›ent-moralisieren‹, über die Trennung von Gerechtigkeit und Fürsorglichkeit hinauszugehen und für jedes Geschlecht den symbolischen Zugang zu den für die Erhaltung und Bereicherung unseres gemeinsamen moralischen Lebens verfügbaren konzeptuellen und sozialen Ressourcen zu vergrößern.[36]

[Aus dem Amerikanischen von Gertrude Postl]

Anmerkungen

1 Siehe Gilligan, Carol: *Die andere Stimme*. Lebenskonflikte und Moral der Frau, München: Piper 1984. Zu verwandten Themen sind noch die folgenden Arbeiten von Gilligan erschienen: Do the Social Sciences Have an Adequate Theory of Moral Development?, in: Haan, Norma Bellah, Rabinow, Paul and Sullivan, William M. (Hg.): *Social Science as Moral Inquiry*, New York: Columbia University Press 1983, S. 33–51; Reply, in: *Signs* 11, 1986, S. 324–333; Remapping the Moral Domain: New Images of the Self in Relationship, in: Heller, Thomas C., Sosna, Morton and Wellbery, David E. (Hg.): *Reconstructing Individualism*, Stanford, California: Stanford University Press 1986, S. 237–252.
2 Haug, Frigga: Die Moral ist zweigeschlechtlich wie der Mensch. Zur Theorie weiblicher Vergesellschaftung, in: Opitz, Claudia (Hg.): *Weiblichkeit oder Feminismus?* Weingarten: Drumlin 1984, S. 95–121.

3 Dazu zählen die folgenden Arbeiten: Flanagan Jr., Owen, J. und Adler, Jonathan E.: Impartiality and Particularity, in: *Social Research* 50, 1983, S. 576–596; Noddings, Nel: *Caring*, Berkeley: University of California Press 1984; [Der im vorliegenden Band abgedruckte Beitrag von N. Noddings ist diesem Buch entnommen. Anm. der Hg.] Card, Claudia: Gender and Moral Luck, in: Flanagan, Owen und Oksenberg Rorty, Amélie (Hg.): *Identity, Character, and Morality*, Cambridge, Mass.: MIT Press 1990, S. 199–218; Friedman, Marilyn: *Care and Context in Moral Reasoning*, MOSAIC Monograph 1, Bath, England: University of Bath 1985, Nachdruck in: Harding, Carol (Hg.): *Moral Dilemmas*, Chicago: Precedent 1986, S. 25–42 und in: Meyers, Diana T. und Kittay, Eva Feder (Hg.): *Women and Moral Theory*, Totowa, NJ: Rowman and Littlefield 1987, S. 190–204; alle Beiträge im Sammelband von Meyers und Kittay; Kerber, Linda K.: Some Cautionary Words for Historians, in: *Signs* 11, 1986, S. 304–310; Greeno, Catherine G. und Maccoby, Eleanor E.: How Different is the ›Different Voice,‹ in: *Signs* 11, 1986, S. 310–316; Luria, Zella: A Methodological Critique, in: *Signs* 11, 1986, S. 316–321; Stack, Carol B.: The Culture of Gender: Women and Men of Color, in: *Signs* 11, 1986, S. 321–324; Flanagan, Owen und Jackson, Kathryn: Justice, Care, and Gender: The Kohlberg-Gilligan Debate Revisited, in: *Ethics* 97, 1987, S. 622–637. Eine Analyse dieses Problems von einem zweideutigen feministischen Standpunkt aus findet sich in: Broughton, John M.: Women's Rationality and Men's Virtues, in: *Social Research* 50, 1983, S. 597–642. Für eine hilfreiche Besprechung einiger dieser Probleme siehe: Grimshaw, Jean: *Philosophy and Feminist Thinking*, Minneapolis: University of Minnesota Press 1986, im besonderen die Kapitel 7 und 8.

4 Dieser Ausdruck wird von Virginia Held dazu verwendet, um ganz allgemein auf eine moralische Arbeitsteilung zwischen einer Vielzahl von Berufen, Aktivitäten und gesellschaftlichen Praktiken hinzuweisen, ohne dabei im spezifischen auf Geschlechtsrollen einzugehen. Vgl. *Rights and Goods*, New York: The Free Press 1984, Kapitel 3. Held ist sich dessen bewußt, daß Geschlechtsrollen ein Teil dieser moralischen Arbeitsteilung sind, aber sie streift dieses Thema nur am Rande, S. 29.

5 Gilligan, Carol: Reply, S. 326.

6 Die Forschungen zur Hypothese von der ›Geschlechterdifferenz‹ sind sehr unterschiedlich. Folgende Studien scheinen Geschlechtsunterschiede im moralischen Urteilen für eine oder mehrere Altersstufen nachzuweisen: Haan, Norma, Brewster-Smith, M. und Block, Jeanne: Moral Reasoning of Young Adults: Political-social Behavior, Family Background, and Personality Correlates, in: *Journal of Personality and Social Psychology* 10, 1968, S. 183–201; Fishkin, James, Keniston, Kenneth and MacKinnon, Catharine: Moral Reasoning and Political Ideology, in: *Journal of Personality and Social Psychology* 27, 1973, S. 109–119; Haan, Norma: Hypothetical and Actual Moral Reasoning in a Situation of Civil Disobedience, in: *Journal of Personality and Social Psychology* 32, 1975, S. 255–270; Holstein, Constance: Development of Moral Judgment: A Longitudinal Study of Males and Females, in: *Child Development* 47, 1976, S. 51–61 (diese Studie weist Geschlechtsunterschiede für das mittlere Erwachsenenalter nach, aber nicht für andere Alterskategorien; siehe die Literaturangaben unten);

Langdale, Sharry: *Moral Orientations and Moral Development.* The Analysis of Care and Justice Reasoning across Different Dilemmas in Females and Males from Childhood through Adulthood (Ed.D.diss., Harvard Graduate School of Education 1983); Johnston, Kay: *Two Moral Orientations – Two Problem-solving Strategies:* Adolescents' Solutions to Dilemmas in Fables (Ed.D.diss., Harvard Graduate School of Education 1985). Die beiden letzten Quellen werden von Gilligan zitiert: Reply, S. 330.

Folgende Studien zählen zu jenen, die keine Geschlechtsunterschiede im moralischen Urteilen für eine oder mehrere Altersstufen nachweisen konnten: Turiel E.: A Comparative Analysis of Moral Knowledge and Moral Judgment in Males and Females, in: *Journal of Personality* 44, 1976, S. 195–208; Holstein, C.B.: Irreversible Stepwise Sequence in the Development of Moral Judgment: A Longitudinal Study of Males and Females (diese Studie weist keine Unterschiede für Kindheit oder Adoleszenz nach, sondern nur für das mittlere Erwachsenenalter; siehe die Literaturangabe oben); Haan, Norma u. a.: Family Moral Patterns, in: *Child Development* 47, 1976, S. 1204–1206; Berkowitz, M. u. a.: The Relation of Moral Judgment Stage Disparity to Developmental Effects of Peer Dialogues, in: *Merrill-Palmer Quarterly* 26, 1980, S. 341–357; Brabeck, Mary: Moral Judgment: Theory and Research on Differences between Males and Females, in: *Developmental Review* 3, 1983, S. 274–291.

Lawrence J. Walker untersuchte die gesamte bisher vorliegende Forschung und behauptete, daß die Ergebnisse eher auf berufs- und erziehungsbedingte Unterschiede im moralischen Urteilen hinweisen denn auf geschlechtsbegründete. Ders.: Geschlechtsunterschiede in der Entwicklung des moralischen Urteils, in: Nunner-Winkler, Gertrud (Hg.) *Weibliche Moral*. Die Kontroverse um eine geschlechtsspezifische Ethik, Frankfurt am Main: Campus Verlag 1991, S. 109–120; diese ›Meta-Analyse‹ wurde kürzlich selbst in Frage gestellt: Haan, Norma: With Regard to Walker (1984) on Sex ›Differences‹ in Moral Reasoning (University of California, Berkeley, Institute of Human Development, mimeograph, 1985); Baumrind, Diana: Sex Differences in Moral Reasoning. Response to Walker's (1984) Conclusion That There Are None, in: *Child Development* 57, 1986, S. 511–521.

7 Haan, Norma: Two Moralities in Action Contexts, in: *Journal of Personality and Social Psychology* 36, 1978, S. 286–305. Vgl. ebenfalls Haan, Norma: Moral Reasoning in a Hypothetical and an Actual Situation of Civil Disobedience, in: *Journal of Personality and Social Psychology* 32, 1975, S. 255–270; und Nunner-Winkler, Gertrud: Two Moralities? A Critical Discussion of an Ethic of Care and Responsibility versus an Ethic of Rights and Justice, in: Kurtines, William M. und Gewirtz, Jacob L.: *Morality, Moral Behavoir, and Moral Development*, New York: John Wiley & Sons, 1984, S. 348–361.

8 Gilligan, Carol: Reply, S. 326.

9 Broughton, John.M.: a. a. O., S. 636.

10 Gilligans Arbeit entstand zum Großteil als kritische Reaktion auf die von Kohlberg und seinem Forschungsteam durchgeführten Untersuchungen zum moralischen Urteil. Zur Reaktion dieser ForscherInnen auf Gilligans Arbeit und deren Einschätzung ihrer Bedeutung für die Moralpsychologie siehe: Kohlberg, Law-

rence: A Reply to Owen Flanagan and Some Comments on the Puka-Goodpaster Exchange, in: *Ethics* 92, 1982, S. 513–528; und Kohlberg, Lawrence, Levine, Charles and Hewer, Alexandra: *Moral States. A Current Reformulation and Response to Critics*, Basel: Karger 1983, S. 20–27 und 121–150.

Im Bereich der Philosophie wurden unter anderem folgende, mit Gilligans Arbeit in Zusammenhang stehende Themen aufgegriffen: Stocker, Michael: The Schizophrenia of Modern Ethical Theories, in: *Journal of Philosophy* 63, 1976, S. 453–466; Williams, Bernard: Personen, Charakter und Moralität, in: ders.: *Moralischer Zufall*, Königstein: Hain 1984, S. 11–29. Blum, Lawrence: *Friendship, Altruism and Morality*, London: Routledge & Kegan Paul 1980; MacIntyre, Alasdair: *Der Verlust der Tugend. Zur moralischen Krise der Gegenwart*, Frankfurt am Main/New York: Campus 1987); Stocker, Michael: Values and Purposes: The Limits of Teleology and the Ends of Friendship, in: *Journal of Philosophy* 78, 1981, S. 747–765; Flanagan, Owen: Virtue, Sex and Gender: Some Philosophical Reflections on the Moral Psychology Debate, in: *Ethics* 92, 1982, S. 499–512; Slote, Michael: Morality Not a System of Imperatives, in: *American Philosophical Quarterly* 19, 1982, S. 331–340; und Hoffsommers, Christina: Filiale Moralität, in: Nunner-Winkler, Gertrud (Hg.): a. a. O., S. 284–306.

11 Greeno, Catherine G. und Maccoby, Eleanor E., a. a. O., S. 314–315.
12 Gilligan, Carol: Reply, a. a. O., S. 325.
13 Für eine Diskussion dieser historischen Entwicklung siehe: Nicholson, Linda: Women, Morality and History, in: *Social Research* 50, 1983, S. 514–536; und dies.: *Gender and History*, New York: Columbia University Press 1986, im besonderen die Kapitel 3 und 4.
14 Siehe Eisenberg, Nancy und Lennon, Roger: Sex Differences in Empathy and Related Capacities, in: *Psychological Bulletin* 94, 1983, S. 100–131.
15 Siehe Eagly, Alice H.: Sex Differences and Social Roles (unveröffentlicher Vortrag, gehalten auf einer Konferenz für experimentelle Sozialpsychologie, Tempe, AZ, October 1986), im besonderen S. 7. Eine ausführliche Fassung dieses Textes erschien in: Eagly, Alice H.: *Sex Differences in Social Behavior. A Social Role Interpretation*, Hillsdale, N.J.: Erlbaum 1987. Vgl. auch Eagly, Alice H. und Steffen, Valerie J.: Gender Stereotypes Stem From the Distribution of Women and Men Into Social Roles, in: *Journal of Personality and Social Psychology* 46, 1984, S. 735–754.
16 Die männlichen Stereotypen sind nicht offensichtlich mit Gerechtigkeit und Recht verbunden, aber sie betonen einen übersteigerten Individualismus, welcher laut Gilligan der Gerechtigkeitsorientierung zugrunde liegt. Siehe Eagly, Alice H.: Sex Differences and Social Roles, a. a. O., S. 8.
17 Eagly argumentiert, daß Personen eine Tendenz aufweisen, im eigenen Verhalten den von anderen geteilten Erwartungen zu entsprechen, und daß eine unterschiedliche Fähigkeiten ausbildende Arbeitsteilung ebenfalls zu einer unterschiedlichen Entwicklung beiträgt; siehe: Sex Differences and Social Roles, a. a. O. Aus Eaglys Ansicht läßt sich folgern, daß die Entwicklung beider Geschlechter – wenn sie in einem stereotypen Sinn ›moralisiert‹ werden – mit hoher Wahrscheinlichkeit diesen unterschiedlichen Erwartungen entsprechen wird.

18 Eagly und Steffen haben gezeigt, daß stereotype Vorstellungen, nach denen Frauen stärker ›gemeinschaftsorientiert‹ und weniger ›handlungsbezogen‹ sind als Männer und Männer stärker ›handlungsbezogen‹ und weniger ›gemeinschaftsorientiert‹, eher vom Berufsstereotyp als vom Geschlechtsstereotyp abhängen; siehe: Gender Stereotypes Stem from the Distribution of Women and Men Into Social Roles, a. a. O., passim. Eagly und Steffen zwingen uns zu der Frage, ob die Geschlechterkategorisierung, die Gilligans Analyse durchzieht, tatsächlich die fundamentalen Unterschiede zwischen Personen erfaßt. Ich setze mich in der vorliegenden Arbeit nicht mit dieser Frage auseinander.

19 In Übereinstimmung damit hat Marcia Baron vorgeschlagen, daß ein maßgeblicher Faktor für das tatsächliche Auftreten ›gemischter‹ Perspektiven auf seiten von Frauen und Männern in der Unsicherheit der Unterscheidung zwischen öffentlichem und privatem Bereich zu finden ist, einer Unterscheidung, die eng mit der Gerechtigkeits/Fürsorge-Dichotomie korrespondiert. Die Teilnahme von Männern an beiden Bereichen war immer anerkannt, und in der Praxis waren auch zahlreiche Frauen – freiwillig oder gezwungenermaßen – über bezahlte Arbeit in den öffentlichen Bereich integriert. Das Ergebnis ist ein Verwischen der erfahrungsbedingten Trennung, die auf andere Art dazu hätte dienen können, die unterschiedlichen moralischen Orientierungen wieder zu bestätigen.

20 Platon: *Politeia*, Erstes Buch. Für eine umfassende Diskussion des griechischen Konzepts von Gerechtigkeit im Kontext von Freundschaft siehe: Hutter, Horst: *Politics as Friendship*, Waterloo, ON: Wilfrid Laurier University Press 1978.

21 Rawls, John: *Eine Theorie der Gerechtigkeit*, Frankfurt am Main: Suhrkamp 1979, S. 30 (und an anderen Textstellen).

22 Ebd., S. 152.

23 *The Politics of Reality*, Trumansburg, NY: The Crossing Press 1983, S. 9.

24 Ebd., S. 10.

25 Als wichtigen Diskussionsbeitrag zur Frage der Relevanz von Gerechtigkeit für die Familie vgl.: Moller Okin, Susan: Justice and Gender, in: *Philosophy & Public Affairs* 16, 1987, S. 42–72.

26 Für eine einsichtsvolle Diskussion dieser der Mutterschaft eigenen Denkformen siehe: Ruddick, Sara: Maternal Thinking, in: *Feminist Studies* 6, 1980, S. 342–367; und: Preservative Love and Military Destruction: Some Reflections on Mothering and Peace, in: Trebilcot, Joyce (Hg.): *Mothering*. Essays in Feminist Theory, Totowa, New Jersey: Rowman & Allanheld, 1983, S. 231–262; sowie: Held, Virginia: The Obligations of Mothers and Fathers, in: Trebilcot, Joyce (Hg.), a. a. O., S. 7–20.

27 Auf diesen Punkt hat mich L. W. Sumner aufmerksam gemacht.

28 Die Bedeutung von Gerechtigkeit und Rechten für das weibliche moralische Urteilen und von Fürsorge und Beziehungen für jenes von Männern wird auch von John Broughton diskutiert: Women's Rationality and Men's Virtues, a. a. O., im besonderen S. 603–622. Für eine historische Diskussion von Theoretikern, die es verabsäumten, die Bedeutung von Gerechtigkeit in weiblichen Stimmen zu hören, vgl.: Pateman, Carole: ›The Disorder of Women‹: Women, Love, and the Sense of Justice, in: *Ethics* 91, 1980, S. 20–34.

29 Diese Diskussion verdankt einiges Francesca M. Cancians Warnung davor, unsere Konzeption von Liebe auf die anerkannten Formen weiblicher Liebe einzuschränken, die sich laut Untersuchungen auf das Ausdrücken von Gefühlen und auf verbale Mitteilungen konzentrieren. Eine solche Konzeption ignoriert Formen von Liebe, die dem Rollenstereotyp entsprechend als typisch männlich gelten, wie zum Beispiel instrumentale Hilfe oder gemeinsame Aktivitäten. Vgl.: The Feminization of Love, in: *Signs* 11, 1986, S. 692–709.

30 Siehe Royko, Mike: *Boss: Richard J. Daley of Chicago*, New York: New American Library 1971.

31 Claudia Card kritisierte Gilligans Arbeit im speziellen für die Ignoranz gegenüber den entsetzlichen Verletzungen, denen Frauen im Verlauf der Geschichte in heterosexuellen Beziehungen ausgeliefert waren; die Ehe ist eine dieser Beziehungen, aber keineswegs die einzige. Siehe: Virtues and Moral Luck, a. a. O., S. 15–17.

32 Die Diskussion in Teil III meiner Arbeit stützt sich auf Einsichten folgender zwei Artikel: Card, Claudia: Virtues and Moral Luck, a. a. O., und Benhabib, Seyla: Der verallgemeinerte und der konkrete Andere. Ansätze zu einer feministischen Moraltheorie, in: List, Elisabeth/Studer, Herlinde (Hg.): *Denkverhältnisse. Feminismus und Kritik*, Frankfurt am Main: Suhrkamp 1989, S. 454–487.

33 Diesen Teil meiner Überlegungen verdanke ich Claudia Card.

34 Vgl. Kant, Immanuel. *Grundlegung zur Metaphysik der Sitten*, in: Kants gesammelte Schriften (Akademie-Festausgabe), Bd. IV (1911), S. 428, 435 f.

35 Für eine hilfreiche Diskussion zu diesem Thema siehe Walker, Margaret: Moral Particularism, in: *Metaphilosophy* 18, 1987, S. 171–185.

36 Hilfreiche Kommentare zu früheren Versionen dieses Artikels verdanke ich Larry May, L.W. Sumner, Marcia Baron und Christopher Morris. Frühere Versionen wurden bei folgenden Konferenzen vorgetragen: Society for Women in Philosophy, Midwestern Division, Madison, Wisconsin, Oktober 1986; Society for Value Inquiry, Chicago, Illinois, April 1987; Seminar zum gegenwärtigen sozialen und politischen Denken, University of Chicago, Mai 1987; Dritter Internationaler Interdisziplinärer Kongreß über Frauen, Dublin, Irland, Juli 1987; Jahreskonferenz von MOSAIC (Moral and Social Action Interdisciplinary Colloquium), Brighton, England, Juli 1987.

Iris Marion Young
Das politische Gemeinwesen und die Gruppendifferenz.
Eine Kritik am Ideal des universalen Staatsbürgerstatus

Das emanzipatorische Moment im modernen politischen Leben wurde von einem Ideal des universalen Staatsbürgerstatus* vorangetrieben. Seitdem das Bürgertum die aristokratischen Privilegien in Frage stellte, indem es die gleichen politischen Rechte für Bürger schlechthin forderte, haben Frauen, Arbeiter, Juden, Schwarze und andere die Aufnahme in jenen Staatsbürgerstatus durchsetzen wollen. Die moderne politische Theorie machte den gleichen moralischen Wert aller Personen geltend, und die sozialen Bewegungen der Unterdrückten nehmen das ernst, insofern darin die Aufnahme aller Personen in den vollen Staatsbürgerstatus unter dem gleichen Schutz durch das Recht impliziert war.

Den Staatsbürgerstatus für jeden und jedem das gleiche qua Staatsbürger. Das moderne politische Denken unterstellte ganz allgemein, daß die Universalität des Staatsbürgerstatus, im Sinne eines Staatsbürgerstatus für alle, eine Universalität des Staatsbürgerstatus in dem Sinne einschließt, daß dieser Status Partikularität und Differenz transzendiert. Ganz gleich welche sozialen Unterschiede oder gruppenspezifischen Differenzen es unter den Bürgern geben mag, welche Ungleichheiten bezüglich Reichtum, Ansehen und Macht im sozialen Alltag der Zivilgesellschaft vorhanden sein mögen, in der politischen Öffentlichkeit verleiht der Staatsbürgerstatus jedem den gleichen Status als einem Gleichgestellten. Gleichheit wird als Gleichsein aufgefaßt. Damit führt das Ideal des universalen Staatsbürgerstatus zumindest zwei weitere Bedeutungselemente mit sich, die zu dem Moment einer Ausdehnung des Staatsbürgerstatus auf alle hinzutreten:

1. Universalität definiert als allgemein im Gegensatz zu partikular; was Bürger gemein haben, nicht, wie sie sich unterscheiden, und

---

* Für den Begriff *citizenship* gibt es keinen äquivalenten deutschen Begriff. Er läßt sich annähernd wiedergeben durch ›Staatsbürgerstatus‹ oder ›Bürgerrechte‹. Im Zusammenhang mit der politischen Vertretung konkreter Gruppen liegt der Akzent so sehr auf einer Versammlung der Bürger, daß bei Young stellenweise auch von ›Staats-Bürgerschaft‹ gesprochen werden kann [Anm. d. Übs.]

2. Universalität im Sinne von Gesetzen und Regeln, die für alle das gleiche besagen und auf alle in gleicher Weise anzuwenden sind; Gesetze und Regeln, die für individuelle Verschiedenheiten und Unterschiede von Gruppen blind sind.

Während der wütenden, manchmal blutigen politischen Kämpfe, die im 19. und 20. Jahrhundert stattfanden, glaubten viele der Ausgeschlossenen und Benachteiligten, daß der Gewinn des vollen Staatsbürgerstatus, das heißt gleicher politischer und bürgerlicher Rechte, zu ihrer Freiheit und Gleichheit führen würde. Jetzt, im späten 20. Jahrhundert, da die Staatsbürgerrechte formal auf alle Gruppen in den liberalen kapitalistischen Gesellschaften ausgedehnt worden sind, stellen manche Gruppen fest, daß sie noch immer wie Bürger zweiter Klasse behandelt werden. Vor nicht allzu langer Zeit fragten sich die sozialen Bewegungen der unterdrückten und ausgeschlossenen Gruppen, warum die Ausdehnung gleicher staatsbürgerlicher Rechte nicht zu sozialer Gerechtigkeit und Gleichheit geführt hat. Ein Teil der Antwort ist schlichtweg marxistisch: Die sozialen Prozesse, die den Status der Individuen und Gruppen am stärksten determinieren, sind anarchisch und oligarchisch. Das ökonomische Leben steht nicht genügend unter einer Kontrolle der Bürger, um an den ungleichen Status und die ungleiche Behandlung von Gruppen heranreichen zu können. Ich denke, das ist eine wichtige und richtige Erklärung dafür, warum der gleiche Staatsbürgerstatus die Unterdrückung nicht beseitigt hat. In diesem Beitrag denke ich aber über einen anderen Grund nach, der stärker in dem Verständnis von Politik und Staatsbürgerstatus liegt, das in vielen modernen Denkströmungen zum Ausdruck kommt.

Die unterstellte Verbindung zwischen dem Staatsbürgerstatus für jeden einerseits und den zwei weiteren Bedeutungen des Staatsbürgerstatus andererseits – nämlich ein gemeinsames Leben mit den anderen Bürgern zu haben und in gleicher Weise wie die anderen Bürger behandelt zu werden – ist selbst ein Problem. Die zeitgenössischen sozialen Bewegungen der Unterdrückten haben diese Verbindung gelockert. Sie behaupten die Eigenheit der Gruppe gegen die Ideale der Assimilation. Sie haben auch in Zweifel gezogen, ob Gerechtigkeit stets bedeutet, daß Recht und Politik die Gleichbehandlung aller Gruppen erzwingen sollten. Diese Infragestellung enthält im Keim schon ein Konzept des *differenzierten* Staatsbürgerstatus als besten Weg, Einschluß und Teilhabe einer jeden Person im vollen Staatsbürgerstatus zu realisieren.

In diesem Aufsatz vertrete ich die Ansicht, daß die Universalität des Staatsbürgerstatus im Sinne der Inklusion und Partizipation eines jeden und einer jeden und die beiden anderen mit modernen politischen Ideen verknüpften Bedeutungen der Universalität, weit davon entfernt, einander zu implizieren, in einem Spannungsverhältnis stehen. Erstens hat das Ideal, daß in Ausübung der Staatsbürgerrolle ein Allgemeinwillen ausgedrückt oder gestaltet wird, der bestimmte Unterschiede der Gruppen in ihrer Zugehörigkeit, ihrer Situation und ihrem Interesse transzendiert, Gruppen ausgeschlossen, die als unfähig beurteilt wurden, jenen allgemeinen Standpunkt einzunehmen. Die Idee, der Staatsbürgerstatus drücke einen Allgemeinwillen aus, tendierte dahin, eine Homogenität der Staatsbürger durchzusetzen. In dem Grade, in dem die heutigen Befürworter eines Konzepts des wiederbelebten Staatsbürgerstatus die Idee eines Allgemeinwillens und eines gemeinsamen Lebens beibehalten, unterstützen sie implizit die gleichen Ausschließungen und die Homogenität. Deshalb trete ich dafür ein, daß die Inklusion eines jeden bzw. einer jeden und ihre Teilhabe an der öffentlichen Diskussion und Entscheidungsfindung bestimmte Mechanismen der Gruppenvertretung erfordert. Zweitens tendiert das strikte Festhalten an einem Prinzip der Gleichbehandlung zu einer Verstetigung von Unterdrückung oder Benachteiligung dort, wo zwischen den Gruppen Unterschiede in den Fähigkeiten, der Kultur, den Werten und Verhaltensstilen vorhanden sind, einige dieser Gruppen aber privilegiert sind. Die Inklusion und Partizipation eines jeden und einer jeden an sozialen und politischen Institutionen verlangt deshalb manchmal die Formulierung spezieller Rechte, die auf gruppenspezifische Unterschiede achten, um Unterdrückung und Benachteiligung zu unterminieren.

1. Die Staatsbürgerschaft als Allgemeinheit

Viele zeitgenössische politische Theoretiker halten die kapitalistische Wohlfahrtsgesellschaft für entpolitisiert. Der Pluralismus der Interessengruppen privatisiert die Entscheidungsfindung, überläßt sie Verhandlungen in Hinterzimmern und autonom steuernden Agenturen und Gruppen. Der Pluralismus der Interessengruppen fragmentiert sowohl die Politik als auch die Interessen der Individuen und erschwert es, die strittigen Fragen im Verhältnis zueinander zu beurteilen und Prioritäten zu setzen. Der fragmentarische und privatisierte Charakter des politischen Prozesses erleichtert darüber hinaus die Dominanz der mächtigeren Interessen.[1]

In Reaktion auf diese Privatisierung des politischen Prozesses rufen viele Autoren nach einer Erneuerung des öffentlichen Lebens und einer erneuerten Verpflichtung auf die Tugenden des Staatsbürgerstatus. Die Demokratie verlangt, daß die Bürger der korporatistischen Wohlfahrtsgesellschaft aus ihren privatistischen Konsumträumen erwachen, daß sie die Experten mit deren Anspruch auf Alleinherrschaft herausfordern und gemeinsam die Kontrolle über ihr Leben und ihre Institutionen in die Hand nehmen durch aktive Diskussionsprozesse mit dem Ziel, zu kollektiven Entscheidungen zu gelangen.[2] In partizipatorischen demokratischen Institutionen entwickeln und üben die Bürger Fähigkeiten der Urteilsbildung, der Diskussion und des sozialen Umgangs, die andernfalls brachliegen, und sie begeben sich aus ihrer Privatexistenz heraus, wenden sich an andere und begegnen ihnen mit Achtung und im Bemühen um Gerechtigkeit. Viele, die die Vorzüge des Staatsbürgerstatus gegen die Privatisierung der Politik in der kapitalistischen Wohlfahrtsgesellschaft anführen, übernehmen als Modelle für das heutige öffentliche Leben den staatsbürgerlichen Humanismus solcher Denker wie Macchiavelli oder häufiger noch Rousseau.[3]

Der Pluralismus der Interessengruppen erleichtert, weil er privatisiert und fragmentiert ist, die Herrschaft korporatistischer, militaristischer und anderer mächtiger Interessen. Wie sie denke ich, daß demokratische Prozesse die Institutionalisierung genuin öffentlicher Diskussion erfordern. Es sind jedoch ernsthafte Probleme damit verbunden, die Ideale einer staatsbürgerlichen Öffentlichkeit, die aus der Tradition des modernen politischen Denkens auf uns gekommen sind, unkritisch zu übernehmen.[4] Das Ideal einer Öffentlichkeit der Staats-Bürgerschaft, die einen Allgemeinwillen, einen Standpunkt und ein Interesse ausdrückt, das die Staatsbürger gemein haben und das ihre Unterschiede transzendiert, hat faktisch wie eine Forderung nach Homogenität der Staatsbürger gewirkt. Der Ausschluß von Gruppen, die man als andersartig definierte, wurde bis zu Beginn dieses Jahrhunderts ausdrücklich akzeptiert. In unserer Zeit sind die Folgen eines Ausschlusses aus dem universalistischen Ideal einer Öffentlichkeit, die einen Allgemeinwillen verkörpert, zwar subtiler, aber sie bestehen fort.

Die Tradition des staatsbürgerlichen Republikanismus steht zu der individualistischen Vertragstheorie von Hobbes oder Locke in einem kritischen Spannungsverhältnis. Während der liberale Individualismus den Staat als ein notwendiges Instrument ansieht, mit dem Konflikte geschlichtet und Handlungen reguliert werden, so daß den Individuen die Freiheit gegeben ist, ihre privaten Ziele zu verfolgen, lokalisiert die republikanische Tradition Freiheit und Autonomie in den eigentlichen öffentlichen Tätigkeiten der Staats-Bürgerschaft. Indem sie an der öffentlichen Diskussion und kollektiven Entscheidungsfindung teilhaben, gehen die Staatsbürger über ihr jeweiliges eigeninteressiertes Leben und die Verfolgung privater Interessen hinaus und nehmen einen allgemeinen Standpunkt ein, von dem aus sie sich auf das Gemeinwohl einigen. Die Staatsbürgerschaft ist ein Ausdruck der Universalität des menschlichen Lebens. Sie ist ein Reich der Rationalität und Freiheit im Gegensatz zu dem heteronomen Reich der partikularen Bedürfnisse, Interessen und Wünsche.

In diesem Verständnis von Staatsbürgerschaft als universal im Gegensatz zu partikular, als allgemein im Gegensatz zu differenziert, impliziert nichts, daß der volle Staatsbürgerstatus auf alle Gruppen ausgedehnt werden muß. In der Tat dachten zumindest einige moderne Republikaner genau das Gegenteil. Während sie die Vorzüge des Staatsbürgerstatus, der die Universalität der Menschheit ausdrücke, priesen, schlossen sie manche Menschen bewußt aus der Staats-Bürgerschaft aus mit der Begründung, sie könnten den allgemeinen Standpunkt nicht einnehmen oder ihre Aufnahme würde die Öffentlichkeit auflösen und teilen. Das Ideal eines Gemeinwohls, eines Allgemeinwillens und eines geteilten öffentlichen Lebens drängt auf eine homogene Bürgerschaft.

Insbesondere Feministinnen haben analysiert, wieso der Diskurs, der die staatsbürgerliche Öffentlichkeit mit Brüderlichkeit verbindet, nicht bloß metaphorisch ist. Der von Männern gegründete moderne Staat und seine Öffentlichkeit der Staats-Bürgerschaft traten als universale Werte und Normen auf, die aus spezifisch männlichen Erfahrungen abgeleitet waren: von den militaristischen Normen der Ehre und homoerotischen Kameradschaft, von der respektvollen Konkurrenz und dem Verhandeln zwischen unabhängigen Akteuren und von dem im nüchternen Tonfall der leidenschaftslosen Vernunft geführten Diskurs.

Mehrere Interpreten haben die Meinung vertreten, daß die modernen Männer, indem sie die Vorzüge des Staatsbürgerstatus, verstanden als

Partizipation an einer universalen Öffentlichkeit, priesen, eine Flucht vor der sexuellen Differenz zum Ausdruck brachten, eine Flucht davor, eine andere Art der Existenz zur Kenntnis nehmen zu müssen, die sie nicht vollständig verstehen konnten, und eine Flucht vor der Verkörperung der Natur, der Abhängigkeit von der Natur sowie von der Moral, die die Frauen repräsentierten.[5] So wurde der Gegensatz zwischen der Universalität in der Öffentlichkeit der Staats-Bürgerschaft einerseits und der Partikularität des Privatinteresses andererseits mit den Gegensätzen zwischen Vernunft und Leidenschaft, maskulin und feminin verschmolzen.

Die bürgerliche Welt errichtete eine moralische Arbeitsteilung zwischen Vernunft und Gefühl, sie setzte Männlichkeit mit Vernunft und Weiblichkeit mit Gefühl, Begehren und den Bedürfnissen des Körpers gleich. Die Verherrlichung eines öffentlichen Bereichs der mannhaften Tugenden und einer Staats-Bürgerschaft als Unabhängigkeit, Allgemeinheit und leidenschaftslose Vernunft brachte mit sich, daß die Privatsphäre der Familie als der Ort geschaffen wurde, auf den Emotion, Empfindung und körperliche Bedürfnisse beschränkt bleiben mußten.[6] Die Allgemeinheit des Öffentlichen beruht also auf dem Ausschluß der Frauen, die dafür verantwortlich sind, sich um jenen Privatbereich zu kümmern, und denen die leidenschaftslose Vernunft und die Unabhängigkeit fehlt, die von guten Staatsbürgern verlangt wird.

Rousseaus politische Theorie läßt den Imperativ, Einheit und Universalität der Öffentlichkeit durch Ausschluß der Frauen zu wahren, sichtbar werden. Die Besonderheiten des Gefühlslebens, des Begehrens und des Körpers sollten aus den öffentlichen Debatten herausgehalten werden, weil ihr Einfluß dazu tendiert, die Einheit der Öffentlichkeit zu fragmentieren. Die Frauen sollten die Hüter dieser Begehren und Bedürfnisse sein, beschränkt auf einen häuslichen Bereich außerhalb des öffentlichen Bereichs der Staats-Bürgerschaft. Zudem muß innerhalb jenes häuslichen Bereichs das eigene Begehren der Frauen für die heterosexuelle Ehe und die Mutterschaft eingespannt werden. Frauen müssen keusch, pflichtbewußt und gehorsam sein, wenn nicht das Chaos der Illegitimität und der sinnlichen Begierde die klaren Grenzen des Haushaltsbesitztums sprengen soll. Gesittet und pflichtbewußt erziehende Frauen wiederum werden das Begehren des Mannes in rechten Grenzen halten und sein Interesse auf die moralische Gesinnung für das Gemeinwohl richten.[7]

Es ist wichtig, sich ins Gedächtnis zu rufen, daß die Universalität des Staatsbürgerstatus im Sinne von Allgemeinheit so definiert wurde, daß nicht nur Frauen, sondern auch andere Gruppen ausgeschlossen blieben. Europäische und amerikanische Republikaner sahen kaum einen Widerspruch darin, eine Universalität des Staatsbürgerstatus zu fördern, die manche Gruppen ausschloß, weil die Idee, der Staatsbürgerstatus sei für alle gleich, in der Praxis in das Erfordernis übersetzt wurde, alle Staatsbürger hätten gleich zu sein. Die weiße männliche Bourgeoisie begriff die republikanische Tugend als rationale, beherrschte und gesittete Haltung, mit der man der Leidenschaft oder dem Verlangen nach Luxus nicht erliegt und durch die man in der Lage ist, sich über Begehren und Bedürfnis hinauszubegeben zu einem Interesse für das Gemeinwohl. Dies implizierte, arme Leute und Lohnarbeiter vom Staatsbürgerstatus auszuschließen, mit der Begründung, sie seien zu sehr von ihrer Bedürftigkeit motiviert, als daß sie eine allgemeine Perspektive einnehmen könnten. In dieser Hinsicht waren die Gestalter der amerikanischen Verfassung nicht egalitärer gesonnen als ihre europäischen Brüder im Geiste; sie beabsichtigten, eigens den Zugang der arbeitenden Klasse zur Öffentlichkeit zu beschränken, weil sie fürchteten, die Verpflichtung auf die allgemeinen Interessen werde aufgebrochen.

Diese frühen amerikanischen Republikaner äußerten sich auch recht deutlich über die Notwendigkeit einer Homogenität der Staatsbürger. Sie befürchteten, daß die Unterschiede der Gruppen dazu tendieren würden, die Verpflichtung auf das Allgemeininteresse zu unterminieren. Dies bedeutete, daß die Präsenz von Schwarzen und amerikanischen Indianern und später von Mexikanern und Chinesen auf dem Gebiet der Republik eine Bedrohung darstellte, der nur mit Assimilation, Ausrottung oder Entmenschlichung begegnet werden konnte. Natürlich kamen verschiedene Kombinationen davon in Anwendung, aber die Anerkennung dieser Gruppen als Gleichgestellte in der Öffentlichkeit war nie eine Option. Selbst solche republikanischen Vaterfiguren wie Jefferson identifizierten die auf ihren Territorien lebenden roten und schwarzen Menschen mit der wilden Natur und Leidenschaft, genau wie sie auch die Befürchtung hegten, die Frauen seien außerhalb des häuslichen Bereichs lüstern und gierig. Sie definierten das moralische, zivilisierte republikanische Leben über einen Gegensatz zu diesem rückwärtsgewandten, unkultivierten Begehren, das sie mit den

Frauen und den Nichtweißen identifizierten.[8] Eine vergleichbare Ausschlußlogik war in Europa am Werk, wo die Juden ein besonderes Ziel waren.[9]

Diese republikanischen Ausschließungen waren weder zufällig noch unvereinbar mit dem Ideal universaler Staatsbürgerschaft, so wie es von diesen Theoretikern verstanden wurde. Sie waren eine direkte Konsequenz der Dichotomie zwischen öffentlich und privat, die das Öffentliche als ein Reich der Allgemeinheit, das alle Besonderheiten hinter sich läßt, definierte und das Private als das Partikulare, das Reich der Affektivität, der Zugehörigkeit, des Bedürfnisses und des Körpers. Solange diese Dichotomie in Kraft ist, erzwingt die Aufnahme der zuvor Ausgeschlossenen – Frauen, Arbeiter, Juden, Schwarze, Asiaten, Indianer, Mexikaner – in die Definition der Staatsbürgerschaft eine Homogenität, die die Unterschiede der Gruppen in der Öffentlichkeit unterdrückt und die zuvor ausgeschlossenen Gruppen praktisch zwingt, sich an Normen messen zu lassen, die von den privilegierten Gruppen stammen und von ihnen definiert wurden.

Die zeitgenössischen Kritiker eines Liberalismus der Interessengruppen, die ein erneuertes öffentliches Leben fordern, beabsichtigen gewiß nicht, irgendwelchen erwachsenen Personen oder Gruppen den Staatsbürgerstatus zu verweigern. Sie sind Demokraten, überzeugt davon, daß nur der Einschluß aller Staatsbürger und ihre Partizipation am politischen Leben zu weisen und fairen Entscheidungen und zu einem Gemeinwesen führen wird, das die Fähigkeiten seiner Staatsbürger und ihre Beziehungen untereinander eher fördert als hemmt. Der Nachdruck, den solche partizipatorisch eingestellten Demokraten auf Allgemeinheit und Gemeinsamkeit legen, droht jedoch die Unterschiede zwischen den Staatsbürgern weiterhin zu unterdrücken.

Ich werde mich auf den Text von Benjamin Barber konzentrieren, der in seinem Buch *Strong Democracy* eine stichhaltige und konkrete Sicht von partizipatorischen demokratischen Prozessen erarbeitet. Barber erkennt die Notwendigkeit, eine demokratische Öffentlichkeit vor gewollten oder unbeabsichtigten Ausschließungen von Gruppen zu schützen, obwohl er keine Vorschläge macht, wie die Aufnahme und Partizipation eines jeden bzw. einer jeden sicherzustellen ist. Er spricht sich vehement gegen zeitgenössische politische Theoretiker aus, die ein Modell des politischen Diskurses konstruieren, das von affektiven Dimensionen bereinigt ist. Barber befürchtet also nicht das Zerbrechen von Allgemeinheit und Rationalität der Öffentlichkeit am Begehren und am Körper in der Weise, wie es die republikanischen Theoretiker taten. Gleichwohl behält er eine Konzeption von staatsbürgerlicher Öffentlichkeit bei, in der sie als Allgemeinheit definiert wird und das Gegenteil von Gruppenaffinität und dem partikularen Bedürfnis und Interesse ist. Er trifft eine klare Unterscheidung zwischen dem öffentlichen Bereich der Staats-Bürgerschaft sowie staatsbürgerlicher Betätigung einerseits und einem privaten Bereich partikularer Identitäten, Rollen, Zugehörigkeiten und Interessen andererseits. Der Staatsbürgerstatus erschöpft keinesfalls die sozialen Identitäten der Menschen, aber er erhält in einer starken Demokratie moralische Priorität vor allen sozialen Aktivitäten. Die Verfolgung partikularer Interessen, die Durchsetzung der Forderungen von bestimmten Gruppen, das alles hat im Rahmen einer Gemeinschaft und einer gemeinschaftlichen Vision zu geschehen, die vom öffentlichen Bereich erstellt wird. Demnach beruht Barbers Vision einer partizipatorischen Demokratie nach wie vor auf einem Gegensatz zwischen der öffentlichen Sphäre des Allgemeininteresses und einer Privatsphäre des partikularen Interesses und der besonderen Zugehörigkeit.[10]

Barber anerkennt zwar die Notwendigkeit von Verfahren gemäß der Mehrheitsregel und von Mitteln, die Rechte von Minderheiten zu sichern, behauptet aber, daß »der gute Demokrat jede Teilung bedauert und die Existenz von Majoritäten als ein Zeichen dafür betrachtet, daß Gegenseitigkeit nicht erreicht worden ist«. (S. 207) Eine Gemeinschaft von Staatsbürgern, sagt er, »verdankt den Charakter ihrer Existenz dem, was ihre sie konstituierenden Mitglieder gemein haben« (S. 232), und dies erfordert, die Ordnung individueller Bedürfnisse und Wünsche zu transzendieren und zu erkennen, daß »wir ein moralischer Körper sind, dessen Existenz davon abhängt, die individuellen Bedürfnisse und Wünsche gemeinsam zu einer einzigen Zukunftsvision zu ordnen, die alle teilen können«. (S. 224) Diese gemeinsame Vision wird den Individuen jedoch nicht von oben auferlegt, sondern wird von ihnen geschmiedet, indem sie miteinander reden und zusammen arbeiten. Barbers Modelle von solchen Gemeinschaftsprojekten enthüllen dennoch seine latenten Voreingenommenheiten:

»Wie Spieler eines Teams oder Soldaten im Krieg, können diejenigen, die eine gemeinsame Politik praktizieren, dahin kommen, Bande zu spüren, die sie nie zuvor spürten, bevor sie mit ihrer gemeinschaftlichen Tätigkeit begannen. Die Art der Bindung, die anstelle monolithischer Zwecke und Ziele vielmehr gemeinsame Verfahren, gemeinsames Arbeiten und einen geteilten Sinn für das, was eine Gemeinschaft gelingen läßt, betont, dient höchst erfolgreich der starken Demokratie.« (S. 244)

Der Versuch, ein Ideal des universalen Staatsbürgerstatus zu verwirklichen, welches besagt, die Öffentlichkeit verkörpere Allgemeinheit im Unterschied zu Partikularität, Gemeinsamkeit gegenüber Differenz, wird dazu tendieren, manche Gruppen selbst dann auszuschließen oder zu benachteiligen, wenn sie formal den gleichen Staatsbürgerstatus haben. Die Idee, das Öffentliche als universal zu charakterisieren, und die damit einhergehende Gleichsetzung von Partikularität mit Privatheit, macht die Homogenität zu einem Erfordernis für öffentliche Partizipation. In der Ausübung ihrer Staatsbürgerrolle sollen alle Staatsbürger denselben unparteilichen, allgemeinen Standpunkt einnehmen, der alle besonderen Interessen, Perspektiven und Erfahrungen transzendiert.

Aber eine solche unparteiliche, allgemeine Perspektive ist ein Mythos.[11] Die Menschen denken über öffentliche Themen zwangsläufig und richtig in Begriffen nach, die von ihrer situationsbedingten Erfahrung und Wahrnehmung der sozialen Beziehungen beeinflußt sind. Verschiedene soziale Gruppen haben unterschiedliche Bedürfnisse, Kulturen, Geschichten, Erfahrungen und Wahrnehmungen sozialer Beziehungen, die ihre Interpretation davon, welche Bedeutung und Konsequenzen politische Pläne haben, und die Form ihrer politischen Urteilsbildung beeinflussen. Diese Unterschiede in der politischen Interpretation sind nicht bloß oder gar hauptsächlich ein Resultat abweichender oder konfligierender Interessen, da die Gruppen selbst dann unterschiedliche Interpretationen haben, wenn sie bestrebt sind, Gerechtigkeit zu fördern und nicht lediglich ihre eigenen, selbstbezogenen Ziele voranzubringen. Wenn man in einer Gesellschaft, in der einige Gruppen privilegiert, andere dagegen unterdrückt sind, darauf besteht, daß Personen ihre besonderen Zugehörigkeiten und Erfahrungen hinter sich lassen sollen, um einen allgemeinen Standpunkt einzunehmen, so dient das nur der Verstärkung des Privilegs; denn die Perspektiven und Interessen der Privilegierten werden dazu tendieren, diese vereinheitlichte Öffentlichkeit zu beherrschen, und dabei jene der anderen Gruppen an den Rand drängen oder zum Schweigen bringen.

Barber behauptet, daß eine verantwortungsvoll praktizierte Staats-bürgerschaft ein Transzendieren partikularer Zugehörigkeiten, Verpflichtungen und Bedürfnisse erforderlich macht, weil eine Öffentlichkeit nicht funktionieren kann, wenn ihre Mitglieder lediglich mit ihren Privatinteressen befaßt sind. Hier unterläuft ihm eine gravierende Verwechslung von Pluralität und Privatisierung. Der Pluralismus der Interessengruppen, den er und andere kritisieren, institutionalisiert und ermuntert tatsächlich eine egoistische, selbstbezügliche Sicht des politischen Prozesses, eine Sicht, die Gruppierungen in den politischen Wettbewerb um knappe Güter und Privilegien eintreten sieht allein zu dem Zweck, den eigenen Gewinn zu maximieren, weswegen sie auch den Forderungen anderer, die ihre eigenen Standpunkte haben, nicht zuzuhören brauchen oder darauf eingehen müssen. Des weiteren spielen sich die Prozesse und oft auch die Resultate des Aushandelns zwischen Interessengruppen weitgehend im Privaten ab; sie werden in einem Forum, das genuin alle diejenigen einbezieht, die potentiell von den Entscheidungen betroffen sind, weder offengelegt noch diskutiert.

Privatheit in diesem Sinne des privaten Aushandelns zugunsten des privaten Vorteils ist ganz verschieden von der Pluralität im Sinne der voneinander abweichenden Gruppenerfahrungen, Zugehörigkeiten und Verpflichtungen, die in jeder großen Gesellschaft wirksam sind. Personen können ihre Gruppenidentität aufrechthalten und in ihren Wahrnehmungen sozialer Ereignisse von ihrer gruppenspezifischen Erfahrung beeinflußt, aber zugleich öffentlich gesonnen sein, in dem Sinne, daß sie offen dafür sind, den Forderungen anderer zuzuhören, und nicht nur auf ihren eigenen Vorteil Bedacht nehmen. Die Menschen können und müssen eine kritische Distanz zu ihren eigenen unmittelbaren Wünschen und gefühlsmäßigen Reaktionen einnehmen, um öffentliche Pläne zu diskutieren. Das zu tun, kann jedoch nicht heißen, daß die Staatsbürger ihre besonderen Zugehörigkeiten, Erfahrungen und ihren sozialen Ort aufgeben sollen. Wie ich im nächsten Abschnitt erörtern werde, fördert es die Aufrechterhaltung einer solchen kritischen Distanz ohne Vortäuschung von Unparteilichkeit am besten, wenn die Perspektiven einzelner Gruppen, die anders als die eigene Perspektive sind, in der öffentlichen Diskussion mit ihrer Stimme ausdrücklich vertreten sind.

Eine Repolitisierung des öffentlichen Lebens sollte nicht die Schaffung eines vereinheitlichten öffentlichen Bereichs verlangen, in dem die Staatsbürger ihre besonderen Gruppenzugehörigkeiten, Vergangenheiten und Bedürfnisse abstreifen, um ein Allgemeininteresse oder Gemeinwohl zu diskutieren. Ein solcher Wunsch nach Einheit unterdrückt Unterschiede, beseitigt sie aber nicht, und neigt dazu, einige Perspektiven aus der Öffentlichkeit auszuschließen.[12] Anstelle der universalen Staats-Bürgerschaft im Sinne dieser Allgemeinheit brauchen wir eine nach Gruppen differenzierte Staats-Bürgerschaft und eine heterogene Öffentlichkeit. In einer heterogenen Öffentlichkeit werden Unterschiede öffentlich zugestanden und als irreduzibel akzeptiert, womit ich sagen will, daß Menschen aus einer Perspektive oder Geschichte heraus den Standpunkt derjenigen mit anderen gruppenspezifischen Perspektiven und Vergangenheiten niemals vollständig verstehen und einnehmen können. Doch die Verpflichtung auf die Notwendigkeit und der Wunsch, die politischen Maßnahmen der Gesellschaft zusammen zu entscheiden, fördert die Verständigung über diese Differenzen hinweg.

2. Differenzierte Staatsbürgerschaft als Gruppenvertretung

In ihrer Studie über die Funktionsweise einer regierenden Stadtversammlung in New England erörtert Jane Mansbridge, wieso Frauen, Schwarze, Angehörige der Arbeiterklasse und arme Menschen dazu neigen, weniger daran zu partizipieren, und wieso ihre Interessen weniger vertreten werden als die von Weißen, Berufstätigen der Mittelklasse und Männern. Obwohl doch alle Staatsbürger das Recht haben, am Prozeß der Entscheidungsfindung teilzunehmen, werden die Erfahrungen und die Perspektiven mancher Gruppen aus vielen Gründen eher zum Verstummen gebracht. Weiße Männer aus der Mittelklasse strahlen mehr Autorität als andere aus, und sie sind mehr darin geübt, überzeugend zu reden. Für Mütter und alte Leute ist es häufig schwieriger, zu den Sitzungen zu kommen.[13] Amy Gutman diskutiert ebenfalls, inwiefern die partizipatorischen demokratischen Strukturen dazu neigen, benachteiligte Gruppen zum Schweigen zu bringen. Sie führt das Beispiel der Gemeindeaufsicht über Schulen an, wo mehr Demokratie zur zunehmenden Rassentrennung in vielen Städten führte, weil die privilegierteren und artikulierteren Weißen in der Lage waren, ihre vermeintlichen Interessen gegen die berechtigte Forderung der Schwarzen nach Gleichbehandlung in einem rassenintegrierenden Schulsystem durchzusetzen.[14] Solche Fälle zeigen, daß partizipatorische demokratische Strukturen die Tendenz haben, die vorhandene Unterdrückung von Gruppen zu reproduzieren, wenn die Staats-Bürgerschaft in universalistischen und vereinheitlichten Begriffen definiert ist.

Nach Gutman verlangen solche repressiven Konsequenzen der Demokratisierung, daß soziale und ökonomische Gleichheit erlangt werden muß, bevor politische Gleichheit eingerichtet werden kann. Am Wert sozialer und ökonomischer Gleichheit habe ich nichts auszusetzen, aber ich denke, das Erreichen dieses Ziels ist auf wachsende politische Gleichheit genauso angewiesen, wie das Erlangen politischer Gleichheit von zunehmender sozialer und ökonomischer Gleichheit abhängt. Wenn wir nicht gezwungen sein wollen, einem utopischen Zirkel zu folgen, müssen wir das »Paradox der Demokratie«, wodurch soziale Macht einige Staatsbürger gleicher macht als andere und die Gleichheit des Staatsbürgerstatus manche Menschen zu mächtigeren Staatsbürgern macht, jetzt lösen. Diese Lösung besteht zumindest teilweise darin, institutionalisierte Wege zur ausdrücklichen Anerkennung und Repräsentation unterdrückter Gruppen zu schaffen. Bevor jedoch über Prinzipien und Praktiken diskutiert werden kann, die in eine solche Lösung eingehen, wird es notwendig sein, etwas darüber zu sagen, was eine Gruppe ist und wann eine Gruppe unterdrückt ist.

Das Konzept der sozialen Gruppe ist politisch wichtig geworden, weil jüngste emanzipatorische und linke soziale Bewegungen eher auf Grund von Gruppenidentitäten mobilisiert haben als ausschließlich auf der Grundlage von Klasse oder von ökonomischen Interessen. In vielen Fällen bestand eine solche Mobilisierung darin, sich zu einer verachteten oder geringgeschätzten ethnischen oder rassischen Identität zu bekennen und sie positiv zu definieren. In der Frauenbewegung, der Bewegung für die Rechte der Schwulen oder der Alten-Bewegung wurde ein unterschiedlicher sozialer Status, basierend auf Alter, Sexualität, den physischen Kräften oder der Arbeitsteilung, als eine positive Gruppenidentität für die politische Mobilisierung aufgegriffen.

Ich werde hier nicht versuchen, eine soziale Gruppe zu definieren, aber es sei auf mehrere Kennzeichen verwiesen, die eine soziale Gruppe von anderen Kollektiven unterscheidet. Eine soziale Gruppe beinhaltet zunächst einmal eine Affinität mit anderen Personen, über die sie sich mit dem jeweils anderen identifizieren und vermittels derer andere Menschen sie identifizieren. Die einer Person eignende besondere Auffassung der Geschichte, ihr oder sein Verständnis sozialer Beziehungen und persönlicher Möglichkeiten, die Weise der Urteilsbildung, die Werte und expressiven Stile sind zumindest zu einem Teil durch ihre oder seine Gruppenidentität konstituiert. Viele Gruppendefinitionen werden von außen herangetragen, von anderen Gruppen, die bestimmte Menschen stereotypisieren und mit einem Etikett versehen. Unter solchen Umständen finden die Mitglieder verachteter Gruppen ihre Affinität häufig in ihrer Unterdrückung. Das Konzept der sozialen Gruppe muß von zwei Konzepten unterschieden werden, mit denen es verwechselt werden könnte: von dem Aggregat und von der Assoziation.

Ein Aggregat ist jede Klassifizierung von Personen gemäß irgendeinem Attribut. Personen können entsprechend einer Anzahl von Attributen, von denen alle gleichermaßen willkürlich sein können – unsere Augenfarbe, die Autotype, die wir fahren, die Straße, in der wir leben – aggregiert werden. Zuweilen werden Gruppen, die in unserer Gesellschaft emotional oder sozial hervorstechen, als Aggregate interpretiert, als willkürliche Klassifikationen von Personen nach den Attributen Hautfarbe, Geschlechtsmerkmale oder Lebensjahre. Eine soziale Gruppe wird jedoch nicht in erster Linie durch eine Menge geteilter Attribute definiert, sondern von dem Identitätsempfinden, das die Menschen haben. Was die schwarzen Amerikaner als eine soziale Gruppe definiert, ist nicht zuallererst ihre Hautfarbe; dies wird von der Tatsache veranschaulicht, daß beispielsweise manche Personen, deren Hautfarbe sehr hell ist, sich als Schwarze identifizieren. Obwohl objektive Attribute manchmal eine notwendige Bedingung dafür sind, sich selbst oder andere als Mitglied einer bestimmten sozialen Gruppe zu klassifizieren, ist es die Identifikation bestimmter Personen mit einem sozialen Status, mit einer gemeinsamen Geschichte, die jener soziale Status produziert, und eine Eigen-Identifikation, die die Gruppe als eine Gruppe definiert.

Politikwissenschaftler und Gesellschaftstheoretiker neigen weit häufiger dazu, Assoziationen statt Aggregate an die Stelle von sozialen Gruppen zu setzen. Mit einer Assoziation meine ich ein freiwillig zusammentretendes Personenkollektiv – wie etwa einen Club, eine berufsständische Vertretung, eine politische Partei, eine Kirche, ein College, eine Gewerkschaft, eine lobbyistische Organisation oder eine Interessengruppe. Ein individualistisches Vertragsmodell der Gesellschaft läßt sich auf Assoziationen anwenden, nicht aber auf Gruppen. Individuen gründen Assoziationen; sie finden als schon geformte Personen zusammen und bauen Assoziationen auf, indem sie Regeln festlegen, Ämter und Büros einrichten.

Tritt man einer Assoziation bei, dann faßt man die Mitgliedschaft selbst dann, wenn sie das Leben grundlegend beeinflußt, nicht so auf, als definiere sie die eigentliche Identität, wie beispielsweise die Bestimmung, ein Navajo zu sein, sie zu definieren vermag. Die Gruppenaffinität dagegen hat den Charakter dessen, was Heidegger »Geworfenheit« nennt: Man findet sich selbst als Mitglied einer Gruppe vor, deren Existenz und Verhältnisse man als immer schon dagewesen erlebt, denn die Identität einer Person wird im Zusammenhang damit definiert, wie andere sie oder ihn identifizieren, und andere tun dies gemäß den Gruppen, mit denen schon spezifische Attribute, Stereotype und Normen assoziiert sind, auf die auch Bezug genommen wird, wenn sich die Identität einer Person ausbildet. Aus der Geworfenheit der Gruppenaffinität folgt nicht, daß man Gruppen nicht verlassen und in neue eintreten kann. Viele Frauen werden lesbisch, auch wenn sie sich zuvor als heterosexuell identifiziert hatten, und jeder bzw. jede, die lange genug lebt, wird alt. Diese Fälle veranschaulichen die Geworfenheit genau in dem Punkt, daß solche Änderungen in der Gruppenaffinität als eine Wandlung der eigenen Identität erlebt werden.

Eine soziale Gruppe sollte nicht als etwas Substantielles oder als eine natürliche Gegebenheit mit einer spezifischen Menge gemeinsamer Attribute aufgefaßt werden. Statt dessen sollte die Gruppenidentität in Relationsbegriffen verstanden werden. Die sozialen Prozesse erzeugen Gruppen, indem sie relationale Differenzierungen, Situationen der Gruppierung und affektive Bindungen schaffen, in denen die Menschen eine Affinität mit anderen Menschen empfinden. Manchmal definieren Gruppen sich selbst, indem sie andere verachten oder ausschließen, die sie als andersartig definieren und die sie beherrschen und unterdrücken. Obwohl die sozialen Prozesse der Affinität und Trennung die Gruppen definieren, verleihen sie den Gruppen keine substantielle Identität. Ein gemeinsames Wesen, das die Mitglieder einer Gruppe besitzen, gibt es nicht.

Als Produkte sozialer Verhältnisse sind Gruppen fließende Gebilde, sie entstehen und können auch wieder zerfallen. Homosexuelle Praktiken gab es zum Beispiel in vielen Gesellschaften und zu verschiedenen historischen Zeiten, die Identifikation mit der Gruppe männlicher Schwuler existiert aber nur in westlichen Gesellschaften des 20. Jahrhunderts. Die Identität einer Gruppe wird vielleicht erst unter ganz bestimmten Umständen überhaupt auffällig, dann nämlich, wenn diese mit anderen Gruppen interagiert. Außerdem haben die meisten Menschen in den modernen Gesellschaften mehrfache Gruppenidentifikationen. Deshalb sind Gruppen an sich keine eigenständigen Einheiten. Jede Gruppe weist durch sie hindurchgehende Gruppendifferenzen auf.

Ich denke, die Ausdifferenzierung von Gruppen ist ein unvermeidlicher und wünschenswerter Prozeß in den modernen Gesellschaften. Aber wir müssen diese Frage nicht entscheiden. Ich mache nur geltend, daß unsere Gesellschaft heute eine nach Gruppen differenzierte Gesellschaft ist und daß dies in absehbarer Zukunft so bleiben wird. Daß manche Gruppen privilegiert und andere unterdrückt sind, macht unser politisches Problem aus.

Aber was ist Unterdrückung? Ich habe den Begriff der Unterdrückung an anderer Stelle ausführlicher analysiert.[15] Kurz gesagt, eine Gruppe ist dann unterdrückt, wenn auf alle oder auf einen großen Anteil ihrer Mitglieder einer oder mehrere der folgenden Sachverhalte zutreffen:

1. Der Nutzen ihrer Arbeit oder Energie geht auf andere über, ohne daß diese anderen ihnen in reziproker Weise nützen (Ausbeutung).

2. Sie sind von der Partizipation an wichtigen sozialen Tätigkeiten ausgeschlossen, womit in unserer Gesellschaft vorrangig ein Arbeitsplatz gemeint ist (Marginalisierung).

3. Sie leben und arbeiten unter der Autorität von anderen, verfügen über wenig Autonomie bei der Arbeit und haben selbst kaum Autorität über andere (Machtlosigkeit).

4. Sie werden als Gruppe stereotypisiert, und gleichzeitig bleiben ihre Erfahrungen und ihre Situation in der Gesellschaft im allgemeinen unbemerkt, zudem haben sie wenig Gelegenheit, ihrer Erfahrung und ihrer Sichtweise von sozialen Geschehnissen Ausdruck zu verleihen und finden kaum Gehör, wenn sie es tun (Kulturimperialismus).

5. Die Gruppenmitglieder erleiden willkürliche Gewalt und Schikane, die von Gruppenhaß oder -angst motiviert ist. In den Vereinigten Staaten werden heute zumindest die folgenden Gruppen auf eine oder mehrere dieser Arten unterdrückt: Frauen, Schwarze, amerikanische

Indianer, Chicanos, Puertoricaner und andere spanisch sprechende Amerikaner, asiatische Amerikaner, schwule Männer, Lesben, Angehörige der Arbeiterklasse, arme Menschen und alte Menschen sowie geistig und körperlich Behinderte.

In irgendeiner utopischen Zukunft wird es vielleicht eine Gesellschaft ohne Unterdrückung und Benachteiligung geben. Wir können aber keine politischen Prinzipien entwickeln, wenn wir mit der Annahme einer vollends gerechten Gesellschaft beginnen, wir müssen von den allgemeinen historischen und sozialen Bedingungen, unter denen wir existieren, ausgehen. Das heißt, wir haben eine partizipatorische demokratische Theorie nicht unter der Voraussetzung einer undifferenzierten Menschheit zu entwickeln, sondern unter der Voraussetzung, daß Gruppendifferenzen vorhanden sind und daß manche Gruppen tatsächlich oder potentiell unterdrückt und benachteiligt sind.

Ich mache also das folgende Prinzip geltend: Eine demokratische Öffentlichkeit, wie immer diese beschaffen sein mag, sollte Mechanismen bereitstellen zur wirksamen Vertretung und Anerkennung der unterschiedlichen Stimmen und Perspektiven, die denjenigen Gruppen gehören, die konstitutive Bestandteile dieser Öffentlichkeit sind und die in ihr unterdrückt und benachteiligt sind. Eine solche Gruppenvertretung impliziert institutionelle Mechanismen und öffentliche Ressourcen zur Unterstützung von drei Betätigungen:

1. Die Selbstorganisation der Gruppenmitglieder, so daß sie einen Sinn für kollektive Ermächtigung gewinnen sowie ein reflexives Verständnis ihrer kollektiven Erfahrung und ihres kollektiven Interesses im Kontext der Gesellschaft.

2. Das Öffentlichmachen einer von der Gruppe erstellten Analyse, wie sich gesellschaftspolitische Maßnahmen auf sie auswirken, sowie das Hervorbringen eigener politischer Vorschläge, und zwar in institutionellen Zusammenhängen, wo die Entscheidungsträger dazu verpflichtet sind zu zeigen, daß sie diese Perspektiven in ihre Überlegungen einbezogen haben.

3. Die Vetomacht im Hinblick auf ganz bestimmte politische Maßnahmen, die eine Gruppe direkt betreffen – Beispiele sind die Reproduktion betreffende Rechte für Frauen oder die Nutzung von Reservatsgebieten für amerikanische Indianer.

Die Prinzipien fordern nur eine spezifische Repräsentation für unterdrückte oder benachteiligte Gruppen, weil die privilegierten Gruppen ohnehin vertreten sind. Daher wäre das Prinzip in einer Gesellschaft, die von Unterdrückung gänzlich frei ist, nicht anwendbar. Ich halte das Prinzip dennoch nicht für bloß vorläufig oder instrumentell, weil ich glaube, daß die Differenz von Gruppen in den modernen Gesellschaften sowohl unvermeidlich als auch wünschenswert ist und daß, wo immer Differenz von Gruppen vorhanden ist, Benachteiligung oder Unterdrückung sich stets als eine Möglichkeit abzeichnet. So sollte sich eine Gesellschaft immer auf die Repräsentation unterdrückter oder benachteiligter Gruppen verpflichten und bereit sein, eine solche Repräsentation zu implementieren, wenn Unterdrückung erkennbar wird. Diese Überlegungen nehmen sich allerdings in unserem eigenen Kontext ziemlich akademisch aus, da wir in einer Gesellschaft mit gravierenden Gruppenunterdrückungen leben, deren vollständige Beseitigung nur wie eine entfernte Möglichkeit anmutet.

Soziale und ökonomische Privilegierung heißt unter anderem, daß die Gruppen, die das Privileg innehaben, sich so verhalten, als ob sie das Recht hätten zu sprechen und gehört zu werden, daß andere sie so behandeln, als ob sie jenes Recht hätten, und daß sie über die materiellen, personellen und organisatorischen Ressourcen verfügen, die sie in die Lage versetzen, in der Öffentlichkeit zu sprechen und gehört zu werden. Die Privilegierten sind gewöhnlich nicht geneigt, die Interessen der Unterdrückten zu schützen und zu fördern, einesteils weil ihre soziale Stellung sie daran hindert, diese Interessen zu verstehen, andernteils weil ihre Privilegierung in einem gewissen Grade von der fortgesetzten Unterdrückung anderer abhängt. Ein Hauptgrund für die ausdrückliche Repräsentation unterdrückter Gruppen in der Diskussion und Entscheidungsfindung ist also, die Unterdrückung zu unterminieren. Eine solche Gruppenvertretung legt auch das Spezifische an den Annahmen und der Erfahrung der Privilegierten öffentlich bloß, denn wenn sie nicht mit verschiedenen Sichtweisen der sozialen Verhältnisse und Geschehnisse, mit verschiedenen Werten und Sprachen konfrontiert werden, tendieren die meisten Menschen dazu, ihre eigene Perspektive als universal geltend zu machen.

Theoretiker und Politiker preisen die Vorzüge des Staatsbürgerstatus, weil die Menschen durch die öffentliche Partizipation angehalten werden, über die bloß egozentrische Motivation hinauszugehen und ihre Abhängigkeit von anderen und ihre Verantwortlichkeit für andere anzuerkennen. Der verantwortungsvolle Staatsbürger ist nicht nur mit

Interessen befaßt, sondern auch um Gerechtigkeit bemüht und anerkennt, daß der Standpunkt einer jeden anderen Person genauso gut ist wie der eigene und daß die Bedürfnisse und Interessen eines jeden bzw. einer jeden ausgesprochen werden müssen und von den anderen, die diese Bedürfnisse und Interessen anerkennen, gehört werden müssen. Das Problem der Universalität trat auf, als diese Verantwortlichkeit im Sinne eines Transzendierens in eine allgemeine Perspektive interpretiert wurde.

Ich habe die Ansicht vertreten, daß dieses Erfordernis, allen Erfahrungen, Bedürfnissen und Perspektiven auf soziale Geschehnisse Ausdruck zu verleihen und sie zu respektieren, umgangen und verdunkelt wird, wenn man den Staatsbürgerstatus als Allgemeinheit definiert. Eine allgemeine Perspektive, die alle Personen einnehmen können und von der aus alle Erfahrungen und Perspektiven verstanden und in Rechnung gestellt werden können, existiert nicht. Die Existenz sozialer Gruppen impliziert verschiedene, wenn auch nicht unbedingt zwangsläufig nicht vergleichbare Vergangenheiten, Erfahrungen und Perspektiven auf das soziale Leben, und sie impliziert, daß die Menschen die Erfahrungen anderer Gruppen nicht vollends verstehen können. Niemand kann beanspruchen, im Allgemeininteresse zu sprechen, weil keine der Gruppen für die andere sprechen kann, und ganz gewiß kann keine Gruppe für alle sprechen. Wenn man erreichen will, daß alle Gruppenerfahrungen und sozialen Perspektiven ausgesprochen, angehört und in Rechnung gestellt werden, ist darum der einzige Weg derjenige, sie jeweils einzeln in der Öffentlichkeit repräsentiert zu haben.

Die Gruppenvertretung ist das beste Mittel, gerechte Ergebnisse in demokratischen Prozessen der Entscheidungsfindung herbeizuführen. Das Argument für diese Behauptung stützt sich auf Habermas' Entwurf einer kommunikativen Ethik. In der Abwesenheit eines Philosophenkönigs, der die transzendenten normativen Wahrheiten deutet, ist die einzige Begründung dafür, daß eine politische Maßnahme oder Entscheidung gerecht ist, die, daß sie von einer Öffentlichkeit erzielt wurde, die die freie Äußerung aller Bedürfnisse und Standpunkte wirklich gefördert hat. In seiner Formulierung einer kommunikativen Ethik behält Habermas unangemessenerweise einen Appell an einen universalen oder unparteilichen Standpunkt bei, von dem aus Forderungen in der Öffentlichkeit erhoben werden sollen. Eine kommunikative Ethik, die nicht nur eine hypothetische Öffentlichkeit artikuliert, die Entscheidungen rechtfertigen würde, sondern auch wirkliche Bedingungen vorschlägt, die zu gerechten Ergebnissen der Entscheidungsprozesse verhelfen sollen, sollte für Bedingungen werben, die der Äußerung der konkreten Bedürfnisse aller Individuen in ihrer Besonderheit dienlich sind.[16] Das Konkrete ihres individuellen Lebens, ihre Bedürfnisse und Interessen und ihre Wahrnehmung der Bedürfnisse und Interessen von anderen, so habe ich argumentiert, sind zum Teil von ihrer auf einer Gruppe basierenden Erfahrung und Identität strukturiert. Darum verlangt die volle und freie Äußerung konkreter Bedürfnisse und Interessen unter sozialen Verhältnissen, in denen manche Gruppen mundtot gemacht oder marginalisiert werden, daß diese eine spezifische Stimme in der Beratung und Entscheidungsfindung haben.

Die Einführung solcher Differenzierung und Partikularität in die demokratischen Prozeduren ermutigt nicht dazu, einem verengten Eigeninteresse Ausdruck zu verleihen; tatsächlich ist die Gruppenvertretung das beste Gegenmittel gegen ein sich selbst täuschendes Eigeninteresse, das als ein unparteiliches oder Allgemeininteresse getarnt ist. In einer demokratisch strukturierten Öffentlichkeit, in der die soziale Ungleichheit durch Gruppenvertretung gemildert ist, können die Individuen oder Gruppen nicht einfach geltend machen, daß sie etwas wollen; sie müssen sagen, daß die Gerechtigkeit verlangt oder erlaubt, daß sie es bekommen. Die Gruppenvertretung gibt einigen, die sonst wahrscheinlich nicht gehört werden würden, die Gelegenheit, ihre Bedürfnisse oder Interessen auszudrücken. Zugleich wird der Test, ob ein Anspruch an die Öffentlichkeit gerecht oder bloßer Ausdruck des Eigeninteresses ist, am besten durchgeführt, wenn die betreffenden Personen mit den Meinungen von anderen konfrontiert werden, die ganz andere, obgleich nicht unbedingt konfligierende Erfahrungen, Prioritäten und Bedürfnisse haben. Als eine sozial privilegierte Person werde ich nicht gewillt sein, von mir abzusehen und der sozialen Gerechtigkeit Beachtung zu schenken, es sei denn, ich bin gezwungen, denjenigen zuzuhören, die meine Privilegierung tendenziell verstummen läßt.

In Verhältnissen, die von sozialer Unterdrückung und Beherrschung geprägt sind, ist die Gruppenvertretung die beste Institutionalisierung von Fairneß. Aber sie maximiert auch das in der Diskussion geäußerte Wissen und verhilft so zu praktischer Klugheit. Die Gruppendifferenzen umfassen nicht nur verschiedene Bedürfnisse, Interessen und Ziele, sondern, was höchstwahrscheinlich bedeutsamer ist, auch verschiedene soziale Lagen und Erfahrungen, von denen aus soziale Tatsachen und gesellschaftspolitische Maßnahmen verstanden werden. Die Mitglieder verschiedener sozialer Gruppen wissen sehr wahrscheinlich unterschiedliche Dinge über die Struktur sozialer Beziehungen und über potentielle und wirkliche Folgen gesellschaftspolitischer Maßnahmen. Auf Grund ihrer Geschichte, ihrer gruppenspezifischen Werte oder Ausdrucksweisen, ihres Verhältnisses zu anderen Gruppen, der Art von Arbeit, die sie verrichten, usw. verfügen die verschiedenen Gruppen über unterschiedliche Arten, die Bedeutung sozialer Geschehnisse zu verstehen, die, wenn sie geäußert und gehört werden, zum Verständnis, das andere Gruppen haben, beitragen können.

Die emanzipatorischen sozialen Bewegungen der letzten Jahre haben einige politische Praktiken entwickelt, die der Idee einer heterogenen Öffentlichkeit verpflichtet sind, und sie haben zumindest teilweise oder zeitweilig solche Öffentlichkeiten hergestellt. Manche der politischen Organisationen, Gewerkschaften und feministischen Gruppierungen verfügen über formale Ausschüsse für Gruppen (wie Schwarze, Latinos, Frauen, Schwule und Lesben sowie behinderte oder alte Menschen), deren Perspektiven ohne solche Vertretung vielleicht übergangen werden würden. Häufig haben diese Organisationen Verfahren für eine Mitsprache der Ausschüsse bei der organisationsinternen Diskussion und für die Ausschußvertretung in der Entscheidungsfindung. Manche Organisationen verlangen auch eine Mitgliedervertretung spezifischer Gruppen in den Leitungsorganen. Unter dem Einfluß dieser sozialen Bewegungen, die die Gruppendifferenzen geltend machen, hat die Demokratische Partei für einige Jahre sogar auf der nationalen und der einzelstaatlichen Ebene Delegiertenregeln eingeführt, die Bestimmungen für die Gruppenvertretung enthalten.

Obgleich weit davon entfernt, mit Sicherheit realisiert zu werden, drückt das Ideal einer »Regenbogen-Koalition« eine solche heterogene Öffentlichkeit mit den Formen der Gruppenvertretung aus. Die traditionelle Form der Koalition korrespondiert dem Gedanken einer vereinheitlichten Öffentlichkeit, die die partikulare Differenz von Erfahrungen und Anliegen transzendiert. In den traditionellen Koalitionen arbeiten diverse Gruppen zusammen für Ziele, bei denen sie sich einig sind, daß sie alle in ähnlicher Weise an ihnen interessiert oder von ihnen berührt sind. Und meistens stimmen sie darin überein, daß die Perspektiven-, Interessen- und Meinungsunterschiede zwischen ihnen in den öffentlichen Verlautbarungen und Aktionen der Koalition nicht nach außen gelangen. In einer Regenbogen-Koalition bekräftigt hingegen jede der konstituierenden Gruppen die Präsenz der anderen und bestätigt das Spezifische ihrer Erfahrung und ihrer Perspektive auf soziale Fragen.[17] In der Regenbogen-Öffentlichkeit tolerieren Schwarze nicht schlicht die Partizipation von Schwulen, Gewerkschaftsaktivisten arbeiten nicht murrend neben Veteranen der Friedensbewegungen, und keine dieser Gruppen gestattet auf paternalistische Art die Beteiligung von Feministinnen. Dem Ideal nach bekräftigt eine Regenbogen-Koalition die Präsenz einer jeden unterdrückten Gruppe oder politischen Bewegung, aus denen sie gebildet wird, und unterstützt ihre Forderungen. Sie erzielen ein politisches Programm nicht, indem sie ein paar »Einheitsprinzipien« formulieren, die die Differenzen verbergen, sondern dadurch, daß sie jeder ihrer Wählerschaften gewähren, ökonomische und soziale Fragen aus der Perspektive ihrer Erfahrung zu analysieren. Das impliziert, daß jede Gruppe in der Verbindung zu ihrer Wählerschaft autonom bleibt und daß die entscheidungsfindenden Organe und Verfahren die Gruppenvertretung vorsehen.

Sofern es in der gegenwärtigen Politik heterogene Öffentlichkeiten gibt, die gemäß den Prinzipien der Gruppenvertretung verfahren, existieren sie nur in Organisationen und Bewegungen, die sich der mehrheitsorientierten Politik widersetzen. Trotzdem beinhaltet die partizipatorische Demokratie dem Prinzip nach die Verpflichtung auf Institutionen einer heterogenen Öffentlichkeit in allen Sphären demokratischer Entscheidungsfindung. Politische Öffentlichkeiten, einschließlich demokratisierter Arbeitsplätze und entscheidungsfindender Regierungsorgane, sollten die spezifische Vertretung jener unterdrückter Gruppen übernehmen, wenn und solange die Unterdrückung oder Benachteiligung dieser Gruppen nicht beseitigt ist. Dadurch können jene Gruppen ihre spezifische Sicht der strittigen Fragen in der Öffentlichkeit darstellen und ein gruppenspezifisches Votum abgeben. Solche Strukturen der Gruppenvertretung sollen die Strukturen einer regionalen Vertretung oder einer Vertretung durch eine Partei nicht ersetzen, sie sollen allerdings neben ihnen existieren.

Die Implementation von Prinzipien der Gruppenvertretung in der Innenpolitik der Vereinigten Staaten oder in den umstrukturierten demokratischen Öffentlichkeiten innerhalb einzelner Institutionen wie beispielsweise in Fabriken, Büros, Universitäten, Kirchen und sozialen

Dienstleistungsagenturen würde kreatives Denken und Flexibilität verlangen. Es gibt keine Modelle, denen man folgen könnte. Die europäischen Modelle konkordanzdemokratischer Institutionen zum Beispiel können nicht aus den Kontexten, in denen sie entstanden sind, herausgenommen werden, und selbst innerhalb dieser Kontexte funktionieren sie nicht auf eine sehr demokratische Weise. Berichte von Versuchen mit öffentlich institutionalisierter Selbstorganisation von Frauen, Ureinwohnern, Arbeitern, Bauern und Studenten in Nicaragua bieten ein Beispiel, das der Konzeption, die ich verteidige, näher kommt.[18]

Das Prinzip der Gruppenvertretung verlangt nach solchen Strukturen der Vertretung für unterdrückte und benachteiligte Gruppen. Aber welche Gruppen verdienen eine Vertretung? Sichere Kandidaten für die Gruppenvertretung bei der Politikformulierung in den Vereinigten Staaten sind Frauen, Schwarze, amerikanische Indianer, alte Menschen, arme Menschen, Behinderte, schwule Männer und lesbische Frauen, spanischsprachige Amerikaner, junge Menschen und unqualifizierte Arbeiter. Es muß aber nicht erforderlich sein, die spezifische Vertretung all dieser Gruppen in allen öffentlichen Kontexten und allen politischen Diskussionen sicherzustellen. Die Vertretung ist immer dann angezeigt, wenn die Geschichte und die soziale Situation einer Gruppe eine besondere Perspektive auf strittige Fragen mit sich bringt, wenn die Interessen ihrer Mitglieder besonders betroffen sind und wenn ihre Wahrnehmungen und Interessen ohne eine solche Vertretung wenig Aussicht haben, Ausdruck zu finden.

Wenn man ein Prinzip wie dieses vorschlägt, entsteht ein wirkliches Problem, das kein philosophisches Argument zu lösen vermag. Um dieses Prinzip zu implementieren, muß nämlich eine Öffentlichkeit gebildet werden, die darüber befindet, welchen Gruppen die spezifische Vertretung in entscheidungsfindenden Verfahren berechtigterweise zugesprochen werden kann. Welche Prinzipien leiten die Zusammensetzung einer solchen »verfassungsgebenden Versammlung«? Wer soll entscheiden, welche Gruppen eine Vertretung erhalten sollen, und vermittels welcher Verfahren soll diese Entscheidung vollzogen werden? Kein Programm oder Satz von Prinzipien kann Politik begründen, weil Politik stets ein Prozeß ist, in den wir immer schon einbezogen sind. An Prinzipien kann im Verlauf der politischen Diskussion lediglich appelliert und sie können von einer Öffentlichkeit als handlungsleitend akzeptiert werden. Ich schlage ein Prinzip der Gruppenvertretung als Teil einer solchen potentiellen Diskussion vor, es kann aber diese Diskussion nicht ersetzen oder ihr Ergebnis vorwegnehmen.

Welche Mechanismen sollte die Gruppenvertretung haben? Ich habe bereits festgestellt, daß die Selbstorganisation der Gruppe ein Aspekt des Prinzips der Gruppenvertretung ist. Die Mitglieder der Gruppe müssen in demokratischen Foren zusammentreffen, um strittige Fragen zu diskutieren und Stellungnahmen und Vorschläge der Gruppe zu formulieren. Dieses Prinzip der Gruppenvertretung sollte als Teil eines Programms für demokratisierte Entscheidungsprozesse verstanden werden. Das öffentliche Leben und die Prozesse der Entscheidungsfindung sollten so umgestaltet werden, daß alle Staatsbürger erheblich mehr Gelegenheit zur Teilnahme an der Diskussion und Entscheidungsfindung haben. Alle Staatsbürger sollten Zugang zu Nachbarschafts- oder Gebietsversammlungen haben, wo sie an der Diskussion und Entscheidungsfindung beteiligt sind. In einem solchen stärker partizipatorischen demokratischen Schema hätten auch die Mitglieder unterdrückter Gruppen ihre Gruppenversammlungen, die dann Gruppenvertreter delegieren würden.

Nun könnte man fragen, wie sich die Idee einer heterogenen Öffentlichkeit, die die Selbstorganisation von Gruppen und die Strukturen der Gruppenvertretung in der Entscheidungsfindung ermutigt, von der Kritik am Pluralismus der Interessengruppen unterscheidet, die ich in diesem Aufsatz zuvor guthieß. Erstens zählt in der heterogenen Öffentlichkeit nicht jede Ansammlung von Menschen, die sich dazu entschließt, eine Assoziation zu bilden, als Kandidat für eine Gruppenvertretung. Nur jene Gruppen, welche die bedeutenderen Identitäten und wichtigeren Statusverhältnisse, von denen die Gesellschaft oder eine einzelne Institution gebildet wird, ausprägen und die unterdrückt oder benachteiligt sind, verdienen eine spezifische Repräsentation in einer heterogenen Öffentlichkeit. In den Strukturen eines Pluralismus der Interessengruppen haben die *Friends of the Whales,* die *National Association for the Advancement of Colored People,* die *National Rifle Association* und die *National Freeze Campaign* alle denselben Status, und jede beeinflußt die Entscheidungsfindung in dem Grad, wie ihre Ressourcen und ihre Raffinesse die Konkurrenz um Gehör bei denen, die politische Entscheidungen fällen, gewinnen können. Obschon die demokratische Politik die Freiheit der Meinungsäußerung und der Artikulation von Interessen maximieren muß, ist das eine andere Aufgabenstellung, als sicherzustellen, daß die Perspektiven aller Gruppen eine Stimme haben.

Zweitens sind die in der heterogenen Öffentlichkeit vertretenen Gruppen nicht durch irgendein partikulares Interesse oder Ziel oder durch irgendeine bestimmte politische Position definiert. Soziale Gruppen sind umfassende Identitäten und Lebensweisen. Ihre Mitglieder können auf Grund ihrer Erfahrungen einige gemeinsame Interessen haben, die sie in der Öffentlichkeit durchzusetzen versuchen. Ihre soziale Lage begünstigt jedoch, daß sie charakteristische Auffassungen von allen Aspekten der Gesellschaft und unverwechselbare Perspektiven auf soziale Fragen haben. Viele amerikanische Indianer sind zum Beispiel der Ansicht, daß ihre traditionelle Religion und ihre Beziehung zum Land ihnen ein einzigartiges und wichtiges Verständnis von Umweltproblemen verschafft.

Letztlich verfährt der Pluralismus der Interessengruppen genau so, um der Entstehung einer öffentlichen Diskussion und Entscheidungsfindung zuvorzukommen. Jede Interessengruppe verfolgt nur ihr ganz spezifisches Interesse so gründlich und effektvoll wie möglich, und sie muß die anderen Interessen nicht berücksichtigen, es sei denn strategisch, als potentielle Verbündete oder Gegner in Verfolgung ihres eigenen Interesses. Die Regeln eines Pluralismus der Interessengruppen verlangen nicht, daß ein Interesse als richtig oder als mit sozialer Gerechtigkeit vereinbar gerechtfertigt wird. Eine heterogene Öffentlichkeit ist jedoch eine *Öffentlichkeit*, in der die Beteiligten die anstehenden Themen diskutieren und in der von ihnen erwartet wird, eine Entscheidung herbeizuführen, die sie als beste oder gerechteste bestimmen.

3. Universale Rechte und spezielle Rechte

Auch ein zweiter Aspekt der Universalität des Staatsbürgerstatus steht heute in einem Spannungsverhältnis zu dem Ziel der vollen Inklusion und Partizipation aller Gruppen in politischen und sozialen Institutionen: die Universalität in der Formulierung von Recht und Politik. Der moderne und der zeitgenössische Liberalismus halten es für ein grundlegendes Prinzip, daß die Regeln und die Politik des Staates blind zu sein haben gegenüber Rasse, Geschlecht und anderen Gruppendifferenzen, und im zeitgenössischen Liberalismus gilt das auch für die Regeln privater Institutionen. Der öffentliche Bereich des Staates und des Rechts soll seine Regeln eigentlich in allgemeinen Begriffen ausdrükken, die von den Besonderheiten der Geschichten, der Bedürfnisse und Situationen von Individuen und Gruppen abstrahieren, um alle Personen gleichermaßen anzuerkennen und alle Staatsbürger in der gleichen Weise zu behandeln.

Solange wie die politische Ideologie und Praxis daran festhielt, manche Gruppen wegen ihrer angeblich natürlichen Unterschiede zu den weißen männlichen Staatsbürgern für nicht würdig zu befinden, den gleichen Staatsbürgerstatus einzunehmen, so lange war es wichtig für die Emanzipationsbewegungen, darauf zu bestehen, daß alle Menschen hinsichtlich ihres moralischen Werts gleich sind und den gleichen Staatsbürgerstatus verdienen. In diesem Kontext waren Forderungen nach gleichen Rechten, die für Gruppendifferenzen blind sind, der einzig vernünftige Weg, um Ausschluß und Erniedrigung zu bekämpfen.

Heute ist es jedoch sozialer Konsens, daß alle Personen den gleichen moralischen Wert haben und den gleichen Staatsbürgerstatus verdienen. Trotz der nahezu erreichten Herstellung gleicher Rechte für alle Gruppen, mit der wichtigen Ausnahme schwuler Männer und lesbischer Frauen, bleiben die Gruppenungleichheiten dennoch erhalten. Unter diesen Umständen vertreten viele Feministinnen, Aktivisten der Schwarzen-Befreiung und andere, die für vollständige Inklusion und Partizipation aller Gruppen an den Institutionen und Positionen dieser Gesellschaft, die Macht, Auszeichnung und Befriedigung verschaffen, kämpfen, daß Rechte und Regeln, die universell formuliert sind und daher für rassische, kulturelle, geschlechtsspezifische, altersbedingte und durch Behinderung verursachte Unterschiede blind sind, die Unterdrückung eher verstetigen als untergraben.

Die heutigen sozialen Bewegungen, die nach vollständiger Inklusion und Partizipation unterdrückter und benachteiligter Gruppen streben, stehen vor einem Dilemma der Differenz.[19] Einerseits müssen sie weiterhin bestreiten, daß es irgendwelche wesensmäßigen Unterschiede gibt zwischen Mann und Frau, Weißen und Schwarzen, körperlich gesunden und behinderten Menschen, die es rechtfertigen, Frauen, Schwarzen oder Behinderten die Möglichkeit zu verweigern, irgend etwas zu tun, wozu andere frei sind, es zu tun, oder die es rechtfertigen, daß ihnen verwehrt wird, in irgendeine Institution oder Position aufgenommen zu werden. Andererseits haben sie es für notwendig gehalten zu versichern, daß oft gruppenbedingte Unterschiede zwischen Männern und Frauen, Schwarzen und Weißen, körperlich Gesunden und Behinderten vorhanden sind, die die Anwendung eines rigiden Prinzips der Gleichbehandlung, insbesondere bei der Konkurrenz um Stellen, unfair machen, weil diese Unterschiede jene Gruppen benachteiligen. Zum Beispiel sind die weißen Männer der Mittelklasse als eine Gruppe in Verhaltensstile einer bestimmten Art von Artikuliertheit, Kaltblütigkeit und kompetenter Bestimmtheit einsozialisiert, die im Berufs- und Geschäftsleben stark prämiert werden. Insofern es benachteiligende Gruppendifferenzen gibt, scheint die Fairneß zu gebieten, sie zur Kenntnis zu nehmen, anstatt für sie blind zu sein.

Obwohl das Recht heute in vielen Hinsichten für Gruppendifferenzen blind ist, ist es die Gesellschaft nicht, und manche Gruppen werden nach wie vor als abweichend und als das Andere kenntlich gemacht. In den alltäglichen Interaktionen, Vorstellungen und Entscheidungsfindungen werden weiterhin solche Annahmen über Frauen, Schwarze, Latinos, schwule Männer und lesbische Frauen, alte Menschen und bestimmte andere Gruppen gemacht, um weiterhin Ausschluß, Ausklammerung, Paternalismus und autoritäre Behandlung zu rechtfertigen. Ungebrochen rassistische, sexistische, homosexuellenfeindliche, Alte und Behinderte diskriminierende Verhaltensweisen und Institutionen schaffen besondere Lebensumstände für diese Gruppen, die sie meistens in ihrer Möglichkeit, die eigenen Fähigkeiten zu entwickeln, beeinträchtigen und ihnen spezielle Erfahrungen und Erkenntnisse vermitteln. Letztlich gibt es, teils weil sie voneinander getrennt und ausgeschlossen wurden, teils weil sie besondere Vergangenheiten und Traditionen haben, kulturelle Unterschiede zwischen den sozialen Gruppen – Unterschiede in der Sprache, in Lebensstil, Körperverhalten und Gesten sowie in den Werten und den Perspektiven auf die Gesellschaft.

Das Zugeständnis, daß sich Gruppen in den Fähigkeiten, den Bedürfnissen, in der Kultur und den kognitiven Stilen unterscheiden, stellt nur dann ein Problem für jene dar, die Unterdrückung beseitigen wollen, wenn Differenz als Abweichung oder Mangelhaftigkeit verstanden wird. Ein solches Verständnis setzt voraus, daß einige Fähigkeiten, Bedürfnisse, Kulturen oder kognitive Stile normal sind. Ich habe schon darauf hingewiesen, daß ihre Privilegierung den dominanten Gruppen erlaubt, die Unparteilichkeit und Objektivität ihrer Erfahrung von und ihrer Perspektive auf soziale Geschehnisse zu behaupten. Auf ganz ähnliche Weise ermöglicht es die Privilegierung einigen Gruppen, ihre gruppenbedingten Fähigkeiten, ihre Werte, ihre kognitiven Muster und Verhaltensstile als die Norm zu vermitteln, mit der konform zu sein von allen Personen erwartet wird. Besonders die Feministinnen haben dargelegt, daß die meisten heutigen Arbeitsplätze, und speziell die begehrtesten, einen Lebensrhythmus und Verhaltensstil voraussetzen, der für Männer typisch ist, und daß von den Frauen verlangt wird, sich den Arbeitsplatzerwartungen, die jene Normen voraussetzen, anzupassen.

Wo Gruppendifferenzen in den Fähigkeiten, Werten und Verhaltens- oder kognitiven Stilen existieren, wird die Gleichbehandlung bei der Zuteilung von Gütern nach den Regeln, aus denen die Bestimmung des Verdienstes hervorgeht, die Benachteiligung verstärken und verstetigen. Die Gleichbehandlung verlangt, daß jeder beziehungsweise jede an den gleichen Normen gemessen wird, tatsächlich aber gibt es keine »neutralen« Normen des Verhaltens und Auftretens. Wo einige Gruppen privilegiert und andere unterdrückt sind, tendieren die Formulierung des Rechts, der Politikinhalte und die Regeln privater Institutionen zur Voreingenommenheit für die privilegierten Gruppen, weil ihre partikulare Erfahrung implizit die Norm setzt. Wo also Gruppendifferenzen in Fähigkeiten, in der Sozialisation, in Werten und in den kognitiven und Verhaltensstilen vorhanden sind, kann nur die Beachtung solcher Differenzen die Inklusion und Partizipation aller Gruppen an den politischen und ökonomischen Institutionen sicherstellen. Dies impliziert, daß an Stelle der stets in universellen Begriffen abgefaßten Rechte und Regeln, die für Differenzen blind sind, manchmal spezielle Rechte für bestimmte Gruppen erforderlich sind.[20] Im folgenden werde ich mehrere Kontexte der gegenwärtigen politischen Debatten durchgehen, in denen, wie ich meine, solche speziellen Rechte für unterdrückte oder benachteiligte Gruppen angebracht sind.

Die Frage nach dem Recht auf Schwangerschafts- und Mutterschaftsurlaub und nach dem Recht auf spezielle Behandlung für stillende Mütter wird unter Feministinnen heute höchst kontrovers diskutiert. Ich beabsichtige hier nicht, den Feinheiten dessen, was sich zu einer konzeptuell herausfordernden und interessanten Debatte in der Rechtstheorie ausgewachsen hat, in alle Verästelungen hinein zu folgen. Wie Linda Krieger meint, hat die Frage nach den Rechten für Schwangere und werdende Mütter in bezug auf den Arbeitsplatz eine Paradigmenkrise für unser Verständnis von sexueller Gleichheit erzeugt, weil die Anwendung eines Prinzips der Gleichbehandlung auf diese Problematik Ergebnisse gezeitigt hat, deren Wirkungen für die Frauen bestenfalls mehrdeutig und schlimmstenfalls schädlich sind.[21]

Aus meiner Sicht ist ein Gleichbehandlungsansatz in dieser Frage unangemessen, weil er entweder impliziert, daß Frauen keinerlei Recht auf Mutterschaftsurlaub mit Arbeitsplatzsicherheit erhalten, oder solche Arbeitsplatzgarantien in eine vorgeblich geschlechtsneutrale Kategorie der »Behinderung« aufnimmt. Eine solche Angleichung ist nicht akzeptabel, weil Schwangerschaft und Geburt normale Lebensumstände normaler Frauen sind. Sie zählen selbst zur gesellschaftlich notwendigen Arbeit, und sie haben unvergleichliche und variable charakteristische Merkmale und Notwendigkeiten.[22] Die Angleichung der Schwangerschaft an Behinderung gibt diesen Prozessen die negative Bedeutung von »ungesund«. Außerdem wird damit suggeriert, daß die elementaren oder einzigen Gründe, mit denen eine Frau das Recht auf eine Beurlaubung mit Arbeitsplatzsicherheit hat, die sind, daß sie körperlich nicht in der Lage ist, ihre Arbeit auszuüben, oder daß, wenn sie ihre Arbeit täte, dies schwieriger wäre, als wenn sie nicht schwanger wäre oder sich von der Geburt erholte. Obschon dies wichtige Gründe sind, die von der einzelnen Frau abhängen, ist ein weiterer Grund, daß sie die Zeit haben sollte, das Stillen zu organisieren und zu ihrem Kind eine Beziehung aufzubauen und vertrauten Umgang mit ihm zu entwickeln, wenn sie das vorzieht.

Die Debatte über Mutterschaftsurlaub ist hitzig und weitreichend gewesen, weil Feministinnen wie Nichtfeministinnen geneigt sind zu denken, der biologische Geschlechtsunterschied sei der fundamentalste und untilgbarste Unterschied. Wenn die Differenz übergeht in Devianz, Stigma und Benachteiligung, kann dieser Eindruck die Befürchtung erzeugen, daß die sexuelle Gleichheit nicht herstellbar ist. Ich glaube, es ist wichtig zu betonen, daß die Reproduktion keineswegs der einzige Kontext ist, in dem Fragen nach gleicher contra unterschiedlicher Behandlung aufkommen. Es ist nicht einmal der einzige Kontext, in dem sie sich als Fragen stellen, die auch körperliche Unterschiede betreffen. Die vergangenen 20 Jahre haben bedeutende Erfolge gebracht, was die Durchsetzung spezieller Rechte für Personen mit körperlichen oder geistigen Behinderungen angeht. Hier liegt ein klarer

Fall vor, in dem es die Forderung nach Gleichheit bei Partizipation und Inklusion erforderlich macht, die besonderen Bedürfnisse verschiedener Gruppen zu beachten.

Eine andere körperliche Differenz, die in der rechts- und politikwissenschaftlichen Literatur nicht so breit diskutiert wurde, aber diskutiert werden sollte, ist das Alter. Die Frage des obligatorischen Ruhestands wurde mit der steigenden Zahl arbeitswilliger und -fähiger alter Menschen, die in unserer Gesellschaft an den Rand gedrängt werden, zunehmend diskutiert. Diese Diskussion verstummte wieder, weil das ernsthafte Inbetrachtziehen eines Rechts auf Arbeit für alle Menschen, die willens und fähig sind zu arbeiten, eine größere Umstrukturierung der Verteilung von Arbeit zur Konsequenz gehabt hätte; und das in einer Ökonomie mit einer schon jetzt sozial brisanten Arbeitslosigkeitsrate. Menschen allein auf Grund ihres Alters von ihren Arbeitsplätzen zu vertreiben, ist willkürlich und ungerecht. Ich denke aber, es ist genauso ungerecht, alte Menschen zu nötigen, nach den gleichen Bedingungen zu arbeiten wie jüngere. Alte Menschen sollten andere Arbeitsrechte haben. Wenn sie ein bestimmtes Alter erreichen, sollte es ihnen freigestellt sein, in den Ruhestand zu treten und Ruhegeld zu beziehen. Falls sie weiter arbeiten wollen, sollte ihnen mehr an flexiblen und Teilzeitarbeitsplätzen geboten werden, als die meisten Arbeitnehmer derzeit vorfinden.

Jeder dieser Fälle von speziellen Rechten am Arbeitsplatz – Schwangerschaft und Geburt, körperliche Behinderung und das Alter – hat seine eigenen Zwecke und Strukturen. Sie alle stellen jedoch dasselbe Paradigma des »normalen, gesunden« Arbeitnehmers und der »typischen Arbeitssituation« in Frage. In jedem einzelnen Fall sollte der Umstand, der eine unterschiedliche Behandlung erfordert, nicht so verstanden werden, daß er von den unterschiedlich behandelten Arbeitnehmern an sich herrührt, sondern daß er in deren Interaktion mit den Strukturen und Normen des Arbeitsplatzes wurzelt. Das heißt, selbst in Fällen wie diesen hat die Differenz ihre Quellen nicht in natürlichen, unabänderlichen, biologischen Attributen, sondern in dem Verhältnis von Körpern zu konventionellen Regeln und Praktiken. In jedem der Fälle entspringt die politische Forderung nach speziellen Rechten nicht der Notwendigkeit, eine Unterlegenheit zu kompensieren, wie manche es interpretieren würden, sondern einem positiven Geltendmachen des Spezifischen in den verschiedenen Formen des Lebens.[23]

Fragen der Differenz für Recht und Politik entstehen nicht nur hinsichtlich des körperlichen Seins, sondern auch, und das ist ebenso wichtig, in bezug auf die kulturelle Integrität und kulturell bedingte Unsichtbarkeit. Mit Kultur meine ich gruppenspezifische Phänomene des Verhaltens, des Temperaments oder der Bedeutung. Kulturelle Unterschiede umfassen Phänomene der Sprache, gesprochene Dialekte oder Stile, Körperverhalten, Gestik, soziale Praktiken, Werte, gruppenspezifische Sozialisation und anderes mehr. Insoweit Gruppen kulturell verschieden sind, ist jedoch die Gleichbehandlung in vielen Fragen der Gesellschaftspolitik ungerecht, weil sie diese kulturellen Differenzen leugnet oder sie zu einer Neigung macht. Es gibt eine enorme Zahl von Problematiken, in denen Fairneß eine Beachtung kultureller Unterschiede und ihrer Wirkungen beinhaltet, ich werde aber lediglich drei erörtern: *affirmative action*, den Grundsatz des vergleichbaren Werts sowie Zweisprachigkeit und Bikulturalität im Bildungswesen und im öffentlichen Dienst.

Ob sie nun Quoten beinhalten oder nicht, die *affirmative-action*-Programme verletzen das Prinzip der Gleichbehandlung, weil sie bei der Festsetzung von Kriterien für die Zulassung zu einer Schule, für Stellen und Förderungen rasse- oder geschlechtsbewußt vorgehen. Diese Vorgehensweise wird meist in einer von zwei möglichen Arten verteidigt. Eine Rasse oder ein Geschlecht vorzuziehen wird entweder als gerechter Ausgleich für Gruppen aufgefaßt, die in der Vergangenheit Diskriminierung erdulden mußten, oder als Ausgleich für gegenwärtige Benachteiligung, die diese Gruppen auf Grund jener Geschichte der Diskriminierung und des Ausschlusses erleiden.[24] Ich habe an diesen beiden Rechtfertigungen für eine sich auf Rasse oder Geschlecht stützende, andersartige Behandlung, die von den *affirmative-action*-Maßnahmen impliziert wird, nichts auszusetzen. Meine Überlegungen gehen dahin, daß wir die *affirmative-action*-Maßnahmen darüber hinaus als Ausgleich für die kulturellen Voreingenommenheiten in den Maßstäben und Bewertungsskalen ansehen können, die von den Schulen oder Arbeitgebern verwendet werden. Diese Maßstäbe und Bewertungsskalen spiegeln zumindest in einem gewissen Grade das spezifische Leben und die kulturelle Erfahrung herrschender Gruppen wider – der Weißen, der *anglos* [Menschen angelsächsischer Abstammung] oder der Männer. Außerdem ist in einer nach Gruppen differenzierten Gesellschaft die Entwicklung wirklich neutraler Maßstäbe und Bewertungen schwierig oder unmöglich, weil die kulturelle Erfahrung der Frauen, der Schwarzen oder Latinos und die herrschenden Kulturen in vielen Hinsichten nicht auf ein gemeinsames Maß zurückführbar sind. So kompensieren die *affirmative-action*-Maßnahmen die Dominanz einer bestimmten Menge kultureller Attribute. Eine solche Interpretation der *affirmative action* lokalisiert das »Problem«, das die *affirmative action* löst, zum Teil auch in den verständlichen Voreingenommenheiten der Bewertenden und ihrer Maßstäbe und nicht einzig und allein in den spezifischen Unterschieden der benachteiligten Gruppen.

Obwohl sie als solche kein Gegenstand der andersartigen Behandlung sind, stellen die Grundsätze des vergleichbaren Werts die kulturellen Voreingenommenheiten bei der herkömmlichen Berechnung des Werts vornehmlich weiblicher Beschäftigungen in Frage. Und indem sie das tun, verlangen sie die Beachtung von Unterschieden. Pläne zur gleichen Bezahlung für Arbeit von vergleichbarem Wert fordern, daß überwiegend männliche und überwiegend weibliche Berufsarbeiten dann ähnliche Gehaltsstrukturen haben sollen, wenn sie vergleichbare Grade des Könnens, der Schwierigkeit, der Belastung und so weiter aufweisen. Das Problem, diese Grundsätze zu implementieren, besteht darin, Vergleichsmethoden für die Berufsarbeit zu konzipieren, da diese oft sehr verschieden ist. Die meisten Vergleichsschemata ziehen es vor, Geschlechtsunterschiede zu minimalisieren, indem sie angeblich geschlechtsneutrale Kriterien verwenden, wie beispielsweise Bildungsabschlüsse, Arbeitsgeschwindigkeit, ob die Arbeit die Manipulation von Symbolen oder das Fällen von Entscheidungen beinhaltet und so weiter. Manche Autoren haben jedoch darauf verwiesen, daß maßgebliche Klassifikationen von Berufstypologien systematisch eine Schieflage haben könnten, so daß spezifische Aufgabenmuster, die in vornehmlich weiblichen Beschäftigungen enthalten sind, verborgen bleiben.[25] Viele weiblich dominierten Beschäftigungen beinhalten geschlechtsspezifische Arten der Arbeit – wie das Erziehen, das Glätten sozialer Beziehungen oder die Zurschaustellung von Sexualität –, was ein Großteil der empirischen Forschung zu den Arbeitsinhalten übersieht.[26] Eine faire Beurteilung der Fähigkeiten und der Komplexität in vielen vornehmlich weiblichen Berufsarbeiten könnte deshalb vielmehr bedeuten, den Geschlechtsunterschieden in den Berufsarten ausdrücklich Aufmerksamkeit zu schenken, statt geschlechterblinde Vergleichskategorien anzuwenden.

Schließlich sollten sprachliche und kulturelle Minderheiten das Recht haben, ihre Sprache und Kultur beizubehalten; gleichzeitig sollten ihnen alle Vorteile des Staatsbürgerstatus zustehen, wie auch eine solide Bildung und Karrierechancen. Dieses Recht schließt auf seiten der Regierung und anderer öffentlicher Organe eine positive Pflicht ein, Dokumente in den Muttersprachen anerkannter sprachlicher Minderheiten zu drucken, öffentliche Dienstleistungen in diesen Sprachen anzubieten und für zweisprachigen Unterricht an den Schulen zu sorgen. Die kulturelle Assimilation sollte keine Bedingung für die vollständige soziale Partizipation sein, weil sie einer Person abverlangt, ihr Identitätsgefühl zu verändern, und wenn dies auf Gruppenebene verwirklicht wird, bedeutet das die Änderung oder den Untergang der Gruppenidentität. Dieses Prinzip läßt sich nicht auf irgendwelche Personen anwenden, die sich mit Sprache oder Kultur der Mehrheit innerhalb einer Gesellschaft nicht identifizieren, sondern nur auf größere sprachliche oder kulturelle Minoritäten, die in deutlich geschiedenen, wenn auch nicht unbedingt segregierten, Gemeinschaften leben. Danach sind in den Vereinigten Staaten besondere Rechte für kulturelle Minderheiten zumindest angebracht bei den spanischsprachigen Amerikanern und den amerikanischen Indianern.

Der Universalist findet einen Widerspruch dabei, geltend zu machen, daß zuvor segregierte Gruppen sowohl ein Recht auf Inklusion als auch ein Recht auf Andersbehandlung haben. Es gibt hier jedoch keinen Widerspruch, wenn die Rücksicht auf Differenz notwendig ist, um Partizipation und Inklusion zu ermöglichen. Gruppen mit unterschiedlichen Lebensverhältnissen oder Lebensformen sollten in der Lage sein, gemeinsam an öffentlichen Institutionen zu partizipieren, ohne ihre unterschiedlichen Identitäten zu verlieren oder ihretwegen Nachteile zu erleiden. Das Ziel ist nicht, den Abweichenden einen besonderen Ausgleich zu verschaffen, bis sie Normalität erlangt haben, sondern vielmehr der Art, wie Institutionen ihre Regeln formulieren, die Normalität zu nehmen, dadurch daß die pluralen Lebensverhältnisse und Bedürfnisse offengelegt werden, die in ihnen existieren oder in ihnen existieren sollten.

Viele Gegner von Unterdrückung und Privilegierung hüten sich vor Forderungen nach besonderen Rechten, weil sie eine Wiederherstellung spezieller Klassifikationen fürchten, die Ausschluß und Stigmatisierung der besonders gekennzeichneten Gruppen rechtfertigen. Insbesondere Feministinnen, die dagegen sind, daß die sexuelle und kulturell strukturierte geschlechtliche Differenz in Recht und Politik bekräftigt wird, haben eine solche Befürchtung ausgesprochen. Es wäre töricht von mir zu bestreiten, daß diese Befürchtung eine bedeutsame Grundlage hat.

Eine solche Befürchtung gründet sich allerdings darauf, daß die Gruppendifferenz für die traditionelle Gleichsetzung mit Devianz, Stigma und Ungleichheit anfällig ist. Die heutigen Bewegungen unterdrückter Gruppen machen jedoch eine positive Bedeutung für Gruppendifferenz geltend, mittels derer eine Gruppe ihre Identität als Gruppe beansprucht und die Stereotype und Etikettierungen zurückweist, mit denen ihre Gruppenidentität von anderen als minderwertig oder inhuman charakterisiert wird. Diese sozialen Bewegungen besetzen die Bedeutung von Differenz selbst als ein Feld der politischen Auseinandersetzung, statt die Differenz der Rechtfertigung von Ausschluß und Unterordnung zu überlassen. Die Unterstützung von Politikinhalten und Regeln, die die Gruppendifferenz beachten, um Unterdrückung und Benachteiligung abzubauen, ist nach meiner Meinung ein Teil jenes Kampfes.

Die Furcht davor, besondere Rechte zu fordern, verweist auf eine Verknüpfung des Prinzips der Gruppenvertretung mit dem Prinzip, die Differenz in der Politikformulierung zu beachten. Das grundlegendste Mittel dagegen, daß besondere Rechte dazu verwendet werden, Gruppen zu unterdrücken oder auszuschließen, ist die Selbstorganisation und Vertretung jener Gruppen. Wenn unterdrückte und benachteiligte Gruppen in der Lage sind, unter sich zu diskutieren, welche Verfahren und politischen Maßnahmen ihres Erachtens ihre soziale und politische Gleichheit am besten fördern werden, und wenn ihnen Mechanismen zugänglich sind, die ihre Beurteilungen einer breiteren Öffentlichkeit bekanntmachen, werden politische Maßnahmen, die sich auf Differenz einrichten, weit weniger wahrscheinlich gegen sie als für sie verwendet werden. Wenn sie außerdem das institutionalisierte Vetorecht gegenüber politischen Vorschlägen haben, die sie direkt betreffen, und zwar sie in erster Linie, dann ist eine solche Gefahr noch weiter vermindert.

In diesem Aufsatz habe ich drei Bedeutungen von Universalität unterschieden, die in den Diskussionen über die Universalität des Staatsbürgerstatus und der Öffentlichkeit gewöhnlich zusammenfallen. Die moderne Politik befördert im Grunde die Universalität der Staatsbürgerschaft im Sinne von Inklusion und Partizipation eines jeden bzw. einer jeden am öffentlichen Leben und demokratischen Prozeß. Die Verwirklichung einer genuin universalen Staatsbürgerschaft in diesem Sinne wird aber heute mehr blockiert als gefördert von der allgemein verbreiteten Überzeugung, daß die Personen einen universalen Standpunkt einnehmen sollen und Wahrnehmungsweisen, die sie aus ihrer partikularen Erfahrung und sozialen Position beziehen, ablegen sollen, wenn sie ihren Staatsbürgerstatus wahrnehmen. Die vollständige Inklusion und Partizipation aller im Recht und im öffentlichen Leben wird manchmal auch dadurch behindert, daß Gesetze und Regeln in universellen Begriffen formuliert werden, die auf alle Staatsbürger in gleicher Weise zutreffen.

In Reaktion auf diese Argumente haben einige Leute mir gegenüber bemerkt, daß solche Infragestellungen des Ideals der universalen Staatsbürgerschaft Gefahr laufen, keine Basis für rationale normative Appelle übrigzulassen. Die normative Vernunft, so wird behauptet, impliziert Universalität in einem kantischen Sinne: Wenn eine Person geltend macht, daß etwas gut oder richtig ist, beansprucht sie, daß im Prinzip jeder oder jede konsistenterweise jenen Geltungsanspruch machen könnte und daß alle ihn akzeptieren können sollten. Das bezieht sich auf eine vierte Bedeutung von Universalität, die eher epistemologisch als politisch ist. Es mag tatsächlich Gründe geben, eine auf Kant gestützte Theorie der Universalität normativer Vernunft in Zweifel zu ziehen. Aber das ist eine andere Frage als die substantiellen politischen Themen, die ich hier angesprochen habe, und die Argumente in meinem Text schließen eine solche Möglichkeit weder ein noch aus. Auf keinen Fall glaube ich, daß die Infragestellung des Ideals einer vereinheitlichten Öffentlichkeit oder des Anspruchs, daß Regeln stets in formaler Weise universal sein sollten, die Möglichkeit rationaler normativer Geltungsansprüche erschüttert.

[Aus dem Amerikanischen von Karin Wördemann-Wingert]

Anmerkungen

1 Theodore Lowis' klassische Analyse der privatisierten Vorgänge im Liberalismus der Interessengruppen bleibt einschlägig für die amerikanische Politik; siehe *The End of Liberalism*, New York: W. W. Norton 1969. Neuere Analysen sind Ha-

bermas, Jürgen: *Legitimationsprobleme im Spätkapitalismus*, Frankfurt am Main: Suhrkamp 1973; Offe, Claus: *Contradictions of the Welfare State*, Cambridge, Mass.: MIT Press 1984; Keane, John: *Public Life in Late Capitalism*, Cambridge, Mass.: MIT Press 1984; und Barber, Benjamin: *Strong Democracy*, Berkeley: University of California Press 1984.

2 Eine herausragende neuere Darstellung der Vorzüge von und der Bedingungen für eine solche Demokratie ist Green, Philipp: *Retrieving Democracy*, Totowa, N. J.: Rowman and Allenheld 1985.

3 Barber (a. a. O.) und Keane (a. a. O.) verweisen beide auf Rousseaus Verständnis der staatsbürgerlichen Betätigung als ein Modell für die heutige partizipatorische Demokratie, wie das auch Carol Pateman tut in ihrer klassischen Arbeit *Participation and Democratic Theory*, Cambridge, Mass.: Cambridge University Press 1970. (Patemans Position hat sich allerdings gewandelt.) Siehe auch Miller, James: *Rousseau: Dreamer of Democracy*, New Haven, Conn.: Yale University Press 1984.

4 Viele, die die Vorzüge einer staatsbürgerlichen Öffentlichkeit preisen, berufen sich natürlich auch auf ein Modell der antiken Polis. Ein jüngeres Beispiel ist Bookchin, Murray: *The Rise of Urbanization and the Decline of Citizenship*, San Francisco: Sierra Club Books 1987. In diesem Beitrag ziehe ich es jedoch vor, meine Thesen auf das moderne politische Denken zu beschränken. Die Idee der antiken griechischen Polis fungiert sowohl in der modernen als auch in der zeitgenössischen Diskussion als ein Mythos verlorengegangener Ursprünge, als das Paradies, von dem wir abfielen und zu dem wir zurückkehren möchten. Dementsprechend sind oft Berufungen auf die antike griechische Polis in der Berufung auf die modernen Ideen des republikanischen Humanismus enthalten.

5 Hannah Pitkin leistet eine sehr detaillierte und feinsinnige Analyse der Vorzüge der staatsbürgerlichen Öffentlichkeit als eine Flucht vor sexueller Differenz anhand einer Lektüre der Schriften von Machiavelli; siehe *Fortune Is a Woman*, Berkeley: University of California Press 1984. Carol Pateman gibt dazu eine wichtige Analyse der Vertragstheorie, siehe *The Sexual Contract*, Stanford University Press 1988. Siehe auch Hartsock, Nancy: *Money, Sex and Power*, New York: Longman 1983, Kapitel 7 und 8.

6 Vgl. Moller Okin, Susan: Women and the Making of the Sentimental Family, in: *Philosophy and Public Affairs* 11, 1, 1982, S. 65–88; siehe auch Nicholson, Linda: *Gender and History*. The Limits of Social Theory in the Age of the Family, New York: Columbia University Press 1986.

7 Analysen zur Behandlung der Frauen bei Rousseau finden sich bei Moller Okin, Susan: *Women in Western Political Thought*, Princeton, N. J.: Princeton University Press 1978; Lange, Lynda: Rousseau: Women and the General Will, in: Clark, Lorenne M. G./Lange, Lynda (Hg.): *The Sexism of Social and Political Theory*, Toronto: University of Toronto Press 1979; Bethke Elshtain, Jean: *Public Man, Private Woman*, Princeton, N. J.: Princeton University Press 1981, Kapitel 4. Mary Dietz entwickelt eine kluge Kritik an Elshtains »maternalistischer« Perspektive auf die politische Theorie; indem sie das tut, beruft sie sich aber scheinbar doch auch auf ein universalistisches Ideal der staatsbürgerlichen Öffentlichkeit, in der die Frauen über ihre partikularen Anliegen hinausgehen

und allgemein werden; vgl. Citizenship with a Feminist Face: The Problem with Maternal Thinking, in: *Political Theory* 13, 1, 1985, S. 19–37. Zu Rousseau über Frauen siehe auch Schwartz, Joel: *The Sexual Politics of Jean-Jacques Rousseau*, Chicago: University of Chicago Press 1984.
8 Siehe Takaki, Ronald: *Iron Cages. Race and Culture in 19th Century America*, New York: Knopf 1979. Don Herzog diskutiert die ausschlußfördernden Vorurteile einiger anderer früher Republikaner Amerikas, vgl. Some Questions for Republicans, in: *Political Theory* 14, 1985, S. 473–493.
9 Mosse, George: *Nationalismus und Sexualität*. Bürgerliche Moral und sexuelle Normen, München: Hanser 1985.
10 Barber, Benjamin; a. a. O., Kapitel 8 und 9.
11 Ich habe diesen Ansatz gründlicher ausgearbeitet in meinem Aufsatz: Impartiality and the Civic Public: Some Implications of Feminist Critiques of Moral and Political Theory, in: *Praxis International* 5, 4, 1986, S. 381–401.
12 Siehe Pateman, Feminism and Participatory Democracy, a. a. O.
13 Mansbridge, Jane: *Beyond Adversary Democracy*, New York: Basic Books 1980.
14 Gutman, Amy: *Liberal Equality*, Cambridge, Mass.: Cambridge University Press 1980, S. 191–202.
15 Ich habe eine umfangreichere Darstellung von Unterdrückung entwickelt, vgl. Five Faces of Oppression, in: *The Philosophical Forum* XIX, 4, 1988, S. 270–290.
16 Habermas, Jürgen: *Theorie des kommunikativen Handelns*. Band 1, *Handlungsrationalität und gesellschaftliche Rationalisierung*, Frankfurt am Main: Suhrkamp 1981. Eine Kritik daran, daß Habermas an einer allzu universalistischen Konzeption des kommunikativen Handelns festhält, findet sich bei Benhabib, Seyla: *Kritik, Norm und Utopie*. Die normativen Grundlagen der Kritischen Theorie, Frankfurt am Main: Fischer 1992; vgl. auch meinen Text: Impartiality and the Civic Public: Some Implications of Feminist Critiques of Moral and Political Theory, a. a. O.
17 Die Organisation für die ›*Mel King for Mayor*‹-Kampagne ließ die Aussicht einer solchen Gruppenvertretung praktisch werden, die dort allerdings nur partiell und zögerlich verwirklicht wurde; siehe dazu das Sonder-Doppelheft von *Radical America* 17, 6, 1984 und 18, 1, 1984. Sheila Collins erörtert, wie die Idee einer Regenbogen-Koalition die traditionellen politischen Annahmen von Amerika als einem »Schmelztiegel« in Frage stellt und wie ein Mangel an Koordination zwischen den Regenbogen-Fraktionen auf nationaler Ebene und den »grassroot«-Komitees die Jackson-Kampagne daran hinderte, das Versprechen der Gruppenvertretung einzulösen; siehe Collins, Sheila: *The Rainbow Challenge*. The Jackson Campaign and the Future of U.S. Politics, New York: Monthly Review Press 1986.
18 Siehe Ruchwarger, Gary: *People in Power*. Forging a Grassroots Democracy in Nicaragua, S. Hadley, Mass.: Bergin and Garvey 1985.
19 Minow, Martha: Learning to Live with the Dilemma of Difference: Bilingual and Special Education, in: *Law and Contemporary Problems* 48, 1985.
20 Ich gebrauche den Ausdruck »spezielle Rechte« sehr ähnlich wie Elizabeth Wolgast in ihrem Buch *Equality and the Rights of Women*, Ithaca, N. Y.: Cornell University Press 1980. Wie Wolgast möchte ich eine Klasse von Rechten unter-

scheiden, die alle Menschen haben sollten, nämlich allgemeine Rechte, und eine Klasse von Rechten, die Kategorien von Menschen kraft besonderer Lebensumstände bekommen sollten. Das heißt, die Unterscheidung sollte sich nur auf verschiedene Ebenen der Allgemeinheit beziehen, so daß »speziell« lediglich »spezifisch« bedeutet. Unglücklicherweise hat »spezielle Rechte« sehr leicht die Konnotation von *außergewöhnlich*, das heißt besonders gekennzeichnet und von der Norm abweichend. Wie ich weiter unten im Text erkläre, besteht das Ziel jedoch nicht darin, Defizite zu kompensieren, um den Menschen das »Normalsein« zu erleichtern, sondern in der Entnormalisierung, so daß in bestimmten Zusammenhängen und auf bestimmten Abstraktionsebenen jeder oder jede »spezielle« Rechte hat.

21 Krieger, Linda J.: Through a Glass Darkly: Paradigms of Equality and the Search for a Women's Jurisprudence, in: *Hypatia:* 2, 1, 1987, S. 45–62. Deborah Rhode gibt eine ausgezeichnete Zusammenschau der Dilemmata, die in dieser Schwangerschaftsdebatte in der feministischen Rechtstheorie eine Rolle spielen, siehe dies.: *Justice and Gender*, Cambridge, Mass.: Harvard University Press 1989, Kapitel 9.

22 Siehe Scales, Ann: Towards a Feminist Jurisprudence, in: *Indiana Law Journal* 56, 1983. Christine Littleton gibt eine sehr gute Analyse der feministischen Debatte über Gleichbehandlung contra Andersbehandlung im Hinblick auf Schwangerschaft und Geburt neben anderen Rechtsfragen für Frauen; Reconstructing Sexual Equality, in: *California Law Review* 75, 4, 1987, S. 1279–1337. Littleton meint, wie ich bereits oben erklärte, daß nur die herrschende männliche Konzeption von Arbeit verhindert, daß Schwangerschaft und Gebären als Arbeit aufgefaßt werden.

23 Littleton (a. a. O.) meint, Differenz solle nicht als eine Charakteristik eines besonderen Menschenschlags verstanden werden, sondern als die Interaktion besonderer Menschentypen mit spezifischen institutionellen Strukturen. Minow (a. a. O.) drückt etwas Ähnliches aus, wenn sie sagt, daß Differenz eher als eine Funktion des Verhältnisses zwischen Gruppen aufgefaßt denn in den Attributen einer besonderen Gruppe lokalisiert werden sollte.

24 Eine von vielen Diskussionen solcher »rückwärtsgewandter« und »vorwärtsblickender« Argumente ist Boxill, Bernard: *Blacks and Social Justice*, Totowa, N. J.: Rowman and Allenheld 1984, Kapitel 7.

25 Siehe Beatty, R. W./Beatty, J. R.: Some Problems with Contemporary Job Evaluation Systems, und Steinberg, Ronnie: A Want of Harmony: Perspectives on Wage Discrimination and Comparable Worth, beide in: Remick, Helen (Hg.): *Comparable Worth and Wage Discrimination*. Technical Possibilities and Political Realities, Philadelphia: Temple University Press 1981; Treiman, D. J./Hartmann, H. I. (Hg.): *Women, Work and Wages*, Washington D. C.: National Academy Press 1981, S. 81.

26 Alexander, David: *Gendered Job Traits and Women's Occupations*, wirtschaftswissenschaftliche Dissertation, University of Massachusetts 1987.

Susan Moller Okin
Von Kant zu Rawls: Vernunft und Gefühl
in Vorstellungen von Gerechtigkeit[1]

Die jüngere feministische Forschung hat das gesamte abendländische politische Denken in zweierlei neuen Hinsichten in Frage gestellt. Einige Arbeiten beschäftigen sich dabei zunächst entweder mit der Abwesenheit von Frauen oder mit ihrer vorausgesetzten Unterordnung in einer politischen Theorie und fragen dann weiter, wie die Theorie verändert werden müßte, damit Frauen auf der gleichen Basis wie Männer einbezogen wären. Andere richten sich unmittelbarer auf die Frage, wie die geschlechtergeprägte Struktur der Gesellschaft, in der die Theoretiker lebten, ihre wesentlichen Gedanken und Argumente geformt hat, und überlegen, wie sich eine feministische Perspektive auf diese Gedanken und Argumente auswirkt.[2]

Ich möchte hier zu dem zweiten Projekt einen Beitrag leisten. Ohne sie allerdings in irgendeiner Weise vollständig zu beantworten, stelle ich einige Fragen zu den Auswirkungen, die die Vorannahmen über eine geschlechterspezifische Struktur der Gesellschaft auf die Vorstellungen von sozialer Gerechtigkeit hatten. Dabei vertrete ich die Auffassung, daß einige der jüngst getroffenen Unterscheidungen zwischen einer Ethik der Gerechtigkeit und einer Ethik der Fürsorge zumindest überzogen, wenn nicht falsch sind. Sie dürften für unsere Bemühungen um eine moralische und politische Theorie, die wir in einer Welt annehmbar finden können, in der das Geschlecht in zunehmendem Maße ein unhaltbarer Modus sozialer Organisation wird, eher hinderlich als förderlich sein.[3]

Ich werde mich auf zwei bedeutende Philosophen konzentrieren – im besonderen auf Rawls und des weiteren auf Kant, insofern er einen wesentlichen Einfluß auf diesen ausübte – und untersuchen, wie ihre Vorannahmen über eine geschlechtsspezifische Arbeitsteilung, bei der die Frauen die Aufgabe der Kinderbetreuung übernehmen, eine grundlegende Auswirkung auf ihre Sicht der moralischen Subjekte und der Entwicklung moralischen Denkens haben. Dies zeigt sich in ihrer Neigung, die Vernunft vom Gefühl zu trennen und zu fordern, daß moralische Subjekte bei ihren Überlegungen aus der Kontextgebundenheit und Zufallsbedingtheit des tatsächlichen menschlichen Lebens heraustreten sollten.

John Rawls' *Eine Theorie der Gerechtigkeit* ist in mehrfacher Hinsicht *die* Inspirationsquelle zeitgenössischer Moral- und Politiktheorie.[4] Ich werde mich hier nicht vorrangig mit dem beschäftigen, was diese Theorie über Frauen und Geschlecht sagt – oder, wie es sich fügt, meistens nicht sagt. Ich werde mich auf die Auswirkungen von geschlechterbezogenen Vorannahmen auf wesentliche Aspekte der Theorie konzentrieren. Zunächst umreiße ich die unterschiedlichen Auffassungen von Kant und Rawls darüber, wie man lernt, eine moralische Person zu sein. Ich werde dann zeigen, wie trotz diesbezüglicher Differenzen der starke Einfluß von Kant Rawls dazu führt, seine Hauptidee überwiegend in der Sprache der rationalen Entscheidung zu formulieren. Das setzt seine Theorie unnötigerweise zweierlei Art von Kritik aus: daß sie unannehmbare egoistische Annahmen über die menschliche Natur enthalte und daß sie von geringem Belang für wirkliche Menschen sei, die Überlegungen zur Gerechtigkeit anstellen.[5] Während Rawls' Theorie manchmal als übermäßig rationalistisch, individualistisch und losgelöst von den wirklichen Menschen gesehen wird, behaupte ich, daß es in ihrem Kern (wenngleich oft von Rawls selber abgeschwächt) eine Stimme der Verantwortlichkeit, Fürsorge und Anteilnahme an anderen gibt. Die vorliegende Arbeit ist zum Teil ein Versuch, einen feministischen Ansatz zur sozialen Gerechtigkeit zu entwickeln, der von einer Reinterpretation von Rawls' zentralem Konzept, dem des Urzustandes, ausgeht.

In anderem Sinne ist diese Arbeit jedoch eine feministische *Kritik* an Rawls. Denn er betrachtet, anders als Kant, aber in Übereinstimmung mit einer langen Tradition politischer und moralphilosophischer Theoretiker, darunter Rousseau, Hegel und Tocqueville, die Familie als eine Schule von Moralität, als vorrangige Sozialisationsinstanz gerechter Bürger. Zugleich vernächlässigt er, wie auch andere in dieser Tradition, die Frage, wie weit die geschlechtsspezifisch organisierte Familie selber gerecht ist. Das Ergebnis ist eine grundsätzliche Spannung innerhalb der Theorie, die nur gelöst werden kann, wenn man die Frage der Gerechtigkeit innerhalb der Familie angeht.

1. Das kantische Erbe

Warum hat Rawls seine Theorie oder jedenfalls vieles davon in die Sprache der rationalen Entscheidung gekleidet? Warum legte er sie in dieser Form vor und nicht als eine Theorie, die Empathie selbst von seiten der künstlichen moralischen Handelnden im Urzustand verlangt, und die nicht allein Einfühlungsvermögen, sondern auch weitreichendes Wohlwollen von seiten der Menschen fordert, die bereit sind, den Prinzipien der Gerechtigkeit treu zu bleiben? Nur das kantische Erbe kann das erklären. Die Form, in der Rawls seine Theorie der Gerechtigkeit vorlegt, spiegelt sowohl Kants Betonung von Autonomie und Rationalität als definierende Merkmale moralischer Subjekte wie auch seine starre Trennung von Vernunft und Gefühl und seine Ablehnung irgendeiner Rolle des Gefühls bei der Formulierung moralischer Prinzipien. Rawls sagte über Kant:

»Einmal geht er von dem Gedanken aus, moralische Grundsätze seien Gegenstand von Vernunftentscheidungen. [...] Die Moralphilosophie wird zur Untersuchung des Begriffs und des Ergebnisses einer passend bestimmten vernünftigen Entscheidung.« (TdG, 284)[6]

Er betont häufig und ausdrücklich die Verbindungen zwischen seiner Theorie und derjenigen Kants. Die Idee des Schleiers des Nichtwissens ist für ihn in Kants Werken implizit vorhanden, und der Begriff des Urzustandes ist ein Versuch, Kants Konzeption der moralischen Grundsätze dahingehend zu interpretieren, daß diese unter »Bedingungen [...], die die Menschen als freie und gleiche vernünftige Wesen kennzeichnen« (TdG, 284) formuliert worden sind.

Die Verbindung zu Kant macht es meiner Ansicht nach äußerst schwierig für Rawls, bei der Formulierung seiner Prinzipien der Moral der Einfühlung oder dem Wohlwollen irgendeine Bedeutung zuzugestehen, und drängt ihn statt dessen in die Richtung der rationalen Entscheidung. Kant macht völlig klar, daß Gefühle keinen Raum bei der Begründung der Moral haben sollen. »Allein kein moralisches Gefühl gründet sich in der That, wie man wohl wähnt, auf irgend einem *Gefühl* [...] denn Gefühl, wodurch es auch immer erregt werden mag, ist jederzeit *physisch*.«[7] Er sagt es an dieser Stelle nicht, aber er meint deutlich »zur Natur [Physis] gehörig, im Gegensatz zu Freiheit«. Kant weist die Idee, daß Gefühle irgend etwas mit moralischer Motivation zu tun haben, so entschieden zurück, daß für ihn eine Handlung, die zwar mit der Pflicht übereinstimmt, aber aus Liebe oder Neigung entspringt, »keinen wahren sittlichen Werth« hat. Nur wenn solche Handlungen aus Pflicht geschehen – weil das moralische Gesetz sie verlangt –, haben sie moralischen Gehalt.[8]

Kant kann nur deshalb zu dem Schluß kommen, daß Gefühl und Liebe keinen Anteil an der Begründung der Sittlichkeit hätten, weil er eine sehr bedeutende Form menschlicher Liebe vernachlässigt. In der *Tugendlehre* unterscheidet er zwei Formen der Liebe. Die eine nennt er »praktische Liebe« oder Wohlwollen; diese, so sagt er, *resultiert* manchmal aus dem Vollzug der Pflicht, anderen zu helfen. Kant erörtert die Bedeutung des Wortes »du sollst deinen Nächsten *lieben* als dich selbst«, indem er erklärt, »so heißt das nicht: du sollst unmittelbar (zuerst) lieben und vermittelst dieser Liebe (nachher) wohltun, sondern *thue* deinem Nebenmenschen *wohl*, und dieses Wohltun wird Menschenliebe (als Fertigkeit der Neigung zum Wohltun überhaupt) in dir bewirken!«.[9] Solcherlei moralische Empfindungen, weit davon entfernt, zu Grundsätzen der Sittlichkeit zu führen, können nur aus Grundsätzen folgen, die unabhängig von ihnen aufgestellt worden sind. Kant betrachtete sie jedoch nicht als moralisch bedeutungslos, da das moralische Gefühl, das aus dem Gedanken des Gesetzes folgt, einen gewichtigen Anteil daran haben kann, uns unsere Verpflichtung bewußtzumachen.[10] Die andere Art von Gefühl, die Kant anerkennt, wird »pathologisches Gefühl« oder Anziehung genannt. »Pathologisch« in dem Sinne, wie es hier benutzt wird, bedeutet nicht, daß etwas an diesem Gefühl *verkehrt* wäre, wie es das im modernen Gebrauch bedeuten würde, sondern einfach, daß es »emotional« ist. Im Gegensatz zum moralischen Gefühl, das »nur auf diese [Vorstellung des Gesetzes] folgen kann«, ist das pathologische Gefühl dasjenige, »welches vor der Vorstellung des Gesetzes vorhergeht«.[11] Da es jedoch zufallsbedingt und der Veränderung unterworfen ist und dem Reich der Natur angehört, nicht aber dem der Autonomie oder Vernunft, kann diese Art von Gefühl keinen Anteil an der Aufstellung des sittlichen Gesetzes haben.

Kants kurze Darstellung der sittlichen Erziehung gegen Ende der *Tugendlehre* spiegelt diese Auffassung von der Beziehung (oder vielmehr, deren vergleichsweises Fehlen) zwischen Gefühl und moralischem Denken. Der moralische Katechismus, den Kant in der Form eines Dialogs zwischen Lehrer und Schüler vorlegt, kann nach seinen Worten »aus der gemeinen Menschenvernunft (seinem Inhalte nach) entwickelt werden«. Der Lehrer befragt den Schüler, und »die Antwort, die er aus der Vernunft des Lehrlings methodisch auslockt, muß in bestimmten, nicht leicht zu verändernden Ausdrücken abgefaßt, mithin seinem *Gedächtnis* anvertraut werden«. Diese festgehaltenen Gedanken werden dann durch das »gute Beispiel« von seiten des Lehrers ergänzt wie auch dadurch, daß er das »*warnende* Beispiel« anderer anführt.[12] Nachdem er die Grundsätze auf der Basis der Vernunft formuliert hat, wird der Schüler durch Nachahmung zur tugendhaften Neigung und Handlungsweise herangebildet.

Diese nüchterne Darstellung der sittlichen Erziehung steht in enger Beziehung zu Kants unvollständiger Sicht der Mannigfaltigkeit menschlicher Liebe, die wiederum durch die Tatsache möglich ist, daß Frauen nur eine Nebenrolle in seiner Philosophie spielen. Seine Reduktion der Liebe auf zwei Arten, das sittliche Gefühl des Wohlwollens, das aus der Anerkennung der Pflicht folgt, und die gefühlsbestimmte Liebe, die er »bloße Neigung« nennt, läßt mindestens eine sehr bedeutende Art von Liebe beiseite. Es ist die Liebe, die, jedenfalls unter günstigen Umständen, von der Eltern-Kind-Beziehung verkörpert wird. Sie setzt sich gewöhnlich aus Elementen von Gefühlsliebe und Wohlwollen zusammen, umfaßt jedoch weit mehr. Das Wohlwollen in ihr entspringt nicht aus der Anerkennung einer Pflicht, und die Zuneigung in ihr ist gewöhnlich weit mehr als »bloße Neigung« mit der Unbeständigkeit, die von diesem Ausdruck nahegelegt wird. Es ist eine Liebe, die sich mit der Zeit entwickelt und ihre Ursprünge in einer so engen Bindung hat, daß sie für den Säugling in vollständiger psychologischer Identifikation besteht. Sie wird durch Zuneigung, andauernden vertrauten Umgang und gegenseitige Abhängigkeit genährt. Andererseits ist es eine Art von Liebe, die verhängnisvolle Auswirkungen hat, wenn von seiten der Elternperson nicht die Bereitschaft besteht, die Unterschiede zwischen ihr oder ihm und dem Kind zu erkennen und richtig einzuschätzen. Diese Liebe ist grundlegend für das menschliche Leben und menschliche Beziehungen, weil sie die erste Art von Liebe ist, die wir (unter glücklichen Umständen) erfahren, unabhängig von unserem Geschlecht, und sie hat natürlich durch die Geschichte hindurch einen weit größeren Teil der weiblichen als der männlichen Erfahrung ausgemacht.

Kant scheint weder imstande gewesen zu sein, die moralische Bedeutung dieser Liebe noch ihre moralische Kraft wahrzunehmen. Das ist wahrscheinlich der Tatsache zuzuschreiben, daß er die Arbeitsteilung der Geschlechter, wie sie in seiner Umgebung herrschte, fraglos akzeptierte und daher eine moralische Welt unter Ausschluß von Frauen entwarf. Dies mag als eine allzu weit gehende Behauptung erscheinen. Ich möchte jedoch darauf aufmerksam machen, daß Kant, während er in den meisten seiner Hauptwerke zur Moralphilosophie die moralischen Subjekte, von denen er spricht, nicht nur als menschliche Wesen definiert, sondern als »alle vernünftigen Wesen als solche«, er von den frühesten bis zu den spätesten seiner weniger bekannten Werke klarmacht, daß Frauen nicht vernünftig und autonom genug sind, um moralische Subjekte zu sein. In einem frühen Aufsatz mit dem Titel »Beobachtungen über das Gefühl des Schönen und des Erhabenen« sagt er von den Frauen, »ihre Weltweisheit ist nicht Vernünfteln, sondern Empfinden«.[13] Ihre Tugend, im Unterschied zu der der Männer, muß vom Wunsch zu gefallen verursacht sein; für sie, so behauptet er, darf es »nichts von Sollen, nichts von Müssen, nichts von Schuldigkeit« geben.[14] In einem seiner allerletzten Werke, der *Anthropologie in pragmatischer Hinsicht*, wo er ganz untypischerweise erklärt, daß Mann und Frau beide vernünftige Wesen sind, nimmt er jedoch jeden Gedanken an eine moralische Autonomie im Falle der verheirateten Frau zurück, indem er darlegt, daß sie notwendig von ihrem Ehemann abhängig und vor dem Gesetz unmündig ist. »Aber sich selbst unmündig zu *machen*, so herabwürdigend es auch sein mag, ist doch sehr bequem«, erklärt er.[15] Es ist angesichts solcher Bemerkungen nicht schwierig zu sagen, wo die Frauen auf Kants moralischer Stufenleiter stehen (vielleicht ist es passender zu sagen »wo die Frauen *sitzen*«).

Die moralische Arbeitsteilung der Geschlechter ist in Kants Schriften also völlig klar. Die Tugenden, die er Frauen als für ihre Rolle in der geschlechterspezifischen Gesellschaftsstruktur und besonders innerhalb der Familie geeignet zuweist, sind solche, die weit unter den Tugenden rangieren, die Männern zugeschrieben werden. So sagt Lawrence Blum in einer Studie, die sich mit Kant und Hegel auseinandersetzt, über den moralischen Rationalisten:

»Es sind die männlichen Eigenschaften, deren höchsten Ausdruck er selbstverständlich als Modell wählt. Ebenso selbstverständlich ist es für ihn, die weiblichen Eigenschaften, wie sie sich in seiner Gesellschaft vorfinden – Anteilnahme, Mitempfinden, Empfänglichkeit des Gefühls – nicht zu beachten oder abzuwerten. Er gesteht diesen Eigenschaften in seiner Moralphilosophie keinen angemessenen Ausdruck zu. Der rationalistische Moralphilosoph spiegelt damit zugleich die geschlechtsspezifische Wertehierarchie seiner Gesellschaft und verleiht ihr indirekt ein philosophisches Fundament und eine Rechtfertigung.«[16]

Kant vernachlässigt also damit die moralische Bedeutung einer äußerst wichtigen Form menschlicher Liebe und der moralischen Qualitäten, die aus ihr erwachsen können, weil er Frauen abwertet und sie aus dem Bereich moralischer Subjekte ausschließt. Während sie Blums obiger These zustimmt, vertritt Jean Grimshaw in ihrem vorzüglichen Buch *Philosophy and Feminist Thinking* die Ansicht, daß Kant, obwohl er Frauen implizit von seinen moralischen Idealen ausschließt, »seine Auffassung von ›moralischem Wert‹ hätte aufrechterhalten und dabei diejenige über die Frauen ändern können, ohne in Widersprüche zu geraten«.[17] Ich meine nicht, daß er das könnte, denn obwohl Frauen in seiner sittlichen Welt so nebensächlich sind, daß sie faktisch darin nicht vorkommen, erweist sich die Rolle, die sie hinter den Kulissen zu spielen haben, als notwendig für deren Fortbestand. Die Frauen, wie Kant sie sah, erfüllt von Gefühlen und vom Wunsch zu gefallen, schaffen sowohl den für die menschliche Entwicklung notwendigen Nährboden wie auch einen Daseinsbereich, ohne den die moralische Ordnung, die er für die Welt außerhalb der Familie vorschreibt, in ihren Forderungen unerträglich erscheint.[18] Kants Ausschließung von Frauen ist nicht nur für Frauen von Bedeutung; sie hat eine entstellende Wirkung auf seine Moralphilosophie als Ganzes.

In dem Grade, wie sie sich in ihren Grundannahmen über die Frage, was es bedeutet, ein moralisches Subjekt zu sein, von Kant herleitet, leidet Rawls' Theorie der Gerechtigkeit unter der gleichen Verzerrung. Wie ich zeigen werde, ist Rawls nicht bereit, bei der Ausarbeitung seiner Grundsätze der Gerechtigkeit und in seiner sehr langen Beschreibung des Überlegungsprozesses, der zu ihnen führt, ausdrücklich auf die menschlichen Tugenden des Mitempfindens und des Wohlwollens zu rekurrieren. Sein Urzustand besteht jedoch in einer Kombination von Annahmen – gegenseitigem Desinteresse und dem Schleier des Nichtwissens –, die, wie er sagt, »den gleichen Zweck wie die Voraussetzung des Altruismus (erfüllen)« (TdG, 173). Bevor wir dies weiter erörtern, wollen wir jedoch einen Blick auf Rawls' Auffassung davon werfen, wie die Menschen einen Sinn für Gerechtigkeit entwickeln. Denn trotz seiner kantischen Annahmen von Rationalität und Autonomie und der damit zusammenhängenden Sprache der vernünftigen Wahl, die für einen Großteil seiner Theorie typisch ist, unterscheidet sich Rawls' Auffassung der moralischen Entwicklung stark von der Kants und weist deutlich darauf hin, daß Rationalität keine ausreichende Basis für die Begründung und Aufrechterhaltung seiner Theorie der Gerechtigkeit ist.

2. Rawls und der Sinn für Gerechtigkeit: Die Bedeutung des Geschlechts

Im größten Teil von *Eine Theorie der Gerechtigkeit* gibt es kaum einen Hinweis darauf, daß die moderne liberale Gesellschaft, auf die die Grundsätze der Gerechtigkeit angewendet werden sollen, tiefgreifend und durchgängig geschlechterstrukturiert ist. Wie ich zeigen werde, hat diese Vernachlässigung der Geschlechterstruktur schwerwiegende Folgen für die praktische Durchführbarkeit von Rawls' Gerechtigkeitsgrundsätzen. Insbesondere ist wenig von der Familie die Rede, der tragenden Stütze der Geschlechterordnung. Obgleich Rawls aus guten Gründen zu Beginn die »monogame Familie« in seiner Auflistung von wesentlichen Institutionen nennt, die die »Grundstruktur« bilden, auf die die Prinzipien der Gerechtigkeit Anwendung finden sollen, wendet er niemals die beiden Gerechtigkeitsgrundsätze auf sie an. In der Tat hindert ihn daran seine Annahme, daß die Menschen im Urzustand »Familienoberhäupter« (TdG, 151) sind. Ein zentraler Lehrsatz der Theorie besagt schließlich, daß Gerechtigkeit Institutionen charakterisiert, deren Mitglieder hypothetisch ihren Strukturen und Regeln von einer Position aus hätten zustimmen können, in der sie nicht wußten, welchen Platz innerhalb der Struktur sie einnehmen würden. Aber da die Menschen im Urzustand alle Familienoberhäupter sind, befinden sie sich nicht in einer Lage, in der sie *innerhalb* von Familien auftretende Gerechtigkeitsprobleme zu lösen haben. Lassen wir tatsächlich die Annahme von Familienoberhäuptern fallen, nehmen wir die Vorstellung ernst, daß die Menschen im Urzustand weder ihr Geschlecht noch andere individuelle Merkmale kennen, und wenden wir die Gerechtigkeitsgrundsätze auf die Geschlechterstruktur und die Familieneinrichtungen unserer Gesellschaft an, sind unverkennbar beträchtliche Änderungen erforderlich.[19]

Statt dessen taucht die Familie in Rawls' Theorie, außer in einer kurzen Erwähnung als Verbindungsglied zwischen den Generationen, das für seinen »Spargrundsatz« notwendig ist, sowie als Hindernis für Chancengleichheit, lediglich in einem Zusammenhang (wenngleich einem von beträchtlicher Bedeutung) auf: als die erste Schule für die moralische Entwicklung. Rawls erklärt in einem meist vernachlässigten Abschnitt von Teil 3 von *Eine Theorie der Gerechtigkeit*, daß eine gerechte, wohlgeordnete Gesellschaft nur dann stabil sein wird, wenn ihre Mitglieder einen Gerechtigkeitssinn entwickeln – »den starken und gewöhnlich auch wirksamen Wunsch..., gemäß den Grundsätzen der Gerechtigkeit zu handeln«. (TdG, 494) Er wendet seine Aufmerksamkeit besonders der moralischen Entwicklung in der Kindheit zu, mit dem Ziel, die Hauptschritte zu benennen, in denen der Sinn für Gerechtigkeit erworben wird.

In diesem Zusammenhang *unterstellt* Rawls, daß die Familie gerecht ist, obwohl er keine Gründe dafür angibt, warum wir diese Annahme akzeptieren sollten (TdG, 532). Zudem aber hat diese als gerecht unterstellte Familie eine grundlegende Bedeutung für die moralische Entwicklung. Die Liebe der Eltern zu ihren Kindern, die ihrerseits vom Kind erwidert wird, spielt in seiner Vorstellung davon, wie sich das Gefühl des Selbstwertes entwickelt, eine wichtige Rolle. Indem die Eltern das Kind lieben und »seiner Bewunderung würdig [sind], [...] wecken sie in ihm ein Selbstwertgefühl und den Wunsch, so wie die Eltern zu werden«. (TdG, 506) Eine gesunde moralische Entwicklung in den ersten Lebensjahren ist, so behauptet Rawls, abhängig von Liebe, Vertrauen, Zuneigung, Beispiel und Anleitung. (TdG, 507)

In der späteren moralischen Entwicklung, in dem Stadium, das er jenes der »gruppenorientierten Moralität« nennt, sieht Rawls die von ihm in geschlechtergebundenen Kategorien beschriebene Familie als eine »Kleingruppe [...], gewöhnlich mit einer wohlbestimmten Hierarchie, in der jedes Mitglied bestimmte Rechte und Pflichten hat«. (TdG, 508) Sie ist die erste von vielen Gruppen, innerhalb derer auf unserem Weg durch eine Reihe von Rollen und Positionen unser Moralverständnis wächst. Der entscheidende Aspekt des Sinnes für Fairneß, der in diesem Stadium erlernt wird, ist die Fähigkeit, verschiedene

Standpunkte anderer einzunehmen und die Dinge von ihrem Blickwinkel aus zu sehen. Aus dem, was sie sagen und tun, lernen wir, auf die Zwecke, Absichten und Beweggründe anderer Menschen zu schließen. Ohne diese Erfahrung, so meint Rawls, »kann man sich auch nicht in einen anderen hineinversetzen und herausfinden, was man an seiner Stelle tun würde«, wozu man imstande sein muß, um »sein Verhalten darauf abstimmen« (TdG, 510) zu können. In verschiedenen Rollen an den mannigfaltigen Gruppen der Gesellschaft teilzunehmen, führt zur Entwicklung der »Fähigkeit eines Menschen zum Gemeinschaftsgefühl« und zu »Gefühle[n] der Freundschaft und des Vertrauens«. (TdG, 511) Wie sich auf der ersten Stufe bestimmte natürliche Einstellungen gegenüber den Eltern entwickeln, »so [entstehen] hier Freundschaft und Vertrauen gegenüber den Gruppenmitgliedern. In beiden Fällen liegen den moralischen Empfindungen bestimmte natürliche Haltungen zugrunde; das Fehlen jener Empfindungen würde auf das Fehlen dieser Haltungen hinweisen.« (TdG, 512)

Diese Vorstellung der moralischen Entwicklung unterscheidet sich in bemerkenswerter Weise von der Kants, für den jegliche Gefühle, die nicht aus unabhängig von ihnen aufgestellten moralischen Grundsätzen folgen, moralisch gesehen fragwürdig waren. Anders als Kant mit seiner trockenen, intellektualistischen Vorstellung vom Lernen in moralischer Hinsicht anerkennt Rawls die Bedeutung von Gefühlen für die Entwicklung der Fähigkeit, moralisch zu denken. In seiner Darstellung der dritten und höchsten seiner Stufen der moralischen Entwicklung, auf der die Menschen sich den Grundsätzen der Gerechtigkeit selbst verbunden wissen sollen, »hängt der Gerechtigkeitssinn mit der Menschenliebe zusammen«. (TdG, 517) Zugleich räumt er ein, daß wir besonders starke Gefühle gegenüber denen hegen, mit denen wir eng verbunden sind, und daß dies sich in unseren moralischen Urteilen widerspiegelt: »Wenn auch die moralischen Gesinnungen in diesem Sinne unabhängig von zufälligen Umständen sind, haben doch die natürlichen Bindungen an bestimmte Menschen und Gruppen weiter ihr Recht.« (TdG, 516) Sein Abweichen von Kants Sicht wird deutlich in seinen Hinweisen, daß Mitempfinden oder die Fähigkeit, sich in die Lage anderer zu versetzen, eine wesentliche Rolle bei der moralischen Entwicklung spielt. Es überrascht nicht, daß er sich bei der Entfaltung seiner Gedanken über die moralischen Gefühle oder Empfindungen (TdG, 521 ff.) von Kant abwendet und sich Moralphilosophen wie

Adam Smith, Elizabeth Anscombe, Philippa Foot und Bernard Williams zuwendet.

In Rawls' Zusammenfassung seiner drei psychologischen Gesetze der moralischen Entwicklung (TdG, 532 f.) ist die grundlegende Bedeutung liebevoller elterlicher Zuwendung für die Entwicklung eines Sinnes für Gerechtigkeit offenkundig. Die drei Gesetze, so sagt er,

»sind keine bloßen Assoziations- oder Verstärkungsgesetze [...] doch sie sagen aus, daß die aktiven Empfindungen der Liebe und Freundschaft, ja selbst der Gerechtigkeitssinn daraus entstehen, daß andere Menschen mit offenkundiger Absicht unser Wohl fördern. Da wir erkennen, daß sie uns wohlwollen, lassen wir uns auch ihr Wohl angelegen sein.« (TdG, 537)

Jedes der Gesetze der moralischen Entwicklung, so wie Rawls sie darstellt, hängt von dem vorangehenden ab, und die erste Voraussetzung des ersten Gesetzes ist: »angenommen, daß die Institutionen der Familie gerecht sind...«. Anders als Kant mit seinem namenlosen, aber zweifellos männlichen Erzieher, gibt Rawls freimütig zu, daß die gesamte moralische Entwicklung auf den Liebesdiensten derjenigen beruht, die die Kinder von den frühesten Stadien an aufziehen, sowie auch auf dem sittlichen Charakter der Umgebung, in der das geschieht. An der Basis der Entwicklung des Gerechtigkeitssinns befinden sich damit eine Tätigkeit und eine Sphäre des Lebens, die – obwohl keineswegs notwendigerweise – durch die Geschichte hindurch vorwiegend diejenigen der Frauen gewesen sind.

Rawls erläutert nicht die Grundlage seiner Voraussetzung, daß die Institutionen der Familie gerecht seien. Aber falls die geschlechtergeprägten Familieninstitutionen *nicht* gerecht sind, sondern vielmehr ein Überbleibsel von Kasten- oder Feudalgesellschaften, in denen Rollen, Verantwortung und Mittel nicht im Einklang mit den beiden Grundsätzen der Gerechtigkeit verteilt werden, sondern nach angeborenen Unterschieden, denen enorme soziale Bedeutung zukommt, dann scheint Rawls' gesamte Struktur der Moralentwicklung auf unsicherem Boden errichtet zu sein. Wenn die Familien, in denen Kinder zuallererst Erfahrungen machen und die ersten Beispiele menschlicher Interaktion sehen, nicht auf Gleichheit und Gegenseitigkeit beruhen, sondern auf Abhängigkeit und Beherrschung, wie es nur allzu oft tatsächlich der Fall ist, wie soll dann alle Liebe, die sie von ihren Eltern bekommen, die Ungerechtigkeit wettmachen, die sie in der Beziehung zwischen eben diesen Eltern vor Augen haben? Wenn nicht Erwachsene beiderlei Geschlechts in gleicher Weise die Elternrolle bei ihnen übernehmen, wie sollen dann Kinder beiderlei Geschlechts eine genügend gleichartige und vollständige Moralpsychologie entwickeln, daß sie imstande sind, sich an der Art von Überlegungen zur Gerechtigkeit zu beteiligen, die im Urzustand angestellt werden? Und wenn schließlich die Familie nicht durch eine Reihe von Verbindungen mit den größeren Gemeinschaften verknüpft ist, in denen die Menschen Mitempfinden füreinander entwickeln sollen, wie sollen sie dann mit der Fähigkeit zu weitergehender Anteilnahme aufwachsen, wie sie unverkennbar für die Verwirklichung von Gerechtigkeit erforderlich ist?

Auf der einen Seite steht Rawls' Vernachlässigung der Gerechtigkeit innerhalb der Familie deutlich im Widerspruch mit seiner eigenen Theorie der moralischen Entwicklung, die *erfordert*, daß die Familie gerecht ist. Auf der anderen Seite befindet sich seine Überzeugung, daß die Entwicklung eines Gerechtigkeitssinnes von Bindungen und Gefühlen gegenüber anderen Menschen abhängt, die in der Familie ihren Ursprung haben, in einem Spannungsverhältnis mit der Sprache der »vernünftigen Entscheidung«, die er häufig bei der Entfaltung seiner Theorie der Gerechtigkeit verwendet. Ich werde nun einen Blick auf die vorherrschende Interpretation von Rawls werfen und dann einen Gegenvorschlag zur Konzeption des Urzustands machen, der nicht nur mit vielen seiner Aussagen dazu übereinstimmt, sondern auch viel besser mit seiner eigenen Auffassung moralischer Entwicklung vereinbar ist. Diese andere Darstellung der Vorgänge im Urzustand führt mich zu der Behauptung, daß man nicht genötigt ist, zwischen einer Ethik der Gerechtigkeit und einer Ethik der Anteilnahme oder Fürsorge zu wählen, und ebensowenig zwischen einer Ethik, die Universalität betont, und einer anderen, die Differenz berücksichtigt.

3. Der Urzustand

Der Urzustand bildet das Herzstück von Rawls' Gerechtigkeitstheorie. Er ist ebenso sein wichtigster Beitrag zur Moral- und Politiktheorie wie auch die Zielscheibe der meisten Einwände und des Streits, den diese Theorie heute immer noch entfacht. Das Verständnis und die Interpretation des Urzustandes sind höchst bedeutsam sowohl für die innere

Stimmigkeit als auch für die Überzeugungskraft der Theorie. Ich werde zunächst kurz die Konstellation von Bedingungen darstellen, die Rawls den Urzustand nennt. Dann werde ich die Darstellungsweise von Rawls untersuchen; es ist, wie ich meine, zumindest streckenweise eine Darstellung, der einiges von den Einwänden zuzuschreiben ist, die dagegen vorgebracht worden sind. Dann werde ich meine alternative Lesart erklären, von der ich glaube, daß sie Rawls' wesentlichen Absichten entspricht. Sie behauptet, daß Rawls von einem moralischen Rationalismus weit entfernt ist und daß sich Gefühle wie Anteilnahme und Wohlwollen genau an der Basis seiner Grundsätze der Gerechtigkeit befinden. Diese andere Lesart macht, wie ich meine, den Urzustand und in der Tat die gesamte Theorie weniger kritikanfällig.

Insgesamt sind Rawls' Bestimmungen des Urzustandes die folgenden: Die Parteien sind rational und gegenseitig desinteressiert, und während es keine Beschränkungen für die *allgemeinen* Informationen gibt, die ihnen zugänglich sind, beraten sie hinter einem »Schleier des Nichtwissens«, der jegliches Wissen über ihre persönlichen Merkmale vor ihnen verbirgt, so

»daß niemand seine Stellung in der Gesellschaft kennt, seine Klasse oder seinen Status, ebensowenig sein Los bei der Verteilung natürlicher Gaben wie Intelligenz oder Körperkraft. Ich nehme sogar an, daß die Beteiligten ihre Vorstellung vom Guten und ihre besonderen psychologischen Neigungen nicht erkennen.« (TdG, 29)

Die kritische Kraft des Konzeptes des Urzustandes kann daran ermessen werden, daß einige interessante Kritik an Rawls' Theorie daher rührt, daß andere den Urzustand radikaler oder weitgehender interpretiert haben als sein Urheber. Beitz hat zum Beispiel die Meinung vertreten, es gebe keine Rechtfertigung dafür, seine Anwendung nicht auf die Population des gesamten Planeten auszuweiten, was zu einer Infragestellung so gut wie aller gegenwärtigen Annahmen in der vorherrschenden »Staaten«-Konzeption internationaler Beziehungen führen würde.[20] Manche von uns haben aus der Perspektive der feministischen Kritik erklärt, daß wir – vorausgesetzt, wir geben die Annahme der »Familienoberhäupter« auf und nehmen die Tatsache ernst, daß die Menschen hinter dem Schleier des Nichtwissens ihr Geschlecht nicht kennen – jene Geschlechterstruktur grundsätzlich in Frage stellen müssen, die Rawls so gut wie unerwähnt läßt.[21]

In *Eine Theorie der Gerechtigkeit* sieht Rawls voraus, daß Probleme auftauchen werden, wenn sich die Leser auf einzelne, jeweils aus dem Zusammenhang gelöste Annahmen über die Beteiligten im Urzustand konzentrieren, statt den Entwurf im ganzen zu nehmen. Er warnt im voraus vor der Gefahr, die Theorie so zu interpretieren, als sei sie auf dem Eigennutzen begründet, indem man nämlich die Voraussetzung wechselseitigen Desinteresses als von den anderen Bestimmungen isoliert auffaßt: »Der Eindruck, diese Gerechtigkeitsvorstellung sei egoistisch, ist eine Täuschung, die dadurch zustandekommt, daß man nur eine der Eigenschaften des Urzustandes betrachtet.« (TdG, 173)[22] Er wendet sich auch im voraus an diejenigen, die nach Kenntnisnahme der Beschlüsse im Urzustand wahrscheinlich fragen werden, welche Bedeutung dieser für wirkliche Menschen haben könne, die wissen, wer sie sind und welche soziale Stellung sie innehaben. Er antwortet folgendermaßen:

»Die Bedingungen, die diesen Zustand bestimmen, werden tatsächlich akzeptiert. Und wenn nicht, dann können philosophische Überlegungen, wie ich sie gelegentlich angeführt habe, davon überzeugen. Jede Seite des Urzustands läßt sich erklären und begründen. Es wird also in einem Begriff die Gesamtheit der Bedingungen zusammengefaßt, die man bei angemessener Überlegung für unser Verhalten gegeneinander als vernünftig anzuerkennen bereit ist. [...] Hat man diese Vorstellung einmal erfaßt, so kann man die soziale Welt jederzeit unter dem notwendigen Blickwinkel betrachten.« (TdG, 637)[23]

Andererseits macht Rawls in einer neueren Antwort auf Kritiker eine Aussage, die nicht leicht mit seiner Konzeption des Urzustandes als eines ausdrücklich moralischen Standpunktes, den wir im tatsächlichen Leben einnehmen können, wenn wir nur angemessen überlegen, vereinbar zu sein scheint. Er wiederholt zunächst die Gedanken des oben zitierten Abschnittes und erklärt, wir könnten uns jederzeit in den Urzustand hineinbegeben, indem wir einfach so über Gerechtigkeitsgrundsätze nachdächten, als ob wir seinen Beschränkungen bezüglich des Wissens, der Antriebe usw. unterlägen. Aber er fügt dann folgendes hinzu: »Wenn wir uns vorstellen, in dieser Position zu sein, legen uns unsere Argumente nicht *mehr* auf eine metaphysische Lehre des Selbst fest, als das Spielen von Monopoly uns verpflichtet zu denken, wir seien Grundbesitzer in einem erbarmungslosen Wettbewerb des ›winner take all‹.«[24] Diese Gegenüberstellung des Urzustandes als eines moralischen Standpunktes, einer Argumentationsform über Grundsätze der Gerechtigkeit, mit dem Urzustand als Analogon eines Spieles ohne moralische Bedeutung, bezeichnet eine Spannung im Entwurf des Urzustandes, die sich durch Rawls' Arbeiten hindurchzieht. Um zu sehen, was zu den oben erwähnten Kritikpunkten führt, und um abzuwägen, wie genau auf sie geantwortet werden kann, ist es wichtig, jede der beiden Seiten dieses Spannungsverhältnisses für sich zu betrachten.

Zunächst werde ich untersuchen, wie Kernaspekte des kantischen Erbes – besonders die Darstellung moralischer Subjekte als solcher, die vor allem rational, autonom und frei von zufälligen Bedingungen sind – Rawls dahingehend beeinflussen, daß er seine Arbeit als einen Teilbereich der Theorie der vernünftigen Entscheidung sieht. In dieser Interpretation ist die Monopoly-Analogie völlig zutreffend. Dann werde ich eine andere Lesart der Theorie und besonders des Urzustandes umreißen, die besser erklärt, was ihn zu einem angemessenen »moralischen Standpunkt« macht, von dem wir uns überzeugen lassen können. Besondere Aufmerksamkeit werde ich der Frage widmen: Wie müssen wir beschaffen sein, damit wir bereit sind, diesen Standpunkt einzunehmen und unsere Grundsätze der Gerechtigkeit im Einklang mit seinen Forderungen zu formulieren? In genau diesem entscheidenden Punkt halte ich einige Teile von Rawls' Theorie – weil er mit kantischen Ideen über die Begründung der Grundsätze von Recht und Gerechtigkeit konform geht – für irreführend.

4. Die entscheidungstheoretische Lesart der Theorie und ihre Implikationen

Rawls erklärt gleich zu Anfang seines Entwurfes einer Theorie der Gerechtigkeit und wiederholt es im Fortgang mehrere Male: »Die Theorie der Gerechtigkeit ist – vielleicht der wichtigste – Teil der Theorie der rationalen Entscheidung.« (TdG, 33) Kürzlich hat er gesagt, dies sei »ein (sehr irreführender) Fehler« gewesen, und er »habe nie daran gedacht, zu versuchen, den Gehalt der Gerechtigkeit innerhalb eines Rahmens herzuleiten, der sich auf den Gedanken des Rationalen als einziger normativer Idee beschränkt«.[25] Wenn wir auf die Konsequenzen einer Lesart der Theorie im Sinne der rationalen Entscheidung blicken, werden wir sehen, warum Rawls sie revidiert hat. Die Theorie von ihrer Verknüpfung mit der Theorie der rationalen Entscheidung und ihren Implikationen zu befreien, heißt, sie stärker und weit weniger angreifbar für manche von ihren Kritikern zu machen.[26]

Sehen wir zunächst, in welcher Weise Rawls seine Theorie als Teil der Theorie der rationalen Entscheidung begreift. Zunächst verbindet er die Rationalität und das wechselseitige Desinteresse der Beteiligten mit der Theorie der rationalen Entscheidung. (TdG, 31 f.) Von den Akteuren wird in solch einer Theorie angenommen, daß sie Egoisten seien, und während Rawls festlegt, daß seine Beteiligten nicht als Egoisten im umgangssprachlichen Sinne des Interessiertseins nur an Dingen wie Reichtum, Ansehen und Macht zu verstehen sind, *sollen* sie als solche vorgestellt werden, die »kein Interesse an den Interessen anderer nehmen«. (TdG, 30) Die Rationalität der Beteiligten wird des weiteren, wie in der ökonomischen Entscheidungstheorie üblich, als instrumentelle Rationalität bestimmt; anders gesagt: »daß zu gegebenen Zielen die wirksamsten Mittel eingesetzt werden«. (TdG, 31) Rawls erklärt mehrfach, daß diese Annahmen über die Beteiligten im Urzustand gemacht werden, damit die Theorie nicht von starken Annahmen abhängt. Er sagt zum Beispiel, daß

»der Urzustand durch weithin anerkannte, aber schwache Bedingungen gekennzeichnet sein soll. Eine Gerechtigkeitsvorstellung sollte also keine verbreiteten natürlichen Gefühle zwischen den Menschen voraussetzen. Für die Grundlagen der Theorie möchte man so wenig wie möglich voraussetzen.« (TdG, 152; s. auch S. 35 und S. 632)

An diesem Punkt muß man jedoch Rawls' eigene Warnung beherzigen, sich nicht auf die einzelnen Annahmen über die Beteiligten im Urzustand zu fixieren, sondern die Gesamtkonzeption ins Auge zu fassen. Rawls postuliert, jede der Annahmen »sollte, für sich genommen, natürlich und einleuchtend sein; manche erscheinen vielleicht als harmlos, ja trivial«. (TdG, 35) Die Frage ist jedoch: wie schwach erscheinen die Bedingungen, wenn sie *zusammen* gesehen werden? Und wenn sie zusammen gesehen werden, ist es dann möglich, die Theorie noch als ein Beispiel für die Theorie der rationalen Entscheidung aufzufassen?

In der Entscheidungstheorie verlangt die Entscheidung unter Sicherheit, daß die Individuen sowohl über eine große Menge von zweckdienlichem Wissen über ihr Umfeld als auch über ein geordnetes und stabiles System von Präferenzen verfügen.[27] Von den einzelnen wird angenommen, daß sie auf deren Grundlage, vor allem auf der Basis der

Kenntnis ihrer »unabhängigen Nutzenfunktion« imstande sind, aus den Wahlmöglichkeiten diejenige herauszugreifen, die ihm oder ihr erlaubt, die höchste Marke auf der eigenen Skala von Präferenzen zu erreichen. Unter Bedingungen, wo dieses Wissen über individuelle Vorlieben als nicht verfügbar unterstellt wird, kommen Überlegungen nach abstrakten Wahrscheinlichkeitsverfahren ins Spiel. Wir müssen die Bestimmungen von Rawls' Urzustand mit diesen Annahmen vergleichen.

In Rawls' Bild des Urzustandes erscheinen wechselseitiges Desinteresse und instrumentelle Rationalität nur in Verbindung mit dem Schleier des Nichtwissens. Auf der einen Seite versuchen die Beteiligten, das zu maximieren, was die Theorie der rationalen Entscheidung ihre »Nutzfunktionen« nennt. Sie begreifen, daß für sie als Individuen, die unterschiedliche Zwecke und Interessen *haben* (obgleich sie ihnen nicht offengelegt worden sind), gleich viel auf dem Spiele steht, was die Förderung und den Schutz ihrer, wie Rawls es nennt, »Grundgüter« betrifft – jener Grundfreiheiten und Güter, die für die Verfolgung bestimmter Zwecke und Interessen erforderlich sind. In dieser Hinsicht könnte dann, wie Rawls zugesteht, ebensogut nur eine Person hinter dem Schleier des Nichtwissens stehen, da die Überlegungen aller dieselben sind. Andererseits besitzen die Beteiligten keine Kenntnis von ihren isolierten, besonderen, individuellen Interessen. Rawls sagt von ihnen, daß sie »versuchen, Grundsätze aufzustellen, die *ihren Zielen* so gut wie möglich dienen«, und jeder »bringt sie in eine Rangordnung nach ihrer Dienlichkeit für *seine Zwecke*«. (TdG, 168, 167; Hervorhebung von der Vf.) Aber welchen Sinn hat es dann, von gegenseitig desinteressierten einzelnen zu sprechen, die ihre Interessen verfolgen, wenn sie von ihren Interessen, insofern sie bestimmte und unterschiedliche sind, keine Kenntnis haben? Unverkennbar ist die Entscheidung unter Sicherheit, die sowohl das Wissen über die Folgen als auch über deren Nutzeneffekt verlangt, ausgeschlossen. Die Teile der Theorie der rationalen Entscheidung, die grundsätzlich anwendbar bleiben, sind die der Entscheidung unter Risiko und unter Unsicherheit.

Die Entscheidung unter Risiko beinhaltet jedoch, daß die Wahrscheinlichkeit des Auftretens anderer Folgen in Betracht gezogen wird. Rawls kommt dem zuvor, indem er festlegt, daß der Schleier des Nichtwissens »jede Kenntnis von Wahrscheinlichkeiten aus(schließt). Die Beteiligten haben keine Möglichkeit, die wahrscheinliche Beschaffenheit ihrer Gesellschaft oder ihren Platz in ihr zu bestimmen.« (TdG,

180) Wie er betont, bedeutet diese Klausel, daß die Beteiligten »Wahrscheinlichkeitsberechnungen vernünftigerweise mißtrauen [müssen], außer wenn es gar keine andere Möglichkeit gibt«. (TdG, 179) Damit ist die Entscheidung unter Risiko ausgeschlossen. Rawls sagt in der Tat: »Der Schleier des Nichtwissens führt unmittelbar auf das Problem der Entscheidung unter völliger Unsicherheit.« (TdG, 196) Es gibt allerdings keine allgemein akzeptierte Theorie der rationalen Entscheidung unter Unsicherheit, und wir müssen immer noch fragen: Wie *überlegen* denn nun die Beteiligten, um zu ihren Schlußfolgerungen zu gelangen?

Rawls untergräbt die Anwendbarkeit der Theorie der rationalen Entscheidung noch weiter, indem er festlegt, daß die Beteiligten nichts über ihre Bereitschaft oder Abneigung wissen, Risiken einzugehen. Indem er den Beteiligten *sowohl* jede Kenntnis von Wahrscheinlichkeiten *als auch* ihrer eigenen Einstellung gegenüber Risiken versagt, schließt Rawls endgültig die Überlegungsarten aus, auf die die Theorie der rationalen Entscheidung gewöhnlich unter solchen Umständen, wie sie im übrigen festgelegt sind, zurückgreift. Bei seiner Bestimmung der Situation als einer der Entscheidung unter Unsicherheit schlägt er eine andere mögliche Form der Überlegung vor: »Natürlich kann man die Beteiligten als vollkommene Altruisten definieren und so überlegen lassen, als wären sie sicher, sich in der Position jedes anderen zu befinden. Dann gibt es im Urzustand kein Risiko und keine Unsicherheit mehr.« (TdG, 196) Rawls zieht diesen Weg nicht in Betracht, zumal er glaubt, daß er zum klassischen Utilitarismus und nicht zu den beiden Prinzipien der Gerechtigkeit führt.[28] Da er aber, wie ich zeigen werde, das Wissen der Menschen im Urzustand so weit reduziert, daß sie keine Wahrscheinlichkeitsüberlegungen anstellen können und nicht von ihnen erwartet werden kann, Risiken einzugehen, *muß* Rawls auf Einfühlungsvermögen, Wohlwollen und eine Rücksichtnahme vertrauen, die sich auf andere in gleichem Maße wie auf einen selbst erstreckt, damit die Parteien zu den Grundsätzen gelangen, für die sie sich entscheiden, besonders das Unterschiedsprinzip. Dies entfernt ihn weit von allem, was zur Theorie der rationalen Entscheidung gehört.

Rawls vergleicht seine Annahmen über die Menschen im Urzustand mit anderen Annahmen, die Wohlwollen beinhalten. Er erwägt, ob seine eigene Theorie es erforderlich macht, daß die Beteiligten von Wohlwollen bewegt werden oder von einem Interesse an den Interessen des jeweiligen anderen. Und er stellt klar fest, »die Verbindung von gegenseitigem Desinteresse mit dem Schleier des Nichtwissens *erfüllt weitgehend den gleichen Zweck wie die Voraussetzung des Altruismus. Denn sie zwingt jeden im Urzustand, das Wohl der anderen in Betracht zu ziehen.«* (TdG, 173, Hervorhebung von der Vf.) Hier ist es wichtig, innezuhalten und diese Behauptung zu überdenken. Was sie besagt, ist nämlich, daß allein deshalb, weil die Menschen im Urzustand als hinter dem Schleier des Nichtwissens gedacht werden, sie als die »rationalen, wechselseitig desinteressierten« Handelnden darstellbar sind, wie sie kennzeichnend sind für die Theorie der rationalen Entscheidung. Sie können *nur* deshalb als solche vorgestellt werden, die allein für sich selber überlegen, weil sie nicht wissen, als *welche Person* sie sich vorfinden werden, und deshalb die Interessen aller möglichen Personen in gleicher Weise erwägen müssen.

Nachdem er festgestellt hat, daß seine Annahmen denselben Zweck erfüllen wie die des Altruismus, fährt Rawls fort, daß seine Voraussetzung gegenseitigen Desinteresses und des Schleiers des Nichtwissens sehr große Vorteile gegenüber der von Altruismus plus Wissen habe, da »letztere(s) so vielschichtig (ist), daß man überhaupt keine bestimmte Theorie aufstellen könnte«. Zu viel Information wäre erforderlich, und es blieben ungeklärte Fragen der Art: »Wie stark etwa sollen die altruistischen Bedürfnisse gegenüber anderen sein?« Seine Annahmen haben dagegen, wie er sagt, »den Vorteil der Einfachheit und Klarheit« (TdG, 173) ebenso wie den, »schwache Vorbedingungen« zu sein. Die Täuschung über den Punkt, die Vorbedingungen seien schwach, ist leicht nachzuweisen; nur isoliert voneinander betrachtet (eben das, wovor Rawls warnt) können sie als schwach gelten. Tatsächlich ist der Schleier des Nichtwissens eine *solch* anspruchsvolle Vorbedingung, daß er dasjenige, was ohne ihn Eigennutzen wäre, in Altruismus oder gleiche Rücksichtnahme auf andere verwandelt. Was den Vorzug der Einfachheit und Klarheit betrifft, so zeigt sich, daß der Urzustand – wenn wir ihn auf die einzige Art betrachten, in der er verständlich ist (und die weit entfernt von der Theorie der rationalen Entscheidung ist) – den meisten Problemen der Vielschichtigkeit von Altruismus plus Wissen nicht entkommt. Freilich, die Stärke der »altruistischen Bedürfnisse gegenüber anderen« ist kein Problem für die Menschen hinter dem Schleier des Nichtwissens: Da man nicht weiß, wer man sein wird, wird einen der rationale Eigennutzen wahrscheinlich auf gleiche Rücksichtnahme gegenüber jedem anderen verweisen. Aber um im Urzustand vernünftig zu denken, muß man wohl über die Kenntnis der wesentlichen Aspekte der Lebensläufe von Menschen jedes vorstellbaren unterschiedlichen Typus und in jeder vorstellbaren unterschiedlichen gesellschaftlichen Stellung verfügen. Da sie ohne Kenntnis ihrer eigenen besonderen Merkmale sind, können die Menschen im Urzustand nicht von der Position von *niemandem* aus überlegen (wie Rawls' Wunsch nach Einfachheit es nahelegen könnte); sie müssen von der Position von *jedermann* aus denken, und zwar von *jedermann nacheinander*. Dies ist alles andere als eine einfache Forderung.[29]

Wenn wir die Argumentation der Beteiligten im Urzustand betrachten, sehen wir tatsächlich, daß es genau dies *ist*, was sie tun. Zum Beispiel macht Rawls bei seiner Formulierung des Grundsatzes über den Schutz gleicher Gewissensfreiheit klar, daß die Beteiligten, die natürlich nichts über ihre moralischen oder religiösen Überzeugungen wissen, »Grundsätze wählen müssen, die ihre religiöse und moralische Freiheit sichern«. (TdG, 235) Ohne Wissen über die eigene Person wie auch über alle Wahrscheinlichkeiten ist die einzige Art, das zu tun, sich in die Lage jener hineinzuversetzen, deren religiöse Praxis und Überzeugung oder auch deren Mangel an einer solchen die meiste Toleranz von seiten anderer erfordern würde – die Lage der religiös »am wenigsten Bevorzugten«, wie man sie nennen könnte. Es ist nicht leicht für einen im wesentlichen nichtreligiösen Menschen, der sich in den Urzustand hineinzuversetzen versucht, den Standpunkt eines fundamentalistischen Gläubigen einzunehmen; ebensowenig ist es für einen tiefreligiösen Menschen einfach, sich die Lage eines Nichtgläubigen in einer stark religiös geprägten Gesellschaft vorzustellen. Beides verlangt zumindest großes Einfühlungsvermögen und die Bereitschaft, aufmerksam die sehr verschiedenen Sichtweisen anderer wahrzunehmen.

Diese Denkmethode ist im Urzustand am deutlichsten bei der Formulierung des Unterschiedsprinzips notwendig. Hier lenkt die Maximin-Regel »unsere Aufmerksamkeit auf das Ungünstigste, was bei irgendeiner der betrachteten Handlungen geschehen kann, und weist uns an, die Entscheidung in diesem Lichte zu treffen«. (TdG, 178, Anm. 18 a) Bei der Erwägung zulässiger Ungleichheiten »haben die am wenigsten Begünstigten gewissermaßen ein Vetorecht«. (TdG, 175) Und natürlich muß, wenn wir Rawls' traditionelle Einstellung in Frage stellen, daß Gerechtigkeitsfragen von »Familienoberhäuptern« geregelt werden können, die »am wenigsten begünstigte repräsentative Frau«, der es wahrscheinlich noch erheblich schlechter gehen wird, gleichermaßen berücksichtigt werden. Vor allem bei denjenigen, die durch ihre Klassenzugehörigkeit, ihre Rasse und ihr Geschlecht an Vorrechte, Wohlstand und Macht gewöhnt sind, wird eine wirkliche Aufgeschlossenheit gegenüber dem Standpunkt derer, denen es am schlechtesten geht, beträchtliche Fähigkeiten der Einfühlung und des Zuhörens gegenüber anderen Menschen erfordern.[30]

In dieser Interpretation bedeutet der Urzustand *keine* Abstraktion von allen Bedingtheiten des menschlichen Lebens, wie ihn einige von Rawls' Kritikern und Rawls selber in seinen kantischsten Zügen auffassen. Vielmehr ist er, worauf Rawls' eigene Theorie der moralischen Entwicklung stark hinweist, einem Verständnis für soziale und andere menschliche *Unterschiede* und der Anteilnahme daran weitaus näher. Und es scheint auch nicht so, daß die Theorie verlangt, daß wir uns alle »unabhängig in dem Sinne, daß unsere Identität niemals an unsere Ziele und Bindungen geknüpft ist« betrachten, wie Sandel meint.[31] Denn es ist nichts Widersprüchliches oder Unplausibles an der Forderung, daß wir zu unseren besonderen Zielen und Bindungen auf Distanz gehen, um zu Grundsätzen der Gerechtigkeit zu gelangen, während dabei eingeräumt wird, daß wir uns bis zu einem gewissen Grade damit identifizieren, indem wir weiter unser Leben führen. Der Urzustand verlangt, daß wir als moralische Subjekte die Identität, die Ziele und Bindungen jedes anderen Menschen, wie verschieden er auch von uns sei, als gleichrangig mit den eigenen betrachten. Falls wir, die wir ja *wissen*, wer wir sind, so überlegen sollen, *als ob* wir uns im Urzustand befänden, müssen wir beträchtliche Fähigkeiten der Einfühlung und der Kommunikation mit anderen über die Frage, wie andere menschliche Lebensläufe beschaffen sind, entwickeln. Aber diese allein sind nicht genug, um in uns einen Sinn für Gerechtigkeit aufrechtzuerhalten. Da wir wissen, wer wir sind und welche besonderen Interessen und Auffassungen vom Guten wir haben, benötigen wir ebensosehr eine starke Verpflichtung zum Altruismus, zur *Sorge* für jeden einzelnen anderen wie für uns selbst.

In mehreren Abschnitten erklärt Rawls deutlich, daß das Festhalten an den Gerechtigkeitsgrundsätzen, wie sie im Urzustand gewählt würden, Antriebe von seiten wirklicher Menschen erfordert – besonders der Mächtigen und Privilegierten –, die alles andere als eigennützig sind:

»Gewiß, jeder Grundsatz, der im Urzustand gewählt wird, kann von einigen große Opfer verlangen. Und denjenigen, die aus deutlich ungerechten Institutionen (jenen, die auf Prinzipien begründet sind, die keinen Anspruch auf Annahme machen können) Nutzen ziehen, dürfte es schwerfallen, sich mit den notwendigen Veränderungen abzufinden.«[32]

Aber er spricht auch von einem Sinne, in dem die Treue gegenüber den Grundsätzen der Gerechtigkeit dem Eigeninteresse aller entspricht – im Sinne des *moralischen Eigeninteresses*. Wenn in der wohlgeordneten, gerechten Gesellschaft

»jeder so handelt, daß gerechte Institutionen aufrechterhalten werden, dann ist das zu jedermanns Wohl. [...] Wenn alle bemüht sind, sich an diese Grundsätze zu halten, und jeder Erfolg hat, dann hat jeder und haben alle ihre Natur als moralische Subjekte und damit ihr persönliches und gemeinschaftliches Wohl am vollständigsten verwirklicht.« (TdG, 572 f.)

Alles dies entfernt uns sehr weit von der Sprache der rationalen Entscheidung, was Rawls' spätere Zurückweisung der eigenen ursprünglichen Charakterisierung seiner Theorie erklären könnte. In solch einer Ausdrucksweise gibt es keinen Raum für die Unterscheidung zwischen Eigeninteresse und moralischem Eigeninteresse. Wie ich vorgeschlagen habe, läßt sich Rawls' Theorie viel besser als eine solche interpretieren, die auf dem Konzept gleicher Sorge für alle beruht, statt als eine Theorie, in der das »gegenseitige Desinteresse« von irgendeinem Belang ist, es sei denn als lediglich *eine* unter mehreren Annahmen in einer Konstruktion, die nicht einfach als »Mittel der Darstellung« (wie er den Urzustand genannt hat) dient, sondern auch als Projekt von Mitempfinden und Wohlwollen. Solch eine Interpretation wird in der Tat durch vieles in Rawls' eigenem Text, besonders durch seine Theorie der moralischen Entwicklung, gestützt. Andererseits erfordert sie auch, daß die Theorie von allen Hinweisen darauf befreit wird, sie sei Teil der Theorie der rationalen Entscheidung.

Es ist vielleicht nützlich, meine Neuinterpretation von Rawls im Zusammenhang gegensätzlicher Argumente mehrerer anderer feministischer Theoretikerinnen einzuordnen. Sie stellt nämlich einige Sichtweisen in Frage, nach denen derartige Gerechtigkeitstheorien von einem feministischen Standpunkt aus entweder unvollständig oder unannehmbar sind. Gilligan stellt zum Beispiel in ihrer Kritik der Theorie der moralischen Entwicklung der Kohlberg-Schule (die Rawls' Werk über die Gerechtigkeit viel verdankt) die Moral der Fürsorge, der Eingebundenheit und der Anteilnahme an anderen derjenigen der Gerechtigkeit, der Rechte und Regeln gegenüber. Sie verbindet die erstere vor allem mit Frauen, die letztere mit Männern.[33] Wie ich an anderer Stelle vertreten habe, benutzen viele von Gilligans Gesprächspartnerinnen, die sie als diejenigen bezeichnet, die mit der »anderen Stimme« sprechen, ihrerseits diese Stimme, um eine ebenso vollständig verallgemeinerbare Moralität der sozialen Verantwortlichkeit auszudrücken wie die anderen, die sich in der Sprache von Gerechtigkeit und Rechten ausdrücken.[34] Daher erscheint der häufig aus ihren Untersuchungen gezogene Schluß unbegründet, weibliche Moralität neige dazu, stärker auf den einzelnen Fall bezogen und vom jeweiligen Zusammenhang abhängig zu sein. Indem ich hier die Auffassung vertrat, daß Rawls' Theorie der Gerechtigkeit selbst im Kern von der Fähigkeit moralischer Personen abhängt, an anderen Anteil zu nehmen und Fürsorge für sie zu beweisen, besonders für solche andere, die im stärksten Maße verschieden von ihnen selbst sind, habe ich eine weitere Argumentation zur Verstärkung des Zweifels vorgelegt, ob es klug ist, zwischen einer Ethik der Fürsorge und einer Ethik der Gerechtigkeit zu unterscheiden.

Nach Noddings' Meinung ist die Gerechtigkeit vielfach als grundlegende Tugend überschätzt worden, ebenso wie Prinzipien als gedankliches Werkzeug in Hinsicht auf ethische Probleme.[35] Diese falschen Gewichtungen werden einer übermäßig individualistischen und abstrakten männlichen Tendenz in der Moralphilosophie zugeschrieben. Die Gerechtigkeit selbst sollte nach dieser Auffassung von einer Ethik der Fürsorge zumindest ergänzt, wenn nicht ersetzt werden, in der die Verantwortung, sich um Nahestehende zu kümmern, Vorrang vor den Pflichten gegenüber einer größeren Gruppe von Menschen oder gar der Menschheit im ganzen hat. Während die feministische Interpretation von Rawls, die ich oben vertreten habe, zwar Gefühle wie Sorge für andere und Anteilnahme an ihnen für die Formulierung von Gerechtigkeitsgrundsätzen als wesentlich annimmt, so lassen sich doch nach dieser Interpretation solche Grundsätze nicht durch eine kontextbezogene fürsorgliche Einstellung ersetzen. Nicht die Grundsätze oder Regeln als solche stellen meiner Ansicht nach das Problem dar, sondern die Art und Weise, wie man meistens zu ihnen gelangt ist. Wenn die Prinzipien der Gerechtigkeit, wie ich es für diejenigen von Rawls behauptet habe, nicht auf gegenseitigem Desinteresse und Distanz zu anderen begründet sind, sondern auf Einfühlungsvermögen und Anteilnahme an anderen – Anteilnahme auch in den Hinsichten, wo andere von einem selbst verschieden sind –, werden sie wahrscheinlich nicht zu zerstörerischen Regeln mit tragischen Folgen führen, wenn sie auf die geliebten Menschen angewendet werden.[36]

Die oben dargelegte Argumentation steht auch in Kontrast zu neueren Arbeiten über Gerechtigkeitstheorien von Young und Benhabib. Young erklärt, das Ideal von Unparteilichkeit und Allgemeinheit sei verfehlt und arbeite feministischer und anderer emanzipatorischer Politik entgegen, weil es danach strebe, Anderssein und Differenz zu beseitigen, und eine falsche Entgegensetzung von Vernunft und Gefühl schaffe.[37] Daher findet sie Rawls' Theorie ebenso rationalistisch, monologisch und vom bestimmten Falle losgelöst wie die Kants. Benhabib stellt die eng verwandte Behauptung auf, daß in universalistischen Moraltheorien wie denen von Kohlberg und Rawls die Unkenntnis des Standpunktes des konkreten Anderen zu erkenntnistheoretischen Widersprüchen führt. In Rawls' Urzustand, so meint sie, »verschwindet der *Andere* als verschieden vom eigenen Ich. [...] Unterschiede werden nicht vereint, sie werden schlicht irrelevant.« Wenn der Andere nur als »verallgemeinerter Anderer« existiert, bemerkt Benhabib, »dann bleibt eine leere Maske, die jeder und niemand ist«.[38]

Ich habe hier versucht, auf solche feministische Kritik am Rawlsschen Gerechtigkeitsentwurf zu antworten, indem ich die Aufspaltung zwischen Gerechtigkeit und Fürsorge in den Arbeiten von Gilligan und Noddings und zwischen Unparteilichkeit und Universalisierbarkeit einerseits und Anerkennung von Anderssein und Differenz andererseits bei Benhabib und Young in Frage stellte. Ich habe die Ansicht vertreten, daß Rawls' Theorie der Gerechtigkeit am konsistentesten als eine moralische Struktur interpretiert wird, die auf einer Anteilnahme von Menschen beruht, welche sich in gleichem Maße auf sie selbst wie auf andere beziehen, und als eine Theorie, in der Einfühlungsvermögen und Sorge für andere, so gut wie das Bewußtsein ihrer Andersheit, wesentliche Bestandteile sind. Es trifft gewiß zu, daß Rawls' Entwurf des Urzustandes so angelegt ist, daß die Formulierung der Grundsätze der Gerechtigkeit Momente von Befangenheit ausschließt, die aus besonderer Verbundenheit mit anderen wie auch aus bestimmten Gegebenheiten des Subjekts entstehen könnten. Unparteilichkeit in diesem Sinne ist sicherlich eine vernünftige Forderung in einer Theorie der Gerechtigkeit.[39] Nichtsdestoweniger ist, wie ich hier dargelegt habe, die einzige widerspruchsfreie Art, wie eine Partei im Urzustand über Gerechtigkeit reflektieren kann, vermittelt durch Einfühlung gegenüber Menschen aller Art in den verschiedensten gesellschaftlichen Stellungen, aber besonders gegenüber den in verschiedener Hinsicht am wenigsten Begünstigten. Als ein Mensch im Urzustand zu reflektieren, heißt nicht, ein körperloser Niemand zu sein. Wie Kritiker mit Recht aufgezeigt haben, wäre das unmöglich. Es bedeutet vielmehr, von jedermanns Standpunkt, dem jedes »konkreten Anderen«, als der man sich herausstellen könnte, aus zu denken.

Für wirkliche Menschen, die natürlich *wissen*, wer sie sind, erfordert das Denken, *als ob* sie sich im Urzustand befänden, daß sie gut entwickelte Fähigkeiten der Einfühlung, Fürsorge und Anteilnahme an anderen besitzen – jedenfalls nicht Eigennützigkeit und instrumentelle Rationalität. Um den Sinn für Gerechtigkeit zu entwickeln, der bei den Menschen erforderlich ist, wenn irgendeine Hoffnung bestehen soll, daß eine wohlgeordnete Gesellschaft erreicht werde, oder, wenn sie einmal erreicht ist, erhalten werden kann, müssen die Menschen in einer Umgebung aufgezogen und sozialisiert werden, die so gut wie möglich diese Fähigkeiten in ihnen fördert. Indem er die Bedeutung solcher Gefühle für die Entwicklung eines Sinnes für Gerechtigkeit anerkennt, befreit sich Rawls von der rationalistischen kantischen Denkweise, die einen starken Einfluß auf einen großen Teil seiner Theorie ausübt. In dem Maße, wie diese Aspekte der Theorie hervorgehoben werden und sie dadurch von einem Teil ihrer am stärksten kantisch geprägten Sprache und Vorannahmen befreit wird, ist sie einigen der gegen sie – insbesondere gegen ihren Kernbegriff, den Urzustand – vorgebrachten kritischen Einwände weniger ausgesetzt. Aber eine solche Verlagerung der Gewichte lenkt zugleich die Aufmerksamkeit auf die Tatsache, daß die Theorie, so wie sie ist, ein Paradox in sich enthält. Wegen seiner Vorannahmen über die geschlechtsspezifisch strukturierte Familie hat Rawls die Gerechtigkeitsgrundsätze nicht auf den Bereich der menschlichen Betreuung und Erziehung angewandt, der so wesentlich ist für die Schaffung und Erhaltung von Gerechtigkeit.

[Aus dem Amerikanischen von Ursula Hoffmann]

Anmerkungen

1 Diese Arbeit wurde durch Kommentare und kritische Anmerkungen von Sissela Bok, Joshua Cohen, George Pearson Cross, Amy Gutman, Robert O. Keohane, Will Kymlicka, Robert L. Okin, John Rawls, Nancy Rosenblum, Cass. R. Sunstein, Jean Tronto und Iris Young verbessert. Ich bedauere, daß es mir nicht möglich war, allen ihren Einwänden und Vorschlägen vollständig gerecht zu werden.

2 Zur ersten Kategorie dieser Arbeiten gehören Clark, Lorenne, und Lange, Lynda: *The Sexism of Social and Political Theory*, Toronto: University of Toronto Press 1979; Elshtain, Jean Bethke: *Public Man, Private Woman*. Women in Social and Political Thought, Princeton, N.J.: Princeton University Press 1981 und Moller Okin, Susan: *Women in Western Political Thought*, Princeton, N.J.: Princeton University Press 1979. Arbeiten der zweiten Kategorie umfassen O'Brien, Mary: *The Politics of Reproduction*, London: Routledge & Kegan Paul 1981; und Stiehm, Judith H. (Hg.): *Women's Views of the Political World of Men*, Dobbs Ferry, N.Y.: Transnational Publishers 1984. Die Essays in: Pateman, Carole/Gross, Elizabeth (Hg.): *Feminist Challenges*. Social and Political Theory, Boston: Northeastern University Press 1987, erstrecken sich auf beide Kategorien.

3 Siehe zum Beispiel Gilligan, Carol: *Die andere Stimme*. Lebenskonflikte und Moral der Frau, München: Piper 1984; und Noddings, Nel: *Caring*. A Feminine Approach to Ethics and Moral Education, Berkeley und Los Angeles: University of California Press 1984. Siehe Flanagan, Owen/Jackson, Kathryn: Justice, Care and Gender: The Kohlberg-Gilligan Debate Revisited, in: *Ethics* 97, 1987, S. 622–637, als nützliche alternative Darstellung zu diesem Thema, die sich auf die neuere Debatte zur moralischen Entwicklung, besonders die Kohlberg-Gilligan-Auseinandersetzung, bezieht und eine vorzügliche Auswahlbibliographie zu der rasch angewachsenen Literatur bietet. Siehe ebenfalls Nunner-Winkler, Gertrud: Two Moralities? A Critical Discussion of an Ethic of Care and Responsibility versus an Ethic of Rights and Justice, in: Kurtines, G./Gewirtz, J. (Hg.): *Morality, Moral Behavior, and Moral Development*, New York: Wiley 1984, S. 348–361; Tronto, Joan: ›Women's Morality‹: Beyond Gender Difference to a Theory of Care, in: *Signs*, 12, 1987, S. 644–663; und Blum, Lawrence: Gilligan and Kohlberg: Implications for a Moral Theory, in: *Ethics* 98, 1988, S. 472–491.

4 Rawls, John: *Eine Theorie der Gerechtigkeit*, Frankfurt am Main: Suhrkamp 1975. (Im folgenden Text zitiert mit TdG, Seitenzahl).

5 Nagel, Thomas: Rawls on Justice, in: Daniels, Norman (Hg.): *Reading Rawls*, New York: Basic 1974, S. 1–16 (Nachdruck aus *Philosophical Review*, 72, 1973) bringt den ersten Einwand; Sandel, Michael J.: *Liberalism and the Limits of Justice*, Cambridge: Cambridge University Press 1982, benutzt beide Argumente; das letztere wird sowohl von MacIntyre, Alasdair: *Der Verlust der Tugend*. Zur moralischen Krise der Gegenwart, Frankfurt am Main/New York: Campus 1987, wie auch von Walzer, Michael: *Sphären der Gerechtigkeit*, Frankfurt am Main/New York: Campus 1992, und *Interpretation and Social Criticism*, Cambridge, Mass.: Harvard University Press 1987, vorgebracht.

6 Siehe auch Rawls, John: Kantischer Konstruktivismus in der Moraltheorie, in: *Die Idee des politischen Liberalismus*, Aufsätze 1978–1989, Hinsch, Wilfried (Hg.), Frankfurt am Main: Suhrkamp 1992, S. 80–158.

7 Kant, Immanuel: *Die Metaphysik der Sitten*, Zweiter Teil: Metaphysische Anfangsgründe der Tugendlehre, Vorrede, in: *Kants Werke* (Akademie-Textausgabe), Berlin: de Gruyter 1988, Bd. VI, S. 376 f.

8 Kant, Immanuel: *Grundlegung zur Metaphysik der Sitten*, in: *Kants Werke*, a. a. O., Bd. IV, S. 398.

9 Kant, Immanuel: *Die Metaphysik der Sitten*, 2. Teil, a. a. O., S. 402.

10 Ebd. S. 400.

11 Ebd. S. 399.

12 Ebd. S. 479.

13 In: *Kants Werke*, a. a. O., Bd. II, S. 230.

14 Ebda., S. 231.

15 In: *Kants Werke*, a. a. O., Bd. VII, S. 303, 209.

16 Blum, Lawrence: Kant's and Hegel's Moral Rationalism: A Feminist Perspective, in: *Canadian Journal of Philosophy* 12, 1982, S. 296 f.

17 Grimshaw, Jean: *Philosophy and Feminist Thinking*, Minneapolis: University of Minnesota Press 1986, S. 49.

18 Eine mögliche Antwort darauf könnte sein, daß ein Kantianer des 20. Jahrhunderts, der die noch bestehende soziale Unterordnung der Frauen nicht als naturgegeben betrachtet, Männer und Frauen in gleicher Weise als moralische Subjekte mit demselben moralischen Wert auffassen würde. Aber ohne eine erhebliche Anpassung der Begriffe des moralischen Subjekts und des moralischen Werts würde das dahin führen, daß das Familienleben – statt, wie Kant wohl dachte, ein Refugium vor dieser Welt zu bieten – von ebenso streng rationalistischen Prinzipien beherrscht wäre wie die moralische Welt außerhalb davon.

19 Moller Okin, Susan: Justice and Gender, in: *Philosophy Public Affairs* 16, 1987, S. 42–72.

20 Beitz, Charles: *Political Theory and International Relations*, Princeton, N. J.: Princeton University Press 1979.

21 Siehe English, Jane: Justice between Generations, in: *Philosophical Studies* 31, 1977, S. 91–104; Kearns, Deborah: A Theory of Justice and Love: Rawls on the Family, in: *Politics* 18, 1983, S. 36–42; sowie Moller Okin, Susan: Justice and Gender, a. a. O.

22 S. auch Rawls, John: Kantischer Konstruktivismus in der Moraltheorie, a. a. O., S. 97.

23 S. auch ebd., S. 85.

24 Rawls, John: Gerechtigkeit als Fairness: politisch und nicht metaphysisch, in: Hinsch, Wilfried (Hg.): *Die Idee des politischen Liberalismus*, a. a. O., S. 255–91; S. 275.

25 Rawls, John, ebd., S. 273 f., Anm. 20. Rawls' Schritte in diese Richtung zeichnen sich bereits deutlich ab in der ersten Dewey-Vorlesung (Kantischer Konstruktivismus in der Moraltheorie, a. a. O.), wo er der Unterscheidung zwischen dem Rationalen und dem Vernünftigen große Aufmerksamkeit widmet. Hier bezeichnet das Rationale noch den Vorteil des Einzelnen wie in der Theorie der

rationalen Entscheidung, aber das Vernünftige wird durch moralische Kategorien wie Gegenseitigkeit und Wechselseitigkeit bestimmt. Die Grundsätze sind nur vernünftig, wenn sie in der Öffentlichkeit von moralischen Subjekten als gerechte Bedingungen der Zusammenarbeit zwischen ihnen akzeptiert werden können. Rawls scheint eine klare Unterscheidung zwischen Überlegungen zur Gerechtigkeit und Überlegungen zur rationalen Entscheidung zu treffen, wenn er sagt: »Vertraute Gerechtigkeitsgrundsätze sind Beispiele vernünftiger Grundsätze, und vertraute Prinzipien rationaler Entscheidung sind Beispiele rationaler Grundsätze. Die Art und Weise, wie das Rationale im Urzustand repräsentiert ist, führt zu den zwei Gerechtigkeitsgrundsätzen.« (S. 100 f.) Er erklärt auch deutlich, in seiner Theorie setze »das Vernünftige [...] das Rationale voraus [...] und ist ihm übergeordnet« (S. 100); siehe bes. S. 81–87 und S. 98–100.

26 S. oben, Anm. 5. Außerdem hat eine Reihe von Entscheidungstheoretikern Rawls' Schlußfolgerungen als viel zu egalitär kritisiert, als daß sie aus einer Situation der rationalen Entscheidung hätten hervorgehen können. Siehe z. B. Gauthier, David: *Morals by Agreement*, Oxford: Clarendon Press 1986, S. 245–267.

27 Die herkömmliche Theorie der rationalen Entscheidung unterscheidet drei Arten von Überlegungs- und Wahlsituationen, von denen jede mit einer anderen Konstellation von Annahmen über das Wissen der Akteure verbunden ist. Die Entscheidung unter Sicherheit setzt voraus, daß die Akteure mit Gewißheit die Folge und den Nutzeneffekt jeder Entscheidung kennen. Eine Entscheidung unter Risiko liegt vor, wenn alle möglichen Folgen und deren Nutzeneffekt und auch die Wahrscheinlichkeit ihres Eintretens bekannt sind. Eine Entscheidung unter Unsicherheit ist zu treffen, wenn das Wissen über die wahrscheinlichen Folgen fehlt oder unvollständig ist. Die Einteilung wird allerdings nicht immer strikt eingehalten. Verwirrenderweise ist die Risikobereitschaft des Akteurs ein gewichtigerer Faktor im Falle der dritten Annahmenkonstellation (siehe Harsanyi, John: *Rational Behavior and Bargaining Equilibrium in Games and Social Situations*, Cambridge: Cambridge University Press 1971, Kap. 3). Ich danke Richard Arneson für die Hilfe bei der Richtigstellung einiger Unklarheiten in diesem Teil der Arbeit.

28 In Abschnitt 30 von *Eine Theorie der Gerechtigkeit* erörtert Rawls die ethische Position, von einem vollkommenen Altruisten (einem Menschen, dessen Wünsche ein »ideal vernünftiger und unparteiischer Beobachter« [TdG 211] billigen würde), eingenommen wird. Indem er sich der Reihe nach an die Stelle jedes einzelnen versetzt, soll der vollkommene Altruist zu den klassischen utilitaristischen Folgerungen gelangen, denn »mitgefühlte Schmerzen heben mitgefühlte Freuden in der Summe auf, und die schließliche Stärke der Billigung entspricht diesem Nettowert der angenehmen Gefühle«. (TdG, 214) Es ist mir nicht klar, warum dieses Hineinversetzen des Altruisten in andere die Verschmelzung aller Personen zu einer einzigen beinhalten soll, die dann zu einer Übernahme des klassischen Nutzenprinzips führt. Ich stimme mit Nagel überein (Nagel, Thomas: *The Possibility of Altruism*, Princeton N. J.: Princeton University Press 1978, S. 138), der zu dem Schluß kommt: »Diese Situation ist unvorstellbar, und soweit sie es nicht ist, verzerrt sie völlig den Charakter der konkurrierenden Ansprüche.« Rawls denkt die wohlwollende Person dann noch anders – als jemanden, der »sich vorstellen [soll], daß er sich in eine Vielzahl von Menschen

aufspaltet, deren Erlebnisse und Lebensläufe in der gewöhnlichen Weise voneinander getrennt sind [...]; Bedürfnisse und Erinnerungen werden nicht zu denen einer einzigen Person zusammengefaßt.« Unter *diesen* Bedingungen, meint Rawls, »erscheinen die beiden Gerechtigkeitsgrundsätze jetzt als einleuchtender als das klassische Nutzenprinzip.« (TdG, 218) Es scheint durchaus vernünftig, daß ein wohlwollender Betrachter, der sich in die besonderen Lebensläufe aller Betroffenen getrennt hineinversetzt (die einzige mir sinnvoll erscheinende Weise), mit höherer Wahrscheinlichkeit die beiden Grundsätze übernehmen würde als das klassische Nutzenprinzip. Dagegen ist es nicht überzeugend, daß die in dem einen Leben durchgemachten Leiden von den Freuden eines anderen aufgewogen werden sollten – selbst wenn es sich um denselben Menschen handelte (siehe Nagel, *The Possibility of Altruism*, S. 140–142). Rawls behauptet, daß ein Beteiligter im Urzustand, der weiß, daß er *einen* der Lebensläufe durchleben wird, aber nicht, *welchen*, noch weniger geneigt sein wird, Pauschallösungen zu begünstigen oder die Leiden einiger gegen die Freuden anderer einzuhandeln. Aber er wehrt den Gedanken ab, daß solch ein Beteiligter des Wohlwollens bedürfe, denn er meint, der Schleier des Nichtwissens und die gegenseitige Desinteressiertheit dienten als funktionale Entsprechung.

29 In einer späteren Erörterung legt Rawls neuerlich nahe, daß es wesentliche Unterschiede zwischen den Überlegungen der Beteiligten und dem Eigeninteresse gibt, das kennzeichnend für die Theorie der rationalen Entscheidung ist. Er sagt: »Daher können wir die Parteien im Urzustand entweder als Repräsentanten (oder Treuhänder) von Personen mit bestimmten Interessen oder als selbst durch diese Interessen bewegt beschreiben. Es macht keinen Unterschied, welche Beschreibung wir wählen, obwohl das letztere einfacher ist und ich mich gewöhnlich in dieser Weise ausdrücken werde« (Kantischer Konstruktivismus in der Moraltheorie, a. a. O., S. 93). Wie ich behauptet habe, ist die zweite Beschreibung nicht einfacher. Denn in einer Lage, wo die Identität und die besonderen Merkmale der Person unbekannt sind, gibt es keinen Unterschied zwischen dem Eigeninteresse und der Vertretung der Interessen anderer. Welche Beschreibung Rawls auch wählt, die Komplexität bleibt gleich, und keine läßt sich mit der Situation in der Theorie der rationalen Entscheidung gleichstellen.

30 Eine sehr interessante Darstellung des Problems, »den Anderen« in der Moral- und Sozialtheorie in Betracht zu ziehen, findet sich bei Joan Tronto: *Rationalizing Racism, Sexism, and Other Forms of Prejudice: Otherness in Moral and Feminist Theory* (Ms.), New York: Hunter College of the City University of New York, Department of Political Science 1987. Vgl. Arrow, Kenneth: *Collected Papers: Social Choice and Justice*, Cambridge, Mass.: Harvard University Press, Belknap Press 1983, S. 98, 113 f., zur Frage, ob unterschiedliche Menschen mit unterschiedlichen Lebenserfahrungen überhaupt jemals über die gleichen Kenntnisse verfügen und damit das Kriterium der Universalisierbarkeit erfüllen können, wie dies von einer Theorie der Gerechtigkeit gefordert wird.

31 Sandel, Michael, J.: a. a. O., S. 179.

32 John Rawls: *A Theory of Justice*, Cambridge, Mass.: Harvard University Press 1979, S. 176. [Diese Textpassage fehlt in der deutschen Ausgabe des Buches und wurde deshalb von mir übersetzt. Anm. d. Übs.]

33 Gilligan, Carol: *Die andere Stimme.*
34 Moller Okin, Susan: Thinking Like a Woman, in: Rhode, Deborah (Hg.): *Theoretical Perspectives on Sexual Difference*, New Haven, Conn.: Yale University Press, 1990, S. 145.
35 Noddings, Nel: *Caring,* a. a. O. [Vgl. den diesem Buch entnommenen Beitrag von N. Noddings im vorliegenden Band. Anm. d. Hg.]
36 Vgl. ebd., S. 44.
37 Young, Iris Marion: Toward a Critical Theory of Justice, in: *Social Theory and Practice* 7, 1981, S. 279–301; sowie: Impartiality and the Civic Public, in: Benhabib, Seyla/Cornell, Drucilla (Hg.): *Feminism as Critique*, Minneapolis: University of Minnesota Press 1987. [Vgl. auch den Beitrag von I. Young in diesem Band. Anm. d. Hg.]
38 Benhabib, Seyla: Der verallgemeinerte und der konkrete Andere. Ansätze zu einer feministischen Moraltheorie, in: List, Elisabeth/Studer, Herlinde (Hg.): *Denkverhältnisse*. Feminismus und Kritik, Frankfurt am Main: Suhrkamp 1989, S. 471.
39 Die Fallstricke, die sich aus einer Ablehnung des Zieles von Unparteilichkeit und/oder von Universalisierbarkeit sowie aus einer Verbindung von Frauen oder der feministischen Theorie mit einer solchen Position ergeben, scheinen mir in der Argumentation von Benhabib, Noddings und Young ebenso unterschätzt zu werden wie in den Schlußfolgerungen, die Gilligan aus ihrem Material zog. Wie ich an anderer Stelle vertreten habe, scheinen die Interpretationen von Erkenntnissen über die moralische Entwicklung von Frauen dahingehend, daß Frauen stärker als Männer mit anderen verbunden und weniger imstande seien, sich unparteiisch zu verhalten oder ihre moralischen Urteile zu verallgemeinern, nicht nur die Daten falsch zu deuten, sondern auch die stereotypen Ansichten über Frauen zu bestärken, die man ihnen gegenüber zur Verweigerung von politischen Rechten und öffentlichen Machtstellungen benutzt hat. (Moller Okin, Susan: Thinking Like a Woman, a. a. O.)

Onora O'Neill
Einverständnis und Verletztbarkeit:
Eine Neubewertung von Kants Begriff
der Achtung für Personen

Vieles von Kants Ethik liegt dem durchschnittlichen Moralbewußtsein von heute fern. Aber ein kantisches Begriffspaar ist immer noch weithin geläufig. Kaum eine moralische Kritik wiegt schwerer als die Behauptung, jemand habe einen anderen benutzt; und wenige Ideale werden höher gehalten als dasjenige, nach dem andere als Personen behandelt werden sollen.

Aber diese Einhelligkeit ist oft nur oberflächlich, weil es kaum Übereinstimmung darüber gibt, was geschehen muß, damit andere in moralisch zweifelhafter Weise benutzt, beziehungsweise damit sie als Person behandelt werden. Ich werde hier drei verbreitete Auffassungen dieser Ideale betrachten, die wenig Unterschied zwischen beidem machen. Dann skizziere ich Interpretationen, die mir überzeugender und reichhaltiger als die gängigerweise akzeptierten erscheinen. In den Interpretationen, die ich vorlege, sind die beiden Ideale unterschieden, wenngleich miteinander verwandt. Lediglich nicht benutzt zu werden, genügt nicht dafür, als Person behandelt zu werden. Einen anderen zum Werkzeug oder Instrument für mein Vorhaben zu machen, ist eine Art des Versäumnisses, diesen anderen als Person zu behandeln, aber eben nur eine.

An einem bestimmten Punkt werde ich auf die kantischen Texte zurückkommen und die These vertreten, daß die Lesart dieser Ideale, wie ich sie umrissen habe, dort zur Debatte steht. Aber der Anspruch der Auslegung ist begrenzt. Ich werde nichts über Kants Begriff der Person und den dabei vorausgesetzten metaphysischen Hintergrund sagen. Ich werde nicht alle textbezogenen Überlegungen entfalten, die hinter diesem Verständnis der Zweck-an-sich-Formel stehen. Ich behaupte lediglich, werde es aber nicht zu beweisen versuchen, einer der Gründe bestehe darin, daß diese Interpretation imstande ist, Kants verwirrende Behauptungen über die Gleichwertigkeit der verschiedenen Formulierungen des kategorischen Imperativs plausibel zu machen. Ich werde nicht Kants Gedanken über das Benutzen oder Behandeln seiner selbst als Person untersuchen, sondern nur versuchen, ein bestimmtes Verständnis dessen einleuchtend zu machen, was es heißt, andere zu benutzen, beziehungsweise sie als Person zu behandeln. Daher ziehe ich Beispiele aus Lebensbereichen heran, wo wir oft die Befürchtung haben, daß Menschen instrumentalisiert oder nicht als Personen behandelt werden, insbesondere aus dem Gebiet der mutmaßlichen sexuellen und wirtschaftlichen Ausnutzung anderer. Ich werde darlegen, daß in einer angemessenen Sicht dessen, was es heißt, andere als Person zu behandeln, diese anderen nicht abstrakt als potentielle einwilligungsfähige mündige Personen *(consenting adults)* aufgefaßt werden dürfen, sondern daß sie vielmehr als bestimmte Männer und Frauen mit bestimmten und begrenzten Fähigkeiten, Handlungsabsichten zu verstehen oder zu bejahen, gesehen werden müssen. Wenn wir die gegenseitigen Grenzen nicht ernst nehmen, dann laufen wir Gefahr, in einer Art und Weise zu handeln, die zwar für die Behandlung »idealer« Vernunftwesen als Personen zureichen würde, aber für die Behandlung eingeschränkt vernünftiger menschlicher Wesen nicht genug ist.

Ein zweites Ziel besteht darin, für einige zentrale Thesen der Ethik Kants eine Lektüre zu bieten, die nicht von einer übersteigerten Sicht menschlicher Erkenntnis- und Willensfähigkeiten abhängig ist, keine strenge Gleichgültigkeit gegenüber Veränderungen von Umständen impliziert und nicht an eine stark individualistische Handlungskonzeption gebunden ist.

1. Die persönliche Art

Eine bestimmte Sichtweise dessen, was es bedeutet, jemanden als Person zu behandeln und ihn oder sie nicht zu benutzen, verlangt einen gewissen Ton und eine gewisse Art. Wenn wir anderen gegenüber Gleichgültigkeit zeigen, behandeln wir sie nicht als Personen; wenn unsere Umgangsweise persönlich im Ton ist, sei es freundlich oder feindlich, behandeln wir sie als Personen. Aus dieser Sicht behandeln Arbeitgeber, die sich kalt oder distanziert gegen ihre Arbeitnehmer verhalten, diese nicht als Personen; persönlich Anteil nehmende Arbeitgeber dagegen tun es. Prostituierte, die ihre Arbeit mit teilnahmsloser Beiläufigkeit tun, benutzen die Kunden, und wenn diese sich ähnlich verhalten, benutzen sie sie oder ihn; wenn dagegen beide Beteiligten eine persönliche Umgangsweise hätten, wäre es eine persönliche Beziehung, und keiner würde den anderen benutzen.

Läge es an derartigem, daß andere als Personen behandelt bzw. nicht benutzt würden, so könnte keines der beiden Konzepte grundlegend für moralisches oder politisches Denken sein. Die Ausnutzung anderer, die sich als anteilnehmendes und fürsorgliches Verhalten bemäntelt, ist uns wohlvertraut. Die planvolle Verführung einer weniger erfahrenen Person, und sei sie noch so liebenswürdig in Szene gesetzt, gebraucht den anderen als Mittel. Arbeitgeber mit einer paternalistischen Anteilnahme am Leben ihrer Angestellten können diese gleichwohl benutzen und sie nicht als Personen behandeln. Und dagegen kann es wiederum sein, daß in Beziehungen ohne persönlichen Ton andere weder benutzt werden noch ihre Behandlung als Person verfehlt wird. Ein unpersönlicher Umgang mit einer Verkäuferin oder einem Verkäufer muß ihn oder sie weder in irgendeiner moralisch anfechtbaren Weise benutzen noch es versäumen, den Betreffenden als Person zu behandeln. Eine persönliche Art kann, wie wir sehen werden, ein wichtiger Aspekt bei der Behandlung anderer als Person sein. Aber das Konzept als solches ist völlig außerstande, die Anforderungen für das zu umfassen, was nötig ist, um das Instrumentalisieren anderer zu vermeiden, und gibt nur eine dürftige Vorstellung von ihrer Behandlung als Person.

2. Faktische Zustimmung

In einem tieferen und historisch bedeutenderen Verständnis des Gedankens, daß andere Menschen als Personen zu behandeln sind, wird ihr Einverständnis mit Handlungen, von denen sie betroffen sind, als moralisch relevant angesehen. Gemäß dieser Sicht ist es moralisch beanstandenswert, wenn andere auf eine Art und Weise behandelt werden, der sie nicht zustimmen. Damit wird ein anderer als eine Sache oder ein Werkzeug gebraucht, das der Weise seiner Benutzung weder zustimmt noch zustimmen kann; solches Handeln verabsäumt es, andere als Personen zu behandeln, die Entscheidungen treffen und die Zustimmung zu Handlungen, die sie betreffen, verweigern können.

Von dieser Auffassung des Behandelns anderer als Personen her sind Vergewaltigung und Verführung entschieden unannehmbar. Das Opfer des Vergewaltigers willigt nicht ein, sondern wird gezwungen; und dem Opfer des Verführers mangelt es an Einsicht in das, was ihm angesonnen wird, so daß es nicht zustimmen kann, geschweige denn das wirklich tut. Aber viele Beziehungen zwischen Prostituierten und ihren Kunden sind aus dieser Sicht nicht moralisch verwerflich, weil es Beziehungen zwischen einwilligungsfähigen Personen *(consenting adults)* sind. Ähnlich werden bei Sklavenhaltung und Zwangsarbeit und verschiedenen Formen von Wirtschaftsbetrug andere instrumentalisiert und nicht als Personen behandelt, doch in einer vertraglichen Beziehung wie der zwischen Arbeitgeber und Arbeitnehmer geschieht das nicht.

Dieses liberale Verständnis davon, wie die Benutzung anderer zu vermeiden ist und wie diese als Personen zu behandeln sind, trifft auf Schwierigkeiten verschiedener Art, wenn wir fragen, was Zustimmung eigentlich bedeutet.

Ein erstes Problem besteht darin, daß unklar ist, was Zustimmung ausmacht. In rechtlichen und institutionellen Zusammenhängen sind die Kriterien anscheinend am klarsten. Hier wird angenommen, daß formale Verfahren zeigen, wer zu welchen Handlungen welcher anderer Personen seine Zustimmung gibt. Aber auch hier kann sich ein behauptetes Einverständnis als nichtig erweisen. Selbst die klarsten Zustimmungsformeln, wie etwa Unterschriften und förmliche Eide, beweisen unter Umständen kein Vorliegen eines Einverständnisses, wenn Unwissenheit, Nötigung, Verdrehung, Druck oder dergleichen dahinterstehen.[1] Solche Umstände können Verträge und sogar Eheschließungen null und nichtig machen. Formale Verfahren der Einwilligung können geradezu ein Einverständnis als unecht verraten und sind damit auch nicht imstande zu garantieren, daß jedermann in diesem zweiten Sinne als Person behandelt wird.

Wo formale Verfahren fehlen, ist das Problem festzustellen, wozu ein Einverständnis gegeben wurde, noch größer. Die verschiedenen Debatten oder ausdrückliche und stillschweigende Einwilligung spiegeln diese Schwierigkeiten wider. Aber das eigentliche Problem hier besteht nicht darin, daß eine Zustimmung manchmal auf eine Art und Weise gegeben wird, die eher impliziten Charakter hat, sondern daß es grundsätzlich unklar ist, wo eine Zustimmung – selbst die ausdrücklichste – endet. Ein Kopfnicken in Richtung des Auktionators, wenngleich »implizit«, übermittelt eine ganz klare Bereitschaft, nämlich einen um einen festgelegten Betrag erhöhten Preis für einen bestimmten Gegenstand zu zahlen. Unter anderen Umständen sind die Grenzen von ausdrücklichem Einverständnis unklar. Wie andere propositionale Einstellungen ist auch Einverstandensein opak. Es ist denkbar, daß es sich nicht auf die logischen Implikationen, die wahrscheinlichen Ergebnisse oder die unerläßlichen Voraussetzungen dessen erstreckt, dem explizit zugestimmt wurde. Ein klassisches lehrreiches Beispiel für diesen Problembereich findet sich in politischen Debatten unter Liberalen über die Frage, inwieweit die (ausdrückliche oder stillschweigende) Zustimmung zu einer bestimmten Verfassung auch diejenige zu bestimmten Regierungen beinhaltet, die unter dieser Verfassung gebildet werden, und wieweit die Zustimmung zu einer bestimmten Regierung oder Partei diejenige zu verschiedenen Aspekten der Regierungs- oder Parteipolitik einschließt. Der Begriff einer loyalen Opposition läßt sich niemals anders als kontextabhängig bestimmen.

Ein zweiter Bereich von Schwierigkeiten taucht auf, wenn das gegebene Einverständnis nicht den Handlungen entspricht, die es vermeintlich legitimiert. Marxistische Kritiker kapitalistischer Wirtschaftssysteme behaupten, daß die Arbeiter der Weise ihrer Beschäftigung, trotz deren äußerlicher Vertragsform, nicht zustimmen. Denn anders als Kapitalbesitzer können die Arbeiter (zumindest im »idealen« Kapitalismus) sich bei Strafe des Verhungerns nicht dafür entscheiden, ohne Arbeit zu leben. Mithin kaschiert die äußere vertragliche Form einen dahinterstehenden Zwang. Die Arbeiter entscheiden sich (in Zeiten der Hochkonjunktur) zwischen verschiedenen Arbeitgebern, aber sie können nicht die Arbeitslosigkeit wählen oder damit einverstanden sein. Entsprechend haben die Frauen in den meisten Gesellschaften bisher nicht wirklich in ihre eingeschränkten Lebensmöglichkeiten eingewilligt. Die Wahl eines Ehepartners bedeutet nicht, daß das Leben in einer Ehe gewählt worden ist. Die äußerlichen Formen der Marktwirtschaft können ebenso wie die Tatsache, daß Ehen nicht arrangiert werden, verschleiern, wie geringfügig der Spielraum zwischen Ablehnung und Einwilligung ist. In marxistischer Sicht ist bürgerliche Freiheit keine wirkliche Freiheit, und in bürgerlichen Gesellschaften werden Männer und Frauen immer noch oft mehr als Sachen denn als Personen behandelt. Die bürgerlichen Ideologien bieten eine illusionäre Freiheit. Sie strukturieren ein falsches Bewußtsein, das das Ausmaß verdunkelt, in dem Menschen benutzt und nicht als Personen behandelt werden.

Und schließlich zeigen sich auf einem dritten Gebiet Schwierigkeiten, wenn man tatsächliche Zustimmung als ausschlaggebend für die Behandlung anderer als Personen betrachtet, nämlich dort, wo die Fähigkeit zuzustimmen oder abzulehnen beeinträchtigt ist. Die Diskussionen in der medizinischen Ethik zeigen, wie schwierig es ist sicherzustellen, daß das Einverständnis von Patienten mit ihrer Behandlung wirklich eines ist. Es ist immer dann keines, wenn sie das nicht begreifen, womit sie angeblich einverstanden sind, oder es ihnen an Unabhängigkeit fehlt, etwas anderes zu tun, als dem »zuzustimmen«, wovon sie meinen, daß der Arzt es will oder verlangt. Für die Patienten ist es nicht leicht, komplexe medizinische Vorgänge zu verstehen; wenn sie aber lediglich auf eine vereinfachte Darstellung hin einwilligen, stimmen sie vielleicht der vorgeschlagenen Behandlung nicht zu. Und ihre besondere Abhängigkeit macht es selbst den Wohlinformierten schwer, unabhängige Entscheidungen über eine nahegelegte Behandlung zu treffen. Paradoxerweise kann der Fall von schwer beeinträchtigten Personen am leichtesten handhabbar erscheinen. Wenn diese zu schwer geschädigt sind, um irgendeine Zustimmung zu geben, können sie offensichtlich nicht als Personen in diesem Sinne behandelt werden. Paternalismus mag dann gegenüber Menschen erlaubt und sogar geboten scheinen, die, und sei es auch zeitweilig, *nur* Patienten sind. Aber bei weniger beeinträchtigten Patienten sind wir nicht so schnell bereit, das Ideal des Behandelns anderer als Person außer Kraft zu setzen. Der wirklich schwierige Fall entsteht bei denen, die sich, wie Mill es ausgedrückt hätte, »in der Reife ihrer Fähigkeiten« befinden. Selbst als reife Menschen sind wir selten ideal rationale Patienten! Hier stehen wir vor der Möglichkeit, daß ein Einverständnis unecht sein kann, auch wenn es auf durchschnittlicher Einsicht und normaler Entscheidungsfähigkeit beruht.

Nicht nur als Untergebene oder Beschäftigte oder Patienten haben wir lediglich ein begrenztes Verständnis von der Art und Weise, wie andere uns gegenüber zu handeln beabsichtigen, und nur eine unvollständige Fähigkeit, für uns selbst Entscheidungen zu treffen. Das offenbare Einverständnis anderer, selbst ihr anscheinend wohlinformiertes Einverständnis, kann *grundsätzlich* unzureichend für den Ausweis sein, daß wir sie in unserem Umgang mit ihnen als Personen behandeln. Die Probleme der Anfechtbarkeit und der Unschärfe von Einverständnis, der ideologischen Verzerrung und Selbsttäuschung sowie der beeinträchtigten Zustimmungsfähigkeit sind alle Ausprägungen derselben Grundschwierigkeit. Das tieferliegende Problem auf diesem Gebiet ist einfach eine notwendige Folge der Undurchsichtigkeit von Intentionalität. Wenn wir dem Ansinnen eines anderen zustimmen, dann tun wir es selbst als »voll« Informierte nur in bezug auf eine bestimmte Formulierung dessen, was der andere vorhat. Wir mögen dabei in Unkenntnis anderer, vielleicht ebenso triftiger Darstellungsweisen des Geplanten bleiben, und zugleich mancher, denen wir nicht zustimmen würden. (»Ich wußte nicht, auf was ich mich dabei eingelassen habe!«, könnten wir dann protestieren.) Selbst wenn weitere Beschreibungen von derjenigen ableitbar sind, der wir zugestimmt haben, unterlassen wir vielleicht die Folgerung; und oft können wir auch nicht ableiten, mittels welcher bestimmten Handlung eine Absicht umgesetzt wird. Wenn wir echte, moralisch bedeutsame Zustimmung beschreiben wollen, müssen wir erklären, *welchen* Aspekten von Handlungen zugestimmt werden muß, damit niemand benutzt oder geringer denn als Person behandelt wird. Eine Beschreibung echten Einverständnisses muß dann zeigen, wie die moralisch relevanten Aspekte von Plänen, Vorschlägen und Absichten als Kandidaten für Zustimmung ausgewählt werden.

3. Hypothetische Zustimmung

Bevor ich untersuche, wie man bei solch einer Bestimmung vorgehen könnte, möchte ich eine Auffassung von der Behandlung anderer als Personen betrachten, nach der wir nicht zu wissen brauchen, wozu sie ihre Einwilligung geben. Diese Strategie geht nicht von einem tatsächlich gegebenen, sondern von einem hypothetischen Einverständnis aus, das durch und durch rationale Wesen dem betreffenden Vorhaben geben würden. Sie hat offenkundige Vorzüge.

Einer davon liegt in dem Hinweis, daß zumindest manchmal eine tatsächliche Zustimmung, selbst eine wohlinformierte, nicht moralisch entscheidend ist. Insofern wird unsere starke moralische Intuition veranschlagt, daß selbst ein Einvernehmen ungerecht oder bedeutungslos sein kann (vielleicht spiegelt es falsches Bewußtsein wider) und daß nicht in allem, was zwischen einwilligungsfähigen Personen geschieht, der andere als Person behandelt wird. Dieser Ansatz läßt sich auch ohne weiteres auf Fälle von eingeschränkter Zustimmungsfähigkeit beziehen. Da er sich auf grundsätzlich nicht vorhandene Fähigkeiten beruft, gibt es in gewisser Weise bei seiner Anwendung keinen Unterschied zwischen Menschen, die sich »in der Reife ihrer Fähigkeiten« befinden, und solchen, die stärker beeinträchtigt sind. Gemessen am Standard vollkommener Rationalität sind wir alle eingeschränkt. Aber wir können uns immerhin die Frage stellen, ob ein völlig rationales Wesen zustimmen würde.

Aber diese Vorzüge bilden nur die annehmbare Seite des schwerwiegenden Mangels dieses Ansatzes. Falls es nur einer hypothetischen rationalen Zustimmung bedarf, damit andere als Personen behandelt werden, so kann es geschehen, wie Berlin schon vor langer Zeit verdeutlicht hat, daß wir uns über die tatsächliche Ablehnung anderer hinwegsetzen, indem wir sie im Namen höherer und vernünftigerer Wesen, die dem Vorgeschlagenen zustimmen würden, unter Druck setzen. Es erscheint nicht überzeugend, daß die Behandlung anderer als Personen auch nur gelegentlich ein Hinweggehen über die wirkliche Entscheidung dieser anderen, soweit wir sie kennen, bedeuten sollte.

Andere Schwierigkeiten bei diesem Ansatz entstehen aus den verschiedenen in Anspruch genommenen Konzeptionen von Rationalität. Viele davon setzen einen festen Bestand an Wünschen voraus. Selbst wenn das auch die tatsächlichen Wünsche des Zustimmenden sind, wird doch die Berufung auf eine hypothetische Zustimmung nicht die Sorge beseitigen, daß eine Übereinkunft ungerecht sein oder nur eine begrenzte Ideologie widerspiegeln kann. Wenn man sich aber nicht auf die tatsächlichen Wünsche des Zustimmenden beruft, sondern nur auf ein angenommenes System von rational strukturierten Wünschen, dann kann die Theorie zu schwach sein festzulegen, wozu vernünftigerweise eine Zustimmung gegeben würde. Unter der Voraussetzung, daß es viele vernünftig strukturierte Bestände von hypothetisch Wünschenswertem gibt, kann die vernünftige Struktur allein nicht festlegen, was vernünftigerweise Zustimmung erhalten würde. Es bereitet vielmehr Schwierigkeiten, Inhalt und Begründungen eines stärkeren (z. B. quasi-platonischen) Kanons rationaler Wünsche zu entwickeln, die für eine hypothetische Zustimmung maßgebend sein könnten.

Das Bestechende an hypothetischen Kriterien für Einverständnis in bezug auf die Behandlung anderer als Personen liegt darin, daß sie die Begrenztheit von faktischen Kriterien überwinden, indem sie hypothetisch Handelnde mit Erkenntnisfähigkeiten ausstatten, die ihr Verständnis des Beabsichtigten erweitern. Aber es ist eben nicht klar, wie weit der Einblick selbst ideal vernünftiger Wesen reicht. Haben sie zum

Beispiel eine genauere Einsicht in Vorschläge, die an sie gerichtet sind, als diejenigen, die die Vorschläge machen? Wie verfahren sie mit in sich widersprüchlichen Vorschlägen? Welche Aspekte der Ansinnen anderer sind ausschlaggebend für Zustimmung oder Ablehnung durch völlig rationale Wesen? Eine überzeugende Darstellung eines hypothetischen rationalen Einverständnisses muß erklären, *welche* Aspekte oder Handlungen hypothetische Zustimmung erhalten müssen, wenn durch diese Handlungen andere nicht benutzt werden sollen oder wenn nicht versäumt werden soll, sie als Personen zu behandeln. Dieser Ansatz kann uns nicht von der Notwendigkeit befreien, die moralisch bedeutsamen Aspekte von Plänen, Vorschlägen und Handlungen ausfindig zu machen, die Kandidaten für Zustimmung sind.

4. Echte und unechte Zustimmung

Wenn der Begriff der Zustimmung dabei helfen soll zu erläutern, was es heißt, andere als Personen zu behandeln, brauchen wir eine Bestimmung von wirklichem, moralisch bedeutungsvollem Einverständnis, und wir müssen es unterscheiden von einem unechten oder moralisch bedeutungslosen. Drei Punkte erscheinen mir einleitend wichtig.

Erstens kann eine moralisch relevante Zustimmung nicht allen Aspekten der Vorschläge eines anderen gelten, die mich betreffen könnten. Jede komplexe Handlung wird unter vielen Beschreibungsmöglichkeiten vollzogen; aber die meisten davon sind ohne moralische Relevanz. Eine moralisch bedeutungsvolle Zustimmung wird, so meine ich, den tiefergehenden oder grundlegenderen Aspekten der Vorschläge des anderen gelten. Wenn ich einwillige, als Versuchsperson für ein medizinisches Experiment zu fungieren, und die Zeitplanung schlägt fehl, so kann mir das Unannehmlichkeiten bereiten, aber ich bin nicht ernstlich getäuscht worden. Aber meine Zustimmung wird sich als falsch erweisen, und ich bin nicht als Person behandelt, sondern in der Tat benutzt worden, wenn ich auf eine ernstlich irreführende Darstellung des Experiments und seiner Risiken hin zugestimmt habe.

Zweitens muß die Zustimmung einer anderen Person, soll sie moralische Relevanz besitzen, wirklich die ihre bzw. die seine sein. Andere als Person zu behandeln, muß heißen, ihnen die *Möglichkeit* der Annahme oder Ablehnung eines Vorschlags zuzugestehen. Der Urheber einer Handlung kann diese Möglichkeit sicherstellen, aber die Zustimmung kann nicht in seinen bzw. ihren Händen liegen. Der moralisch erhebliche Aspekt an der Behandlung anderer als Person kann weit eher in der *Ermöglichung* ihrer Zustimmung oder Ablehnung bestehen, als in dem, wozu sie tatsächlich ihre Zustimmung geben oder hypothetisch als völlig rationale Wesen geben würden. Die Forderung, diese Möglichkeit für andere zu gewährleisten, ist immer dann von einschneidender Bedeutung, wenn diese von unserem Vorhaben stark betroffen sein werden. Es ist nicht schwierig, denjenigen, die in jedem Falle nicht mehr als Zuschauer sein werden, eine echte Möglichkeit der Verweigerung zu gewährleisten. Ihnen muß nur eingeräumt werden, sich zu entfernen oder Widerspruch, Abscheu oder dergleichen auszudrücken. Aber wer stark in ein Vorhaben einbezogen oder davon betroffen ist, hat keine echte Möglichkeit der Ablehnung, solange er nicht die Handlung abwenden oder verändern kann, indem er Zustimmung oder Mitwirkung versagt. Wenn die stark Betroffenen die Möglichkeit der Verweigerung haben, werden sie in der Lage sein, vom Urheber einer Handlung zu fordern, daß er diese entweder modifiziert oder aufgibt oder sich über den Einspruch hinwegsetzt. Freilich untergräbt der Urheber einer Handlung, der angesichts von aktiv ausgedrücktem Protest weiter vorandrängt, jede echte Möglichkeit, seinen Plan zurückzuweisen, und nötigt ihn anderen auf. Jede »Einwilligung« in das Vorhaben wird dann unecht sein und nicht als Beweis dienen, daß andere nicht benutzt worden sind, geschweige denn, daß sie als Personen behandelt worden sind.

Drittens muß uns deutlich werden, was echte Zustimmung zu den grundlegenderen Aspekten einer Handlung möglich macht. Es gibt allerdings keine Garantie dafür, daß irgendeine Kombination von Forderungen diese Zustimmung unter allen Umständen ermöglicht. Doch es kann einige notwendige Bedingungen geben, deren Fehlen immer eine wirkliche Einwilligung oder Verweigerung ausschließt, und andere Voraussetzungen, die erforderlich sind, um die Einwilligung wenigstens unter einigen Umständen zu ermöglichen. Die Annahme ist plausibel, daß wir andere benutzen, wenn wir auf eine Art und Weise handeln, die *stets* wirkliche Zustimmung oder Ablehnung ausschließen würde. Wenn wir zum Beispiel andere unter Druck setzen oder täuschen, ist ihre Weigerung und damit ihre wirkliche Zustimmung grundsätzlich ausgeschlossen. Hier benutzen wir andere tatsächlich, indem wir sie als bloße Hilfsmittel oder Werkzeuge für unsere eigenen Vorhaben gebrauchen. Selbst die vernünftigsten und unabhängigsten Wesen können keinen Vorhaben wirklich zustimmen, über die sie getäuscht worden sind oder denen sie sich gezwungenermaßen fügen. Selbst wenn ein Vorschlag begrüßt worden wäre und Druck oder Täuschung sich erübrigt hätte, schließt seine Erzwingung oder betrügerische Durchsetzung eine echte Zustimmung aus.

In anderen Fällen macht eine Handlungsabsicht Zustimmung und Ablehnung vielleicht nicht grundsätzlich unmöglich, aber die bestimmten anderen Personen, die davon betroffen sind, sind nicht in der Lage, sie abzulehnen oder wirklich einzuwilligen. Ein umfassendes Verständnis von der Behandlung anderer als Personen sollte nach meinem Vorschlag in gewissem Maße die besonderen Verhältnisse von Menschen berücksichtigen. Es muß zulassen, daß wir die Möglichkeit von Einverständnis und Ablehnung für andere ernst nehmen, die, weit entfernt davon, in idealer Weise rationale und unabhängige Wesen zu sein, ihre je eigenen Begrenztheiten haben, die ihre Fähigkeiten zuzustimmen und abzulehnen unter verschiedenen Umständen verschieden beeinflussen. Uns geht es darum, nicht nur als Person – irgendeine Person – behandelt zu werden, sondern bis zu einem gewissen Grade als die bestimmte Person, die wir sind. Wir sind nicht einfach einwilligungsfähige Personen *(consenting adults)*, sondern bestimmte Freunde, Kollegen, Kunden, Rivalen, Verwandte, Liebende, Nachbarn; wir haben alle unsere besondere Geschichte, unseren Charakter, eine Anzahl von Fähigkeiten und Schwächen, Interessen und Wünschen. Selbst wenn andere uns nicht täuschen oder unter Druck setzen oder in irgendeiner Weise zu ihrem Werkzeug machen, können wir dennoch das Gefühl haben, daß sie uns nicht als Person behandeln. Der Gedanke, daß es einer persönlichen Art bedarf, um jemanden als Person zu behandeln, hat einiges Gewicht. Nicht benutzt zu werden, mag für das Behandeltwerden als Person hinreichen, wenn jemandes bestimmte Identität und spezifischer Charakter belanglos sind, etwa bei geschäftlichen oder anderen Vorgängen zwischen anonymen Mitgliedern der Öffentlichkeit. (Und auch hier dürften wir finden, daß Regeln der Höflichkeit Genüge getan werden muß.) Immerhin kann in öffentlichen Kontexten der Hauptanteil der Behandlung als Person darin bestehen, nicht benutzt zu werden; denn wenn Zustimmung und Ablehnung grundsätzlich möglich sind, können wir die Gelegenheiten, Angebote oder Tätigkeiten ablehnen, die uns nicht zusagen. Aber wo wir besondere Beziehungen zu bestimmten anderen haben, wird eine Behandlung als Person weit mehr erfordern. Sie kann verlangen, daß wir mit anderen nicht unpersönlich umgehen, sondern daß wir vielmehr mit ihnen umgehen als den Personen, die sie sind.

5. Mögliche Zustimmung: eine Kant-Lektüre

Eine Verlagerung des Brennpunktes auf mögliche Zustimmung hat weitreichende Auswirkungen. Wenn wir moralisch geforderte Handlungen als solche sehen, denen andere tatsächlich oder hypothetisch zustimmen, betrachten wir Moralität implizit als teilweise abhängig von Wünschen. Jemandes tatsächliche Zustimmung wird gewöhnlich seine oder ihre Bedürfnisse oder Vorlieben widerspiegeln, und die gängigen modernen Theorien von hypothetischer Einwilligung charakterisieren sie dadurch, daß tatsächlichen Präferenzen eine rationale Ordnung hypothetisch auferlegt wird. Es scheint jedoch nicht überzeugend, daß die Behandlung anderer als Personen von *höchster* moralischer Bedeutung sein kann, wenn sie lediglich darauf hinausläuft zu vermeiden, was die Betroffenen nicht wollen oder vernünftigerweise nicht wollen könnten. In einer moralischen Theorie, in der Bedürfnisse grundlegend sind, hat die Idee der Behandlung anderer als Person für sich genommen keinerlei Gewicht. In kantischer Ausdrucksweise könnten wir sagen, daß der Begriff der Person in einer heteronomen Moraltheorie nicht zählt. Wenn Bedürfnisse oder rationalisierte Präferenzen moralisch grundlegend sind, ist Zustimmung von untergeordneter Bedeutung. Nur in Moraltheorien für Wesen, die manchmal unabhängig von Begierden oder Vorlieben handeln können, hat der Zustimmungsbegriff einen eigenen Rang. In solchen Theorien ist es zwar wichtig, daß anderen eine Zustimmung möglich ist, aber ob dasjenige, dem sie zustimmen, auch das ist, was sie wollen, hat untergeordnete Bedeutung.

Eine Erörterung der Frage, wie andere benutzt oder als Person behandelt werden, die von den Begriffen der Möglichkeit von Zustimmung und Ablehnung ausgeht, legt deren kantische Ursprünge frei. Die kantischen Texte bieten auch Anregungen für die Entfaltung, Ausarbeitung und Differenzierung dieser beiden Begriffe.

In Kants Handlungstheorie wird jede Tat gesehen als einer *Maxime* folgend, einem zugrunde liegenden Prinzip, das die spezifischeren, untergeordneten Aspekte der Handlung leitet und strukturiert.[2] Die Zweck-an-sich-Formel macht es zur Pflicht, nach solchen Maximen zu handeln,

»daß du die Menschheit sowohl in deiner Person, als in der Person eines jeden andern jederzeit zugleich als Zweck, niemals bloß als Mittel brauchst«.[3]

Hier liegen zwei unterschiedliche Aspekte der Behandlung anderer als Personen vor: Nach der Maxime dürfen sie nicht (negativ) als bloße Mittel gebraucht werden, aber sie müssen auch (positiv) als Zweck an sich selbst behandelt werden. (G, 430)

Kant beschreibt die erste Art des Versäumnisses als Handeln nach Maximen, denen kein anderer überhaupt zustimmen könnte, und die zweite als das Verfolgen von Zielen, die ein anderer nicht teilen kann. Er schreibt über einen solchen Fall: Denn der, den ich durch ein solches Versprechen zu meinen Absichten brauchen will, kann unmöglich in meine Art, gegen ihn zu verfahren, einstimmen und also selbst den Zweck dieser Handlung und erst recht den Zweck des Urhebers *nicht teilen*, wird also nicht als Person behandelt. Ähnlich verhält es sich bei einer Maxime von Zwang: Die Opfer können nicht mit dem Grundprinzip oder der Maxime eines Unterdrückers einverstanden sein, die ihnen die Wahl zwischen Einwilligung und Verweigerung vorenthält, und sie können darüber hinaus die Zwecke des Unterdrückers nicht teilen. (Die Opfer können dieselben Zwecke wie ihre Unterdrücker *wollen*; aber das ist nicht dasselbe wie sie zu teilen, denn jemand, der gezwungen wird, und sei es auch unnötigerweise, verfolgt überhaupt keine Zwecke und teilt sie daher auch nicht.) Wer betrogen oder genötigt wird, wird damit *sowohl* benutzt *als auch* nicht als Person behandelt.

Es folgt daraus nicht, daß nichts von dem, was nach einer Maxime von Täuschung oder Zwang getan wird, von den Getäuschten oder Genötigten Zustimmung erhalten oder geteilt werden könnte. Im Gegenteil, die Täuschung funktioniert gewöhnlich durch das Offenlegen sekundärer Aspekte der Handlung, die in irreführender Weise auf irgendeine grundlegende Maxime hindeuten, der zugestimmt werden *kann*. Betrug gelingt nur, wenn die dahinterstehende Absicht verdunkelt wird. Der tatsächlichen Maxime des Betrügers kann daher nicht zugestimmt werden. Eine Maxime von Zwang muß nicht verborgen sein – sie kann sogar brutal offenkundig sein –, aber sie enthält unverkennbar den Opfern die Wahl zwischen Zustimmung und Ablehnung vor.

Obgleich die Grenzen der Ausübung von Zwang oft unklar sind, werden wir in den wesentlichen Fällen Übereinstimmung erzielen, wie etwa bei der Anwendung von körperlicher Gewalt, schwerer und glaubhafter Bedrohung und institutionalisierten Formen von Unterdrückung wie Sklaverei. Aber auch da können die Opfer zu vielen der untergeordneten Absichten oder Vorschläge des Unterdrückers ihre Zustimmung geben, und sie tun es tatsächlich. Es ist immer schwierig zu bestimmen, wann erzwungenes »Mitmachen« in Kollaboration mit der Zwang ausübenden Person übergeht. (Vergewaltigungsprozesse sind da lehrreich.[4]) Und es ist auch schwierig festzustellen, wann genau ein offenbar getäuschter Beteiligter zur Vorschub leistenden Partei wird. Aber obwohl diese Vielschichtigkeit die Beurteilung der wirklichen Fälle schwierig macht, ändert sie nichts daran, daß durch eine Maxime von Betrug oder Zwang der andere als bloßes Mittel und nicht als Person behandelt wird, selbst wenn das Opfer so tief in die Handlung des Urhebers hineingezogen wird, daß wir zu dem Urteil gelangen müssen, er oder sie sei zum Mittäter oder Mitschuldigen geworden.

Der zweite Teil von Kants Darstellung des Umgangs mit anderen als Personen verpflichtet uns, sie nicht nur nicht als Mittel zu benutzen, sondern sie als »Zweck an sich selbst« zu behandeln. Damit meint er nicht, daß andere unser Ziel oder Zweck sein sollten. Nur das, wonach wir streben, einschließlich dessen, was wir begehren, kann ein Ziel oder Zweck sein. Diese Art subjektiver Zwecke hängt in ihrer Existenz von uns ab. Andere Zwecke, die unabhängig von unserem Handeln bestehen, können keine subjektiven sein, sondern nur Zwecke an sich. Diese können für uns Gründe von Handlungen darstellen, nicht indem sie deren *Ziel* oder *Wirkung* sind, sondern indem sie *Grenzen* bilden. (G, 428)[5] Andere können mein Handeln begrenzen, indem sie ihrerseits Handelnde sind, deren Maximen ihre Absichten und ihr Tun zu ihren verschiedenen Zwecken hin leiten. Eine derartige Grenze zu respektieren, kann nicht in räumlicher Analogie als das Vermeiden bestimmter Bereiche gedacht werden, denn das vielfältige Tun anderer geschieht in einer Welt, die wir teilen, und nicht in räumlich abgegrenzten Kapseln (wie die Verfechter individueller Handlungsfreiheit es annehmen dürften). Andere nicht als bloßes Mittel zu behandeln, bringt geringfügige, aber unabdingbare Erfordernisse des Abstimmens von Handlungen in einer Welt mit sich, die von einer Vielzahl von Handelnden geteilt wird; daß nämlich niemand sich grundlegende Prinzipien zu eigen mache, denen andere unmöglich zustimmen können. Andere als Zwecke zu behandeln, kann zusätzliches Handeln erforderlich machen, wenn eine Verweigerung zwar grundsätzlich möglich ist, aber die wirklich Betroffenen nur begrenzte Möglichkeiten des Einspruchs haben.

Wüßten wir *allein*, daß die anderen vernünftig und völlig autonom sind, dann wäre alles, was wir zu ihrer Behandlung als Person tun könnten, die Erfüllung des negativen Anspruchs, sie nicht zu benutzen. Aber wir wissen viel über die Männer und Frauen, mit denen wir leben, und im besonderen über ihre verschiedenen Wünsche und ihre begrenzte Rationalität und Autonomie. Wir können jedoch keine Einzelformel für zusätzliche Handlungsmaximen angeben, die darüber hinausgehen, daß andere nicht benutzt werden sollen, und zugleich das positive Kriterium erfüllen, daß andere Wesen mit begrenzter Rationalität und Autonomie als Zwecke an sich zu behandeln sind. Kant nimmt in Anspruch, daß die Zweck-an-sich-Formel ein Kriterium für die »weiten« Pflichten der Wohltätigkeit (und der Selbstvervollkommnung) bietet, ebenso wie für die »engen« Pflichten von Gerechtigkeit (und von Selbsterhaltung und -achtung). Aber während die negative Forderung, andere nicht zu benutzen, in einem gewissen (zweifellos unvollständigen) Absehen von den besonderen Zügen anderer rationaler Wesen her festgelegt werden kann (»Das Problem der Staatserrichtung ist [...] selbst für ein Volk von Teufeln [...] auflösbar«[6]), können wir nur unbestimmte Angaben über die »positiven« Erfordernisse bei der Behandlung anderer als Zwecke an sich machen. Wo das Behandeln anderer als Personen darüber hinausgeht, sie nicht zu benutzen, müssen wir die »Menschheit in ihrer Person« veranschlagen, das heißt, ihre bestimmten Fähigkeiten zu vernünftigem und unabhängigem Handeln.[7] Diese Bedingung kann mit Leichtigkeit erfüllt werden, wo es um ideal vernünftige Wesen geht. Aber Menschen, wenngleich sie eher Vernunft- als Instinktwesen sind, sind trotzdem nur begrenzt rationale Wesen, von deren Handlungsmöglichkeiten wir in abstracto keine bestimmte Erklärung geben können. Die einzigen abstrakten Angaben, die wir über die »positiven« Maximen machen können, nach denen wir handeln müssen, um andere Männer und Frauen als Personen zu behandeln, bezeichnen sehr allgemeine Verfahrensweisen. Aber diese »weiten«

oder »unvollkommenen« Pflichten, die Zwecke anderer zu teilen, können in bestimmten Zusammenhängen klare Folgerungen nach sich ziehen.

Die »positiven« Aspekte des Behandelns anderer als Zwecke an sich verlangen ein Handeln nach Maximen des Teilens der Zwecke anderer. Im Umgang mit anderen Menschen (im Gegensatz zu ideal rationalen Wesen) genügt es nicht, nach Maximen zu handeln, denen sie möglicherweise zustimmen können, gleichgültig, welches auch immer ihre Zwecke sind. Es ist ebenso notwendig, daß jeder sich Maximen zu eigen mache, durch die er »die Zwecke anderer, so viel an ihm ist, zu befördern trachtete«. (G, 430) Um Menschen als Personen zu behandeln und nicht als »ideal« rationale Wesen, dürfen wir nicht allein sie nicht benutzen, sondern müssen auch ihre individuellen Fähigkeiten zu handeln und sich rational zu verhalten in Rechnung stellen. Da andere Menschen mannigfaltige Ziele haben, da sie in ihrer Unabhängigkeit und Rationalität gefährdet und auch in anderen Hinsichten weit davon entfernt sind, autark zu sein, kann das Teilen auch nur mancher ihrer Zwecke mehrfache Anforderungen mit sich bringen. Kant behauptet, daß diese Forderungen unter den Stichworten Achtung und Liebe (oder Wohltätigkeit) zusammengefaßt werden können. Er gebraucht wiederholt räumliche Metaphern, um auszudrücken, wie diese beiden Arten von Forderungen sich unterscheiden: »Vermöge des Princips der Wechselliebe sind sie angewiesen sich einander zu nähern, durch das der Achtung, die sie einander schuldig sind, sich im Abstande von einander zu erhalten.«[8]

Achtungsvolles Verhalten muß anerkennen, daß die Maximen und Absichten anderer *ihre* Maximen und Absichten sind. Dazu muß vermieden werden, lediglich deren Ziele zu übernehmen oder zu realisieren; man muß dem anderen den »Raum« lassen, sie für sich selbst zu verfolgen. Die Achtung vor anderen erfordert, so meint Kant, daß wir Verachtung, Spott, Geringschätzung, Herabsetzung und dergleichen vermeiden und daß wir ihnen Anerkennung bezeigen (M, 461–468). Ein Verhalten der praktischen Liebe oder Wohltätigkeit verlangt, daß wir die Bedürfnisse nach Unterstützung anerkennen, die bestimmte andere beim Handeln nach ihren Maximen und zur Erreichung ihrer Zwecke haben. Die Liebe fordert, daß wir »ein thätiges, praktisches Wohlwollen, sich das Wohl und Heil des Anderen zum *Zweck* zu machen« (M, 452) in unsere Maximen übernehmen. Das zu tun, heißt die

Zwecke eines anderen Menschen, die seine oder ihre Glückseligkeit bedeuten würden, teilweise zu meinen eigenen zu machen. Solche Wohltätigkeit schließt das Unterstützen anderer, Großmütigkeit, tätiges Mitgefühl und Versöhnlichkeit und das Vermeiden von Neid und Schadenfreude ein. (M, 451–461)

Die kantische Konzeption der Wohltätigkeit ist jedoch von Beginn an antipaternalistisch. Die Pflicht, das Glück anderer zu erstreben, ist immer die, ihre Zwecke zu fördern und zu teilen, *ohne* sie zu übernehmen, und sie besteht nicht darin, bestimmte Güter und Leistungen zur Verfügung zu stellen oder die Bedürfnisse anderer zu erfüllen oder dafür zu sorgen, daß ihre Zwecke erreicht werden. Wohltätigkeit dieser Art geht davon aus, daß andere Menschen mindestens zum Teil Handelnde sind und ihre eigenen Zwecke haben. Die Spannung zwischen Wohltätigkeit und der Behandlung anderer als Personen, die im Zentrum vieler Diskussionen über Paternalismus steht, fehlt bei Kant: »Ich kann niemand nach meinen Begriffen von Glückseligkeit wohlthun (außer unmündigen Kindern oder Gestörten), sondern nach jenes seinen Begriffen, dem ich eine Wohlthat zu erweisen denke.« (M, 454)

Es bleibt, wie Kant andeutet, die unvermeidbare Spannung zwischen Liebe und Achtung. Wir erfahren sie jedes Mal, wenn wir das Problem zu lösen versuchen, die Zwecke eines anderen zu teilen, ohne sie zu übernehmen.[9] Das ist eine Spannung, für die es keine allgemeine Lösung gibt, die aber in bestimmten Zusammenhängen gelöst werden kann. Kants weite oder unvollkommene Pflichten geben keine Handlungsregeln für alle vernünftigen Wesen an, denn die Weise, wie das Teilen der Zwecke anderer vielleicht dargestellt werden kann, wäre völlig anders für vernünftige Wesen anderer Art (man denke an solche, die psychologisch füreinander unzugänglich, oder solche, die weniger abhängig von der körperlichen Welt wären als wir) und wird jedenfalls sehr unterschiedlich für menschliche Wesen mit ihren mannigfaltigen Zwecken aussehen.

Im Gesamtbild, das bei dieser Lesart der Zweck-an-sich-Formel entsteht, zeigt sich, daß ein Leben von moralischem Wert auf den Maximen von Gerechtigkeit (einschließlich der Ablehnung von Zwang und Täuschung) und von Achtung und Liebe gegründet sein muß. In solch einem Leben werden andere weder benutzt (durch ein Handeln nach Maximen, die Zustimmung oder Verweigerung von vornherein unterlaufen), noch wird verabsäumt, die Zwecke anderer zu teilen (durch ein

Handeln nach Maximen, die diese Zwecke entweder mißachten oder an sich reißen oder nicht unterstützen). In jedem Falle sind es unsere grundlegenden Absichten, Prinzipien oder Verfahrensweisen, die diese Bedingungen erfüllen müssen. Zwar ermöglichen wir nicht den anderen, selbst wenn sie stark betroffen sind, zu *jedem* Aspekt (nicht einmal jedem beabsichtigten Aspekt unseres Handelns) Zustimmung oder Ablehnung zu äußern; auch können wir nicht so leben, daß wir jederzeit allen anderen bei der Realisierung ihrer Zwecke helfen. Gerechtigkeit und Achtung unterliegen je nach den Umständen der Veränderung, und Wohltätigkeit verfährt zudem unvermeidlich selektiv. Dennoch gibt es Gelegenheiten, wo ein bestimmtes Handeln gefordert ist: Es gibt Zusammenhänge und Beziehungen zu anderen, in denen nichts oder das Falsche zu tun ein ausreichender Beweis dafür wäre, daß die zugrunde liegende Maxime oder das Prinzip ungerecht ist oder der Achtung oder Wohltätigkeit entbehrt. Selbst die unvermeidliche Selektivität von Liebe und Wohltätigkeit bedeutet nicht, daß wir im Handeln nach diesen Maximen die wesentlichen Ziele eines Lebens vernachlässigen dürfen, mit dem unser eigenes eng verbunden ist. Die besonderen Forderungen der Wohltätigkeit sind ausreichend bestimmt, wenn unser Leben mit dem anderer Menschen verflochten ist.

6. Moralisch anerkennenswerte Maximen und einwilligungsfähige Personen

Wenn diese Lesart der Formel vom Zweck-an-sich-selbst mehr sein soll als eine Kant-Auslegung, dann müßte sie uns beim Nachdenken über das Problem des Benutzens anderer und des Versäumnisses, sie als Personen zu behandeln, hilfreich sein. Insbesondere sollten die klassischen Beispiele für den mutmaßlichen Mißbrauch auf sexuellem und wirtschaftlichem Gebiet dadurch erhellt werden. Es gibt jedoch noch eine weitere Schwierigkeit, wenn dieser Gedanke verfolgt werden soll.

Kants Untersuchung über die Behandlung anderer als Personen führt ihn zunächst zu Forderungen, die die Maximen moralisch anerkennenswerten Handelns betreffen. Seine moralischen Grundkategorien sind nicht die von richtig und falsch, sondern vielmehr die von moralischem Wert und Unwert. Richtig und falsch, die Kategorien der »Legalität«, sind in seinen Augen abgeleitet von denen der Moralität (G,

397; M, 218–220). Erlaubtes Handeln stimmt in äußeren Hinsichten, aber vielleicht eben nur in äußeren, mit moralisch achtenswertem überein. Das streng verpflichtende Handeln paßt sich nicht bloß äußerlich dem an, was die moralische Werthaftigkeit fordert, sondern es kann (unter den je bestimmten Umständen) von Handelnden, deren Maximen moralischen Wert haben, nicht unterlassen werden.

Wir haben aber gesehen, daß kein bestimmter äußerer Vollzug durch die Maximen, die das Teilen (einiger) der Zwecke anderer betreffen, vorgeschrieben wird. Unvollkommene Pflichten haben keine bestimmte äußere Darstellungsform. Selbst vollkommene Pflichten können auf äußerlich verschiedene Weisen vollzogen werden. Denn jedes zugrunde liegende Prinzip oder jede Maxime muß unter den spezifischen Aspekten des Handelns in verschiedenen Situationen zum Gesetz erhoben oder verwirklicht werden. Wie gelangen wir dann von einer kantischen Auffassung davon, auf welche Art und Weise andere nicht benutzt und (einige) ihrer Zwecke – von moralisch wertvollem Handeln – geteilt werden, zu einer Sicht dessen, was im Handeln richtig und was falsch ist? Wie kann insbesondere ein kantischer Ansatz uns helfen, Recht und Unrecht bei bestimmten Problemen in sexuellen oder ökonomischen Zusammenhängen zu beurteilen? Ist es nicht eher wahrscheinlich, daß es für beliebige vernünftige Wesen keine zeitlosen Verpflichtungen auf diesen Gebieten gibt? (Ebensowenig wie es Zeitlosigkeit in Geschlecht und Wirtschaft gibt.)

Wir könnten dennoch ein Gutteil des wahrscheinlich Benötigten bereits zur Verfügung haben. Denn wir müssen wissen, was in tatsächlichen, bestimmten Situationen richtig oder falsch wäre. Die kantischen Maximen bedingen keine Regeln oder Vorschriften für alle möglichen Zusammenhänge. Da eine Maxime die *maxima propositio* oder der Obersatz in einem Falle praktischen Schließens ist, sollten wir dort keine Einzelheiten zu bestimmten Situationen erwarten. Aber wenn eine Maxime durch die Beschreibung einer bestimmten Situation ergänzt wird – den Untersatz der praktischen Beweisführung[10] –, entdecken wir vielleicht, welche äußeren Handlungsformen in dieser Situation erfordert, damit vereinbar oder verboten sind. Wir könnten zum Beispiel finden, daß unter *diesen* Umständen es keine Weise gibt, in der *diese* Art von Handlung mit der Gerechtigkeit verträglich wäre; oder daß wir auf der anderen Seite in *jener* Situation, wenn wir uns grundsätzlich einer Maxime von Liebe oder Achtung verpflichtet wissen, etwas von *jener* Art einbringen müssen. Die Schlüsse aus einer solchen Argumentation werden nicht uneingeschränkt gelten; sie werden nicht für vernünftige Wesen als solche gültig sein, nicht einmal für die Conditio humana, sondern vielmehr für ganz bestimmte menschliche Umstände. Aber wenn wir handeln, ist es genau dies, was wir wissen müssen. Wir brauchen nicht zu wissen, was es in allen möglichen Welten heißen würde, von Verunglimpfungen Abstand zu nehmen oder Großmut zu beweisen, sondern wir müssen lediglich erkennen können, was es in bestimmten Situationen bedeuten würde, achtungsvoll oder großmütig zu sein. In allen Bewegungen von einem Obersatz hin zu einer Entscheidung ist Kasuistik unabdingbar, und alle Behauptungen darüber, was verpflichtend, erlaubt oder verboten ist, treffen nur auf bestimmte Zusammenhänge zu. Auch wenn wir Gründe haben zu meinen, daß die Maxime einer Handlung selbst nicht von moralischem Wert war, werden Urteile über das, was geboten (oder bloß erlaubt oder verboten) ist, im Hinblick auf die äußeren Handlungsaspekte gefällt, die ein Handeln nach einer moralisch anerkennenswerten Maxime in dieser Situation erfordern (oder vereinbar oder auszuschließen gewesen wären).

7. Die Behandlung anderer als Person in sexuellen Beziehungen

Wenn diese Erörterung der Frage des Benutzens anderer bzw. ihrer Behandlung als Person Überzeugungskraft besitzt, sollte sie ein Licht auf Lebensbereiche werfen, wo derartige Verstöße häufig aufzutreten scheinen. Ein solcher Bereich ist der von sexuellen Beziehungen und Begegnungen. Wir können auch auf eine gewisse Einsicht in die Frage hoffen, *warum* sexuelle Beziehungen als besonders anfällig für solche Verfehlungen empfunden werden.

Einige Arten sexueller Nötigung sind vergleichsweise unmittelbar. Es ist nicht schwierig einzusehen, warum das Opfer einer Vergewaltigung oder eines weniger schweren sexuellen Deliktes benutzt wird. Die Vergewaltigung unterscheidet sich jedoch – wegen des impliziten Charakters vieler Elemente der sexuellen Kommunikation und wegen der gesellschaftlichen Traditionen, die Formen sexueller Doppeldeutigkeit begünstigen – von anderen Arten von Gewaltanwendung dadurch, daß es außergewöhnlich schwierig ist, Gewißheit darüber zu gewinnen, wann Nötigung stattgefunden hat. Auch weniger unmittelbarer Zwang kann in einigen sexuellen Beziehungen und Transaktionen vorkommen, darunter denen zwischen Prostituierten und ihren Kunden. Hier können die äußeren Geschäftsvorgänge eine Übereinkunft zwischen einwilligungsfähigen Personen *(consenting adults)* darstellen. Aber wenn wir an den institutionellen Zusammenhang eines Großteils zumindest der zeitgenössischen abendländischen Prostitution denken, einschließlich der Praktiken von Zuhälterei, Bordellhaltung und verschiedenen Formen sozialer Ächtung mit der daraus erwachsenden Abhängigkeit von einer rauhen Subkultur, dürften wir zu der Auffassung kommen, daß nicht alle Geschäftsvorgänge zwischen Prostituierten und ihren Kunden frei von Nötigung sind; es muß aber nicht der Kunde sein, der sie ausübt.

Irreführung ist eine durchgängige Möglichkeit in sexuellen Begegnungen oder Beziehungen. Dabei gibt es nicht nur die wohlbekannten wie Verführung und Bruch von Versprechen, sondern auch vielfältige andere Möglichkeiten. Viele davon spiegeln den eigentümlich impliziten Charakter sexueller Verständigung. Bei rein geschäftsmäßigen wie bei verschiedenen distanzierten sexuellen Begegnungen werden grundsätzlich dieselben Ausdrucksmittel gebraucht wie in tiefergehenden und dauerhaften Bindungen. Wenn aber die Koseworte und Gesten von Intimität nicht benutzt werden, um das zu vermitteln, was sie üblicherweise vermitteln, entstehen sehr wahrscheinlich Fehleinschätzungen. Koseworte drücken gewöhnlich nicht nur eine augenblickliche Begeisterung aus, sondern Zuneigung; der Kontakt von Augen, Lippen und Haut vermittelt eine gewisse Offenheit, ein Annehmen des anderen und Vertrauen (und oft genug viel mehr); eine Umarmung drückt eine Verbundenheit aus, die über momentanen Körperkontakt hinausgeht. Alles dies sind starke Ausdrucksgesten des menschlichen Gefühlslebens. Wenn ein solcher Ausdruck nicht durch genügend Vertrauen und Engagement gerechtfertigt ist, besteht die Gefahr, daß die Benutzer dieser Worte und Gesten falsche Botschaften über Gefühle, Wünsche und sogar Verpflichtungen übermitteln. Aber, so könnten wir vielleicht meinen, zumindest in sexuellem Umgang kommerzieller oder sehr flüchtiger oder weitgehend formaler Art ist wohl allen Beteiligten klar, daß diese Ausdrucksformen aus ihrem Zusammenhang gelöst sind und nicht mehr dieselben zugrunde liegenden Absichten oder Haltungen oder Prinzipien ausdrücken wie in einer rückhaltloseren Beziehung.

Aber wenn derartige Ausdrucksweisen völlig ohne Zusammenhang sind, welche Rolle spielen sie dann in einer ganz beiläufigen oder geschäftsmäßigen oder formalisierten Begegnung? Wenn sie nach dem Augenschein genommen werden, dasjenige aber fehlt, was sie normalerweise besagen, so ist es wahrscheinlich, daß einer den anderen täuscht. Prostitutionsbeziehungen, flüchtige sexuelle Zusammentreffen und der sexuelle Aspekt schal gewordener Ehen sind nicht durchwegs betrügerisch. Derartiger sexueller Umgang kann entweder zu krude mechanisch sein, um Ausdrucksweisen von Intimität zu gebrauchen oder zu mißbrauchen, oder auch genügend erfüllt von Vertrauen und innerer Beteiligung, so daß die Sprache der Intimität angemessen ist. Aber Beziehungen und Begegnungen, die grundsätzlich den oberflächlichen Ausdruck von Engagement mit dessen tatsächlichem Fehlen verbinden, sind ausgesprochen anfällig für Betrug. Wo zu vieles unausgesprochen bleibt oder irreführend ausgedrückt wird, ist jeder in Gefahr, den anderen zu betrügen und ihn oder sie zu instrumentalisieren.

Die Vermeidung von Zwang oder Betrug ist nur das Kernstück der Behandlung anderer als Personen in sexuellen Beziehungen. Indem wir uns ihrer nicht bedienen, vermeiden wir klare und offenkundige Arten, Menschen als (bloße) Mittel zu gebrauchen. Aber jemanden in einer intimen, und besonders in einer sexuell intimen, Beziehung als Person zu behandeln, erfordert weit mehr. Diese zusätzlichen Erfordernisse spiegeln mehr die Intimität als den spezifisch sexuellen Charakter einer Beziehung. Wenn aber sexuelle Beziehungen nicht ohne weiteres lediglich solche zwischen einwilligungsfähigen Personen *(consenting adults)* sein können, tauchen wahrscheinlich in jeder Beziehung weitere Erfordernisse für die Behandlung des anderen als Person auf. Intim vertraute Körper können nicht leicht ein getrenntes Leben führen.

Intimität, sei sie sexuell oder nicht, verändert Beziehungen in zwei hier relevanten Hinsichten. Erstens erlangen eng miteinander Vertraute tiefes und ins einzelne gehendes (aber unvollständiges) Wissen über Leben, Charakter und Wünsche des anderen. Zweitens entwickelt jeder einige Wünsche, die die des anderen einschließen oder sich auf sie beziehen, und erfährt als Folge davon seine bzw. ihre Glückseligkeit in manchen Dingen als abhängig von der Erfüllung der Wünsche des anderen.[11] Intimität ist keine bloß kognitive Beziehung, sondern auch eine, in der sich besondere Möglichkeiten des Achtens und Teilens (und umgekehrt des Mißachtens und Durchkreuzens) der Wünsche und Ziele anderer entwickeln. Gerade in nahen Beziehungen sind wir am meisten in der Lage, andere als Personen zu behandeln – und am meisten, es zu versäumen.

Intimität macht das Versagen von Achtung und Liebe in höherem Maße möglich. Mangel an Achtung in intimen Beziehungen kann zum Beispiel sowohl manipulative wie auch paternalistische Formen annehmen. Der Manipulierende nutzt die Tatsache aus, daß der andere nicht nur eine möglicherweise einverstandene mündige Person *(consenting adult)* ist, sondern auch, daß seine bestimmten Wünsche bekannt sind und teilweise von denen des Manipulators abhängen können. Wer sogenannter moralischer Erpressung nachgibt, hätte ablehnen können und unterlag keinem Zwang bzw. wurde nicht getäuscht, stand aber vor dem Dilemma, etwas für sein oder ihr Leben Wesentliches opfern zu müssen – vielleicht die Karriere oder die Unbescholtenheit oder Beziehungen zu anderen oder auch in der Hauptsache den Wunsch, demjenigen des Manipulierenden entgegenzukommen –, falls er nicht bereit wäre, sich zu fügen. In intimen Beziehungen ist es nur allzu leicht, dem anderen ein Ansinnen nahezulegen, dem er oder sie sich nicht verweigern kann; wenn wir anderen nahestehen, können wir ohne Anwendung von Zwang oder Täuschung ihr Streben nach Zwecken unterlaufen. Arten des Aushandelns und der Auseinandersetzung mit anderen, die im abstrakten Sinne eine Ablehnung durch mündige Erwachsene *(consenting adults)* nicht unmöglich machen würden und in öffentlichen Zusammenhängen vielleicht annehmbar wären, können doch in engen Beziehungen das Streben anderer nach ihren Zwecken durchkreuzen. Hier ist viel erforderlich, wenn wir dem anderen Menschen »Raum« für seine oder ihre Zwecke lassen wollen. Das zu tun und so den uns Nahestehenden Achtung zu beweisen, verlangt nicht nur, die besondere Verflechtung von Wünschen, Abhängigkeiten und Verletzlichkeiten in Rechnung zu stellen, die in einer bestimmten Beziehung entstanden sind, sondern auch, daß wir jeden größeren gesellschaftlichen Zusammenhang veranschlagen, dessen Diskursformen und überkommene Einstellungen systematisch die Zwecke des anderen oder seine Fähigkeiten zu ihrer Verfolgung untergraben oder herabsetzen können. Die Achtung vor anderen – der grundlegendste Aspekt des Teilens ihrer Ziele – erfordert dort am meisten Takt und Einsicht, wo uns am genauesten bewußt ist, auf welche Weise die Fähigkeiten des anderen zur Verfolgung von Zielen verletzt werden können.

Zusammenhänge, in denen Manipulation schwer zu vermeiden ist, eröffnen auch Gelegenheiten für einen paternalistischen Mangel an Achtung. Anders als der Manipulierende bedient sich der Paternalist nicht seines Wissens über den anderen und dessen Zwecke, um seinen oder ihren »Raum« für deren Verfolgung einzuschränken. Er beginnt vielmehr mit einem Versäumnis anzuerkennen, *welches* die Zwecke des anderen sind oder *daß es* die des anderen sind. Dieser Mangel an Achtung zieht Versäumnisse darin nach sich, diese Zwecke zu teilen, denn für den Paternalisten sind sie entweder unsichtbar oder ansonsten nicht die des anderen, sondern vielmehr die Zwecke, die für den anderen zu erstreben sind. Der Paternalist versucht Wohltätigkeit oder Liebe dadurch auszudrücken, daß er eine Auffassung von den Zielen oder Interessen des anderen aufzwingt. Der Mangel an Achtung wird damit durch den Mangel an Liebe verschärft. Wer versucht, das Leben anderer, ihm Nahestehender, neu zu gestalten oder zu kontrollieren, läßt es nicht nur an Achtung fehlen, wie ehrlich er es auch immer mit seinem Anspruch meint, nur das Beste des anderen zu wollen. Paternalismus gegenüber Menschen, die ihre eigenen Zwecke haben, ist keine Form von Liebe. Da es jedoch nur die Grundprinzipien des Handelns (seien es Pläne, Vorschläge, Verfahrensweisen oder Absichten) sind, die diesen Anforderungen genügen müssen, kann ein oberflächliches Abweichen davon beim Handeln nach moralisch annehmbaren Grundprinzipien akzeptabel oder sogar gefordert sein. Die Scherze und Überraschungen, in denen Freundschaft sich ausdrücken kann, gelten nicht als Betrügereien, aber wenn sie wesentlicher Bestandteil der Handlung oder anderer Maximen wären, würden sie unter Umständen Täuschung oder einen schwerwiegenden Mangel an Achtung oder einen nicht annehmbaren Paternalismus darstellen.[12]

Selbst in engen Beziehungen sind nicht alle Versäumnisse an Liebe Folgen von Versäumnissen an Achtung. Nicht nur durch eine manipulative oder paternalistische Handlungsweise, wo die Ziele anderer benutzt bzw. übergangen werden, können wir es versäumen, die Ziele der uns Nahestehenden zu teilen. Versäumnisse an Liebe treten auch dann auf, wenn die Zwecke des anderen durchaus respektiert werden und ihm oder ihr der »Raum« gelassen wird, um sie zu verfolgen, aber keine ausdrückliche Ermutigung, Hilfe oder Unterstützung dabei geleistet wird. Verwundbare, endliche Wesen behandeln einander nicht als Zwecke, indem sie einander lediglich einen angemessenen »Raum« zugestehen. Hier bietet wieder die ins einzelne gehende Kenntnis anderer und ihrer Wünsche, Stärken und Schwächen die größeren Möglichkeiten. Die Unterstützung, Anteilnahme und Großzügigkeit, derer wir von bestimmten anderen bedürfen, wenn das Verfolgen unserer Zwecke nicht lediglich ungehindert, sondern in ausreichendem Maße geteilt sein soll, um tatsächlich eine Möglichkeit zu sein, ist ganz spezifisch. Um andere, die uns nahestehen, sowohl mit Liebe als auch mit Achtung zu behandeln, müssen wir ihre Ziele sowohl wahrnehmen als auch (bis zu einem gewissen Grade) fördern.

Andere nicht zu benutzen und sie als Personen zu behandeln, stellt in intimen Beziehungen beträchtliche Anforderungen. Lediglich Gewalt zu vermeiden, verlangt hier nicht mehr als gewöhnlich, vielleicht weil Gewalt zur Zerstörung von Intimität führt. Täuschung bleibt eine Möglichkeit in jeder Beziehung, und das desto mehr, wo vieles durch Andeutungen oder Gesten vermittelt wird. In kurzen sexuellen Zusammentreffen wie in geschäftsmäßigen und formalisierten sexuellen Beziehungen bietet die Diskrepanz von Ausdruck und eigentlicher Haltung viel Raum für Täuschung; und selbst in dauerhaften intimen Beziehungen können sich Haltung und Einstellung gewissermaßen ablösen von dem Ausdruck und der Geste, die sie dem anderen mitteilen, so daß die Sprache der Intimität irreführend eingesetzt wird. Naher Umgang bietet auch manipulativem und paternalistischem Vorenthalten von Achtung und Liebe einen geeigneten Nährboden. Doch die Kehrseite solch düsterer Überlegungen besteht darin, daß Intimität zugleich auch die besten Chancen bietet, andere als die besonderen Personen zu behandeln, die sie sind.

8. Die Behandlung anderer als Personen in Beschäftigungsverhältnissen

Es ist eigenartig, daß oft auch vom Arbeitsleben angenommen wird, es bringe die Benutzung anderer Menschen und Versäumnisse in ihrer Behandlung als Person mit sich. Hier finden wir nicht die Züge, die sexuelle und intime Beziehungen für derartige Verstöße anfällig machen. In modernen Beschäftigungsbeziehungen ist die Kommunikation gewöhnlich explizit; Arbeitgeber und Arbeitnehmer müssen einige übereinstimmende Wünsche haben, aber sie werden und brauchen oft keine

Wünsche zu haben, deren Inhalt von denen des anderen bestimmt ist, und sie können völlig ohne Kenntnis der bestimmten Wünsche und Fähigkeiten des anderen sein. Und doch gibt es Gründe, weshalb es auf diesem Gebiet des Lebens gleichfalls schwierig ist zu gewährleisten, daß niemand benutzt und geringer denn als Person behandelt wird.

Zunächst gibt es unmittelbare Weisen, wie wir von jemandem, für den wir arbeiten, benutzt werden können. Ausübung von Druck ist hier eine ebenso häufige Möglichkeit wie in sexuellen Zusammenhängen. Gelegentlich vorkommende Arten davon sind Zwangsrekrutierung und Unterbezahlung; institutionalisierte Formen umfassen natürlich Sklaverei und Zwangsarbeit. Direkte Täuschung ist gleichfalls bei vielen Arten der Beschäftigung ausgesprochen gängig und umfaßt Betrug und Gaunerei in enormer Vielfalt. Daher sind manche Spielarten des Benutztwerdens in Arbeitszusammenhängen nur allzu offensichtlich. Das sind allerdings die Arbeitsverhältnisse, denen in entwickelten Wirtschaftssystemen, darunter besonders dem kapitalistischen, vorgebeugt wird. Trotzdem gibt es die verbreitete Behauptung, daß in kapitalistischen und vielleicht auch anderen modernen Wirtschaftsformen die Arbeiter nicht nur nicht als Personen behandelt, sondern auch instrumentalisiert werden.

Diese Behauptung ist nur zu halten, wenn vermittelte Weisen der Benutzung der Arbeiter existieren, bei denen keinem Individuum Maximen von Zwang oder Täuschung zugeschrieben werden können. Wenn Individuen nach solchen Maximen handeln, haben wir unmittelbares Verschulden vor uns, mit dem das Rechtssystem kapitalistischer oder anderer fortgeschrittener wirtschaftlicher Systeme umgehen kann, und das aufzudecken die kantische Perspektive, selbst in ihren gängigen Interpretationen, gut geeignet ist. Aber nicht offenkundige Arten von Zwang oder Betrug sind schwerer zu begreifen.

Eine Hauptursache dieses Problems liegt darin, daß der kantische Ansatz, ebenso wie der rechtliche Rahmen, in den er sich einfügt, gewöhnlich als individualistisch interpretiert wird. Die hier vorgenommene Interpretation von Maximen ist dagegen zu breit angelegt, um Individualismus zu beinhalten; sie erfordert nicht, daß Maximen bewußt gehegt werden, noch sieht sie daher auch allein die grundlegenden Absichten von Individuen als Maximen. In dieser Darstellung ist das Leitprinzip jeder Bestrebung oder Praxis oder Institution ihre Maxime. In den üblichen Wirtschaftsbeziehungen, einschließlich der Beschäftigung, können alle individuellen Intentionen moralisch annehmbar sein. Der kapitalistische Arbeitgeber kann bewußte Grundabsichten haben, denen die Beschäftigten tatsächlich zustimmen oder ihre Zustimmung verweigern können, und damit scheint er sie nicht auf irgendeine moralisch bedenkliche Weise zu behandeln. Welches bessere Beispiel für ein ablehnbares Angebot könnte es geben als ein Beschäftigungsangebot, das, wie man in Lohnverhandlungen sagt, »auf dem Tisch« liegt? Wenn wir den Standpunkt vertreten, solche Angebote übten Zwang oder Täuschung aus, müssen wir die Maximen in einer weiteren Perspektive sehen und nicht die Prinzipien beurteilen, die bestimmte mögliche Arbeitgeber im Sinne haben, sondern diejenigen, die die Institution Beschäftigung in einem kapitalistischen System leiten. Das ihr zugrunde liegende Prinzip, welches es auch immer sein mag, würde vielleicht dahingehend beurteilt, daß es einige als Mittel benutzt oder versäumt, sie als Personen zu behandeln, selbst wenn die Intentionen der Individuen in keiner der beiden Hinsichten schuldhaft sind.

Eine Erweiterung der ethischen Erörterung über individuelle Belange hinaus muß dann auf die Ergebnisse der Sozialforschung zurückgreifen. Wenn wir zum Beispiel eine marxistische Beschreibung der kapitalistischen Beschäftigungspraxis akzeptieren, würden sich im kantischen Rahmen klare ethische Resultate ergeben. Danach gründen kapitalistische Arbeitgeber, welches auch immer ihre individuellen Absichten sind, ihr Handeln auf eine Maxime des Herauswirtschaftens von Mehrwert (täten sie das nicht, wäre es müßig, andere zu beschäftigen). Da der Kapitalismus auf Profit zielt, muß er den Arbeitern weniger als den Wert zahlen, den sie produzieren. Aber dieser Wesenszug des Kapitalismus wird vor den Arbeitern verschleiert, die darum betrügerische Darstellungen ihrer Beschäftigungsbedingungen akzeptieren, zu denen Einwilligung und Verweigerung möglich sind. Aber wenn das Prinzip, zu dem Zustimmung möglich (und tatsächlich erteilt) ist, nicht die zugrunde liegende Maxime kapitalistischer Beschäftigung darstellt, dann kann diese Zustimmung kein Ausweis dafür sein, daß nicht eine Täuschung auf fundamentaler Ebene stattgefunden hat. Was sie dagegen ausweisen kann, ist im Falle einer stattgehabten Täuschung, wie bei dem institutionalisierten Zwang organisierter Prostitution, daß es ein Betrug ohne individuellen Betrüger ist.

Ob das Grundprinzip kapitalistischer Beschäftigungsweise *tatsächlich* Zustimmung unmöglich macht, ist eine weitere Frage. Könnte es nicht eine nicht betrügerische Form des Kapitalismus geben, in der die Möglichkeit der Verweigerung dadurch garantiert wird, daß man die Arbeitsangebote nach den Grundsätzen formuliert, die in Wirklichkeit hinter den kapitalistischen Beschäftigungsverhältnissen stehen? Nach dieser Annahme hätten Arbeiter mit voll entwickeltem Bewußtsein ihrer Lage eine echte Möglichkeit, nicht ideologisch verbrämten Arbeitsbedingungen zuzustimmen oder sie abzulehnen, und würden also nicht benutzt. Sie würden begreifen, daß aus ihrer Arbeit Profite gezogen werden, könnten aber dennoch die angebotenen Konditionen akzeptieren. Wären nun betrügerische Formen das einzige, was bei der kapitalistischen Beschäftigungsweise im argen liegt, so wäre sie vielleicht korrigierbar. Aber nach marxistischer Auffassung lauert hinter dem Betrug der Zwang. Wenn die grundlegende Ausprägung der kapitalistischen Beschäftigungsmaxime aufgedeckt ist, entdecken wir, daß die Täuschung einem Zweck (oder vielen Zwecken) dient, und daß insbesondere eine Tätigkeit, die die Arbeiter (unter dem »idealen Kapitalismus«) bei Strafe des Verhungerns nicht umgehen können, ihnen als etwas erscheint, das sie annehmen oder ablehnen könnten. Die Beschäftigten werden dann unverändert instrumentalisiert, da sie nur einen Grundsatz akzeptieren oder zurückweisen können, der keineswegs das Grundprinzip ihrer Beschäftigung ist. Sie werden entweder betrogen und unter Druck gesetzt, falls sie nämlich dieses Angebot nicht durchschauen; und falls sie es tun, werden sie nicht betrogen, sondern nur gezwungen. In beiden Fällen werden sie benutzt.

Diese Argumentation beruht natürlich darauf, daß man eine marxistische Darstellung der Grundmaxime kapitalistischer Arbeitsweise akzeptiert und ideologisch gegensätzliche Auffassungen ablehnt, wie etwa solche, die alle Maximen als spezifisch für individuelle Handelnde ansehen und leugnen, daß der Markt selbst als auf Maximen gegründet gedacht werden kann. In dieser Argumentation wird weder vorausgesetzt noch gezeigt, daß die Behauptungen über Beschäftigungsverhältnisse im »idealen« Kapitalismus genau auf die in derzeitigen kapitalistischen Wirtschaftssystemen herrschenden zutreffen, wo zum Beispiel Sozialleistungen den Zwangscharakter drohender Arbeitslosigkeit abmildern oder beseitigen können. Für die vorliegenden Zwecke besteht die Aufgabe darin, eine mögliche Art zu skizzieren, wie Arbeiter selbst in Beschäftigungssystemen, die dem Anschein nach das Prinzip freier, und damit möglicher, Zustimmung hochhalten, im kantischen Sinne benutzt werden können, und in einem allgemeineren Sinne zu zeigen, wie die ethischen Überlegungen Kants auf das Funktionieren von Institutionen ausgeweitet werden könnten.

In der Arbeitswelt ist wie auf anderen Gebieten des Handelns die Instrumentalisierung nur eine der Arten, wie jemand geringer denn als Person behandelt wird. Ein guter Teil der Klagen darüber, daß man Arbeiter nicht als Personen behandele, läßt sich nicht auf die Art zurückführen, wie sie mehr oder weniger unmittelbar benutzt werden, sondern auf das Ausmaß, in dem die gegenwärtige Beschäftigungspraxis es sich zum Grundsatz macht, alle Arbeiter gleich zu behandeln, und damit nicht als die bestimmten Personen, die sie sind. In dieser Hinsicht sind die modernen Arbeitspraktiken völlig verschieden von intimen Beziehungen. Der Umgang mit den Arbeitern in der modernen (nicht nur der kapitalistischen) Wirtschaft vollzieht sich auf eine normierte und gleichförmige Weise, die wenig Rücksicht nimmt auf unterschiedliche Zwecke und die Fähigkeiten, diese zu verfolgen. Wo die Arbeit »rationalisiert« ist und es einen »Tariflohn« gibt, wo Arbeitszeiten und Qualifikationen standardisiert sind, bestehen wenig Möglichkeiten, die bestimmten Ziele und Fähigkeiten der Arbeitnehmer bei der Arbeit in Rechnung zu stellen. Wenn eine Arbeit gut zu machen gleichbedeutend damit ist, sie so zu verrichten wie der Roboter, der einen ersetzen könnte, kann die Maxime einer solchen Organisation von Arbeit nicht weit darin gehen, die Beschäftigten als die bestimmten Personen zu behandeln, die sie sind. Bei einer derartigen Arbeitsweise ist es weder der Mißbrauch von Information über die Ziele und die Handlungsfähigkeit anderer noch ein absichtliches Versäumnis, Zwecke zu teilen, sondern es ist vielmehr eine systematische Mißachtung aller besonderen Merkmale, die dahintersteht, wenn das Respektieren und Teilen von Zwecken unterlassen wird. Die rationalisierte Arbeitspraxis behandelt alle Arbeiter als Personen (Bedenken über ihre Ausbeutung einmal beiseitegelassen), aber ihre Besonderheiten werden kaum in Betracht gezogen. An manchen Arbeitsplätzen mag dieser Verfahrensweise zum Teil gegengesteuert werden, oder man kann sie durch eine Unternehmensführung oder Arbeitsformen, die mehr Engagement oder Selbstbestimmung der Arbeiter zulassen, abmildern. Aber wenn es bei solchen Einrichtungen nur darum geht, eine »persönliche Note« hereinzubringen, dann oktroyieren sie äußere Formen von Achtung und Wohltätigkeit ohne die grundlegenden Änderungen, durch die die

Arbeiter als die bestimmten Personen behandelt würden, die sie sind, und führen vielleicht nur paternalistische und manipulative Praktiken in das Arbeitsleben ein.

Eine weiter ausgreifende Frage auf diesem Gebiet wäre dann, ob das Arbeitsleben wirklich so beschaffen sein sollte. Sollte es nicht unpersönlich sein? Ist das nicht unsere Absicherung gegen Vettern- und Günstlingswirtschaft und andere Arten von persönlicher Voreingenommenheit und Gönnertum? Sind nicht Gerechtigkeit und Achtung die einzigen triftigen Maßstäbe in Arbeitsbeziehungen? Eine Laufbahn, die Begabten offensteht, muß auf Maximen unpersönlicher Fairneß begründet sein. Freilich ist das auch die Karriere, die Unbegabten verschlossen ist und ohne Rücksicht auf die Tatsache betrieben wird, daß wir keine abstrakten »einwilligungsfähigen Personen« sind. Vielleicht liegt dem die Frage zugrunde, ob das Leben von Menschen, die mit- oder füreinander arbeiten, genügend voneinander getrennt gehalten werden kann, um Gerechtigkeit und Achtung als einzige Gesichtspunkte zu erwägen. Wechselseitige Solidarität und Unterstützung, die über die Erfordernisse des Berufs hinausgehen, sind vielleicht immer da nicht entbehrlich, wo Arbeit sich über Zusammenwirken vollzieht. Auch unsere Beziehungen am Arbeitsplatz sind Beziehungen zu bestimmten anderen Personen und nicht zu Männern und Frauen, die in idealer Weise wirtschaftlich rational sind.

9. Schlußfolgerungen

Die verbreitete Meinung, daß wir sowohl in intimen Beziehungen als auch in der Arbeitswelt leicht benutzt oder geringer denn als Personen behandelt werden können, läßt sich von einem kantischen Theorieansatz her bestätigen. In beiden Zusammenhängen können wir mit Ansinnen konfrontiert werden, zu denen wir (sei es, weil wir betrogen oder weil wir unter Druck gesetzt werden) *unmöglich* unsere Einwilligung geben *können*. Aber die typischen Weisen, wie wir geringer denn als Personen behandelt werden können, selbst wenn wir nicht benutzt werden, sind in den beiden Kontexten ganz verschieden. In intimen Beziehungen ist alles gegeben, was es möglich machen würde, den anderen als die bestimmte Person zu behandeln, die er oder sie ist, indem man sein oder ihr Streben nach Zwecken achtet und teilt. Wenn wir das hier versäumen, ist die Verfehlung uns selbst zuzuschreiben. Die heutigen Arbeitsbeziehungen dagegen sind auf unpersönliche Prinzipien gegründet. Arbeitgeber und Arbeitnehmer besitzen nur »relevante« Informationen über den anderen und bedürfen nur in geringem Maße übereinstimmender Zwecke. Wenn daher Beschäftigte nicht als die bestimmten Personen behandelt werden, die sie sind, liegt das Versäumnis nicht grundsätzlich bei dem bestimmten Arbeitgeber, der zu Recht finden kann, daß er oder sie alles getan hat, was einem Arbeitgeber obliegt. Die Forderung, daß wir in der Berufsarbeit als die bestimmten Personen behandelt werden sollen, die wir sind, ist eine *politische* Forderung nach einer »Beschäftigungsmaxime«, die unsere Wünsche wie auch die Tatsache anerkennt, daß wir vielleicht mehr als die Personen, die wir sind, und weniger auf unpersönliche Weise behandelt werden müssen. Es ist eine Forderung, die wir ernst nehmen müssen, wenn wir Zweifel daran hegen, daß wir selbst in der Reife unserer Fähigkeiten nichts weiter als einverständig handelnde Erwachsene *(consenting adults)* sind.

[Aus dem Amerikanischen von Ursula Hoffmann]

Anmerkungen

1 Übertriebenes Vertrauen auf formale Indikatoren von »Einverständnis« legt Zweifel nahe, daß dieses Einverständnis echt ist. Man denke an den verbreiteten Gebrauch von »Verträgen« durch Europäer, um den Erwerb von Land oder Herrschaft zu »legitimieren«, indem man die Unterschrift von kaum der Schrift mächtigen Eingeborenenvölkern zu erlangen suchte, die keinerlei Vorstellung von europäischen Moral- und Rechtstraditionen besaßen. Siehe dazu D. F. McKenzies Erörterung des Vertrages von Waitangi in: The Sociology of a Text: Orality, Print and Literacy in Early New Zealand, in: *The Library* 6, 1984, S. 333–365.
2 Zur weiteren Diskussion von Kants Maximen s. auch Bittner, Rüdiger: Maximen, in: Funke, Gerhard (Hg.): *Akten des 4. internationalen Kant-Kongresses* II (2), Berlin 1975, S. 485–489; und Höffe, Otfried: Kants kategorischer Imperativ als Kriterium des Sittlichen, in: *Zeitschrift für philosophische Forschung* 31, 1977, S. 354–384. Der Ausgangsgedanke ist der, daß Maximen zugrunde liegende Prinzipien sind, durch die die spezifischen Aspekte des Handelns geleitet und strukturiert werden. Sie müssen oft aus diesen untergeordneten Aspekten abgeleitet werden. Selbst wenn sie die Maximen individuellen Handelns sind, sind sie dem Bewußtsein nicht immer zugänglich. Und manche Maximen sind nicht solche von individuellen Handelnden, sondern von Institutionen oder Praktiken. Daher stellen nicht alle Maximen auch Intentionen dar. Ebensowenig sind alle Intentionen Maximen, da oft geringfügige und oberflächliche Handlungsaspekte

beabsichtigt werden. Der kategorische Imperativ bietet nur eine Prüfung von Maximen, aber daraus folgt nicht, daß alles erlaubt ist, wenn es nur ein nicht fundamentaler Handlungsaspekt ist. Da Maximen leitend für die untergeordneten Aspekte der Handlung sind, wird diese moralisch gefordert (oder verboten) sein, wenn sie unerläßlich für das Einbringen und Verwirklichen einer moralisch anerkennenswerten Maxime in einem bestimmten Zusammenhang (bzw. unvereinbar damit) ist. Nur unter extremen Bedingungen ist etwas sonst zutiefst Verwerfliches legitim, weil notwendig zur Umsetzung einer moralisch anerkennenswerten Maxime. Im Polen der Kriegszeit konnte Schindler nach der Maxime, einige Juden zu schützen, nur handeln, indem er sie versklavte und mit den Nazis kollaborierte. Siehe Keneally, Thomas: *Schindler's Ark*, London: Hodder and Stoughton 1982. Im vorrevolutionären St. Petersburg konnte Sonya Marmeladovna ihre Familie nur durch Prostitution unterstützen und erhalten. Daraus folgt nicht, daß solches Handeln erlaubt oder gefordert wäre, um Grundprinzipien von Gerechtigkeit oder Liebe – außer unter sehr ungewöhnlichen Umständen – zu verwirklichen.

3 (im Text gesperrt) Kant, Immanuel: *Grundlegung zur Metaphysik der Sitten*, in: *Kants Werke* (= Akademie-Textausgabe), Berlin: de Gruyter 1968, Band IV, S. 429. (Im folgenden Text zitiert mit G, Seitenzahl.)

4 Auf mehr als eine Weise. Auf diesem Gebiet wurden bemerkenswert genaue, allerdings verschiedenartige Konzeptionen für den Nachweis dessen unterbreitet, was Verweigerung ausmacht. Siehe dazu Pateman, Carol: Women and Consent, in: *Political Theory* 8, 1980, S. 149–168, sowie ihre Erörterung einiger Ungereimtheiten in Darstellungen von Prostitution als Fällen von »einwilligungsfähigen Personen«, in: Defending Prostitution: Charges against Ericsson, in: *Ethics* 93, 1983, S. 561–565; sowie ihre Erörterung des Prostitutionsvertrages in *The Sexual Contract*, Cambridge: Polity Press 1988.

5 Hill, Thomas E., Jr.: Humanity as an End in Itself, in: *Ethics* 91, 1980/1, S. 84–99. Hills Analyse der Zweck-an-sich-Formel ist scharfsinnig und instruktiv. Er behauptet jedoch, es sei ihr Vorzug, weniger auf der Interpretation des Begriffs einer Maxime zu beruhen (S. 91). Aber die Frage, ob wir andere benutzen oder ob wir sie als Person behandeln, ist ebenso von unserer Art der Beschreibung dessen, was wir tun, abhängig wie die Frage, ob das, was wir beabsichtigen, allgemein getan werden könnte.

6 Kant, Immanuel: Zum ewigen Frieden, in: *Kants Werke*, a. a. O., Bd. VIII, S. 366. In O'Neills eigener Übersetzung wird die Stelle folgendermaßen angegeben: »The problem of justice can be solved even for a ›nation of devils‹«. (S. 114) [Anm. d. Übers.].

7 Hill (a. a. O.) versteht »»Menschheit« so, daß der Begriff nur die Vermögen einschließt, die notwendig mit Rationalität und dem ›Vermögen, Zwecke zu setzen‹ verbunden sind« (ebd., S. 86). Die hier vorgestellte Lesart nimmt das zum Ausgangspunkt, betont aber auch, wie wir es für die aufschlußreiche Betrachtung der »weiten« Pflichten tun müssen, daß menschliche Rationalität und Handlungsfähigkeit durchaus eingeschränkt sind. Nur so können wir verstehen, warum Kant sowohl meint, daß andere Menschen Grenzen darstellen, als selbständiger Zweck – und dieser »wird [...] nur negativ gedacht werden müssen, d. i. [als einer,] dem niemals zuwider gehandelt« werden darf (G, 437) – als auch, daß es

positive Pflichten in bezug auf solche Zwecke gibt. Wo es auf der Hand liegt, daß Rationalität und Handlungsfähigkeit verletzlich oder unvollständig sind, handeln wir gegen sie, wenn wir unterstellen, sie seien es nicht, und es versäumen, ihnen zu Hilfe zu kommen.

8 Kant, Immanuel: *Die Metaphysik der Sitten*, Zweiter Teil: Metaphysische Anfangsgründe der Tugendlehre; in: *Kants Werke*, a. a. O., Bd. VI, S. 449. (Im folgenden Text zitiert mit M, Seitenzahl).

9 Aber was wird als eine gute Lösung gelten können? Vielleicht ist folgendes eine Richtschnur: Das dem Handeln zugrunde liegende Prinzip sollte eines sein, nach welchem ich das Teilen der Zwecke unterordne unter das Belassen der Zwecke, die geteilt werden können, bei dem anderen. Damit kann nur ein nicht fundamentaler Mangel an Achtung Teil einer Handlung aus Liebe sein (in der man sich z. B. gestattet, eine geringfügige Vereinbarung oder Verbindlichkeit für einen anderen einzugehen, die er oder sie wahrscheinlich will; Sonya Marmeladovnas Opfer ihrer Selbstachtung aus der grundlegenderen Liebe zu ihren Geschwistern); wo aber der Mangel an Achtung fundamental ist, wird die angeblich aus Liebe getane Handlung keine solche sein.

10 Im Gegensatz zu einer ganzen Tradition der Kant-Interpretation hat Kant eine ganze Menge über den Untersatz in der praktischen Argumentation zu sagen, besonders in der *Kritik der Urteilskraft*. Zur jüngeren Diskussion s. Arendt, Hannah: *Das Urteilen*. Texte zu Kants politischer Philosophie, München: Piper 1985, und Ronald Beiners Interpretationsessay in der englischen Ausgabe dieser Texte: Arendt, Hannah: *Lectures on Kant's Political Philosophy* (hg. von Ronald Beiner), Chicago: University of Chicago Press 1982; sowie Beiner, Ronald: *Political Judgement*, London: Methuen 1983; wie auch Herman, Barbara: Mutual Aid and Respect for Persons in: *Ethics* 94, 1984, S. 577–602; und dies.: The Practice of Moral Judgement, in: *Journal of Philosophy* 82, 1985, S. 414–436.

11 Damit meine ich nicht lediglich, daß sexuelles Begehren Wünsche enthalten kann, die sich auf das Begehren des anderen beziehen, sondern im weiteren, daß zumindest einige Wünsche in intimen Beziehungen altruistisch in dem strengen Sinne sind, daß sie nur mit Bezug auf die des anderen näher bestimmt werden können. Dies bezieht auch die nicht sexuelle und sogar feindselige Intimität ein, wo sich der Wunsch eher auf die Vereitelung als auf die Erfüllung der Wünsche des anderen richtet.

12 Die Feststellung, welche Prinzipien die Maxime(n) einer bestimmten Handlung sind und welche untergeordnete Bedeutung haben, ist ein heikler Punkt des hier umrissenen kasuistischen Modells. Hier müssen immer kontrafaktische Überlegungen eingeführt werden. Wir können Behauptungen widerlegen, daß ein Handlungsprinzip die Maxime einer bestimmten Tat sei, wenn wir Grund haben anzunehmen, sie wäre nicht getan worden außer der Umstände wegen, unter denen auch irgendeine andere Maxime durch diese Tat hätte ausgedrückt werden können. Eine Behauptung, man handle aus Freundschaft und nicht aus Mißachtung, indem man eine Überraschungsparty steigen läßt, könnte widerlegt werden, wenn die Party auch gegeben worden wäre, wo die Freundschaft eigentlich andere Umsetzungen verlangte (weil die befreundete Person etwa erschöpft oder krank oder in Trauer oder gehemmt ist).

Über die Autorinnen und Herausgeberinnen

Annette Baier ist Professorin für Philosophie an der University of Pittsburgh, Pennsylvania. Veröffentlichungen: Postures of the Mind: Essays on Mind and Morals (1985); A Progress of Sentiments: Reflections on Hume's Treatise (1991); Moral Prejudices: Essays on Ethics (im Erscheinen).

Marilyn Friedman ist Professorin für Philosophie an der Washington University in St. Louis, Missouri. Veröffentlichungen: Feminism and Modern Friendship. Dislocating the Community, in: Ethics 99 (1989); The Social Self and the Partiality Debate, in: Claudia Card (Hg.), Feminist Ethics (1991); What are Friends For? Essays on Feminism, Personal Relationships, and Moral Theory (im Erscheinen).

Carol Gilligan ist Professorin für Erziehungswissenschaften an der Harvard Graduate School of Education. Veröffentlichungen: Die andere Stimme. Lebenskonflikte und Moral der Frau (1984); Mapping the Moral Domain. A Contribution to Women's Thinking to Psychological Theory and Education (1988); Meeting at the crossroads: Women's psychology and girls' development (gem. mit Lyn Mikei Brown 1992).

Sarah Lucia Hoagland ist Professorin für Philosophie und Women's Studies an der Northeastern Illinois University in Chicago. Veröffentlichungen: For Lesbians Only: A Separatist Anthology (als Mitherausgeberin); Die Revolution der Moral. Neue lesbisch-feministische Perspektiven (1988).

Alison M. Jaggar ist Professorin für Philosophie und Women's Studies an der University of Colorado in Boulder. Veröffentlichungen: Feminist Politics and Human Nature (1983); Gender/Body/Knowledge (mitherausgegeben 1989); Feminist Ethics: Projects, Problems, Prospects, in: Hertas Nagl-Docekal und Herlinde Pauer-Studer (Hg.), Denken der Geschlechterdifferenz. Neue Fragen und Perspektiven der Feministischen Philosophie (1990).

Herta Nagl-Docekal ist Professorin für Philosophie an der Universität Wien. Veröffentlichungen: Feministische Philosophie (herausgegeben 1990); Denken der Geschlechterdifferenz. Neue Fragen und Perspektiven der Feministischen Philosophie (mitherausgegeben 1990); Feminist Ethics: The Controversy Between Contextualism and Universalism Revisited, in: Maja Pellikaan-Engel (Hg.), Against Patriarchal Thinking. A Future Without Discrimination? (1992).

Nel Noddings ist Lee J. Jacks Professor of Education und Acting Dean an der Universität Stanford. Veröffentlichungen: Women and Evil (1989); Gender in the Curriculum, in: Handbook of Research on Curriculum (1991); The Callenge to Care in Schools (1992).

Susan Moller Okin ist Martha Sutton Weeks Professor of Ethics in Society und Mitglied des Instituts für Politikwissenschaft an der Universität Stanford. Veröffentlichungen: Women in Western Political Thought (1979 und 1992); Justice, Gender and the Family (1989); Thinking like a Woman, in: Deborah Rhode (Hg.), Theoretical Perspectives on Sexual Difference (1990).

Onora O'Neill ist Principal am Newnham College in Cambridge, England. Veröffentlichungen: Children's Rights and Children's Lives, in: Ethics 98 (1988); Justice, Gender and International Boundaries, in: British Journal of Political Science 20 (1990), und in: Amartya Sen and Martha Nussbaum (Hg.), Quality of Life (1992); Theories of Justice, Traditions of Virtue, in: Hyman Gross und Ross Harrison (Hg.), Jurisprudence: Cambridge Essays (1992).

Herlinde Pauer-Studer ist Assistentin am Institut für Philosophie der Universität Wien. Veröffentlichungen: Denkverhältnisse. Feminismus und Kritik (mitherausgegeben 1989;); Denken der Geschlechterdifferenz. Neue Fragen und Perspektiven der Feministischen Philosophie (mitherausgegeben 1990).

Susan Sherwin ist Professorin für Philosophie und Women's Studies an der Dalhousie University in Halifax , Kanada. Veröffentlichungen: A Feminist Approach to Ethics, in: Dalhousie Review 64, 4 (Winter 1984/85); Feminist and Medical Ethics: Two Different Approaches to Contextual Ethics, in: Hypatia 4, 2 (Sommer 1989); No Longer Patient. Feminist Ethics and Health Care (1992).

Grant Wiggins ist Forschungsprogrammdirektor im Bereich Erziehungswissenschaft der Brown University (Providence, R.I.). Arbeitsschwerpunkte: Schulerziehung und Schulreform.

Iris Marion Young ist Professor of Public and International Affairs an der Universität Pittsburgh, Pennsylvania. Veröffentlichungen: Justice and the Politics of Difference (1990); Throwing Like a Girl and Other Essays on Feminist Philosophy and Social Theory (1990); Gender as Seriality. Thinking About Women as a Social Collective, in: Signs: A Journal of Women, Culture and Society (im Erscheinen).

Drucknachweise

Annette Baier: Hume, the Women's Moral Theorist?
Aus: *Women and Moral Theory*
© Rowman & Littlefield, Lanham 1987

Marilyn Friedman: Beyond Caring: The De-Moralization of Gender
Aus: *Science, Morality & Feminist Theory*
© The University of Calgary, Calgary Alberta 1987

Carol Gilligan/Grant Wiggins: The Origins of Morality in Early Childhood Relationships
Aus: *The Emergence of Morality in Young Children*
© The University of Chicago Press, Chicago 1992

Sarah Lucia Hoagland: Some Thoughts on Caring
Aus: *Feminist Ethics*
© University Press of Kansas, Lawrence 1991

Alison M. Jaggar: Feminist Ethics: Some Issues for the Nineties'
Aus: *Journal of Social Philosophy*, Vol. XX, 1989

Nel Noddings: Why Care About Caring
Aus: *Caring. A Feminine Approach to Ethics and Moral Education*
© University of California Press, Berkeley 1984

Onora O'Neill: Between Consenting Adults
Aus: *Philosophy and Public Affairs* 14, 3
© Princeton University Press, Princeton, 1985

Susan Moller Okin: Reason and Feeling in Thinking about Justice
Aus: *Feminism and Political Theory*
© The University of Chicago Press, Chicago 1990

Susan Sherwin: Feminist Ethics and In Vitro Fertilization
Aus: *Science, Morality & Feminist Theory*
© The University of Calgary, Calgary Alberta 1987

Iris Marion Young: Polity and Group Difference
Aus: *Throwing like a Girl and Other Essays*
© The University of Chicago Press, Chicago 1990

Personenregister

Addelson, Kathryn Pyne 232
Altshuler, J. 87
Anscombe, Elizabeth 315
Aristoteles 39, 108, 124
Aquin, Thomas v. 108, 110

Baier, Annette C. 9, 11, 12, 17, 19, 62, 211, 234
Barber, Benjamin 274–277
Bardige, Betty 87–90
Bayles, Michael 222, 229
Beitz, Charles 317
Benhabib, Seyla 13, 20, 38, 54, 55, 57–59, 212, 213, 328
Berlin, Isaiah 342
Blum, Lawrence 80, 211, 310, 311
Bowlby, John 77, 92, 98, 99
Broughton, John 244
Buber, Martin 139, 155

Canto, Celinda 185
Card, Claudia 15, 21, 189
Code, Lorraine 205, 207

Döbert, Rainer 10

Eisner, Elliot 136
Edwards, Robert G. 229
Emerson, Ralph Waldo 165
Engelhardt, Tristram Jr. 224, 229

Feldman, Fred 169
Firestone, Shuiamith 198
Foot, Philippa 38, 315
Fraser, Nancy 213
Freud, Sigmund 10, 70, 71, 206
Friedman, Marilyn 12, 13, 16, 18, 19, 22, 45, 48, 51

Fried, Charles 47
Frye, Marilyn 184, 251

Gilligan, Carol 8–11, 13, 15–18, 21–23, 33, 36, 44, 45, 49, 61–63, 106–109, 119–123, 125, 131, 213, 213, 233, 241–244, 247, 250, 254, 256, 257, 326–328
Gorovitz, Samuel 224, 225, 227
Gould, Carol 18
Grimshaw, Jean 311
Grumet, Madeleine 136, 137
Gutman, Amy 63, 278, 279

Haan, Norma 243
Habermas, Jürgen 7, 18, 42, 212, 213, 285
Hall, Judith A. 126
Hare, Richard 41, 46
Hegel, Georg W. F. 108, 306
Heidegger, Martin 139, 281
Held, Virginia 49, 214
Hoagland, Sarah Lucia 15, 16, 21, 22, 51
Hobbes, Thomas 271
Hoff Sommers, Christina 52–54, 203, 204
Hoffman, M. 80, 83, 87
hooks, bell 186
Houston, Barbara 15
Huebner, Dwayne 136
Hume, David 7, 9, 105–121, 123, 124, 128–133

Inhelder, Bärbel 93

Jaggar, Alison 8, 15, 23, 36, 43, 174, 178
Jastrow, J. 17

Personenregister

Jefferson, Thomas 273
Johnston, D. Kay 78

Kagan, Jerome 83, 89, 90
Kant, Immanuel 7, 9, 19, 24, 25, 37, 56, 61, 88, 96, 107–110, 117, 122, 259, 305–312, 314, 315, 328, 335, 336, 346–352, 362
Kass, Leon 221
Kierkegaard, Søren 22, 151, 161
Kohlberg, Lawrence 9, 10, 70, 72, 79, 86, 91, 96, 107, 108, 110, 121, 122, 131, 214, 328
Kramer, R. 72
Krieger, Linda 294
Kundera, Milan 81, 82

Langdale, Sharry 79
Lawrence, T. E. 161
Linton, Ralph 168
Locke, John 271
Lugones, Maria 177, 187, 189
Lyons, Nona 79

Macchiavelli, Niccolo 270
MacIntyre, Alasdair 39, 46, 57, 61, 62, 107, 108, 203, 206
MacKinnon, Catharine A. 201, 202
Mansbridge, Jane 278
Marcel, Gabriel 158
Marx, Karl 108, 206, 214
Mayeroff, Milton 145, 154
Mill, John Stuart 108, 340
Moller Okin, Susan s. Okin, Susan Moller
Murdoch, Iris 81

Nagel, Thomas 50
Nagl-Docekal, Herta 34
Nails, Debra 10
Nietzsche, Friedrich 72
Noddings, Nel 9, 11, 12, 15, 16, 20–22, 44, 49, 174–178, 180–189, 204, 211, 233, 327, 328
Nunner-Winkler, Gertrud 10, 12

Okin, Susan Moller 9, 19, 25–27, 55, 57–60, 62, 212, 213
O'Neill, Onora 9, 25, 26

Piaget, Jean 10, 70–72, 77, 89, 92–94, 96, 97, 99, 107
Pinar, William 136, 137
Platon 139, 249

Ramsey, Paul 220
Rawls, John 7, 9, 18, 25, 41, 54–60, 86, 96, 107, 108, 122, 123, 139, 212, 213, 249, 305–307, 311–322, 324–329
Rosenthal, Robert 126
Rössler, Beate 57
Rousseau, Jean-Jacques 119, 131, 270, 272
Ruddick, Sara 15, 49, 210, 213
Rygh, J. 87

Sandel, Michael 54–57, 60, 62, 206, 325
Sartre, Jean Paul 76, 95, 139
Scheman, Naomi 186
Sharpe, David 229
Sherwin, Susan 27, 205, 207
Singer, Peter 138
Smith, Adam 314

Tocqueville, Alexis de 306

Walker, Margaret 211
Wittig, Monique 188
Wittgenstein, Ludwig 137
Williams, Bernard 38, 46–50, 203, 204, 315
Wiggins, Grant 8, 11, 17, 21
Walzer, Michael 46
Weil, Simone 81
Wolf, D. 87

Young, Iris 18, 213, 331

Zeig, Sande 188

ZeitSchriften
Die neue Taschenbuch-Reihe

Am Ende des 20. Jahrhunderts sehen wir uns Veränderungen gegenüber, die Jahre zuvor niemand abzusehen vermochte. Politische und ökonomische Umwälzungsprozesse zeigen Folgen, die weder für Ost noch für West Anlaß zu Optimismus geben. Noch vor den großen politischen Ereignissen Ende der achtziger Jahre deuteten sich auf kultureller und sozialer Ebene Prozesse an, die die Geschichte des 20. Jahrhunderts unter neue Perspektiven stellten: Postmodernismus, Postfeminismus waren in aller Munde. Gemeinsam ist all diesen neuen politischen und kulturellen Phänomenen, daß sie nicht mehr klar vorgegebenen Deutungsmustern zugeordnet werden können. Eine Orientierungslosigkeit macht sich breit, die jedoch nicht in Ratlosigkeit enden sollte, sondern als Chance genutzt werden kann. Die Taschenbuch-Reihe >ZeitSchriften< fängt den Wandel der Perspektiven und Denkprozesse ein: in polemischen und provokativen Essays, in Sammelbänden, die verschiedene Positionen vereinen und diskutierbar machen, in Monographien, die neue Einsichten vermitteln. Die Bände der Reihe >ZeitSchriften< greifen in laufende Diskussionen ein und setzen deutliche Akzente.

Fischer Taschenbuch Verlag

ZeitSchriften

Farideh Akashe-Böhme
Frausein – Fremdsein
Originalausgabe
Band 11732

In diesem Band geht es nicht ausschließlich um »fremde Frauen«, die in Kulturen leben, die ihnen fremd sind. Es geht um die Fremdheit der Frauen gegenüber der ganzen überlieferten Kultur, um die fremden Erfahrungen des eigenen Spiegelbildes und um den unter dem Zugriff der Technologien fremd gewordenen eigenen Körper. Diese Fremdheit zu begreifen, kann generell dazu beitragen, die Schranken zwischen eigenen und fremden Kulturen zu überwinden. Orientierungslosigkeit macht sich breit, die jedoch nicht in Ratlosigkeit enden sollte, sondern als Chance genutzt werden kann.

Fischer Taschenbuch Verlag

ZeitSchriften

Seyla Benhabib/Judith Butler
Drucilla Cornell/Nancy Fraser
Der Streit um Differenz
Feminismus und Postmoderne
in der Gegenwart

Originalausgabe
Band 11810

Der sogenannte Postfeminismus zeichnet sich in seinem Hauptanliegen dadurch aus, daß er die Differenz der Geschlechter zu überwinden sucht. Gefragt wird nicht mehr nach dem biologischen oder kulturell konstruierten Unterschied von Mann und Frau. Es wird nicht mehr von der »Gegebenheit« der Frau als Objekt oder Subjekt ausgegangen, sondern man will erläutern, wie der Prozeß der Herstellung von Weiblichkeit vonstatten geht.

Fischer Taschenbuch Verlag

ZeitSchriften

Anthony Giddens
Wandel der Intimität
Sexualität, Liebe und Erotik in
modernen Gesellschaften

Aus dem Englischen von Hannah Pelzer
Deutsche Erstausgabe
Band 11833

Welche Auswirkungen die Veränderungen der letzten zwei Jahrzehnte auf Sexualität, Liebe und Beziehungen gehabt haben, ist das Thema des neuen Buches von Anthony Giddens. Der Anteil, der den Frauen an dem Wandel der Intimität in den westlichen Gesellschaften zukommt, ist immens. Entstanden ist jedoch nicht ausschließlich eine offenere und im besten Fall gleichberechtigtere Privatsphäre, sondern darüber hinaus eine Möglichkeit zur radikalen Demokratisierung unserer heutigen Lebenswelten.

Fischer Taschenbuch Verlag

ZeitSchriften

Gesa Lindemann
Das paradoxe Geschlecht
Transsexualität im Spannungsfeld von Körper,
Leib und Gefühl

Originalausgabe
Band 11734

Transsexuelle machen im Laufe ihres Lebens eine Geschlechtsveränderung durch. Was meinen Transsexuelle, wenn sie »ich« sagen? Für diejenigen, die den Körper nicht umfassend dem Aussehen des neuen Geschlechts angleichen, bleibt lebenslang eine paradoxe Situation bestehen. Aber auch für diejenigen, die den Körper optisch vollkommen dem neuen Geschlecht angleichen, bleibt der Bezug auf die eigene Geschichte oftmals paradox.

Fischer Taschenbuch Verlag

ZeitSchriften

Micha Brumlik/
Hauke Brunkhorst (Hg.)
Gemeinschaft und Gerechtigkeit

Originalausgabe
Band 11724

Die Verdrossenheit an der Politik und die Vereinzelung des Menschen provozieren die Frage danach, was eine Gesellschaft überhaupt zusammenhält. In der unter dem Schlagwort des »Kommunitarismus« geführten Debatte geht es um nicht mehr und nicht weniger als um Ideen solidarischen Zusammenlebens der Menschen. In einer Situation, in der hierzulande sowohl rechts wie links, bei Progressiven und Konservativen die politische Phantasie erschöpft ist, vermag diese Diskussion – in diesem Band repräsentiert durch eine Reihe renommiertester Wissenschaftler – neue Impulse zu geben.

Fischer Taschenbuch Verlag